“中国文物图案造型考释”丛书

中国文物

图案造型考释

瓷器

杨俊艳◎著

云南出版集团
云南人民出版社

图书在版编目（CIP）数据

瓷器 / 杨俊艳著. -- 昆明 : 云南人民出版社, 2019.7

（中国文物图案造型考释）

ISBN 978-7-222-15800-9

Ⅰ. ①瓷… Ⅱ. ①杨… Ⅲ. ①瓷器(考古) - 纹样 - 图案 - 中国 - 图集 Ⅳ. ①K876.32

中国版本图书馆CIP数据核字(2018)第256998号

出 版 人：赵石定
责任编辑：张力山
责任校对：闵艳平
责任印制：李寒东
装帧设计：寻書坊

中国文物图案造型考释

瓷 器

CIQI

杨俊艳　著

出版	云南出版集团　云南人民出版社
发行	云南人民出版社
社址	昆明市环城西路609号
邮编	650034
网址	www.ynpph.com.cn
E-mail	ynrms@sina.com
开本	787mm×1092mm　1/16
印张	25
字数	420千
版次	2019年7月第1版第1次印刷
印刷	云南出版印刷集团有限责任公司　云南新华印刷一厂
书号	ISBN 978-7-222-15800-9
定价	270.00元

如有图书质量及相关问题请与我社联系

审校部电话：0871-64164626　印制科电话：0871-64191534

云南人民出版社公众微信号

序

纹案，是人类对自然万物、人文事物经过形象思维整合后的艺术再现，是物质文明的符号之一。在中国历史进程中，各种造型的纹案与人们的社会生活息息相关，一直随社会文明的演进而发展，象形文字就是在各种表示自然和人文活动纹案的基础上，采用象形的方式，逐步抽象的结果，为中华传统文化传承做出了突出贡献。

直接反映社会物质文化生活的纹案，自原始社会，经夏、商、周直到今天，体现在社会的方方面面。从器物类别角度，分别有石器纹案、陶器纹案、玉器纹案、青铜纹案、漆器纹案、印染纹案、纺织纹案、建筑纹案等。从表现形式的角度，又有植物纹案、动物纹案、器物纹案、几何文字纹案、景色图案、人文寓意纹案等。

历史上，古人对各类物质遗存纹案内容的研究，远不及对经学、历史等抽象精神文化研究的投入大。以《山海经》《博古图》等为代表的古代文献，主要是对各种动物、器物内容进行表述；而对其中的各种器物纹饰，除了铭文，仅是点到为止，并没有专门的细致描述。现存的与纹案有关的文献著作实在寥寥无几。近几十年来，随着考古事业和物质文化史研究以及社会需求的快速发展，纹案的文化内涵问题日益凸显，逐渐被学界重视。但纵观纹案研究成果，大部分还停留在纹案集结归类、简单描述阶段，缺少相对深入的研究。

纹案的研究，必然涉及方法问题。目前对各类文物反映出的纹案的研究方法，主要有三种，即历史学方法、艺术学方法和考古学方法。首先，用历史学的方法研究纹案。虽然在理论上，希望能够对每一类纹案的存在、发展、变化规律和其背后隐藏的文化过程等内容，进行客观而具体的复原和描述；但受历史时间久远、文献严重缺失、抽象描述等因素的限制，最后的研究结果，往往难如人意。其次，运用艺术学研究方法对文物纹案进行研究。虽然这种方法追求的是对文物的每类纹案的艺术性质、达到的目的和产生的作用等内容进行研究，也会在纹案的艺术形态等方面取得建树，但艺术学在对纹案的历史深度研究方面又会有所局限，在综合程度上同样难以全面。最后，我们考察一下考古学的文物纹案研究方法。考古学的研究方法主要有地层学和类型学，地层学适合于时代分期等早期历史考古研究，而类型学则是对同类或异类文物的具体内容进行比较研究。

通观中国文物造型和纹案的发展史，会发现这些文物内容在原始社会的许多遗址和夏商周时期的墓葬中，都能够根据不同的遗址和墓葬中出土文物的造型和纹案类型，比较容易地判断出它们所对应的时代文化分期和断代时间；不论是石器、陶器，还是玉器、青铜器等质地的文物，器型和纹案都具有比较明显的文化特征，易于分辨。

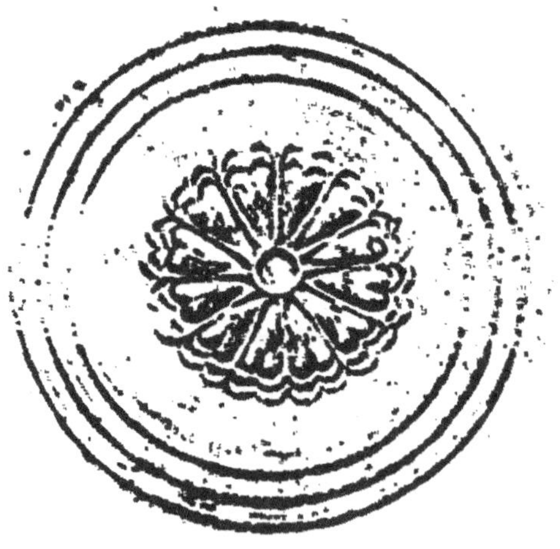

秦汉以后，随着社会手工艺技术和文化的发展，器物造型和纹案开始向更深层次和细化方向发展，此前那种比较明显的器物和纹案特征逐渐在缩小，差别不再明显。在这种情况下，其他学科对文物器型和纹案区别的研究就更加困难了。此时，利用考古类型学研究方法，可以通过对遗存器物造型和纹案风格形态的排比，发现它们之间的不同细微变化和逻辑关系，寻找其变化规律和时代特征，为文物鉴定提供较为详细而可靠的依据。当年，沈从文先生曾利用这种方法纠正和解决了不少存在争议的文物断代问题。

纹案研究与其他多数文物研究一样，每一件文物的造型和其身上表现出的不同纹案背后，都隐藏着文物和纹案本身的时代背景和文化内涵，需要投入精力进行深入研究。试以龙纹的演变为例说明。在中国自原始社会的红山、仰韶、龙山等文化时期，一直到殷商时期，龙的造型和纹案内容还是基本保持了蛇身的状态，始终没有明显的变化。直到周代和秦汉时期，蛇身上逐渐被长出了角、牙、足等部分，特别是汉代，龙的特征已经基本具备。魏晋南北朝到元代是龙纹的完善期，而明清是龙文化的高峰期。这时期，不仅龙的造型纹案得到了空前的强化，而且使用等级也达到了极致。明代，朝官们为了到达“攀龙”的目的，还绞尽脑汁，想出了与龙形极其相似的蟒、飞鱼、斗牛等造型和纹案，利用其纹案造型达成内心需求。这些龙纹的变化，如果仅仅依靠历史学和艺术学的方法是很难研究清楚的，而与考古类型学方法结合去解决这类问题，则会使问题比较容易得到解决。类似的情况，还有云纹和如意纹等等。

“中国文物图案造型考释”丛书项目，就是针对上述情况制订的出版计划。该项目始于2008年，是由我和云南人民出版社赵石定先生共同商定的计划，后又有张波和王韬、张力山等诸位先生参加。对此类问题的研究和撰写，既需要拥有考古文物方面的经验，同时还需要掌握一定的历史文献知识，操作起来，具有难度。本丛书的作者们从他们各自不同的角度出发，对所研究内容投入了大量经历和心血，但由于对这类问题的研究仍然处于初期阶段，各专题的研究也还属于初步基础性质，丛书也还存在诸多问题和不足，恭请方家批评指正。

赵连赏

目 录

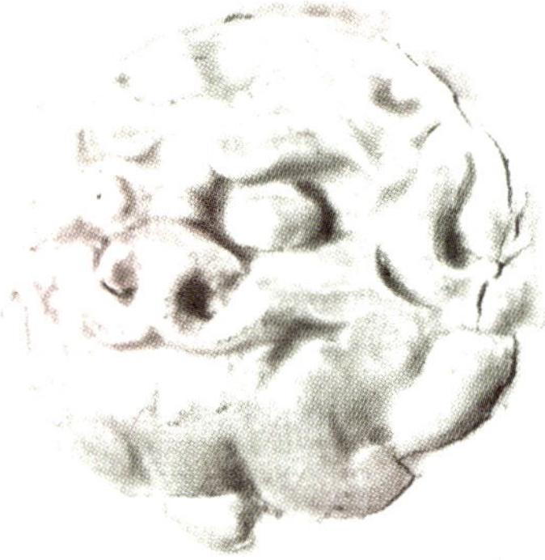

概 述

远古的中国，大江南北、长城内外遍布着优质的瓷土资源。瓷器是中国的发明，英文“China”是“中国”亦指“瓷器”。当第一炉窑火点燃后，各地便迅速形成蔓延之势，窑场林立，瓷器成为中国符号。中国古代瓷器伴随着中外商贸与文化交流，足迹也曾遍布世界各地，并成为王公贵族苦心追逐的高档奢侈品。它兼具着文化使者与传播中华文明的使命，成为中国极具代表性的文化遗产。中国古代窑址纵横交错，分布广泛，其所蕴含的内容与信息，对于研究当时的社会生产关系、艺术发展水平及人类技艺传承等有着非凡的意义。

中国瓷器，滥觞于夏商之际的原始瓷，历经4000年的漫长发展，规模不断扩大，名窑名瓷争奇斗艳，新图案新造型层出不穷。在持续不断达数千年的发展过程中，瓷器图案融汇了历代能工巧匠的智慧与才华，融合了道教、佛教、玄儒、政治伦理和民情风俗等各种养分，成为代表民族文化特色的古代装饰艺术之一。

由于不同时代、不同地域人们的生活方式与审美习惯不同，瓷器图案及造型工艺千差万别。造型分拉坯、模印、捏塑等；图案分刻、划、剔、绘等；色彩分青、白、褐、黑、黄、绿、紫、红、蓝等。风格上有的精致，有的粗犷；有的朴实，有的华美；有的繁复，有的简约；有的纯净素雅，有的五彩缤纷。图案是瓷器表面的装饰花纹，最能体现瓷器之美。分单独或组合使用，有的作为主题图案，有的为边饰图案。单独图案是指仅以一种植物纹或动物纹作装饰；组合图案则是多种纹样共饰于一器，以花鸟组合和人物故事图案为典型。其中，植物纹、动物纹出现较早，个别创制于原始瓷，至东汉成熟瓷器烧造成功后不断演进、发展。很多都是从生活中、自然界、景物里提取素材，经过精炼、加工、概括、夸张或变形等处理，获得清晰明确的主题。人物故事题材始于唐代，宋金时期得到发展。大多取材于民间故事、历史人物、宗教信仰等。主题图案多装饰在瓷器最显著的部位，边饰图案则装饰在瓷器的边缘部位，起到突出主题的辅助作用。由于烧造工艺与制作技术的不断进步，时代审美观点、民族宗教信仰及地域风俗的不同，题材与内容也千变万化，带有鲜明的时代特征。

随着时代发展及人们生活方式与审美意识的变化，瓷器图案、造型的工艺、形式、风格也不断变化。至新中国成立以前，大致经历了八个较为重大的变革与发展时期。

一、瓷之源（夏商至汉代）

瓷之源，最早可追溯到原始瓷。所谓原始瓷，顾名思义，就是指瓷器的最初状态。原始瓷始烧于夏商之际，发端于南方浙江地区，是窑工烧制印纹硬陶过程中不断积累经验、提升技术、改进工艺的结果。图案造型较多受到了发达的青铜、漆器艺术的影响，尚未形成鲜明的自身特色。

夏商时期是原始瓷的初创阶段，这一时期造型单一，常见大口尊、罐、瓮、钵和豆等几类器物。图案以拍印的几何纹为主，流行方格纹、菱形云雷纹、斜角相交席纹、叶脉纹、圆圈纹、篮纹等。此外，也有刻划纹及贴塑的S形纹与附加堆纹。

西周时期是原始瓷的发展阶段，造型明显丰富，既有豆、罐、碗、盂等日用器皿，也有仿青铜礼器的簋、罍、瓮、尊、盉、壶等。图案流行刻划水波纹、乳钉纹及堆贴的小泥饼纹等。豆的内底常见细密的弦纹装饰，有的弦纹之间还饰有篦状纹。豆、盂、尊的肩部除普遍饰以粗弦纹外，有的还堆贴二三组小泥饼。这种小泥饼堆贴装饰成为这一时期最为流行的图案。少量大型罐类器仍可见折线纹、席纹、方格纹等拍印图案。

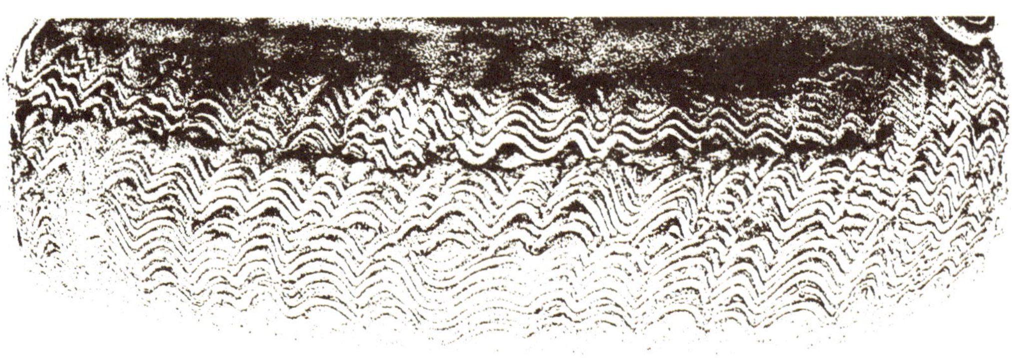

春秋时期是原始瓷的繁荣阶段，造型除了碗、盘、盂、罐等日用器皿外，仍然流行仿青铜礼器的造型，且种类又有增加，常见鼎、瓿、钟、尊、卣、簋等。其中，鼎、瓿、钟均为新创造型。图案流行大方格纹、编织物纹和卷云纹。

战国时期是原始瓷的鼎盛阶段，继续流行仿青铜礼器的造型，既有西周和春秋早期出现的鼎、豆、尊、簋，又新增鉴、盆、盘、钵、壶、提梁壶、提梁盉、镂孔长颈瓶、罐、瓿、甗、匜、烤炉、镇、璧等。同时，专用于陪葬的仿青铜明器也盛极一时，常见编钟、句鑃、錞于、磬、钲、振铎、缶、悬鼓座以及矛、斧、锛、凿、锸、镰刀等仿青铜兵器、工具与农具。图案亦以模仿青铜器图案为主，有捏塑的兽头、龙身、瑞鸟、铺首衔环等，也有云雷纹、C形纹、蟠螭纹、夔纹、S形纹和栉齿纹等。

秦汉以后，原始瓷逐渐走向衰落，图案以刻划为主，常见弦纹、水波纹等，构图简单，风格简约。

二、成熟期（东汉及三国两晋南北朝）

东汉中晚期，浙东地区率先烧造成功了成熟瓷器。所谓成熟瓷器，就是指烧成温度、显气孔率、吸水率及抗弯强度等均已达到瓷器的标准。其胎质细腻，釉层厚润，色泽青翠，呈现出与原始瓷迥然有别的艺术境界。东汉时期，青瓷造型较为简单，有盆、壶、罍、瓿、盘、罐、碗、盏、钵、耳杯、泡菜坛、唾壶、熏炉、洗、盘口壶、虎子等，多为日常生活用品。装饰技法以刻划为主，流行弦纹、水波纹、网纹、方格纹、布纹及贴印铺首等。一般是常在碗、壶、洗等器物的口沿、肩、腹处刻划弦纹与水波纹等；瓿、罍等器物外壁拍印麻布纹、窗棂纹、网纹、杉叶纹、重线三角纹、方格纹和蝶形纹等；洗等器物外壁贴附模印铺首；模型明器的水井上堆贴绳纹；香熏采用镂空装饰。其中，以刻划的多圈弦纹与复线水波纹最具时代特色。同一时期，湖南湘阴青竹寺窑除了烧造青瓷，还兼烧少量的白瓷[1]。

三国时期青瓷装饰技法以刻划和模印为主，早期图案简单，常见弦纹、水波纹、铺首等，系上流行印制叶脉纹；晚期图案变得繁复，出现网格带纹、贴塑佛像及羊、熊、虎、蛙、鸟、鸡等动物纹。造型常见蛙形水盂、镂空香熏、双系罐、堆塑罐、双唇罐、簋、尊、胡人骑羊插器、盘口壶、兽首壶、筒形器等。三国东吴时期，出现青釉褐彩装饰工艺，主要饰在带盖罐[2]、带盖双领罐和盘口壶上，图案见有草叶、羽

人、龙、凤等植物、人物及祥瑞动物纹。

西晋时期，浙江曹娥江流域上虞地区为青瓷烧造中心。受当时社会风尚与丧葬习俗影响，流行堆塑动物，尤其善于利用器物的不同部位巧妙地做出各种动物形象，使器物精巧灵动。图案既有刻划水波纹、弦纹、鱼纹、羽翼纹等，也有压印的网格纹、联珠纹、忍冬纹和禽兽纹等，还有贴塑的铺首、佛像、辟邪、人物、朱雀和白虎等形象。日用罐、壶、盆、洗、碗等肩腹、口沿部位普遍流行装饰压印花纹带，精美含蓄，富于变化。出现了褐色点彩装饰工艺，其以铁为着色剂，施在青釉上。一般点饰在动物眼部或罐、壶类器物口沿、肩部。

东晋时期，仍以曹娥江流域上虞窑区为青瓷烧造中心。装饰以刻划弦纹、水波纹为常见，出现了莲瓣纹。尤其盛行褐彩装饰，分条形、块状与斑点等多种形式。点彩部位增多，斑点面积增大。主要饰于碗、钵、盘口壶、鸡首壶、虎子等器物上。

南朝时期，湖南湘阴窑、江西洪州窑异军突起，青瓷烧造盛极一时。造型以鸡首壶为代表，极富艺术性，其一侧为鸡首流，另一侧为双龙形柄，流与柄之间的两侧贴附桥形双系，龙嘴紧咬壶口，形成探水之势，十分生动。此外，还有盘口壶、虎子、碗、钵等。碗、钵类器物腹壁加深。因佛教盛行，图案也受佛教艺术的影响大量流行忍冬纹、莲瓣纹与莲花纹。一般是在碗、盏的外壁划饰重线仰莲纹，莲瓣圆润饱满，酷似一朵盛开的荷花。

北朝时期，北方与南方长期对峙，受战乱影响，瓷器出现较晚。北魏孝文帝494年迁都洛阳，促进了北方民族的大融合，由此吸引了大批居民南迁回归，并带来南方先进的制瓷技术。河南巩义窑、相州窑与河北邢窑、磁州窑均在这一时期开始烧造瓷器，拉开了北方瓷业发展的序幕。东魏、北齐时期，由于朝廷的重视，瓷业得到迅速发展。青瓷造型丰富，常见莲花尊、龙柄鸡首壶、虎子、烛台、砚台、罐等。装饰采用深雕、堆贴、模印、刻划等多种技法。图案受佛教盛行的社会习俗所影响，极其流行莲瓣纹、菩提叶纹、忍冬纹等。这一时期，北方地区还出现了白瓷，不仅为后来“南青北白”瓷业格局的形成奠定了基础，也为后世彩瓷的发展开辟了道路。

三、繁荣期（隋唐及五代十国时期）

隋代，政治权力集中，又形成全国大统一的局面，瓷业经济进一步加快发展。唐代，经济昌盛，文化繁荣，瓷业也步入繁荣时期。各地瓷窑纷纷兴起，并形成了南方青瓷、北方白瓷与长沙窑彩绘“青、白、彩”三分天下[3]的瓷业格局。五代十国时期，尽管朝代更替频繁，社会极不稳定，瓷器手工业生产受到严重影响，但某些地区的制瓷业仍有发展，如作为由封建政府控制、旨在为皇家服务的官窑，事实上即已出现，史籍中关于五代十国时期以周世宗柴荣姓氏命名的柴窑，被吴越钱氏政权控制的越窑，在一定程度上都具有官窑的性质。

1.隋代

隋代虽然仅有短暂的37年，但却是中国瓷业发展的重要转折时期，诸多成就均在此期出现端倪。青瓷较南北朝时更加发展，其生产中心虽然仍在南方，但已有逐渐向北转移的趋势。北方白瓷的烧制技术日臻成熟，为唐代瓷业的辉煌打下了基础。图案流行印花装饰，即以带花纹的模印工具在未干的坯体表面压印出凹凸纹样，再施釉烧造。这一时期印花以小团花为主，因印纹较深，施薄釉后，图案清晰精致，颇具时代风格。

寿州窑青瓷造型以盘口壶最具鲜明的地域特色，盘口深小，肩部置四个或六个双泥条系，有的贴塑龙柄与鸡头，颈、肩、腹部模印小团花、叶纹等，施半截釉，带泪痕，造型优美。图案采用印花、刻划花或贴花排列组合的装饰技法，形成带状或圆形图案，颇具装饰效果。

岳州窑青瓷造型以四系罐、高足盘及各式饼状小平足碗最具特色。图案采用模印、贴花、绿褐釉下彩绘等技法制作，尤以模印为特色，它是用瓷质印模在未干的瓷胎上压印出凸凹的暗花，然后施釉入窑烧制，显出釉下花纹。模印花的图案常见朵花纹、草叶纹和几何纹等，尤以朵花纹最具代表。

洪州窑延续南朝以来瓷业发展的鼎盛之势，青瓷装饰纹案有了较大的发展。装饰的宝相花纹以模印技法制作而成。这种模印宝相花纹操作简单，加工快捷，大大简化了瓷器的纹案装饰工序，提高了生产效率。

安阳窑青瓷造型以喇叭形高足盘、四系罐较具特色。其中四系罐是隋代北方青瓷系统的一种新造型，在它的上面已不再见有突起的莲瓣，而仅剩下一道突棱，像两个大圈足碗扣在一起，独具韵味。安阳窑白瓷造型有俑、镇墓兽、高足杯、盅、辟雍砚、双系螭把鸡首壶、螭首双把双身壶、罐、双耳扁壶、瓶、碗、四系罐、盂等。图案采用刻花、划花、印花等技法制作，流行莲瓣纹，亦有少量的忍冬纹、草叶纹、三角纹和水波纹等。

2.唐代

唐代历时290年，社会太平，百业兴旺，是中国瓷器史上的大发展时期，形成了“南青北白”的瓷业格局。北方以邢窑为代表主要生产白瓷，而南方以越窑为代表主要生产青瓷。同时，陕西耀州窑、安徽寿州窑、河南鲁山窑与巩义窑、湖南长沙窑、河北磁州窑等，也都烧造了风格独特的瓷器，充分展现了瓷业繁荣发展的气象。瓷器造型、装饰手法及图案内容富含多种文化元素，生动体现了唐代瓷器海纳百川、有容乃大的时代特质。

越窑在中晚唐时期进入生产高峰，由于使用“一器一匣钵”的烧造技术，并在匣钵接口处涂釉密封，这样就使烧出来的青瓷更加精美。器物造型丰富多样，盛行将器物做成瓜果和花朵形，如莲花碗、海棠式碗、荷叶碗、菱形花口碗、葵口盘、瓜形壶等，轻巧美观，样式新颖，反映了高超的成型技术。玉璧底碗是这一时期的典型造型，碗壁作90度斜出，底足旋一小圆窝，因形同玉璧而得名。此一时期，图案较为简单，部分采用划花、印花、刻花及褐色彩绘等装饰，而以追求类冰似玉的釉色为主导。

邢窑是与南方越窑齐名的北方白瓷名窑。所烧白瓷造型规整，胎质细白，釉色莹润，有“类银似雪”之称。造型有盘、碗、杯、托盏、瓶、壶、罐、注壶、辟雍砚及动物、骑马俑等。其中，皮囊壶有多种形式，造型及装饰图案均仿自游牧民族马上使用的皮囊壶，凤首形盖，器身贴塑戳印马鞍形饰及绳编图案，并饰有皮囊缝合痕迹，釉面光润，图案精美，属于专为社会上层烧造的奢侈品。

黄堡窑初创于唐代早期。盛唐之前以烧制黑釉、茶叶末釉瓷为主，烧造水平高，产品数量大。中晚唐新增复色花釉瓷及素胎黑彩、黑釉剔花填白彩、白釉绿彩、白釉

褐彩、青釉白彩瓷等。素胎绘黑釉彩瓷，图案题材与内容均借鉴了西亚波斯彩绘陶器和玻璃器装饰纹样，一般是在黑色连弧环绕的白地中心绘一朵或数朵具有强烈动感的花纹。黑釉剔花填白瓷，图案借鉴金属镶嵌装饰纹样，即先在施有黑釉器坯上剔刻花纹，再将白料填入已剔花纹的凹槽内，黑地白花，对比强烈，富有立体感。青釉白彩是在深色器胎表面绘出白色花纹，施青釉烧成，图案颇似“堆白粉”的装饰效果。

巩义窑青花极为珍贵，图案丰富：一类为传统图案，如如意云纹、卍字纹、花卉纹、蜜蜂纹等；另一类为几何形图案，常见菱形图案，其间还常常加饰以散叶纹，颇具中东、西亚地区装饰艺术风格[4]。另外，巩义窑绞胎瓷也别具特色。这是一种特殊的艺术瓷，又称搅胎或绞泥。做法是用白、褐两色（或多色）的瓷土相间揉合在一起，然后按照需要切成泥片贴于制成的器物之上，或全器利用绞泥拉坯成型，再罩淡黄铅釉或白釉，经800℃~900℃的窑温焙烧而成。图案奇妙而富于变化，有的似树木年轮或花岗岩，有的似禽鸟羽毛，精美无比。

长沙窑装饰技法融南北瓷艺之大成，新创以诗、书、画和红绿蓝等釉下多彩为主要特征的彩瓷新品种。此外，也有模印贴花装饰。彩绘题材丰富，有人物、动物、植物、建筑、山水风景、写意画及俚言俗语、诗文等，神形兼备，极具艺术性，对研究唐代文化与绘画具有重要价值，并对唐以后瓷绘艺术发展产生了深远影响。

鲁山窑花釉瓷为唐代创烧新品种，它是在深颜色的黑釉、黄釉、黄褐釉、天蓝釉或茶叶末釉上饰以浅色的天蓝或月白色的斑点，作有规则的排列，或任意挥洒。深色底釉衬托出浅色彩斑，或深浅相间，互为衬托，显得格外醒目。其色釉斑纹无一雷同，天然成趣。图案有黑釉蓝斑、黑釉黄斑、白釉青蓝斑等，有的釉层较厚，呈乳浊釉状态，凝重豪放，别具特色。

磁州窑在装饰工艺上有了重大突破。首先，打破单色釉装饰的格局，在化妆白瓷上以毛笔点酱彩绘草叶纹和麦穗纹，开创了瓷器装饰彩绘的新局面；其次，在黑釉装饰上，采用了蘸釉的手法，在盘或碗的边沿次第蘸釉，形成连环垂帐花饰，盘（碗）心露胎部分自然形成花形，增加了装饰的美感；再次，开始出现黄绿釉模印工艺。

3.五代十国

五代十国时期，南方吴越国钱氏朝廷为了维持其割据政权，用大量越窑青瓷、秘色瓷向中原政权进贡，因而促进了越窑瓷器质量和数量的提高，使越窑青瓷的生产

达到了顶峰。这一时期的越窑以生产秘色瓷为主，造型规整，制作精巧，虽以光素无纹为主，但也有的带划花图案，见有花鸟纹、莲花纹、云龙纹、飞凤纹、蝴蝶纹、云鹤纹等。另外，浙江省临安市吴越王钱镠之母水邱氏墓出土的越窑青釉褐彩如意云纹罂、越窑青釉褐彩如意云纹镂空熏炉，是六朝时期浙江彩绘瓷的继续。

耀州窑以烧造天青釉瓷为主，造型、装饰与工艺，均借鉴吸纳金银器艺术养分，取得了辉煌成就。定窑在五代时期发展迅速，造型式样丰富，有碗、盘、灯、碟、盒、罐、瓶、枕和玩具等。图案以划花装饰为主，线条洗练。磁州窑在工艺上没有太大的突破，但在黑釉装饰的基础上出现了黑釉白唇技法。

四、辉煌期（宋辽金西夏）

宋代，中原地区的瓷业发展盛况空前，边疆一带的辽、金、西夏少数民族统治区内的瓷业也取得非凡成就。全国瓷窑星罗棋布，无论质量和数量均超过以往。图案造型各具风格，反映出不同地区人们的生活需求与审美情趣。

1.官民争奇：宋代

宋代，官、民两大系统蓬勃发展。“官、哥、汝、定、钧”五大名窑脍炙人口、蜚声中外、珍同拱璧；耀州窑、龙泉窑、定窑、磁州窑、钧窑、湖田窑、建窑、登封窑、当阳峪窑、吉州窑等民窑名品众多、脍炙人口。瓷器在“市舶之利以助国用”政策激励下，开始大规模外销。据南宋后期赵汝适《诸蕃志》记载，当时中国瓷器外销到越南、柬埔寨、印度尼西亚、马来西亚、斯里兰卡、印度、坦桑尼亚、菲律宾等许多国家[5]。

1.官窑

官窑是指专由皇室建立、管辖，产品专供宫廷使用的窑场。据叶寘《垣斋笔衡》记载：“本朝以定州白磁器有芒，不堪用，遂命汝州造青窑器，故河北、唐、邓、耀州悉有之，汝窑为魁。江南则处州龙泉县窑，质颇粗厚。政和间，京师自置窑烧造，名曰官窑。”官窑美名由此传播，并为后世所沿用。庄绰《鸡肋编》记载：“……宣和中，禁庭制样须索，越加工巧。”[6]说明宣和年间瓷器益加工巧，且根据宫廷的需要按样稿烧制宫廷用瓷。宋代官窑包括北宋官汝窑、汴京官窑、官钧窑及南宋杭州修内司官窑与郊坛下官窑。

官汝窑青瓷追求釉色美，少有装饰图案。其为一种淡淡的天青色，素雅清逸，滋润含蓄，充分体现了当时崇奉道教、偏好青色的社会时尚和审美情趣。造型有洗、瓶、尊、盘、碗、碟等。

官钧窑色彩绚丽，釉色乳浊。红、紫、白等色错综掩映，千变万化，极为美观。其中以玫瑰紫、海棠红的釉色最为鲜明突出。造型有花盆、奁、出戟尊、鼓钉洗等。

南宋郊坛官窑瓷器装饰极少，但工匠巧妙地控制胎釉之间的膨胀系数，特意在器面上造成纵横交错、宽窄不同、色调有别的纹片与纹线。产品造型丰富，主要分为两大类：一类属于生活用器，有碗、盘、碟、盒、盆、罐、瓶等；另一类为陈设瓷，主要是仿周汉的鼎、鬲、簋、奁等形式的香炉及琮式瓶、槌式瓶、觚、尊、贯耳壶、花口壶、花盆等。

哥窑风格与官窑有类似之处，也是以化缺陷为奇美的开片瓷为特征。其利用胎釉膨胀系数不同，控制胎的配方，同时配以热胀冷缩的技术处理，使釉面开片或不开片，开大片或开小片，产生蟹爪纹、冰裂纹等象形开片，同时根据开片纹样，嵌以不同颜色，形成“金丝铁线”“文武片”，古朴美观，天然成趣，使瓷器釉面达到了材质美、自然美与装饰美的完美结合。

2.民窑

北宋中晚期，民窑进入了一个快速发展时期，窑场星罗棋布，产品特色鲜明，图案造型种类繁多，达到了瓷艺美学的新高峰。

耀州窑以犀利洒脱的刻花青瓷为代表，图案有牡丹、莲花、凤凰、犀牛、飞鸟等，生活气息浓郁，刻花刀法宽阔有力，刀锋圆活犀利，线条刚劲洒脱，具有浅浮雕的艺术效果。

龙泉窑青瓷异军突起，后来居上。由于较好地把握了烧造火候和还原气氛，产品多呈青绿色，釉质纯净，薄而透明。至南宋中晚期，龙泉窑青瓷制作技艺登峰造极，达到青瓷发展的巅峰，并以粉润的粉青与葱翠的梅子青独步天下。造型有各式碗、水注、笔筒、笔架、香炉、八仙塑像及仿古铜器的鬲、觚、壶、琮式瓶等。

定窑虽为民窑，但也曾为官府进贡宫廷用瓷。其以洒脱流畅的刻划花及工整严谨的印花白瓷声名远扬。印花图案多施在盘、碗的内里，题材丰富，有花卉、禽鸟、水波游鱼及婴戏纹等。以花卉纹为大宗，多见牡丹、莲花与菊花，布局严谨，线条清晰，层次分明，反映出高超的工艺水平。

湖田窑以莹缜温润的青白瓷为代表，胎骨洁白细腻，胎薄质坚，釉色青中显白，白中泛青，莹缜温润，具有玉质感，故有“假玉器”之称。图案主要以刻划花和印花技法制作，刻划花线条自然流畅，图案清晰精美。印花图案布局繁密，构图严谨，层次分明。

建窑以倍受茶家偏爱的黑瓷为代表，而带兔毫斑、鹧鸪斑等图案的更是茶器之上品，倍受社会上层人士的宠爱。

吉州窑以新颖独特的玳瑁斑、木叶贴花及剪纸贴花等瓷器为代表，使得平淡的黑釉瓷器变得趣味盎然。

磁州窑的白釉点酱彩及白釉点绿彩技法非常成熟。同时，借鉴金银器錾花技法

出现的珍珠地划花装饰十分流行。而黑釉剔花、白釉剔花更是成为磁州窑最具特点及象征意义的创新工艺。

当阳峪窑在内容题材方面一反过去习惯的规矩图案，而代之以活泼清新的花鸟、鱼虫、山水、人物等写生画面，以及诗文、成语的书法或历史故事的绘画作主题装饰，既打破了以往的陈规戒律，又创作出一种介乎图案与绘画之间的生动活泼的新风格。无论用黑彩涂抹或用印模成型，或工具剔刻，都能随同器形的要求与对象的性格作突出的表现。其图案装饰并不因为表现形式的自由奔放而忽略构图的完整性，同样能按照器物的造型作相应的组合。所有花草纹饰都不是循规蹈矩的千篇一律，而是依照植物向上生长或者旁逸斜出的生理状态，巧妙自然地运用花叶枝梗彼此间的疏密转折、阴阳反侧以及比例大小的关系，有机地组成非常适合造型的优美纹样。绞胎更是出类拔萃，它是将两种不同色调的泥料相互交替糅合在一起，然后经拉坯或模制成型，使胎体上呈现不同色调相间、盘旋蹙结的纹理，再经施釉、入窑焙烧而成。造型有罐、碗、盘、钵、瓶、执壶、盖盒等。图案变化多样，纹理自然流畅，见有羽毛纹、木理纹、水波纹、席编纹等。

登封窑珍珠地划花瓷也很有特色，它是借鉴唐代金银器錾花工艺而创制出的一种工艺瓷，图案分为植物纹、动物纹、几何纹与人物纹，而以花卉纹和动物纹为主。花卉纹常见牡丹、菊花、莲花与草叶纹；动物纹包括鱼、鸭、鸟、鹦鹉、兔、鹿、虎、凤等。造型有注壶、六管瓶、梅瓶、枕等。

吉州窑于北宋时期烧造绿釉刻花瓷，至南宋时期黑釉装饰发展成熟。单色黑釉基础上幻化而出的木叶纹、剪纸贴花、鹧鸪斑、玳瑁纹、虎皮纹、兔毫纹、洒釉彩以及褐彩绘画等，技艺高超，新颖独特，妙趣天成。尤其以具有禅趣的木叶贴花、别具一格的剪纸贴花以及质朴秀雅的釉下彩绘最负盛名。剪纸贴花是将民间传统喜闻乐见的剪纸艺术经过创造性的移植而成为独特的装饰艺术，图案在五光十色窑变釉的衬托下，显得精美而神秘。木叶贴花图案，追求天人合一的装饰效果，更是独一无二。此外，受磁州窑影响，吉州窑白地褐彩图案装饰也匠心独运，笔法细腻，风格写实，色彩柔和，含蓄秀美，具有极高的艺术价值。

笔架山窑装饰手法上以刻划花为主，图案有单线卷草纹、双线或三线花瓣纹、蕉叶纹、篦划纹、水波纹、云龙纹、平行斜线纹、菊瓣纹、莲瓣纹等，线条纤细流畅。其次是雕塑、贴花、镂空和褐釉彩绘。雕塑工艺的代表性产品除人物、动物外，还有佛、菩萨像及炉、灯等宗教法物。炉和灯以雕刻莲花瓣装饰，刀法生辣，刚劲锐利。

2.辽代

辽代是10世纪初我国契丹族在北方建立的少数民族政权，先后与五代和北宋并立，统治时间达210年之久，其鼎盛时期的疆域面积比北宋大一倍。在五京所辖范围内有林东辽上京窑、赤峰缸瓦窑、辽阳江官屯窑、大同青磁窑和北京龙泉务窑等，工艺技术受中原影响又有许多突破与创新。由于地域和民族生活习惯的差别，图案造型带有鲜明的契丹文化特色，故称“辽瓷”。

辽瓷品种丰富，有白釉、黑釉、黄釉、青釉、茶叶末釉及三彩等。造型带有浓郁的民族特色，以鸡冠壶、穿带壶、凤首瓶、鸡腿瓶、长颈瓶、多边形暖盘、方碟、海棠式长盘等为代表。其中多边形暖盘、方碟和海棠式长盘具有北方草原民族银器的特点，而鸡冠壶和凤首瓶则是判断是否是契丹人墓葬的重要依据。图案流行牡丹纹。

3.金代

金代是女真族在中国北方继辽之后建立的又一个少数民族政权。在经历了宋金战争后，南宋政权退居杭州，金国迁都于北京，曾遭受战争磨难的北方地区进入了一个稳定发展时期。女真族入主中原后，北方游牧文化与中原农耕文化彼此融合，汉化趋势明显。尤其是金世宗、章宗朝对北宋文人书法、绘画推崇备至，这种文化现象也深刻影响了当时的瓷器装饰艺术，定窑、磁州窑、钧窑、耀州窑、淄博窑等佳品迭出，取得了令人瞩目的成就。

定窑以印花白瓷为典型代表，胎质洁白细腻，釉色莹润，多呈乳白色。图案常见石榴纹、犀牛望月纹、缠枝菊纹、萱草纹等，布局严谨，构图讲究，层次清晰。

井陉窑也是以烧造白瓷为主，装饰技法丰富，有点彩、划花、刻花、印花、戳印等，图案题材丰富，多为民间喜闻乐见的花卉、动物和人物[7]。

磁州窑以对比鲜明的白地釉下黑、褐彩瓷著称于世。这是将中国传统的绘画艺术与制瓷工艺相结合的一种装饰技法，颇富笔墨情趣。图案内容丰富，有婴戏、人物、花卉、龙、凤、禽鸟、鱼虫及诗词绝句、乡间俚语等，散发浓郁的生活气息。此外，还有白釉黑釉剔粉、白釉填黑、留白填黑、红绿彩、三彩等新技法，均颇具时代特色。

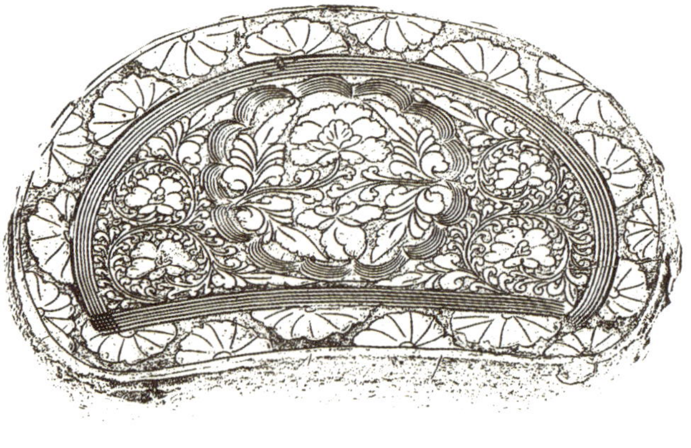

钧窑以深浅不同的蓝色乳光釉为典型，深者为天蓝，较淡的为天青，再浅者为月白，尤其是带紫红色斑块者，独具特殊风采，十分珍贵。造型也有独特之处，其中的龙首八角把杯、胆式瓶和折沿盆等，均显示出金代钧窑瓷器的特殊风貌。

三彩是在继承了唐三彩和辽三彩两者工艺技术的基础上发展起来的，并形成了自己独特的风格。以黄、白、绿三色为主，色彩运用得当，极富自然情趣。造型沿袭中原传统形制，常见盘、盆、枕等。

红绿彩是金代瓷器的重要成就之一。其制作方法是，在瓷胎上先施白釉烧成白瓷，然后在白瓷上施红彩、绿彩、酱彩、黑彩，再入窑低温烧成。图案主要有花鸟、人物等，色彩鲜艳，为后代釉上五彩的出现奠定了基础。

4.西夏

西夏是由羌系党项族人在西北边陲建立的少数民族政权，先后与宋、辽、金鼎足而立长达近200年。由于地处丝绸之路的交通要道上，历朝统治者又大都热衷于学习汉文化，故境内的陶瓷生产取得了迅速的发展，并逐渐形成了鲜明的民族和地方特色。窑场以灵武窑为代表。图案采用粗犷雄放的剔刻花装饰技法，具有浓厚的游牧民族审美情趣。剔刻花的图案也很有特色，常以婴戏、鹿纹、牡丹、莲花等为主题纹样，并饰以圆形、长方形、菱形、扇面形的刻划边缘，构图简洁，风格质朴，充分体现出党项人粗犷豪放的性格。

造型浑厚，体现了西夏游牧民族瓷器的特点。扁壶不仅生产数量大，而且形式多样。牛首埙为素瓷，形似牛头，上面有孔，吹之发声，是党项人放牧时吹奏的乐器。此外，还有法轮、金刚杵、擦擦、佛花等，这些都是党项人在佛事活动中必不可少的用具。

五、创新期（元代）

元代是中国古代瓷器发展史上迅猛扩张的时期。元代虽然仅有90多年的历史，但靖边扩域，南北一统，横跨欧亚，一跃成为世界帝国。元朝政府十分重视手工业和商业，对外采取了开放政策。空前繁荣的对外贸易为瓷业发展提供了广阔市场。瓷窑规模持续扩大，制瓷工艺不断改进，装饰品种急剧增加，并且烧制出许多富有时代特色的大件瓷器，充分体现出了元瓷大气磅礴的艺术风格。

瓷器是元代对外贸易最主要、最大宗的商品。汪大渊《岛夷志略》中明确提到以“处州磁器”“青白处州磁器”“处州磁”“处器”“处瓷”“处瓷器”“青处器”等博买的地区有琉球（冲绳）、无枝拔（马六甲）、麻里鲁（马尼拉或波利略）、苏禄（非律宾苏禄群岛或专指和乐岛）、旧港（印度尼西亚苏门答腊岛巨港）、龙牙门（新加坡南岸偏西之海峡石叻门，今名克佩尔港）、花面（印度尼西亚苏门答腊岛北部）等地[8]。瓷器外销达到了鼎盛，中国瓷器成为世界性商品，并远销至亚、非、欧三大洲的许多国家和地区。

景德镇窑在元代更加繁荣昌盛。至元十五年（1278年），元朝政府在景德镇设立“浮梁瓷局”，管理宫廷瓷器的烧制，极大促进了景德镇瓷业的发展。制瓷工艺发生重大变革，尤其是二元配方的使用，大大提升了大件瓷器的成品率。除青白瓷外，新创青花、卵白釉、釉里红、青花釉里红、高低温色釉等品种。“枢府”铭白釉瓷被认为是元代景德镇浮梁瓷局为枢密院烧制的，制作规整，品质优良，多有印花装饰，图案以云龙和缠枝花卉纹为常见。青花最为精美，图案采用白地青花、青花留白、阳纹印花与青花相结合等多种装饰技法制作，呈色艳丽，画工精细，线条稳定，具有立体效果。图案有竹石瓜果、庭院莲池鸳鸯、庭院孔雀、庭院双雉、莲池、莲池鸳鸯、走兽、龙纹、凤纹、鱼藻等，因当时戏曲呈发展趋势，故戏剧人物故事图大量问世。

钧窑在元代获得空前发展，釉色以天蓝、月白为主，蓝白交融，偶有带紫红色斑块的，则极为珍贵。图案采用堆贴、镂雕等装饰技法制作，并以堆贴的衔环兽面纹为特色。造型以碗、盘、杯、罐、炉、瓶、枕等日用器皿为主。

磁州窑白地黑花瓷器上的图案受文人画影响颇深，枕面上流行诗、词、曲、赋等文字图案及杂剧、历史等人物故事图案。瓶、罐、盆类器物上盛行花、鸟、鱼、虫等图案。

龙泉窑在元代由于海外贸易发展及国内市场需求扩大，青瓷亦有所发展。图案采用印花、贴花、镂空、堆塑、褐色点彩和露胎贴花等技法制作，尤以露胎贴花装饰为特色，因花纹部分露胎不上釉，经烧成后花纹氧化呈红褐色，与青翠的釉色相映生辉，装饰效果独特。一般施于盆、盘、碗等器物上，图案有花卉、云鹤、龙、凤及人物故事等。

吉州窑彩绘瓷发展至鼎盛。主要造型有瓶、炉、枕、器盖，图案装饰纹样有跃鹿纹、花卉纹、海涛纹、诗文等。

六、发展期（明代）

明代是古代瓷器发展史上的又一高峰期。明初洪武二年（1369年），朝廷在景德镇设立御厂，开创了一套完整的生产制度，皇权进一步强化。这些瓷器专为宫廷、皇室、官府烧造。御窑垄断优质原料，招纳最好的工匠，宫廷画师设计考究，生产不惜工本，精益求精，严苛拣选，“有明一代，至精至美之瓷，莫不出于景德镇”。景德镇成为全国瓷业中心。

景德镇窑在明代进入瓷器烧造的全盛时期，御窑继承元代传统，造型、装饰、制作均精，青花、斗彩、五彩争奇斗艳，甜白、霁蓝、霁红美不胜收，堪称绝品，将艳丽与素雅发挥到更高水平。青花成为瓷器生产主流，其素雅的风格与热烈的画面为国内各阶层所普遍接受，器型也迅速增加，几乎扩展到了人们日常生活的各个方面。皇宫御用瓷器从尺寸到图案都经由朝廷确定样式，工匠必须按样生产。根据各个时期彩绘原料的不同、绘画风格的变化以及生产工艺的变革，一般分为洪武、永乐宣德、空白期、明中期、明晚期和明末六个阶段。

明朝崇尚红色。据《明实录》载，朱元璋命礼部“诏考历代服色所尚”，礼部奏言：“于赤为宜。”赤乃红也，亦为汉族尊崇之色。洪武时期，釉里红与红釉瓷器得到急速发展，应与皇室的喜爱和需求密切相关。多为大件器，如大罐、大盘，以及梅瓶、玉壶春瓶、执壶、三足炉等，多数胎体厚重，气势雄浑。装饰图案承继元代繁密分层的特点，又逐渐表现为疏朗的风格。题材有竹石、灵芝、栀子花、茶花、牡丹、扁菊花和品字云等，具有简洁秀雅的时代特色。

永乐、宣德时期，国力强盛，中外文化交融，经济贸易活跃，御瓷生产蓬勃发展。以甜白、青花、红釉等最具时代特色。青花技术炉火纯青，由于使用进口钴料“苏麻离青”绘制，呈色浓艳。造型借鉴西亚、阿拉伯地区的伊斯兰金属器、陶器和玻璃器风格，丰富多样，以抱月瓶、八角烛台、花浇、鸡心扁瓶、双耳扁壶、方流直颈执壶等为特色。图案常见四季花卉、折枝花果、松竹梅、一把莲等植物及龙、凤等动物题材。

正统、景泰、天顺时期，因战争频繁，宫廷争权，社会动荡，经济衰退，瓷器烧造受到严重影响，也是御窑生产的低迷期，产品数量锐减，故被称为“空白期”。但从实物而言，这一时期瓷器虽然产量不大，却也制作精美。据《明史》记载，正统六年（1441年）谨身、奉天、华盖三大殿重建告成，太监王振命令景德镇御厂烧造青龙白瓷缸。1988年珠山窑址便出土了一批青花龙纹大缸残器[9]，复原后造型古朴厚重，腹部所绘云龙气势恢宏，尽显皇家威严。因此说“空白期”不空白。民窑青花瓷器上的图案也颇具时代特色，以孔雀、牡丹、蕉叶、人物故事等为常见，青花呈灰蓝色，色调浓重深沉。

成化、弘治、正德三朝为明代中期，政治稳定，经济繁荣，瓷器生产开始步入一个新的发展阶段。尤以成化官窑制品为代表，青花主要由国产钴料绘制，色调清新淡雅。图案流行香草龙、花鸟、麒麟、十字杵、婴戏等题材，绘制工整，线条柔和。斗彩新创许多造型与纹

样，如小杯上绘斗彩子母鸡、高士、秋花蛱蝶、葡萄；天字罐上绘斗彩海兽、麒麟、天马等，造型小巧玲珑，图案精美，色彩艳丽，别具一格。由于正德皇帝深受伊斯兰文化影响，故这一时期瓷器上多装饰阿拉伯文。

嘉靖、隆庆、万历三朝为明代晚期，此期青花瓷的生产以嘉靖、万历为代表，其工艺水平又步入了一个辉煌的阶段。造型以大瓶、大罐、各式葫芦瓶和方形器最具特色。因嘉靖皇帝笃信道教，故道教题材图案盛行，如八仙、云鹤、八卦、松树、鹿等。此外，也有人物故事、山水花鸟、婴戏等及“福”“寿”“国泰民安”等组字花枝图案。万历时期青花造型丰富多样，新出现壁瓶、筒瓶、攒盒、棋子罐等。图案以龙、凤、缠枝花卉、折枝花卉、婴戏为主，布局繁密，主题庞杂。

万历三十六年（1608年），伴随着明王朝的腐败，景德镇御器厂停烧。此后，朝廷穷于应对满族的兴起和风起云涌的农民起义，再也无心窑事，尤其是泰昌、天启、崇祯年间，景德镇御器厂的官窑生产基本上处于停滞状态。民窑由于社会需求与外销的活跃而得以迅速发展，呈现出蒸蒸日上的强劲势头。以青花瓷器为大宗，图案内容较为新颖。天启时期除了龙纹、花卉纹外，流行牛、兔、马、松鼠等动物纹及达摩、

罗汉等宗教人物纹。崇祯时期青花的绘画技法多有创新，图案多用粗线条勾勒，既有淡描，也用泼墨，人物及皴染山水风格粗犷豪放或细致工丽，开启了时代新风。

此外，浙江龙泉窑青瓷、福建德化窑白瓷以及山西珐华器等也颇具时代特点。

七、鼎盛期（清代）

清代，统治者入关后采取了一系列改革措施，使景德镇制瓷业生产又渐入佳境，康熙、雍正、乾隆三代达到最高峰，也是古代瓷业发展的鼎盛时期。

顺治时期御窑厂尝试恢复，但在康熙十九年（1680年）以前仍处于时烧时停的状态。直到康熙二十年（1681年）以后才渐趋稳定。

康熙时期，景德镇御窑厂由于皇帝亲自过问，并派遣官吏监督生产，瓷器烧造技术纯熟。画家参与瓷样设计更使装饰艺术发展至巅峰。如康熙时期以刑部主事充内廷供奉的书画家刘源就曾负责景德镇御窑瓷器的设计工作。据《清史稿》载："时江西景德镇开窑，源呈瓷样数百种，参古今之式，运以新意，备储巧妙，于彩绘人物、山水、花鸟尤各极其胜。"[10]御窑瓷器装饰品种繁多，著名的有青花、釉里红、青花釉里红、釉里三彩、素三彩、五彩、斗彩、粉彩、珐琅彩以及黑釉、白釉、蓝釉、红釉、黄釉、绿釉、青釉、乌金釉、紫釉、窑变釉等，异彩纷呈，绚丽多姿。造型也极为丰富，几乎涵盖时人生活的方方面面，最常见的有碗、壶、罐、杯、钵、洗、灯、盒、枕、托盏、茶碾、玩具、香具、文房、造像等，反映瓷器的功用已渗透社会生活

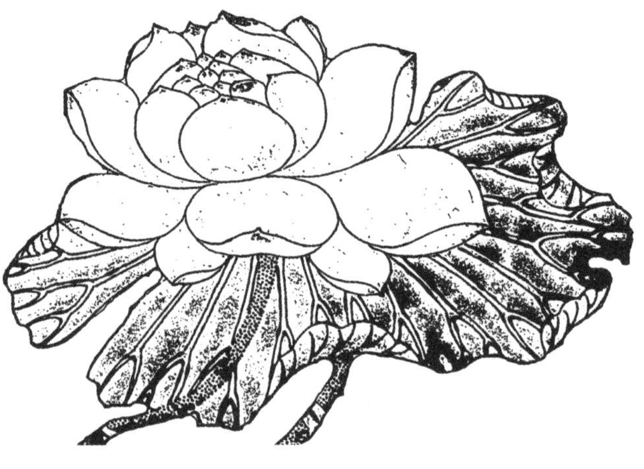

的多个层面，每种器类的式样繁多，说明功能的细化，生活品质的提升。除了内销，还大量销往海外，对世界制瓷业产生了巨大影响。因朝廷重视农业生产，耕织图应运而生。

雍正、乾隆时期，景德镇御窑秉承盛世辉煌，达到中国古代制瓷技术的最高峰。凡是明代已有的工艺和品种，多有提高和创新，并创烧出了很多新的彩釉和品种，为瓷器艺术的最后辉煌增添了异彩。

从清中期开始，景德镇瓷也开始走下坡路，但嘉庆早期，瓷器仍能保持乾隆盛世时期的品质、水平与风格。

晚清时期，瓷器生产每况愈下。就各类官窑来说，其制作数量和品种均大幅减少，质量不精。虽胎薄体轻，造型规整，但绘画水平明显下降，工艺技术水准低于先朝。

醴陵窑于光绪三十四年（1908年）成功地制作出玛瑙红、海碧、草绿、艳黑、赭色五种高温釉下颜料，并采用“三烧制”工艺，创烧出高温釉下五彩瓷器，开创了瓷器装饰艺术的新纪元。装饰图案有荷花双鸟纹、菊花鹌鹑纹、鹰纹、菊花纹、牵牛花纹、山水纹等，题材虽继承前代，但技法独特，布局新颖。

此外，福建德化窑、江苏宜兴窑、广东石湾窑及广州广彩瓷等也都在技术上精益求精，烧造出了别具特色的驰名产品。

八、流变期（民国）

民国时期是中国古代瓷业发展史上的流变期。突出表现在工艺创新、图案设计和美术教育三方面。这一时期，在胎、釉、颜料、原料和烧造技法上都有所改变与创新。图案设计成为工艺美术的一部分，文人绘瓷成为风尚，他们以瓷代纸，充分享受创作的自由。美术教育开始较为普及，成立了各类陶瓷专业学校，打破了历代艺人私下相授、子承父业的樊篱，引进了先进的教学方法，培养了一大批专业人才。

景德镇仍然为中国瓷业中心，随着御窑厂的停办及制瓷高手纷纷流落民间而开始逐渐进入改良和变革的繁荣时期，瓷业生产呈现出焕然一新的气象，瓷器绘画艺术也在各种文化思潮的冲击和影响下产生了深刻变化。尤以珠山八友为代表，“珠山月圆留清韵，瓷苑心香仰高华”。他们都身怀非凡技艺，作品风格各异，留下了许多瓷画精品。总统用瓷堪称是这一时期的官窑瓷，也颇具时代特色。

此外，醴陵窑、彭城窑、陈炉窑、潮州窑、龙泉窑、德化窑、石湾窑等也都在由传统转向现代，并在继承与开创的重要时期尝试着积极的探索与求新之路，或建立新式瓷业公司，或创办陶瓷职业学校等，谱写出瓷器发展的独特篇章。

瓷器，从夏商之际出现的原始瓷算起，至民国时期，有着4000年的漫长发展历史。其多样的造型、瑰丽的色彩、丰富的题材与博大的内涵，均演绎出不朽的传奇，是古代艺术、文化、科技史上浓墨重彩的篇章。让我们穿越时空，去欣赏那灵动的造型，细品那美丽的图案，体会那充满智慧的美好寓意，探寻那尘封已久的历史吧。

注释：

[1] 周世荣主编：《岳州窑新议》，延边大学出版社2012年版，第19页。

[2] 易家胜：《南京出土的六朝早期青瓷釉下彩盘口壶》，《文物》1988年第6期。

[3] 周世荣：《岳州窑新议》，延边大学出版社2012年版，第1页。

[4] 张浦生、霍华：《青花瓷的开创期——巩义窑的唐青花》，见《中国巩义窑》，中国华侨出版社2010年版，第278页。

[5] 〔宋〕赵汝适著、杨博文校释：《诸蕃志校释》，中华书局1996年版，第9、19、36、43、45、47、52、55、141页。

[6] 〔宋〕庄绰：《鸡肋编》（卷上），中华书局2004年版，第5页。

[7] 河北博物院编：《名窑名瓷》，文物出版社2014年版，第19页。

[8] 〔元〕汪大渊撰、汪前进译注：《岛夷志略译注》，辽宁教育出版社1996年版，第74、79、90、115、117、124、128页。

[9] 陈建明主编：《御窑密码：明代皇家瓷器特展》，中华书局2014年版，第182页。

[10] 赵尔巽主编：《清史稿》，卷五百五，列传二百九十二，艺术四。

第一章／植物图案

植物是人类在大自然中最早接触的重要审美对象，自然也就成为瓷器上的常见装饰图案。植物纹题材广泛，凡是自然界中的花、木、瓜、果皆可为饰。除本土常见物种外，还有外来及异域特产。植物融入生活与文化，不断提升瓷器装饰艺术的感染力与内涵。本书择选花卉、果蔬、草叶竹木等内容分述如下。

花卉

花卉，鲜艳亮丽，柔媚多姿，馨香四溢，除了观赏之外，还与人文精神绾结在一起，更寄托了人们对美好生活的憧憬与向往。以花卉为瓷器装饰图案，兴起于唐宋时期。后历经人格化的升华与发展，花卉题材与内容不断丰富，除自然界真实存在的花卉，如牡丹、莲花、菊花、梅花、芙蓉、海棠、山茶花等，也有人们虚构出来的富含宗教因素的花卉，典型如宝相花。花卉图案的构图形式十分灵活，有折枝、缠枝、交枝、散点等。表现手法也较为多样，或写实或写意，有主题图案的单独写照，有辅助图案的边饰提炼，也有精心构思、别出心裁的各种寓意吉祥的组合图案。

牡丹

牡丹花朵硕大，花色绚丽，姿态雍容，被称为“花中之王”，象征富贵荣华。隋代，牡丹便作为观赏植物进入宫苑。唐代，牡丹名倾朝野，见重于时，观赏牡丹成为时尚。宋代以后，赏玩牡丹之风更盛，风靡朝野。明清以来，牡丹被视作“国花”，受到人们的普遍喜爱。

唐宋时期

唐代晚期兴起了以牡丹作为瓷器装饰图案。越窑青瓷杯与定窑白瓷菱花口盘[1]内均见有牡丹纹，印花制成，图案造型显然受金银器工艺影响较深。

五代时期，黄堡窑青瓷牡丹纹，形式多样，有独枝、折枝和缠枝三种构图形式。多被施在碗、盘类器物内底及壶、罐类器物外壁。采用划花与剔刻花的装饰技法[2]。划花牡丹纹线条流畅婉转，生动自然；剔花牡丹纹花头硕大，阔叶肥满，姿态优美，刀法犀

五代黄堡耀州窑青瓷剔花牡丹纹双凤流执壶。现藏于巴黎集美博物馆

利，图案凸起，有浮雕效果。釉色淡雅，以淡天青釉为代表，素雅宁静，开启了新的审美风尚。

宋代，赏牡丹成了一种社会风气。画家李唐题画诗载："云里烟村雨里滩，看之容易作之难。早知不入时人眼，多买胭脂画牡丹。"[3]诗中反映了当时赏牡丹的盛况。这一时期瓷器上牡丹纹开始流行，定窑、当阳峪窑、登封窑、耀州窑、越窑、龙泉窑、景德镇窑、吉州窑等南北各窑场均有运用。

北宋定窑白瓷刻花牡丹纹盘。现藏于"台北故宫博物院"

定窑白瓷以刻划与印花方法制成。刻花牡丹纹大多饰于梅瓶、玉壶春瓶的器身上。印花牡丹纹主要饰于盘、碗内壁，环形布局，枝繁叶茂，花头硕大，雍容华贵。

当阳峪窑绿釉刻划折枝牡丹纹，主要饰于枕面，图案简洁明快；彩绘折枝牡丹纹以黑、黄、褐彩绘制，风格细腻，表现力丰富[4]。

登封窑珍珠地划花牡丹纹，以密似攒珠的小圆圈为地纹，以划花牡丹花作主纹，图案铺满空间，生动细腻，富有活力。

耀州窑青瓷刻花牡丹纹，刀锋圆活犀利，线条流畅刚劲，风格自然洒脱，图案立体感强，有浅浮雕效果；印花牡丹纹流行于北宋后期，有满饰、六分栏与同心圆等多种布局方式，花朵饱满，图案清晰，一目了然。

越窑青瓷牡丹纹，早期为细线划花，中期流行刻划花。所谓刻划牡丹纹，即以单侧斜坡状阴线刻轮廓线，内填极细茎络纹，图案清晰，线条明快，间绘有叶子，画面热烈而饱满。

龙泉窑青瓷牡丹纹，北宋早中期为细线划花，淡青釉色为典型。北宋中期出现刻划花，多采用对称屏风式布局。北宋中晚期流行刻花，刀法熟练，线条流畅，疏密有致，灵动抒情。

景德镇窑在南宋时期流行青白釉牡丹纹，以刻划与剔花为主，图案精细，工艺娴熟，代表了当时青白瓷装饰艺术水平。

北宋青釉刻花牡丹纹梅瓶。现藏于上海博物馆

南宋景德镇窑青白釉刻划牡丹纹带盖梅瓶，1991年四川省遂宁市南强镇金鱼村一号窖藏出土。现藏于遂宁市博物馆

南宋景德镇窑青白釉剔花牡丹纹奁式炉，1991年四川省遂宁市南强镇金鱼村一号窖藏出土。现藏于遂宁市博物馆

北宋当阳峪窑绿釉刻花折枝牡丹纹腰圆形枕，1982年焦作市赜城寨出土。现藏于焦作市博物馆

吉州窑绿釉刻花缠枝牡丹纹，主要采用双线刀法刻成，下刀深刻，线条宽阔有力，图案犀利洒脱，立体感强，具有浅雕感。

辽金时期

辽代瓷器上也很流行牡丹纹。装饰技法多样，以刻划花、剔划花、三彩印花、色釉印花为主。刻划花牡丹纹凤首瓶[5]，造型似一只伸颈敛翼直立的凤鸟，栩栩如生。通体施绿釉，腹部刻划牡丹纹，造型独特，体现了辽代瓷器的造型风格与工艺特色。剔划花牡丹纹长颈瓶[6]，腹部先采用剔地法剔出牡丹纹的轮廓，再以划花技法表现花瓣、叶脉等细部，生动形象。三彩印花牡丹纹海棠盘[7]，盘心模印一株牡丹纹，枝叶为绿色，

辽代三彩印花牡丹纹海棠盘，辽宁省凌源市三家子乡付家屯出土。现藏于辽宁省凌源市博物馆

辽代绿釉刻划花牡丹纹凤首瓶，内蒙古兴安盟突泉县郭家屯辽墓出土。现藏于内蒙古博物院

花朵橙黄色，地子白色，黄、绿、白三彩，搭配和谐，明快艳丽。色釉印花牡丹纹海棠盘[8]，盘底印花牡丹纹、双蝶纹，整体施绿釉，釉色青翠，釉面光润，图案清晰，带有浓郁的契丹风格，体现出北方草原游牧民族的审美情趣与地域特色。

金代瓷器上大量运用牡丹纹为装饰图案。

磁州窑牡丹纹题材丰富，技法多样。一为白釉划花填黑彩牡丹纹，其制法为：先在白化妆土上划出花纹，再用毛笔在花纹以外的部分涂上黑彩，最后施透明釉入窑烧造，成品为黑地白花，与白地黑花形成截然相反的艺术效果。二为白地绘划花牡丹纹，其也是在白化妆土上用毛笔蘸黑彩绘画，但不同的是，要先用黑彩涂出花纹的轮廓，再用利器划出细部[9]。三为白地黑花牡丹纹，花朵姿态万千，有大叶折枝牡丹、大叶缠枝牡丹、碎叶缠枝牡丹、缠枝并蒂牡丹、缠枝对叶牡丹、交枝牡丹、单株牡丹等多种形式。牡丹花头有两层多瓣式、三层多瓣

金代磁州窑白地黑花花卉纹梅瓶，1985年河南省镇平县出土。现藏于河南博物院

金代磁州窑白地绘划花折枝牡丹纹大口瓶，1987年磁县观台窑遗址出土。现藏于磁州窑博物馆

式、宝塔式、三层向心式、三组折枝式等[10]。往往大件器物上饰以小碎叶的缠枝牡丹纹，小件器物上则多用复杂的大叶折枝牡丹纹。四为绿釉绘划花牡丹纹，即在白地绘划花牡丹纹上再施以绿釉，风格典雅，十分罕见。五为绿釉刻花缠枝牡丹纹，布局繁密，缠绕有序，线条流畅。六为白地红绿彩牡丹纹，红花绿叶，富有生机。

当阳峪窑三彩剔花牡丹纹，主要饰于腰圆形枕[11]枕面开光内，由绿、黄、白三色构成，色彩素雅，体现出独特的装饰艺术特色与风格。

定窑白釉褐彩剔花折枝牡丹纹与划花牡丹纹也十分精美，代表了金代定窑的装饰艺术水平。

金代磁州窑红绿彩折枝牡丹纹盘。现藏于日本大阪市立东洋陶瓷美术馆

金代三彩牡丹纹剔花枕，1987年焦作市九里山乡陆村采集。现藏于修武县博物馆

金代定窑白釉褐彩剔花折枝牡丹纹枕。现藏于定州博物馆

元代景德镇窑青花缠枝牡丹纹大罐。现藏于山西博物院

元代景德镇窑青花缠枝牡丹纹塔式盖罐，1975年黄梅县西池窑厂出土。现藏于湖北省博物馆

元明清及民国时期

元代，景德镇窑青花牡丹纹与龙泉窑青瓷刻花牡丹纹极其精美，代表了当时这一图案的最高艺术成就。

景德镇窑青花牡丹纹装饰技法多样。一种为印绘结合，即采用印花与青花绘画结合。通常是在同一装饰带中，花卉和枝叶等均为印花，花纹凸起，而花纹以外用钴料填满不留空白，印花图案线条圆润凸起，立体感强，具有浅浮雕的艺术效果；二种为刻绘结合，即先在胎上刻划出牡丹的叶茎，然后再绘钴料，烧成后刻茎处的颜色明显深于其他部位，使牡丹花叶更加生动逼真；第三种为青花拔白，有蓝地白花与白地蓝花同时使用的，也有只采用蓝地白花一种装饰的。构图多为缠枝式。花朵形状饱满，以盛开怒放的大花为主体。绘画时先用细线勾勒花瓣，再在花瓣内填色，多为复瓣，边缘留白。以正、侧、俯、仰等不同视角呈现，牡丹姿态万千，丰腴雍容。绘制叶子时先勾叶脉再填满色，叶片宽阔肥硕，作五出状。枝条婉转婀娜，富有弹性，散缀的嫩芽与苞蕾亦被绘制得十分精细。

龙泉窑青瓷刻花牡丹纹多被施在凤尾尊、大瓶等级别较高的陈设器上。装饰技法多样，有模印贴花、刻花、镂空与戳印花等，尤以模印贴花和戳印为代表。模印贴花缠枝牡丹纹，图案清晰，有浮雕感[12]。戳印牡丹纹出现于元代中晚期，其是将图案预先刻在泥模上，入窑烧成瓷质印模，然后再印在瓷坯上。主要为阴刻印模，表现在器物上为阳

元代龙泉窑模印贴花牡丹纹双耳瓶。现藏于土耳其托普卡比宫

文印花[13]，图案在青绿釉色映衬下格外醒目，富装饰情趣。

明清时期，尤以景德镇窑牡丹纹最具特色，朝代不同，风格各异。

明代永乐青花缠枝牡丹纹，主要饰于大盘、大直口碗的内底。除了作边饰辅助图案，也被用作主题图案。成化、弘治时期，民窑青花牡丹纹常与湖石组合，卷叶螺旋状似葫芦，叶片细小如蚌壳。正德、嘉靖时期，民窑青花缠枝牡丹纹花瓣边缘为连弧形，瓣内勾筋线，叶形似鸭掌。

清代顺治、康熙时期，牡丹纹为花朵盛开状，花瓣分向两侧，中心出叉，似动物犄角，故名“双犄牡丹”。康熙以后品种增多，除了青花、五彩外，还有粉彩、珐琅彩等。珐琅彩瓷器上的牡丹，花瓣肥厚，花朵饱满，叶片卷曲，间有花骨朵，含苞待放，惹人喜爱。雍正、乾隆时期，粉彩牡丹纹以官窑制品为代表，多采用连枝带叶形式一并入画，绘工娴熟，画面精美。加之瓷器胎体细薄，胎质细腻，釉色洁白，牡丹花纹色彩丰富，色调明快

清雍正景德镇窑粉彩牡丹纹盘。现藏于北京艺术博物馆

艳丽，使得富贵吉祥的宫廷气息更为浓烈。清代晚期，长期执掌政权的慈禧太后对牡丹尤为钟爱，无论是从皇家御苑颐和园中的国花台，还是宫廷女画家缪嘉蕙为其代笔绘制的花鸟画，抑或是大雅斋瓷器上屡屡出现的牡丹纹中，均可见一斑。

民国时期，景德镇窑粉彩牡丹纹多为仿前朝之作。其中，以仿康熙时期夸张的双犄牡丹纹与乾隆时期的写实牡丹纹最具特色，花形各异，姹紫嫣红。但枝干的画法过于平实，花叶的反侧变化与层次感也略显不足[14]。

莲 花

莲花，睡莲科，莲属。《诗经·泽陂》曰："彼泽之陂，有蒲与荷。"《尔雅·释草》载："荷，芙渠……其实莲。"莲本指荷实，后世莲、荷混用，也多将其称为荷花。南北朝时期，受佛教艺术影响，莲花纹代表"净土"，象征纯洁、清净与吉祥。

唐代越窑青瓷荷花纹碗。现藏于慈溪市博物馆

唐代越窑青瓷划花荷花纹四系罂。现藏于慈溪市博物馆

隋至宋代

隋代，瓷器上开始流行莲花纹。安阳窑青瓷线划或贴塑的莲花纹，多施于器盖、碗心、瓶肩或器座上。花瓣六片，每片花瓣分两层，里心有莲子，一般为七颗。

唐代，莲花纹兼具写实性与艺术性。越窑青瓷碗内常见划花莲花纹，连花带叶，颇具特色。长沙窑青釉褐绿彩绘制的莲花纹，花朵绽放，荷叶舒展，叶茎弯曲，迎风轻舞，形态生动，有生命感。如专家所评价："莲花以写意为主，含苞待放，或

唐代长沙窑青釉褐绿彩莲花纹注壶，1983年湖南省长沙窑址出土。现藏于湖南省博物馆

含羞半开，而不见残枝败叶。”[15]

五代十国时期，南方越窑青瓷划花莲花纹常与莲叶组合在一起，多为两组，对称布局，互为衬托。北方黄堡窑青瓷划花莲花纹，线条流畅婉转，也颇具艺术效果。

北宋时期，莲花尤为文人墨客们所喜爱。著名哲学家周敦颐所作《爱莲说》中的“出淤泥而不染，濯清涟而不妖”成为赞誉莲花清高品格的经典。受当时文人审美情趣影响，这一时期的瓷器上极为盛行装饰莲花纹。

定窑白瓷刻划花莲花纹极具艺术感染力。有时在盘心或碗心刻划一朵盛开的折枝莲花，硕大的花头居于内底中央，下部点缀几片枝叶，画面清新自然，满而不乱；有时以舒展的荷叶托起一朵盛开的莲花，清新雅致，具有独特的韵味；有时为双花双叶，首尾相衔，运刀娴熟，线条婉转缠绵，飘逸流畅；还有时在内底中

北宋定窑白瓷刻花缠枝莲纹盘。现藏于“台北故宫博物院”

北宋新密窑白釉珍珠地划花莲花纹豆形枕，1992年河南省陕县宋墓出土。现藏于陕县文物管理委员会

央刻一莲蓬，盘壁绕满莲花、莲叶与茨菰，花叶舒卷，构图繁密，体现了“接天莲叶无穷碧”的美好意境。

新密窑白釉珍珠地划花莲花纹，多饰于豆形枕的枕面开光内，珍珠纹饰地，划花装饰莲花与莲叶纹，图案线条内均填褐赭色料，主题突出，十分醒目。

耀州窑北宋中晚期流行带有莲蓬、莲叶的莲花纹，水波莲花与缠枝莲花纹也很常见。

龙泉窑北宋中晚期青瓷刻花莲花纹，多被饰于碗、盘类器物内壁，工艺技法纯熟，线条流畅自然，加之釉色透明，光泽度好，使釉面与刻花装饰完美结合，相得益彰，装饰效果极佳。

景德镇窑流行青白釉刻划莲花纹与剔花莲花纹。以奁式炉、鼎式炉等为典型代表[16]，釉色淡雅，工艺娴熟。

吉州窑南宋时期流行白地褐花莲花纹，常被施于瓶、罐、炉类器物腹部开光内。有的是一朵盛开的莲花辅之以一片荷叶，构图丰满充实；有的是舒展的荷叶上配以盛开的莲花，称“叶托莲花”，画面清新雅丽，灵动抒情；有的是两朵莲花，一上一下，仰覆相对，彼此呼应；还有的是三组莲花，莲叶向心，花头朝上，茎叶弯曲，富有动感，生动活泼。

南宋景德镇窑青白釉剔花莲花纹奁式炉，1991年四川省遂宁市南强镇金鱼村一号窖藏出土。现藏于遂宁市博物馆

南宋吉州窑釉下彩绘莲叶托荷花纹三足炉，1990年江西省宜春市窖藏出土。现藏宜春市博物馆

金代

据宋代罗大经《鹤林玉露》载：“孙何帅钱塘，柳耆卿作望海潮词赠之云：‘东南形胜，三吴都会，钱塘自古繁华。……有三秋桂子，十里荷花。羌管弄晴，菱歌泛夜，嬉嬉钓叟莲娃。千骑拥高牙，乘醉听箫鼓，吟赏烟霞。异日图将好景，归去凤池夸。’此词流播，金主亮闻歌，欣然有慕于‘三秋桂子，十里荷花’遂起投鞭渡江之志。”[17] 由此可见，在金代，莲花是颇受青睐的一种花卉，荷艳桂香的江南美景令人向往，同时也带给时人特殊的审美情结与美好寓意。故此时期瓷器上常见莲花纹装饰，制作精心且风格多样，独具时代与地域特色。

金代耀州窑刻花莲纹盘，山西省侯马市出土。现藏于山西博物院

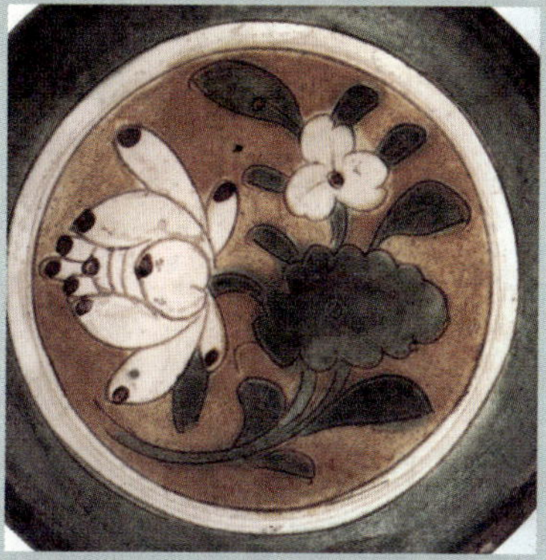

金代三彩划花莲纹盘，1999年山西省侯马市中行工地M14出土。现藏于侯马市博物馆

耀州窑青瓷刻花莲纹别具一格，刀锋犀利，图案清晰。以盘为典型代表，盘内底刻弦纹一周，弦纹内刻花装饰折枝莲花纹，画面为一片莲叶托着一朵莲花，构图简练，风格质朴。

磁州窑白地黑花瓷器上也常见莲纹装饰，其构图与宋画《出水芙蓉图》[18]极为相似。此时期，河北观台磁州窑承袭北宋传统，继续流行在瓷器上装饰白釉篦划莲花纹。其制作方法同划花，只是所用工具不同，即以篦类工具在施了化妆土的瓷器上划饰地纹，线条流畅，工艺简洁，装饰性强。一般在碗类器物的内壁划刻莲花纹，有时为三花三叶，有时为两花两叶，均以篦划纹为地。此外，白地黑花缠枝莲花纹与黑地留白折枝莲花纹也十分常见，是运用较为广泛的两种装饰图案。其中叶托莲花，即一朵盛开的莲花辅之以一舒展荷叶的构图形式仍然盛行，画面简洁，清新雅丽。北方瓷窑还兴起三彩划莲纹装饰，即先采用划花技法在瓷器上勾勒出莲纹轮廓，再于其上施以黄、绿、白等色，十分美观。

当阳峪窑红绿彩绘制的莲花纹也较具特色。画面中的莲花大朵盛开，构图十分新颖，其尖圆向上的花瓣与下俯的荷叶凸显了莲花的清丽姿态。

金代定窑白釉印花莲纹碗。现藏于河北省曲阳县文物保管所

金代定窑白釉刻花莲纹盘。现藏于北京故宫博物院

定窑的刻花莲花纹，线条清晰流畅，刀法娴熟，富于变化，构图简洁，清丽雅致。印花莲纹也十分精美，其使用刻有精美纹样的模具将纹饰翻印到坯体上，将模印成型与印花工艺相结合，适于大批量生产，主要用在印花碗上。构图满密，严谨清晰，显得富丽堂皇，时代特征鲜明。

元代

元代，瓷器上更加盛行装饰莲花纹，其中景德镇窑元青花瓷上的莲花纹最为精美。

景德镇窑青花瓷器上的莲花纹，有的与石上芭蕉组合在一起构成庭园小景；有的被填绘于云肩形开光内或变形莲瓣内；还有的以莲池或缠枝形式出现。莲花的画法十分精美而独特，一般以勾勒法绘出轮廓，再在瓣尖处点染，花瓣呈麦粒状，边缘留白边，莲叶为葫芦叶形。其中，莲池纹多被饰于大盘的内底，而缠枝莲纹则多被施于大盘的外壁，画面生机盎然，似浑然天成，给人以水天一色、荷香万里的美妙意境。

吉州窑白地褐花釉下彩绘叶托荷花纹极具时代与地域特色，尤以当时非常流行的焚香用具——三足炉上的图案最为精美。一般是在炉的腹部锦地开光，开光内绘叶托莲花纹，浓墨重彩的荷叶上托起一朵盛开的莲花，莲花淡描留白，显得格外醒目。

磁州窑瓷器上以一种类似酒幌或匾牌构图的白地褐彩莲花纹最具特色，无论在构图形式上还是装饰内容方面均有极大创新与突破。如“秋露白”大口罐[19]即为典型代表，腹部以褐彩绘一长方形花框，框的两边施如意云头纹，上方覆盖莲叶纹，底部由一朵莲花承托，花框内行书“秋露白”三字，表明是酒罐。另有框内书写“神芎丸”者，表明为药罐。

元代磁州窑白地褐花“秋露白”大口罐，1982年河北省广平县东张孟村出土。现藏于河北省邯郸市文物保护研究所

龙泉窑青瓷上常见刻花莲花纹，主要以折枝花形式被饰于大盘或大碗的内底。元代中晚期龙泉窑还出现了戳印莲花纹，即将需要表现的题材预先刻在泥模上，入窑烧成瓷质印模，然后印在瓷坯上。主要为阴刻印模，表现在器物中就是阳文印花[20]。采用戳印技法制作而成的莲花纹在青绿色釉映衬下显得格外醒目，极富装饰情趣。

明清及民国时期

明代，瓷器上的莲花纹装饰极为常见，其中以景德镇窑彩绘莲花纹最具代表性。永乐时期，景德镇窑青花瓷上十分流行装饰缠枝莲花纹，图案多被饰于盘、碗的内外壁，所绘莲花花大叶小，叶片清秀，与元代大花大叶的莲花纹风格迥异。也见有折枝莲纹，多饰于侈口碗的内底[21]。宣德时期，景德镇窑青花缠枝莲花纹仍然较为常见，画意豪放，线条流畅，布局灵活，显示出极高的瓷绘艺术水平。成化官窑斗彩团荷纹的制作尤其精美，代表此时代较高的工艺与艺术水平。成化至弘治时期，景德镇民窑青花缠枝莲纹上的花心向里卷曲，呈螺旋形，花瓣作麦穗状，卷叶粗短，有的呈鸡爪形或三角枫叶状。正德至嘉靖时期的景德镇民窑青花缠枝莲纹，有的花头也呈螺旋形，但卷叶较小，呈舞蝶状；有的花瓣与卷叶形似飘动的彩带。与此同时还

明宣德景德镇窑青花缠枝莲花纹盘。现藏于北京艺术博物馆

明万历景德镇窑青花缠枝莲纹梅瓶，1958年明万历皇帝的定陵地下宫殿出土。现藏于北京定陵博物馆

出现了白描莲瓣纹。万历时期的景德镇官窑青花缠枝莲纹以定陵地下宫殿出土的万历青花缠枝莲纹梅瓶[22]上的图案为代表，采用双勾线后再填涂晕染的技法绘制，但彩料往往溢于双勾轮廓线之外，与成化时期的制品相比显得十分草率，但却又形成了这一时期的艺术特色。此外，明初龙泉窑官器上盛行装饰刻花莲花纹，刀法娴熟，做工精细，线条流畅，仿佛以刀代笔，挥洒自如，将刻花工艺推向了登峰造极的高度。

清代，莲花除了故有的宗教色彩外，更多的是作为吉祥图案广泛运用。康熙时期，青花莲花纹极为常见，满布器身的缠枝莲纹花叶更给人以繁衍、连续的视觉冲击力。五彩莲花纹姿态各异，色彩丰富，画技高超，构图饱满，叶片肥厚，花朵盛开，呈怒放姿态，颇具艺术感染力，代表了当时瓷绘艺术的最高水平。雍正时期，景德镇官窑还创烧了以缠枝莲纹为主题图案的赏瓶，取青花之“青”及莲花之“莲”与“廉”谐音，寓意“清廉”。据《清档·雍正记事杂录》载，“雍正八年（1730年）十月奉命再将赏用瓷瓶烧造些来”，赏瓶之名由此而来，专用作帝王赏赐臣下，期望他们为政清廉。雍正时期的赏瓶极其罕见，乾隆以后历代均有较多烧造，成为清代官窑御用瓷器的经典品种。除了青

清乾隆景德镇窑青花缠枝莲纹大花盆。现藏于北京艺术博物馆

清康熙景德镇窑青花缠枝莲纹大罐。现藏于北京艺术博物馆

清康熙景德镇窑五彩花鸟纹瓷砖。现藏于北京艺术博物馆

清咸丰景德镇窑青花缠枝花卉纹赏瓶。现藏于北京艺术博物馆

清宣统景德镇窑粉彩莲池纹碗。现藏于北京艺术博物馆

清雍正景德镇窑粉彩荷花纹盘。现藏于天津博物馆

花外，还见有粉彩及各种色釉描金品种。在乾隆青花缠枝莲花纹鹿头尊上，通过有次序的穿插，将6组18朵盛开的鲜花串连在一起，密而不乱，繁而不杂，恰到好处。清末宣统时期粉彩荷莲纹的风格与样貌均延续前朝，绘画较为细腻，制作也颇为精致，只是色彩显得较为浅淡。因莲花的“莲”音同“连”，故这一时期瓷器上的莲花常伴随鹭鸶等其他图案组合出现，寓意一路荣华、科举连中等，充分表达出人们对美好生活的祈盼。

民国时期，缠枝莲纹无论构图与画法均无新意。尤以青花缠枝莲纹碗为代表，造型与图案均追模前朝旧制，绘画工艺大为简化，花朵勾线填色，留白边；花枝一笔点划，缺乏自然流畅之感；叶片仅叶脉勾线，不见渲染，总体艺术水平不高。但因物美价廉而受到普通市民阶层所欢迎，故一直延烧未衰，始终占有较高的市场份额。

菊 花

菊花秀美多姿，因盛开在百花凋零之际，故被视为秋天的代表花卉。屈原《离骚》曰：“朝饮木兰之坠露兮，夕餐秋菊之落英。”菊花也可入药，人们认为服后能够益寿延年，因此菊花又寓有长寿之意。早在汉代，社会上便形成了在重阳节饮菊花酒求长寿的习俗。此外，菊花傲霜怒放的特点，故在儒家文化中被视作不畏强暴的刚毅性格的象征。

唐末五代时期，菊花被用于瓷器装饰图案。黄堡窑青瓷划花团菊纹，多饰于盏、碟、碗、盘、盆、套盒及器盖上，模印菊花纹见于盅类器物的外壁。

辽代黄釉印花菊花纹梯形枕，1983年大阪镇和布特哈达2号辽墓出土。现藏于内蒙古巴林右旗博物馆

辽代，瓷器上菊花纹有所发展，有的以三彩印花形式饰于海棠盘上，色彩艳丽明快，

北宋耀州窑青釉印花缠枝菊纹碗，陕西省西安市西大街出土。现藏于耀州窑博物馆

北宋登封窑白釉珍珠地划花花卉纹银锭形枕。现藏于郑州博物馆

图案清晰精美；有的以黄釉印花形式饰于枕侧壁，在黄釉衬托下，色调明快，有立体效果[23]。

宋代，菊花纹装饰的瓷器在南北方各大窑场都有烧造。耀州窑先后流行团花、缠枝与交枝等形式的菊花纹。登封窑珍珠地划花菊花纹，花蕊以珍珠地技法表现，形象生动。景德镇窑青白瓷印花菊花纹，花苞小巧，花朵盛开，枝叶疏落有致。北宋晚期龙泉窑青瓷刻划缠枝菊花纹，满布器物内外腹，粗线条刻轮廓，篦划纹饰地，风格繁缛。

金代红绿彩折枝菊花纹盏，1954年山西省榆次猫儿岭出土。现藏于山西博物院

金代，瓷器上菊花纹装饰技法多样。定窑白瓷印花菊花纹制作工艺独特，其将模印成型与印花工艺相结合，使用刻有精美纹样的模具翻印图案到坯体上，使产品规格化的同时也提高了生产效率，主要用在盘、碗等圆器制作上，构图严谨满密，图案清晰，精美细致，具有时代标志性。磁州窑系某些窑场烧造的红绿彩菊花纹也颇具特色，红花绿叶，色彩艳丽，画风洒脱，富艺术感染力。

元代景德镇窑青花云龙纹象耳瓶。现藏于英国大维德中国艺术基金会

元代磁州窑白地黑花菊花纹四系瓶，1972年河北省丰南县双港村出土。现藏于河北省文物研究所

元代磁州窑白地黑花菊纹罐。现藏于临城县文物保管所馆

元代，景德镇窑青花菊花纹极为精美。花瓣椭圆形，分单层与双层，大半填色，少半留白；花蕊为椭圆形、螺旋状或网格状；叶片呈爪状或葫芦形，连笔点绘，气韵连贯。磁州窑白地黑花菊花纹，多装饰于罐、瓶类器物腹部，花朵盛开，枝叶繁茂，笔意率性，风格洒脱。

明代，景德镇窑以青花、釉里红笔绘菊花纹的艺术水平最高，时代不同，风格也随之变化。洪武时期，青花及釉里红菊花纹均呈扁圆形，花朵高低错落缀满枝蔓，花蕊为椭圆形双线圈内填网格，花瓣为两层长圆形。因烧制时还原气氛不足，颜色发灰。永乐、宣德时期，青花缠枝菊花纹，画面生动，极具装饰性。宣德时期的折枝菊花纹，线条流畅，画意豪放。成化时期，除了青花，还流行斗彩菊花纹。斗彩团菊纹多施于碗[24]外壁，以红、黄、绿、蓝四种颜色的菊花构成团花形状，设计巧妙，施彩艳丽，制作精细，颇具时代特色。清代多有仿制。

清代康熙时期，景德镇窑五彩菊花纹，绘画技艺高超，线条流畅细腻，色彩艳丽逼真，颇具写实效果。雍正时期，各种彩绘菊花纹，色彩搭配自然和谐，色调鲜丽柔

清康熙景德镇窑五彩花鸟纹瓷砖。现藏于北京艺术博物馆

清康熙景德镇窑五彩菊纹笔筒。现藏于北京艺术博物馆

清雍正景德镇窑斗彩团菊纹碗。现藏于北京艺术博物馆

清乾隆景德镇窑斗彩团菊纹盖罐。现藏于北京艺术博物馆

清雍正景德镇窑粉彩花蝶纹盘。现藏于北京艺术博物馆

清雍正景德镇窑斗彩团菊纹碟。现藏于北京艺术博物馆

和，充分表现出花叶深浅不一、阴阳向背的质感与姿态。乾隆时期，以珐琅彩菊花纹最为精美，饰于瓶上更显高贵典雅，具有较高的艺术欣赏性。晚清时期，多为仿康雍乾之作，很少创新。

民国时期，景德镇瓷绘大师王步的粉彩菊花纹，墨叶红花，筋脉留白，花瓣双勾填色，细长而卷曲，带有浓郁的装饰韵味。张志汤的粉彩菊花纹，红、黄、紫各色花朵，姿态各异，色彩逼真；菊叶墨线勾脉，色调深浅变化，过渡自然，写生效果绝妙[25]。

梅 花

梅花，凌寒傲雪，是冬天的代表花卉。由于它有着雅洁高逸的气质、疏影横斜的韵致、清幽动人的香气与英勇无畏的品格而颇受古代文人的喜爱。另外，人们还以它那盘曲的虬枝老干寓意长寿，老树新花寓意复苏与重生，花开五瓣代表五福。总之，梅花是象征人生福祉的吉祥花。

隋代，江西洪州窑青瓷[26]上最早出现梅花纹，但仅限于花朵的表现。其制作采用这时期出现并流行的新的装饰技法——戳式模印花。[27]多施于钵、高足盘的内侧，排列有序，图案工整。

唐代，梅花纹延续前朝风格，除洪州窑的戳印梅花朵纹外，耀州窑新创素胎黑花梅花纹，匠心独运，更具装饰性。

宋金时期，北方耀州窑用带有枝干、小叶、花朵的干枝梅作为青瓷装饰，并出现了松、竹、梅组合构成的“岁寒三友”图、喜鹊立于梅枝上的“喜上眉梢”图及婴戏梅图。

南宋吉州窑釉下彩绘梅花纹盖罐，1972年江西省吉安市青原山出土。现藏于江西省博物馆

南宋吉州窑梅花纹装饰技法极为丰富，有剔花、白地赭绘花、剪纸贴花等，多饰于梅瓶、长颈瓶、炉等陈设或焚香用具上。画面构图疏朗，疏枝花影，姿态生动，风格古雅。

元代，瓷器上的梅花纹装饰较为普遍。龙泉窑新创青瓷露胎模印贴花梅花纹，多饰于大盘的盘沿上，梅花一般为八朵，五瓣，鲜明突出，立体感强。景德镇窑瓷器上的梅花纹更是常见，有高温钴蓝釉金彩梅花纹、青白釉印花梅花纹[28]及青花梅花纹等。其中，尤以青花梅花纹最为精美。

明代，景德镇窑青花梅花纹艺术水平最高。宣德民窑青花碗里心常绘腊梅，构图简练，绘画流畅自如。明代中期成化至弘治年间流行月映梅纹，梅花为空心，称为

元代景德镇窑青花松竹梅纹为双耳瓶。现藏于江西省博物馆

清康熙景德镇五彩梅花纹杯。现藏于景德镇陶瓷馆

清道光景德镇窑红彩梅花纹盘。现藏于北京艺术博物馆

清宣统青花梅花纹碗。现藏于北京艺术博物馆

“空心梅”，具有鲜明的时代特征。天启民窑青花流行绘画折枝梅花纹。

清代，梅花纹除了常见的青花外，还有五彩、红彩、粉彩与珐琅彩等。康熙时期流行冰裂梅花纹，品种有青花与五彩，除了大量被用作辅助边饰外，还被装饰于罐和瓶类器物的器身上面，极具装饰艺术性。雍正时期，珐琅彩上的梅花纹尤为工细精湛，生动写实。有的绘制于碗上，以茄色绘梅干，黄色绘花蕊；有的绘制于盘上，以黑彩为地，留白为梅花；还有绘制于小碗上，以胭脂紫为地，留白为梅花。画面十分古雅，具有传统中国画的韵味。晚清时期，瓷器上的梅花纹图案化倾向明显，至清末宣统时期，线条僵硬，花朵呆板，缺乏神韵。

民国时期，景德镇窑粉彩梅花及醴陵窑釉下五彩梅花纹制作精美，尤以艺术大师们的作品最具代表性。景德镇瓷绘大师田鹤仙即以梅花独步瓷坛。其所绘制的粉彩月影梅，用笔简练，老干虬曲，梅枝挺拔，梅影清淡，花瓣红色，晕彩点染，别有韵味，开启了时代新风。

兰 花

兰花，清雅高洁，香气怡人，被誉为“花中君子”，古时还有“兰之香，盖一国”的美誉。兰花为多年生草本植物，主要有春兰、蕙兰、建兰、寒兰、墨兰等品种，在我国栽培历史悠久，是中国传统名花之一。兰花因其舒展的身姿和幽雅的清香而备受推崇，历代的文人墨客也留下了很多赞美兰花的诗篇，如唐代诗人李白诗云：“幽兰香风远，蕙草留芳根。”古人以幽谷兰喻隐逸之君子，视兰花为淡泊高雅的“君子之花”，其与梅、竹、菊并称花中四君子。兰花是山区常见的花卉植物，到处都有生长，随处可见，故将其作为瓷绘素材，应是匠人们对大自然的真实摹写。

早在唐代，陕西黄堡窑创烧的素胎黑花瓷器上便出现以黑釉绘制的兰花纹，笔法简练自如，配上与之反差较大的黄白地色，格外醒目，具有鲜明的地域特色。

南宋时期，瓷器上开始流行以兰花为装饰图案。其中，吉州窑釉下彩绘兰草纹绘制精美，多饰于瓶的腹部以及枕的侧壁，叶茎舒展，花朵绽放，衬以蝴蝶，蝶舞花间，一动一静，相映成趣，画面生机盎然。

南宋吉州窑釉下彩绘兰花纹瓶。现藏于江西省博物馆

北宋晚期至金代，北方的磁州窑也常把兰花纹装饰于盘、碗等类器物的中心或外壁，画工洒脱，笔道酣畅，寥寥数笔便勾勒出清秀雅致的兰花形象，而白釉褐彩的对比又彰显出器物的古朴之美。

元代，景德镇窑青花瓷上的兰花纹，多与山石组成构图，采用一笔勾画，草茎坚挺有力，叶子飘逸洒脱，显得生机勃勃。由于采用进口青料绘制，青花呈色浓艳，带有铁褐色斑点。

元代景德镇窑青花四爱图梅瓶，2006年钟祥郢靖王墓出土。现藏于湖北省博物馆

明代，兰花成为景德镇青花瓷上的植物装饰图案之一。较宋元时期相比，青花绘制的兰花纹更加细腻生动，富有神韵。但以兰花为主题图案者较少，更多是用作辅助图案。以永乐青花竹石芭蕉纹玉壶春瓶为例，画面中的山石、翠竹、蕉叶、萱草、兰花构成了一幅有吉祥寓意的五瑞图。造型线条优美流畅，胎质纯净细腻，纹饰清晰生动。宣德时期景德镇窑青花瓷器上见有芝兰纹[29]，画意豪放，线条流畅。成化时期，景德镇窑青花瓷器上的兰花纹，采用双线勾勒填色法，线条纤细，填色浅淡，时代特征鲜明。成化至弘治时期景德镇民窑青花绘制的兰花纹或独立使用，或与洞石、灵芝等组合，画面布局疏朗，笔法以勾、拓、涂、染的技法，笔触圆柔肥润，风格简约。此时期官窑制品以成化斗彩鸡缸杯为代表，主画面为雄鸡两只，小鸡六只，神情逼真。其旁衬以蓝色的山石、红艳的牡

清乾隆景德镇窑珐琅彩兰纹贯耳瓶。现藏于大英博物馆

清光绪景德镇窑黄地粉彩花蝶纹葫芦瓶。现藏于北京艺术博物馆

丹和静雅的兰花，画面细腻生动，色彩柔和艳丽。

清代，兰花纹较多运用在景德镇窑的官窑彩绘瓷上。乾隆珐琅彩兰花纹尤为精美，以贯耳瓶[30]为典型代表，花叶均使用了各种深浅不同的绿色加以描绘，渲染极为细致，色阶丰富，过渡自然，体现出宫廷瓷器制作的高超技艺。

清代晚期，慈禧专用瓷器上十分流行黄釉地粉彩兰花纹，即以黄釉饰地，粉彩绘兰花纹，器底书红彩“永庆长春”四字楷书款，为晚清官窑瓷绘艺术的代表。

桂 花

桂花，又名木犀、岩桂、九里香、金粟，系木犀科木犀属常绿阔叶乔木，原产中国西南、中南地区。开放时，四个瓣的小花数朵组成一丛丛花序，簇生于苍劲的树枝上梢的叶根旁，在满树蓊郁的密叶中散发出阵阵香味，被誉为中国传统十大花卉之一。尤其是在仲秋时节，丛桂怒放，夜静轮圆，把酒赏桂便成为文人喜爱的雅事，咏桂之作也颇为可观。

在古代神话传说中，桂花还是天上一株长生不老的仙树，“月中生桂”的故事在南

清康熙景德镇官窑五彩桂花纹杯。现藏于天津博物馆

清光绪景德镇窑黄地粉彩桂花纹葫芦瓶。现藏于北京艺术博物馆

北朝时期已广为流传。清代李渔在《闲情偶集》中写道："秋花之香，莫能如桂，树乃月中之树，香亦天上之香也。"在文人墨客的笔下，桂花总是带有仙风道骨的异相。

明末天启时期，景德镇窑民窑青花瓷器上见有月中桂花纹[31]。清代景德镇官窑彩绘瓷器上多有运用，清代康熙青花及五彩十二月花神杯上，桂花作为八月份的花神出现[32]。杯外壁一面绘桂花，另一面配以诗句加以赞美："枝生无限月，花满自然秋"，诗后有一方形篆书"赏"字印。足内书青花"大清康熙年制"六字三行双圈楷书横款。其诗、书、画、印结合，构思巧妙，风格新颖，体现了古人对多种艺术形式融会贯通、相互借鉴的艺术创作思想。清代晚期，慈禧专用瓷器上亦见有桂花图案，粉彩绘制，并配以兰花、牡丹、蝴蝶等图案，画面充溢着勃勃生机。

栀子花

栀子花，又名越桃、林兰、白蟾花、玉荷花、水横枝等，佛教称詹蔔。栀子花六月开花，有淡淡幽香，绿叶白花，格外清丽可爱。段成式《酉阳杂俎·广动植之三》："诸花少六出者，唯栀子花六出。"《本草纲目》中记载，栀子是一种名贵的

南宋吉州窑黑釉剪纸贴花栀子花纹盏。现藏于江西省博物馆

药材，有护肝、利胆、降压、镇静、止血、消肿等功效。自唐以来文人们都认为栀子花是佛书上所说的“詹卜”花，并且有“禅友”之称。元代大诗人揭奚斯等都有诗赞美过它[33]。明代文震亨《长物志》：“薝卜清芬，佛家所重，古称禅友。”因此，在佛教兴盛的南宋吉州窑，栀子花纹被较早运用到瓷器的装饰上。

南宋时期，吉州窑周边有许多禅寺，为修道坐禅时提供的饮器常以栀子花为饰，主要采用剪纸贴花的装饰技法将其饰于盏的内壁。以盏为例，内壁米黄色兔毫地釉上饰以剪纸贴花栀子花纹，十四朵栀子花呈散点状均匀分布在内壁，画面丰满但不零乱。这种散点式栀子花纹是吉州窑瓷器最为典型的装饰图案之一。

南宋景德镇窑青白釉剔花栀子花纹奁式炉，1991年四川省遂宁市南强镇金鱼村一号窖藏出土。现藏于遂宁市博物馆

南宋时期景德镇窑青白釉瓷器上也偶见有栀子花纹装饰的瓷器，以奁式炉[34]为典型代表，外壁腹部采用剔花技法装饰折枝栀子花纹，具有较

强的立体感。

元代，因栀子花有平安祥和的佛教寓意，被广泛装饰在景德镇窑各类瓷器上，并成为元代瓷器上的典型边饰图案之一。其中青白釉瓷上常见印花栀子花纹，有分折枝与缠枝两种形式，印花施于碗的内壁，未见独立使用，而是与其他花卉组合构成图案。以窑址出土的青白釉碗为代表，碗的内底心印折枝花卉纹，内壁印六开光折枝花纹，其中见有牡丹纹、梅花纹、栀子花纹[35]。另以装饰在景德窑青花瓷上的栀子花纹最具时代标志性。这一时期青花瓷上十分流行以栀子花作边饰图案。其多以白地蓝花手法绘制，呈缠枝形式饰于元青花瓷上。大盘上的栀子花纹多被施在口沿部位，偶尔见于碗口内沿。四系扁壶上也较多运用栀子花纹，有的被作为颈部边饰，有的则被绘在腹上部的云肩内，栀子花尖瓣六出，小叶对生，茎细如线并呈波浪形展开，满而不乱，密中有疏，装饰性极强。

元代景德镇窑青花海水云龙纹四系扁壶。现藏于土耳其托普卡比宫

元青花瓷上的栀子花纹，除了独立使用外，还常与牡丹、菊花等花卉组合，采用绘画与印花相结合的装饰技法，时代特色鲜明。

明代早期仍见有与牡丹纹、菊花纹等组合在一起的栀子花纹，采用小笔触描绘，主要作边饰图案。明代中期以后，栀子花纹便很少用在瓷器装饰上了。

芙蓉花

芙蓉花，系锦葵科木槿属落叶灌木或小乔木，为了将其与水中的荷花相区别，古人又称木芙蓉、地芙蓉或木莲。秋季开花，颜色有白色、粉红色等，有的朝白暮红，而称“醉芙蓉”。芙蓉原产于我国西南部，栽培历史悠久，尤以蜀地为盛。五代时，后蜀国君孟昶命人在成都遍种芙蓉，使成都成为一座花都，遂有“芙蓉城”“蓉城”别名。五代末诗人谭用之曾游湘江，见两岸芙蓉繁花似锦，分外妖娆，遂作诗赞曰“秋风万里芙蓉国”，湖南便有了“芙蓉国”之美称。古人还以芙蓉花指代美人，赞美人为“出水芙蓉”。因芙蓉的“芙”音同“福”，“蓉”音同“荣”，故谐音寓意“荣华”。

北宋定窑白釉刻花芙蓉花纹蔗段式花口洗。现藏于北京故宫博物院

芙蓉花作为瓷器装饰图案兴起于北宋时期。北宋定窑白瓷上见有芙蓉花纹。以蔗段式花口洗[36]为典型代表，洗内刻划折枝芙蓉花一枝，环以三组叶片，叶脉刻画生动，构图简洁大方，线条清晰流畅，极富装饰性。

明初龙泉窑官器盛行刻划芙蓉花纹，刀法娴熟、做工精细、线条流畅，其丰富逼真的表现力仿佛以刀代笔，挥洒自如，将刻花工艺推向了登峰造极的高度。

清代乾隆时期，珐琅彩瓷器上也盛行装饰芙蓉花纹，以茶壶[37]为典型代表，壶身满绘芙蓉花纹、芦苇纹与一群大雁纹，大雁有的在天空飞翔，有的栖息在岸边或花丛下，鲜艳的花朵争相绽放，花瓣经过精心渲染，显得极为细致形象。花叶使用深浅各不相同的绿色加以描绘，色阶丰富，过渡自然。空白处用黑彩书写七言短诗，书法题诗与精美画面交相呼应。器底书蓝料“乾隆年制”四字双行篆书款，代表了乾隆官窑珐琅彩瓷绘艺术的成就。

清乾隆景德镇窑珐琅彩花鸟纹茶壶。现藏于大英博物馆

水仙花

水仙系石蒜科多年生草本植物，花期正跨新春佳节前后，花香浓郁，叶姿秀美，有“雪中花”的美誉。自古以来，赞誉水仙的诗句很多，今存最早的水仙诗为五代入宋的道士陈抟所作，而最著名的当属宋代黄庭坚“凌波仙子生尘袜，水上轻盈步微月”诗，遂水仙又有“凌波仙子”之称。南宋以后，由于水仙在各地有了较为广泛的栽培，写水仙的作品也更多了起来。水仙的花朵洁白素雅，清新亮丽，象征着纯洁、美好和吉祥，普遍受到人们的喜爱。

瓷器上以水仙花为图案，主要盛行在清代。康熙青花及五彩十二月花神杯上，水仙是作为十二月份的花神出现的[38]。一般是在杯的外壁一面绘水仙花，另一面配以“春风弄日来清画，夜月凌波上大堤”诗句，诗后有一方形篆书“赏”字印。诗、书、画、印结合，构思巧妙，风格清雅。雍正时期，瓷器绘画水仙花纹也比较常见，如“云芝水仙”题材。

清代晚期，官窑、民窑瓷器均流行粉彩水仙花为饰。色彩艳丽，画工精细，寓意吉祥。另外，这一时期瓷器上的水仙图案，还多与山石、翠竹、牡丹、灵芝及凤凰等组合构图，寓意“吉祥富贵”。

清康熙景德镇窑五彩水仙花纹杯。现藏于天津博物馆

清光绪景德镇窑粉彩花卉纹碗。现藏于北京艺术博物馆

秋葵花

元代吉州窑釉下彩绘秋葵纹盆，1980年江西省吉安县永和窑址出土。现藏江西省博物馆

明成化景德镇窑青花秋葵花纹碗。现藏于“台北故宫博物院”

秋葵，多生长在中国南方，是古人喜爱的观赏植物。茎嫩绿，花瓣五片，鹅黄色，娇艳无比。初秋时节开放，深受文人喜爱，成为吟咏和绘画的对象。如宋代陈师道《秋葵》诗云：“炎艳秋来故改妆，薄罗闲淡试鹅黄。倾城别有檀心在，依倚西风送残阳。”将秋葵娇嫩的鹅黄色比喻成了绝代佳人。

元代，秋葵开始被用于瓷器装饰上，以吉州窑釉下彩绘秋葵纹玳瑁斑盆为代表，盆底开光内彩绘主题图案折枝秋葵纹，以刻划阴线表现花茎，以剔釉技法制作叶脉，露出的灰白色胎体与图案形成鲜明对比。画风写实，制作工整，笔法娴熟，线条纤细，展现出勃勃生机。

明代永乐时期，景德镇官窑瓷器上开始流行秋葵纹装饰。以青花玉壶春瓶[39]为代表，折枝秋葵花绘于器腹，占据整个空间，主题突出，青花发色浓艳，画工细腻写实。成化时期，瓷器上的秋葵花纹装饰极为盛行，分折枝与缠枝两种形式，青花绘画的秋葵纹颇具时代特色，其采用双线勾勒填色法，线条纤细，色调淡雅。以青花秋葵纹宫碗为代表，外壁绘几组秋葵花，并以茎叶相连，花叶飘逸，婀娜多姿，带有成化官窑瓷器的典型特征。

清代，瓷器上的秋葵纹延续了前朝的风格，以雍正、乾隆时期仿制明永乐、宣德、成化时期的官窑瓷器为代表，在彰显高超的仿制能力与烧造技艺的同时又有所创新，融入时代特色并赋予瓷器新的生命力。除了青花外，还开发出粉彩、斗彩等新品种。其中，粉彩的绘制工艺水平最高，色彩艳丽，画风写实。

清代晚期以道光粉彩四季花卉纹碗为代表，外壁绘粉彩桃花、梅花、牡丹、秋葵等，

清道光景德镇窑粉彩四季花卉纹碗。现藏于北京艺术博物馆

色调淡雅，绘工精美，代表晚清官窑彩绘瓷器的艺术水平。清末光绪时期的粉彩大雅斋款秋葵纹荷花缸也是极具代表性的作品。其以粉彩绘花鸟纹，内施白釉，外壁施湖绿色釉，以黑白两色分别绘秋葵纹和菊花纹，其上还有一只展翅飞翔的喜鹊。画面色彩艳丽，构图疏朗有序，寓意吉祥喜庆。

月季花

南宋景德镇窑青白釉剔花月季花纹奁式炉，1991年四川省遂宁市南强镇金鱼村一号窖藏出土。现藏于遂宁市博物馆

月季花，原产中国，有研究表明月季花是华夏先民北方系即黄帝部族的图腾植物。宋代以后它是庭园绿化中最常见的观赏花卉之一。花期较长，原种花只有深红色与浅红色，变种有黄色与白色。自宋代传播海外后还有“花中皇后”的美誉。

北宋时期，定窑瓷器上便常见有月季花的图案了。南宋时期，景德镇窑青白釉瓷器上也偶见有月季花纹装饰的瓷器，以奁式炉[40]为典型代表，外壁腹部采用剔花技法装饰折枝月季花纹，图案凸出，立体感强。

金代，定窑白瓷中也见有月季花纹，以印花手法制作而成。为连枝带叶的折枝形式，主要饰于碗内壁的分格区里，与莲、牡丹、山茶等共同组成四季花卉纹[41]，印纹清晰，具有浅浮雕般的立体装饰效果。

明代初期在龙泉窑青瓷中有一类官器上也装饰有刻花月季花纹，刀法娴熟、做工精细、线条流畅，具有丰富逼真的表现力，仿佛以刀代笔，挥洒自如，将刻花工艺推向了新的高度。景德镇窑明代早期青花瓷中常见缠枝月季花纹，作为边饰图案与牡丹、菊花、栀子花、莲花等组合施于盘壁。小笔触描绘，青花呈色艳丽，有浓淡深浅变化。

清代景德镇窑彩绘瓷器上依然流行装饰月季花纹。在康熙青花及五彩十二月花神杯上，月季花作为十月份的花神出现。雍正粉彩瓷器上更是多见月季花纹，一般绘制于碗[42]的外壁，并衬托以飞舞蝴蝶纹等。色调鲜丽柔美，过渡自然。其中，月季花叶饰以深绿、浅绿二色；花朵饰以胭脂红、淡粉、

北宋定窑白瓷印花月季花纹花口碗。现藏于“台北故宫博物院”

清康熙景德镇窑五彩月季花纹杯。现藏于景德镇陶瓷馆

清雍正景德镇窑粉彩月季花纹碗。现藏于北京艺术博物馆

黄、蓝等色；蝴蝶则以墨彩、蓝、明黄、草绿、浅绿、胭脂红等色渲染，代表了官窑瓷器绘画艺术的水平。

芍药花

芍药为多年生草本花卉，别名将离、可离、没骨花等。芍药花雍容华贵，艳丽多姿，色、香、韵俱全，可与国色天香的牡丹媲美，素有“牡丹为王，芍药为相”的说法。唐代诗人王贞白《芍药》诗曰：“芍药承春宠，何曾羡牡丹。”《诗经·溱洧》云：“维士与女，伊其相谑，赠之以芍药。”意为男女交往，追逐嬉笑，并以芍药相赠，表达结情之约或惜别之情，故芍药又有将离草之称；崔豹在《古今注·问答释义》中解释道：“芍药一名可离，故将别以赠之。”因此，芍药花除了有富贵与美丽的寓意外，还是思念与友情的象征。

芍药花用作瓷器装饰图案兴起于北宋时期。定窑白瓷上刻划芍

北宋定窑白瓷刻划花芍药花纹笠式碗。现藏于“台北故宫博物院”

金代磁州窑绿釉刻划花如意头形枕，1985年北京市海淀区南辛庄出土。现藏于北京市海淀区博物馆

金代磁州窑白地黑花芍药花纹花口长颈瓶，1987年磁县观台窑址发掘出土。现藏于磁州窑博物馆

药花纹十分常见，主要施于盘、碗类器物的内底，有一茎双岔的花枝交叉形式，花头对称回绕，层叠盛开，生机勃勃；也有缠枝形式，花枝缠绕，花叶卷曲，花朵硕大，花形饱满，寓意吉祥。以笠式碗[43]为典型代表，内壁刻划装饰缠枝芍药花纹，四个硕大的花头呈盛开怒放状，在枝茎与卷叶的衬托下显得格外婀娜多姿。此时期的河北观台磁州窑白釉炉的沿面上，也有用黑釉绘制的折枝芍药花纹[44]，墨彩淋漓，画韵十足。

金代，磁州窑继续沿用这一花卉图案，以窑址出土的花口大瓶、矮梯形口梅瓶等[45]为典型代表，均以白地黑花装饰，器身满绘缠枝芍药花纹，笔法洒脱，布局繁密。大件器物上尤其流行装饰小碎叶状的缠枝芍药花纹。连续变形的缠枝纹与大朵的芍药花巧妙结合，构成二方连续或四方连续纹样，错落有致，繁而不乱。除了白地黑花外，还有绿釉刻划花的折枝芍药花纹，以如意头形枕[46]为典型代表，枕面如意头形开光内刻划折枝芍药花一株，线条流畅，风格粗犷，有盛开怒放的大开大合之势。

明初龙泉窑青瓷上盛行装饰刻花芍药花纹，刀法娴熟，做工精细，线条流畅，仿佛以刀代笔，挥洒自如，将刻花工艺推向了极致。

永乐时期，芍药花纹在景德镇窑青花瓷器上也有所运用，有时以缠枝形式与菊花、牡丹、栀子花等组合饰于大盘内壁；有时以折枝形式作主题图案饰于大盘内底，花形饱满，叶片舒展，颇具时代风采。

清乾隆官窑珐琅彩芍药雉鸡纹玉壶春瓶。现藏于天津博物馆

清代，芍药花作为富贵吉祥的象征，无论官窑、民窑都普遍运用。官窑制品中尤以珐琅彩绘制的芍药花纹最为精美，它是由景德镇御窑厂烧造白瓷素胎，再由宫廷内务府造办处珐琅作按照御批审定的图样，由如意馆画师绘制后在宫中小窑内二次烧成，是极其珍贵的皇宫御用欣赏器。

牵牛花

牵牛花属于旋花科牵牛属草本缠绕植物。花朵酷似喇叭，故又名喇叭花，也有朝颜花等别名。花朵鲜艳美丽，婀娜多姿，自古以来被人称颂。宋代陈宗远作《牵牛花》诗：“绿蔓如藤不用栽，淡青花绕竹篱开。披衣向晓还堪爱，忽见晴蜓带露

金代磁州窑剔黑留白划花折枝牵牛花纹叶形枕。现藏于河北省邯郸市峰峰矿区文物保管所

元代景德镇窑青花雉鸡竹石花果纹大盘。现藏于英国维多利亚与阿尔伯特博物馆

元代景德镇窑青花蕉叶瓜果飞凤纹菱口盘。现藏于伊朗国家博物馆

来。”充分体现了人们对牵牛花的喜爱之情。

瓷器上的牵牛花纹最早兴起于金代的河北磁州窑。以剔黑留白划花折枝牵牛花纹叶形枕[47]为代表，枕面采用剔黑留白划花技法，在黑色地子上剔划出三朵大叶牵牛花，黑地白花，地色深沉，白花鲜明，对比强烈，主题突出。

金代定窑白瓷中也见有牵牛花纹，采用印花手法饰于碗内壁，与分格区里的竹、石、芭蕉、鹤等[48]组成写生园景，印纹清晰，富有生机。

元代，景德镇窑青花牵牛花纹十分常见，多作为辅助图案与西瓜、葡萄、芭蕉、竹石等组合，线条苍劲有力，花叶饱满，绵延不断，表现出顽强的生命力。

明代，牵牛花仍是景德镇窑瓷器上的边饰图案之一。宣德青花缠枝牵牛花纹，画意豪放，线条流畅，以四方倭角瓶[49]为代表，瓶身满绘缠枝牵牛花纹，缠绕着的藤蔓与盛开的牵牛花朵给人以蓬勃向

明宣德景德镇官窑青花牵牛花纹四方倭角瓶。现藏于北京故宫博物院

上之感。晚明及清代雍正时期多有仿制。成化青花牵牛花纹，采用双线勾勒填色法，线条纤细，填色浅淡，画面清新淡雅，生动自然。

清代，景德镇窑瓷器上也常常装饰以牵牛花纹。雍正时期以明代宣德器物造型为蓝本仿制的青花牵牛花纹四方倭角瓶[50]极具时代特色，工艺精湛，青花呈色艳丽，胎釉精细洁白，造型端庄秀美，为仿明代宣德青花瓷器之代表作品。乾隆时期，牵牛花纹亦偶有所见，多绘制于青花九桃纹盘的外壁，青花浓淡有致，层次分明。这一时期，还见有黄地青花牵牛花纹。其装饰工艺较比青花复杂，需要先高温烧成青花牵牛花纹，然后用黄釉填满牵牛花纹以外的空白处，再入低温窑炉二次烘烧而成。娇嫩的黄釉衬托着青翠的牵牛花，色调对比强烈，显得格外醒目。民窑制品中也有以牵牛花为饰者，尤以碗、盘、瓶、罐等器物最为多见，与官窑瓷器相比，虽画风粗犷，笔意洒脱，但工艺粗糙，艺术水平稍逊一筹。

清乾隆景德镇窑黄地青花牵牛花纹盘。现藏于北京艺术博物馆

清雍正景德镇官窑青花牵牛花纹四方倭角瓶。现藏于北京故宫博物院

清乾隆景德镇窑青花牵牛花纹盘。现藏于北京艺术博物馆

藤萝花

紫藤，春季开花，青紫色蝶形花冠，总状花序，排列整齐，经常有20到30朵的花排列在枝端，极具观赏价值。

清代晚期，紫藤开始用作瓷器装饰图案，以“大雅斋”款官窑制品为代表，笔法细腻，色彩明快，制作精美，与花鸟画有异曲同工之妙。一般以白地粉彩绘制而成，如盘、碗类器物内壁绘藤萝纹，外壁绘海水江崖及结带“卍”字纹，寓意“江山万代”。也有色地粉彩藤萝纹，器物通体施浅淡湖绿色釉为地，上绘粉彩藤萝花纹和牡丹花鸟纹。有的为过枝式构图，即外壁藤萝枝干蜿蜒攀爬，几簇紫色藤花铺满画面上部，又过墙延伸至器物内壁，画面设色绚丽柔和，笔触精致细腻，生动展示了暖意融融、生机勃勃的春天美景。这类瓷器常常带有红彩书写的“大雅斋”横排楷书款，旁落椭圆

藤萝

清光绪景德镇窑粉彩藤萝纹盘。现藏于北京艺术博物馆

清光绪景德镇窑粉彩藤萝纹碗。现藏于北京艺术博物馆

清光绪松石绿地粉彩过枝藤萝纹碗。现藏于北京艺术博物馆

形红彩篆书“天地一家春”印章款，外底书红彩“永庆长春”四字楷书款。大雅斋是圆明园“天地一家春”景区内一处建筑名称，是供慈禧太后绘画习字的画室。同时，紫禁城长春宫内也曾悬挂有“大雅斋”匾额[51]。该瓷器应是为这两处建筑特别烧造的慈禧太后专用瓷。与同时期其他瓷器相比，无论质地与工艺均更加考究，代表了这一时期宫廷御用瓷的最高艺术水平。

向日葵花

向日葵花，也称“太阳花”，因花朵具有随太阳的运行而转动方向的特点，故此得名。

唐代，向日葵花开始用作瓷器装饰图案。黄堡窑瓷器上出现正面的向日葵花朵图案[52]。长沙窑瓷器上的向日葵花纹，则采用了模印贴花及彩斑等装饰工艺，制作十分复杂。其先是以模印贴花的技法置于瓷器上面，再在图案上涂饰椭圆形的大块褐色彩斑，最后施釉，极大地增强了装饰效果。

北宋时期，向日葵花纹多带有枝叶和花朵。河北观台磁州窑以白地黑花罐为代表，罐腹部绘以白地黑花向日葵纹[53]，笔风洒脱，随意自然。宋代陕西耀州窑青瓷上的向日葵纹，除了独立使用外，还有与凤凰组合的凤衔葵纹，以窑址出土的广口折肩瓶[54]为典型代表，通体施青釉，釉色翠青，肩上刻花凤衔向日葵花纹，线条生动犀利，画面鲜活写实。

元代白地黑花花卉纹碗，甘肃省成县陈院石马坝出土。现藏于甘肃成县博物馆

元代龙泉窑青瓷碗上见有印花向日葵纹，以菱花口碗为代表，菱花口，弧腹，圈足，外壁压八道筋将外壁分为八部分，每部分填以长竖条状篦划纹，内壁亦分为八个部分，分饰以八宝纹，内底饰以向日葵纹。北方磁州窑系白地黑花向日葵花纹，以黑彩勾边，花瓣留白，别具特色。如现藏于磁州窑博物馆的一件白地黑花折枝向日葵花纹大罐[55]，

元代龙泉窑青瓷印花向日葵纹碗。现藏于龙泉青瓷博物馆

元代磁州窑白地黑花折枝向日葵花纹大罐。现藏于磁州窑博物馆

肩部绘白地黑花折枝向日葵花纹，腹部两开光，开光内亦绘折枝向日葵花纹，花瓣留白，花心涂黑圈，花蕊为网格状，线条流畅，生动洒脱。

向日葵花纹在瓷器上的装饰始终较为稀罕，明代以后十分少见。

石榴花

石榴花系石榴科落叶灌木或小乔木，在西亚已有四五千年的栽培历史，汉代传入中国。农历仲夏五月是石榴花最盛的时节，花色橙红或深红，鲜艳美丽，为传统的吉祥花卉，寓意美好。古代赞美石榴花的诗很多，唐代诗人施肩吾作《石榴花》：“深色胭脂碎剪红，巧能攒合是天公。莫言无物堪相比，妖艳西施春驿中。”宋代梅尧臣亦有“春花开尽见深红，夏叶始繁明浅绿”的诗句。

唐代，石榴花纹便在瓷器上有所使用。陕西黄堡耀州窑创烧的素胎黑花瓷器上有以黑釉绘制的石榴花纹，笔法简练自如，配上与之反差较大的黄白地色，格外突出醒目，具有鲜明地域特色。

金代磁州窑黄绿釉单边如意头形枕，磁县观台镇出土。现藏于河北省邯郸市博物馆

北宋中晚期，定窑盛行采用模印技法装饰的石榴花纹，多饰于盘、碗类瓷器上面，纹样规整、清晰、精美。如北京故宫博物院收藏的定窑印花缠枝石榴花纹碗，碗壁外侧一面是成熟的石榴果，石榴子外露，另一面为盛开的石榴花，花叶饱满，画面相得益彰，十分热烈。还有一件定窑印花缠枝石榴花纹碗，碗心为四个对称的花头，三个成熟的石榴果，一枝怒放的石榴花，布局匀称，寓意多子多福。

金代，磁州窑见有模印技法制作而成的石榴花纹。以黄绿釉单边如意头形枕[56]为代表，前侧壁模印缠枝石榴花纹，布局满密，构图饱满，上施黄釉，其他部位施绿釉，色调明快，立体感强。

元代，石榴花纹仍偶有所见，以1964年出土于河北保定窖藏的青花釉里红镂雕盖罐[57]为代表，腹部菱花形开光内贴塑有石榴花纹，枝叶用青花渲染，花朵和山石用釉里红涂绘，表现技法新颖独特，做工精细完美，具有极强的装饰效果。

明代，景德镇窑青花瓷上的石榴花纹最具代表性。洪武时期石榴花纹尤为盛行，分折枝与缠枝两种形式。以大盘为典型器物，盘的内底中心绘制折枝石榴纹，衬托以

明宣德景德镇窑黄地青花折枝石榴花果纹盘。现藏于大英博物馆

竹子、洞石，构图疏朗，有别于元代繁密的艺术风格。同时期的龙泉窑青瓷盛行刻花石榴纹，技法娴熟，图案逼真。宣德时期见有蓝地白花折枝石榴花纹、黄地青花折枝石榴花纹、矾红彩折枝石榴花纹等多个装饰品种。其中以黄地青花折枝石榴花果纹盘[58]为典型代表，盘心绘青花折枝石榴花纹，内壁绘四组青花折枝花果纹，图案以外空间涂黄釉为地，蓝黄呼应，对比鲜明，充分体现出石榴花的娇美。

清代比较著名的是康熙青花五彩十二月花神杯，其中石榴花作为五月份的花神出现，色彩鲜丽清新，绘制生动细腻，是康熙青花五彩中之精品。

此外，清代各朝均烧造有各式各样石榴花纹的瓷器，石榴花纹是受欢迎的典型瓷器纹饰之一。清代晚期官窑瓷器上常见粉彩石榴花纹，一般为整株连花带果的形式入画，画风写实，带有写生意味。

清康熙五彩石榴花纹杯。现藏于天津博物馆

清康熙五彩石榴花纹杯。现藏于景德镇陶瓷馆

清道光景德镇窑粉彩石榴花纹碗。现藏于北京艺术博物馆

罂粟花

罂粟原产南欧，宋以前传入中国，属罂粟科草本植物，植株亭亭玉立，花开于夏季，美艳动人，深受人们喜爱，在古埃及被视为“神花”。唐代诗人雍陶在《西归出斜谷》诗中曰：“万里愁容今日散，马前初见米囊花。”“米囊花”即罂粟花。它的果实含吗啡、可待因、罂粟碱等多种生物碱，可加工入药，有止痛和催眠等功效。

清康熙景德镇官窑珐琅彩红地罂粟花纹碗。现藏于“台北故宫博物院”

罂粟花用作瓷器装饰图案，最早见于清代康熙时期，以珐琅彩绘制的罂粟花纹最为精美。这是宫廷造办处将铜胎画珐琅技法应用于瓷胎之上的新兴彩绘品种，绘画写实生动，色彩丰富艳丽，分别有蓝色、黄色、紫色、淡粉色四种，均花朵硕大，花瓣转折变化，层次分明，姿态优美，衬以小雏菊等，画面丰满，构图讲究，新颖别致，代表了当时珐琅彩瓷制作工艺水平。

雍正时期，瓷器上尤为盛行装饰罂粟花纹，以粉彩瓷器最为常见，无论是艺术风格还是绘画手法，均可与当时的画风相表里，部分作品可以说是当时绘画艺术的翻版，与同时期绘画艺术有异曲同工的装饰效果。故有“雍窑花卉似恽南田”[59]的评价。以北京艺术博物馆收藏的清雍正景德镇窑粉彩罂粟花纹盘为典型代表，通体以白釉为地，盘内壁及底心绘粉彩山石罂粟花纹，并衬以洞石、菊花与蝴蝶。罂粟花的花叶饰以深绿、浅绿二色，花朵则分别饰以胭脂红与黄色。菊花为蓝色。山石以黑彩勾边，蓝彩渲染。蝴蝶饰以蓝、绿、黄、紫红等色。色调鲜丽柔和，充分表现出花叶深浅不一、阴阳向背的质感与姿态。底书青花“大清雍正年制”六字双行楷书竖款，是雍正官窑粉彩瓷器中之精品。

清雍正景德镇窑粉彩罂粟花纹盘。现藏于北京艺术博物馆

玉兰花

玉兰花形如莲花，洁白高雅，芳香四溢，历来是高贵纯洁的象征。玉兰在我国栽培历史悠久，最早可以追溯到春秋时期。战国屈原《离骚》诗曰："朝饮木兰之坠露兮，夕餐菊之落英。"汉代宫室、官署皆有玉堂之名，后世多指神仙、豪贵之居。

玉兰花纹作为瓷器装饰兴起于明代。弘治时期，景德镇窑瓷器上见有玉兰花纹[60]，线条纤细，画面舒展优美。德化窑白瓷尤为盛行玉兰花纹，以北京故宫博物院藏的一件明代德化窑白釉刻划玉兰纹尊为典型代表，外壁刻花玉兰花两枝，花型饱满，构图别致，纯白的釉色，使优雅的玉兰花更显素雅俏丽，别有风韵。

清代，瓷器上绘画玉兰纹非常普遍，有的作为主题纹饰，有的作为辅助纹饰。以北京艺术博物馆收藏的清康熙景德镇窑五彩花鸟纹圆瓷砖[61]为代表，一面绘历史人物

清雍正景德镇窑五彩花卉人物纹瓶。现藏于大英博物馆

清康熙景德镇窑五彩花鸟纹圆瓷砖。现藏于北京艺术博物馆

故事纹，另一面饰山石、雉鸡、牡丹与玉兰花，绘画技艺高超，色彩丰富艳丽，制作水平精湛，为十分难得的康熙五彩瓷佳作。雍正时期以大英博物馆大维德爵士藏的雍正五彩花卉人物纹瓶[62]为典型代表，瓶身一侧绘人物纹，另一侧绘玉兰花纹与杏花纹，色彩丰富，色阶清晰，精致典雅。

清代，玉兰花与海棠花组合，谐音转义为“玉堂”，牡丹花象征富贵，故由玉兰花、海棠花与牡丹花构成的画面便寓意“玉堂富贵”，在瓷器装饰上广为应用。故宫博物院藏清初顺治五彩牡丹玉兰纹花觚，玉兰纹虽然是作为辅助纹饰使用的，但在月影、洞石、牡丹等衬托下，尤显清新雅致。北京故宫博物院藏康熙官窑青花加彩玉兰花鸟纹墩式碗，玉兰同样为辅助边饰，但在雉鸡、飞燕、山石、牡丹等衬托中，显得俏丽可爱，并寓“玉堂富贵”之意。此外，康熙时期青花月影玉兰纹，颇具水墨绘画的艺术效果。其先以浓重青花色料勾勒出玉兰花卉与树干的轮廓，再以浅淡青花色料晕染出月影，萧肃静雅。

雍正以后，除了五彩玉兰花纹外，多见粉彩品种，制作更为精美。这一时期的玉兰花，常与灵芝、牡丹组合构图。

桃　花

桃为蔷薇科李属落叶小乔木，原产中国，栽培历史达三千多年。桃花于三月盛开，花朵娇艳，色彩可人，是春天的象征。历代皇家园林都将桃花视作不可或缺的美丽树种。古人还以盛开的桃花象征美女，以唐代诗人崔护《题都城南庄》诗为证：“人面桃花相映红。”

宋代，桃花已被用于瓷器装饰。这一时期的桃花多与喜鹊组合构图，称喜鹊登枝

北宋晚期至金代定窑绿釉黑彩花鸟纹腰圆形枕，1981年河北省望都县西堤乡沈家庄出土。现藏于河北省文物研究所

纹。北宋晚期至金代，北方磁州窑、定窑瓷器上十分流行花鸟图案，鸟的种类多样，花卉亦是姿态万千。其中喜鹊桃花便是其中十分典型的一种题材内容，多绘制于枕[63]面上，喜鹊在桃花盛开的枝条上栖息，画面生动，充满生机。

南宋时期江西吉州窑瓷器上的桃花纹，采用釉下彩绘技法，多饰于长颈瓶的腹部。白地褐花折枝桃花纹，叶片伸展有力，花朵盛开，枝头站立一喜鹊，构图简洁，画面生动，具有典型的时代特色。

明代，景德镇窑青花瓷器上的桃花纹已普遍应用，有单独为饰的，也有与其他花卉或动物组合在一起的。洪武时期，有的盘心绘折枝桃花。永乐、宣德时期以双鹊桃花、翠竹碧桃为经典，格调清新，具有中国传统水墨画的艺术效果。

清代延续前朝并有所创新。康熙青花及五彩十二月花神杯上，桃花是作为三月份的花神出现的。一般是在杯的外壁绘桃花，空白处配“风花新社燕，时节旧春农”诗句，钤“赏”字方形篆书印。集诗、书、画、印为一体，构思巧妙，形式新颖。雍正时期流行粉彩桃花，其以没骨法进行渲

清康熙景德镇窑五彩桃花纹杯。现藏于天津博物馆

清康熙景德镇窑五彩桃花纹杯。现藏于景德镇陶瓷馆

染，绘画细腻精致，色彩丰富鲜艳，将粉红色的桃花与嫩绿的枝叶刻画得栩栩如生。清代晚期至清末，瓷器上的粉彩桃花纹依然常见。

民国时期，景德镇瓷绘名家刘雨岑新创水点桃花技法，设色清新，形象生动，对粉彩艺术产生极大影响。另外，邹文侯的粉彩碧桃也颇具时代风格，树干赭色，以书法笔意为之，虬曲苍劲，桃花粉红，姿态各异，深浅不同，生动写实。同时，这一时期的桃花还多与仕女组合在一起，称“桃花仕女”，风靡一时。

杏 花

杏花，先叶开花，花出五瓣，多为白色或稍带红晕，美丽醉人，淡雅清香，是二月的当令花卉。杏树的生命力很强，常生长于山坡沟壑之间，树龄过百年。杏树的栽培历史悠久，春秋时期《管子》书中记载：“五沃之土，其木宜杏”；《山海经》描述：“灵山之下，其木多杏”。杏花含苞绽放，娇美动人，以它妩媚的花姿向人们传达了春天的消息，故自古以来便颇受文人墨客们的喜爱，赞颂诗句脍炙人口。如唐李商隐诗：“日日春光斗日光，山城斜路杏花香。”宋叶绍翁诗：“应怜屐齿印苍苔，小扣柴扉久不开。春色满园关不住，一枝红杏出墙来。”表达了诗人见到杏花的喜悦之情。

清代，景德镇窑彩绘瓷器上十分盛行以杏花为瓷器装饰图案，不仅在民窑瓷器上普遍采用，甚至于官窑珐琅彩瓷器上也有非凡展现。

康熙青花及五彩十二月花神杯上，杏花是作为二月份的花神出现的。一般是在杯

清康熙景德镇官窑五彩杏花纹杯。现藏于北京艺术博物馆

清康熙景德镇官窑五彩杏花纹杯。现藏于天津博物馆

清康熙景德镇官窑五彩杏花纹杯。现藏于景德镇陶瓷馆

清雍正景德镇窑五彩花卉纹瓶。现藏于大英博物馆

的外壁绘杏花，空白处配“清香和宿雨，佳色出晴烟”诗句，钤“赏”字方形篆书印。

雍正以后，瓷器上开始流行杏柳春燕纹。因杏花盛开的农历二月，也正值古代科举进士考试，于是杏花有了“及第花”的美誉。及第后，天子按惯例要赐宴庆贺，而“燕”音同“宴”，故谐音转义为“金榜题名、早赴春宴”。主要饰在瓶、碗、盘等器物上，绘工精细，与花鸟画有异曲同工之妙。雍正时的作品尤其精妙入微，以五彩、粉彩与珐琅彩为代表，出神入化，具有时代风格。以大英博物馆大维德爵士藏的雍正五彩花卉人物纹瓶[64]为典型代表，瓶身一侧绘人物纹，另一侧绘杏花纹与玉兰花纹，色彩丰富，色阶清晰，精致典雅。雍正时期的珐琅彩“杏林春燕”纹碗更是绝品，画面上春风杨柳，杏花盛开，双燕齐飞，空白处有墨彩题诗“玉剪穿花过，霓裳带月归”，釉色温润，工艺精湛，堪称国宝。

清代中期以后，民窑瓷器多在杏树上绘以成双成对的燕子，有的为双燕齐飞，有的站立于树梢，画面生动鲜活，美不胜收。

民国时期，“杏林春燕”这一图案继续流行，以粉彩为主，但画工与色彩均逊色于清代。

鸡冠花

鸡冠花，原产于亚洲印度一带，佛书中叫波罗奢花。花型奇特，形象生动，酷似雄鸡头顶上的扁平肉冠，名字由此而来。因鸡冠花的“冠”音同“官”，故寓“加官

明永乐景德镇窑青花湖石鸡冠花纹大窝盘，1994年景德镇御窑遗址出土。现藏于景德镇市陶瓷考古研究所

明嘉靖青花鸡冠花纹大盘。现藏于景德镇陶瓷馆

明嘉靖青花鸡冠花纹大盘。现藏于景德镇陶瓷馆

晋爵”“高官厚禄”等意。

鸡冠花纹用于瓷器装饰始于宋代。以北宋晚期耀州窑青瓷上出现的鸡冠花纹为典型代表，主要装饰在盘、碗等器物上，制作工艺分为刻花与印花两种。釉色青翠，花型饱满，象征加官晋爵之意。

明代永乐时期，景德镇窑青花瓷上也有了鸡冠花纹。以1994年景德镇御窑遗址出土的青花湖石鸡冠花纹大窝盘[65]为典型代表，盘心突出位置绘两朵盛开的鸡冠花，旁边以洞石及各式各样的花卉、花草作陪衬，犹如湖石水岸小景。内壁绘折枝菊、山茶、萱草、桃、枇杷、柿子、石榴等折枝花果，外壁绘松、竹、梅作辅助纹饰。布局疏朗明快，画意清新。正统时期，景德镇窑青花瓷器上亦偶见有鸡冠花纹。嘉靖时期鸡冠花纹多作为主题图案，以景德镇陶瓷馆收藏的大盘为代表，造型硕大，盘内底满绘青花鸡冠花纹，两株对称构图，布局满密，给人以繁花似锦之感。

清代，鸡冠花纹应用比较多。乾隆时期创烧的百花不露地纹官窑葫芦瓶，以百花装饰于器表，繁花似锦，艳丽多姿，鸡冠花纹也是其中之一。此外，鸡冠花纹还经常与其他花卉组合成吉祥纹饰，装饰于盘、碗、碟、大瓶等器物之上。康熙时期五彩鸡纹杯上除了绘制公鸡，旁边还衬以鸡冠花，寓意“官上加官”。乾隆、嘉庆、道光时期，民窑豆青釉大瓶上常见此类组合图案，一般是在鸡冠花旁衬以雄鸡，雄鸡昂首挺立，仰头鸣叫，火红的鸡冠十分突出，寓意吉祥。

清乾隆景德镇窑青花粉彩鸡纹碗。现藏于北京艺术博物馆

宝相花

宝相，最早见于南北朝《头陀寺碑文》：“金资宝相，永藉闲安。”宝相是对佛像的尊称。宝相花由“宝相庄严”佛教用语引申而来。相传是一种寓有“宝”“仙”之意的装饰图案。主要是莲花的花朵、花苞和叶片的变形，衬以其他植物花叶，花蕊和花瓣基部用圆珠作规则排列，显得富贵、华丽而典雅。又称宝仙花、宝莲花。

北朝青瓷最早流行宝相花纹，以山西太原北齐武平元年（570年）娄叡墓出土的青瓷灯[66]为代表，灯柄下部饰有四朵宝相花，灯碗内亦饰有宝相花，图案以写实为主，选取正面俯视的角度来表现，中心为圆盘状的莲蓬，莲瓣向四周均匀地呈多层放射状排列。

隋代，宝相花广泛用于瓷器装饰。洪州窑青瓷宝相花纹以模印技法制成，操作简单，大大提高了生产效率[67]。

唐代，瓷器上的宝相花纹丰满圆润，雍容华丽。从花形看，除了莲花，还有牡丹花的特征。造

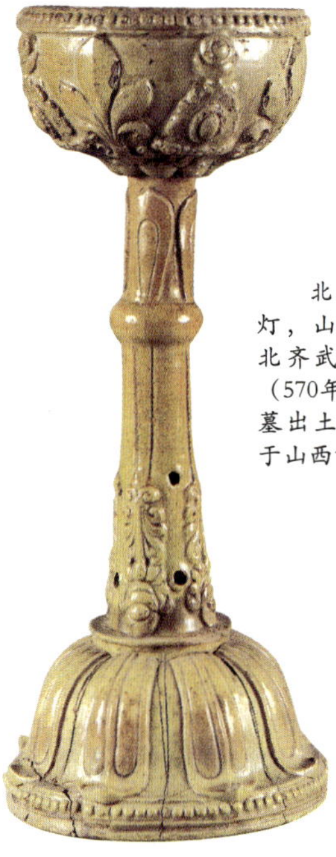

北齐青瓷灯，山西太原北齐武平元年（570年）娄叡墓出土。现藏于山西博物院

型上，一般为平面团形，以八片平展的莲瓣构成花头，莲瓣尖端呈五曲形，各瓣内又填饰三曲小莲瓣，花心由八个小圆珠和八瓣小花组成。

宋元时期，宝相花纹象征佛祖保佑与吉祥如意，在北方许多瓷窑继续被普遍采用。

明代，宝相花纹成为景德镇窑瓷器上的常见图案。永乐青花缠枝宝相花纹，立面层叠形，以层层绽开的半侧面勾莲瓣构成。宣德青花缠枝宝相花纹，画意豪放，线条流畅。成化斗彩宝相花纹制作十分精美；青花采用双线勾勒填色法绘制，线条纤细，轮廓内的填色较为浅淡。

清代康熙、雍正时期，宝相花通常以牡丹或莲花为主体，乾隆时期，宝相花的中间还镶嵌其他花叶，花蕊与花瓣的基部用圆珠排列，似闪闪发光的宝珠。多以彩绘制作而成，绘制细腻，层次丰富，具有鲜明时代特色。尤以官窑珐琅彩、斗彩与粉彩制品最为精美，体现了以追求华丽为主旨的宫廷审美取向。此时期的宝相花纹，也常用作辅纹衬托主题图案，显得富丽堂皇。嘉庆、道光时期，粉彩宝相花纹较具特色，构图与彩绘风格接近珐琅彩制品，流行凤尾草纹为地，构图满密，不留空白，极具装饰效果。

清嘉庆景德镇窑粉彩宝相花纹如意耳尊。现藏于北京艺术博物馆

清乾隆景德镇窑珐琅彩胭脂紫轧花地宝相花纹瓶。现藏于天津博物馆

清乾隆景德镇窑斗彩宝相花纹如意耳尊。现藏于北京艺术博物馆

清道光景德镇窑粉彩宝相花纹花口盆。现藏于北京艺术博物馆

清道光景德镇窑红彩描金缠枝宝相福寿纹渣斗。现藏于北京艺术博物馆

清雍正景德镇窑青花宝相花纹大盘。现藏于北京艺术博物馆

清道光景德镇窑粉彩开光宝相花纹碗。现藏于北京艺术博物馆

山茶花

山茶花是中国最具代表性的花卉之一，系山茶科山茶属常绿灌木和乔木，原产我国南方，性喜温暖湿润的环境，栽培历史悠久。别名茶花。花朵大如杯盏，红色为主，有浅红、深红、紫红之分，娇艳富丽。宋代诗人陆游《山茶》诗赞曰：“唯有山茶偏耐久，绿丛又放数枝红。”

以山茶花作为瓷器上的装饰图案，始于北宋晚期至金代的磁州窑，其烧造的白地黑花、红绿彩等瓷器上皆有山茶花纹，用以表示祝福或寄托美好祈盼[68]。

金代定窑白瓷上也见有以印花手法制作而成的茶花纹。其为连枝带叶的折枝形式，主要被饰于碗内壁的分格区里，与牡丹、月季、莲花等共同组成四季花卉纹[69]。印纹清晰，具有浅浮雕般的立体装饰效果。

元代景德镇窑青花茶花纹，除用作主题图案外，也与牡丹、菊花、缠枝莲等组合作边饰辅助图案。多饰于盘、碗、罐、瓶类器物上。元代中晚期龙泉窑出现了戳印茶花纹，即将需要表现的题材预先刻在泥模上，入窑烧成瓷质印模，然后印在瓷坯上。主要为阴刻印模，表现在器物中就是阳文印花[70]。采用戳印技法制作而成的茶花纹在青绿色釉映衬下显得格外醒目，极富装饰情趣。

明代，茶花纹在瓷器上的运用更加普遍。明初龙泉窑官器上盛行刻划茶花纹，刀法娴熟，做工精细，线条流畅。景德镇窑瓷器上尤为流行装饰茶花纹。永乐时期，瓷器上的茶花纹主要以青花绘就，或独立作主题图案，或与牡丹、菊花、莲花等组合作边饰图案，有折枝式与缠枝式两种形式，画意洒脱，写实生动。釉里红茶花纹也很常见，色彩鲜艳，颇具时代特色。成化时期，继续流行青花缠枝茶花纹，绘画风格细腻，线条纤细，展现了官窑青花的风采。斗彩怪石茶花纹颇具时代特色，主要饰在碗、罐类器物外壁，三组怪石与茶花，布局疏朗，间衬以坡地、花草及飞舞的蜜蜂、蝴蝶等，显得生机勃勃。

清代，无论彩瓷还是青花瓷，也无论官窑或民窑，都普遍采用茶花纹作为装饰题材，表达了人们

明永乐景德镇窑青花茶花纹大盘。现藏于土耳其托普卡比宫

明成化景德镇窑青花缠枝茶花纹碗。现藏于西藏博物馆

明永乐景德镇窑青花把莲纹大盘。现藏于北京艺术博物馆

明成化景德镇窑斗彩怪石茶花纹罐。现藏于大英博物馆

对幸福的期盼和对未来生活的美好祝愿。

萱 花

萱花，也称萱草，花开六瓣，花瓣与叶片均为狭长状，姿态婀娜，色彩艳丽，香气宜人。萱花早在《诗经》中便有出现，古代典籍记载中认为萱草令人忘忧，故称“忘忧草”。另外，古人还认为女子佩戴萱草宜生男孩，因此萱草也有“宜男草”之称，是一种带有祈子求嗣等吉祥寓意的植物。

北宋定窑白瓷划花萱花纹洗，北京市海淀区南辛庄出土。现藏于北京市海淀区博物馆

萱花用作瓷器装饰图案兴起于北宋时期。以定窑白瓷上的萱花纹最为精美。定窑白瓷上的萱花纹运用极为普遍，因与莲花的花形、花枝近似，故常被误认作莲花，二者区别在于莲花是以大片莲叶相衬托。萱花纹多采用刻划技法制作而成，主要施于罐的腹部、盒的盖面及盘、碗、洗类器物的内里，长枝盘绕，颇具画韵。

金代，定窑延续北宋制瓷工艺传统，萱花成为十分流行的装饰图案。装饰手法以刻划花为主。多饰于盏、盘、碟、洗类器物内里及碗外壁。除了定窑窑址出土标本外，金代窖藏、墓葬出土的标准器也很多，如陈庆夫妇墓（1159年）、马令夫妇墓（1184年）中均发现了萱花纹定窑白瓷。萱花多为一枝长茎，花叶翻转，线条流畅，极具特色。与北宋相比，胎质欠洁白细腻，釉色白中泛黄，呈象牙黄色，釉面欠莹润，构图趋于简化，整体艺术水平明显下降。

南宋景德镇窑青白釉碗内底及内壁多饰划折枝萱花纹[71]。

明代，景德镇窑青花瓷上亦偶见萱花纹装饰。永乐时期，在以松树为中心所构成的园林小景中，经常见作为配景的萱花纹。如1994年景德镇御窑遗址出土的青花园林小景窝盘，盘心绘松树，周围衬以萱草[72]、湖石、棕树及花草等，绘画简洁、清新。传世品中则以现藏于英国大维德中国艺术基金会的永乐景德镇窑青花萱花纹玉壶春

明永乐景德镇窑青花萱花纹玉壶春瓶。现藏于英国大维德中国艺术基金会

明永乐景德镇窑青花萱花纹玉壶春瓶。现藏于英国大维德中国艺术基金会

瓶[73]为典型代表，腹部绘一株萱花，花叶舒展，富有生机。宣德时期，景德镇窑青花萱花纹承袭永乐风格，采用连绵不断的缠枝形式，花朵为星形，花纹流畅自然，清新可爱，展示出高超的品质和艺术水平。

此后，瓷器上的萱花纹虽仍然有所运用，但不再占据主导地位。

并蒂花

并蒂花，即一个花蕾里出现两个花心的现象。并蒂花的现象会发生在如菊花、莲花、水仙、朱顶红、君子兰、国兰、蝴蝶兰、月季等各种花卉上，因非常态，只是偶然可见，故民间对这种并蒂现象赋予了祥瑞、吉庆的寓意，其中尤以“并蒂莲”即“瑞莲”的说法流传最广。如《群芳谱》卷二十九载：“并头莲，晋泰和间生于玄圃，谓之嘉莲。”《宋书·符瑞志》载：“元嘉十年七月乙丑，华林天渊池芙蓉异花同蒂。”并蒂莲是莲花的变种，一茎双花，花蒂连在一起，故也称并头莲、同心芙蓉。古人常以其比喻夫妻恩爱。

清雍正景德镇窑斗彩并蒂莲纹碗。现藏于北京艺术博物馆

明成化景德镇窑青花并蒂菊纹碗。现藏于“台北故宫博物院”

并蒂莲纹最早出现在宋代瓷器上，以景德镇窑青白瓷为代表。明代永乐时期，景德镇窑折沿盘[74]的盘心见有青花绘制的并蒂莲纹，设计新颖，较为少见。

清代瓷器上非常流行并蒂莲纹。大多装饰于斗彩盘、碗类器物上。以清雍正景德镇窑斗彩并蒂莲纹碗为代表，外壁绘斗彩三组缠枝并蒂莲纹，构图疏密有致，绘画工艺精湛，色彩清新典雅，底书青花“大清雍正年制”六字二行双圈楷体竖款，为雍正时期官窑精品。

清代晚期，以道光年间为代表继续烧造斗彩并蒂莲纹碗这一传统器物，三组并蒂莲纹，布局疏朗，绘画精致，色彩丰富，体现了晚清官窑瓷器的艺术品位与工艺水平。

此外，明代成化时期景德镇官窑青花瓷上还见有并蒂菊花纹，以现藏于“台北故宫博物院”的并蒂菊纹碗[75]为代表，外壁青花并蒂菊花纹采用双线勾勒填色法绘制，线条纤细，填色浅淡，时代特色鲜明。

西番莲

西番莲，属于西番莲科，起源于南美洲，产地遍及中亚和欧洲等地，其茎成蔓状，叶五分，多深裂，如手掌。花朵奇特，有条状体副冠。花蕾平铺于中心，形状如钟，并能有规律地转动，故又称“转心莲”“时钟花”。因从西方传入，故称西番莲。其作为

明代永乐景德镇窑青花缠枝西番莲纹壮罐。现藏于北京艺术博物馆

明代万历景德镇窑青花缠枝西番莲纹带盖梅瓶，1951年北京市西郊董四墓村出土。现藏于首都博物馆

瓷器装饰图案出现于宋代，盛行于明清时期。

宋代的耀州窑青瓷器上便已经出现，西番莲纹主要装饰于洗、盏、碗等类器物内底，图案清晰细腻，代表了当时青瓷印花的最高水平，同时也反映了宋代中外贸易的发达及中西文化的密切交流。

明代早期，随着对外贸易的发达，西番莲纹开始广泛出现在瓷器装饰上。这种花纹具有极强的可塑性，且寓意吉祥，故备受欢迎与喜爱。明代早期龙泉窑青瓷刻划西番莲纹墩式碗极具代表性，外壁满刻花缠枝西番莲纹，花叶满密，线条流畅，图案工整，釉色青翠，极具观赏性。永乐景德镇窑青花瓷器上更为流行，花型饱满，形式多样，富于装饰性。明代晚期，景德镇窑瓷器上西番莲纹依然流行，以1951年北京市西郊董四墓村出土的明代万历景德镇窑青花缠枝西番莲纹带盖梅瓶[76]为典型代表，瓶身腹部满绘青花缠枝西番莲纹，肩部书青花“大明万历年制”六字单行楷书横款，青花发色微微泛灰，为万历青花典型发色特征，极具时代特色。

清代，除了青花器物，在五彩瓷器上也经常采用西番莲纹作为装饰图案，画面饱满，色彩热烈，富丽堂皇。清代西番莲纹，花型、花瓣、花心变化多样，互为组合，

清乾隆景德镇窑青花缠枝西番莲纹大花盆。现藏于北京艺术博物馆

清道光景德镇窑青花加紫西番莲纹洗。现藏于北京艺术博物馆

搭配各种S形藤蔓，还常与中国的吉祥题材如蝙蝠、云龙等相融合，画面富于变化，动感十足。以清乾隆景德镇窑青花缠枝西番莲纹大花盆为代表，板沿外翻，直腹，平底，五条形矮足。口沿饰卷草纹，外壁饰缠枝莲纹，底涩圈一周。盆底中间有一圆孔，为清代乾隆民窑青花瓷器之精品。

百合花

百合花，产地中国，花色有白、黄、粉、红等多种颜色。因其鳞茎由二三十瓣重叠累生，形如百片合成，故名“百合”。

百合花，高雅纯洁，超凡脱俗，有“百年好合”之寓意，自古以来深受人们的喜爱。南北朝时期，梁宣帝曾诗云：“接叶有多种，开花无异色。含露或低垂，从风时偃抑。甘菊愧仙方，藜兰谢芳馥。”宋代陆游诗云：“芳兰移取遍中林，余地何妨种玉簪。更乞两丛香百合，老翁七十尚童心。”不仅如此，在西方很多国家也认为百合是圣洁纯真的代表。

百合花作为瓷器装饰图案始于明代宣德时期，多以青花绘画为主，往往是与几种花卉组合使用，构图华丽饱满。另外，也有蓝釉留白的装饰技法与品种，以明宣德霁蓝釉留白百合花纹盘为代表，盘心为一枝蓝底留白的百合花，白色的花纹在蓝釉的衬托

明成化景德镇官窑青花缠枝百合花纹碗。现藏于英国大维德中国艺术基金会

下尤为突出，具有独特的装饰效果。此后几朝一直到明晚期均有烧造。成化时期，景德镇官窑青花缠枝百合花纹宫碗是其中的名品。以现藏于英国大维德中国艺术基金会的青花缠枝百合花纹碗[77]为典型代表，其釉色莹润，胎体雪白无瑕。碗外壁绘青花缠枝百合花纹，画面以大幅留白为特征，百合花造型端庄，呈色淡雅，色泽平和，线条纤细。其腹部与内壁绘画百合花图案，花叶饱满，双勾填绘，叶无反侧，是成化官窑的典型特征。

清代是瓷器的大繁荣时期，品种丰富，纹饰多样。百合花纹饰因其美好的寓意，官窑、民窑均多有烧造，一直延续到晚清民国时期。原清宫内府收藏的乾隆时期粉彩镂空百合花灯罩，灯罩整体呈椭圆灯笼形，胎体轻薄，器身镂空，主题纹饰绘一株高立的黄橙色百合花，花瓣外卷的两朵百合花一高一低相对开放，旁边还飞舞着一只黄色蜜蜂；一束翠绿色兰草依偎着百合花枝，中间的一根兰草上还停留着一只褐色知了，绘画极为生动传神。

清代康熙、雍正、乾隆时期，装饰有百合花纹的瓷器除了宫廷使用，还远销海外。如现藏于瑞士西方古董公司的乾隆粉彩百合花纹盘，盘中央画一株绽放的百合花，枝干的顶梢有两个花瓣外卷的花朵，花瓣轮廓描绘得起伏生动，中心配以鹅黄色的花蕊，花枝自上而下生长着墨绿色的茎叶，底部系着一根黄色丝带，盘沿一周是用绿叶和矾红色纹线装饰的一圈波浪纹。独特的构图效果使整株百合花更加亭亭玉立，显得生机勃勃。

果蔬

果蔬，即果实和蔬菜。自古以来，先民便以采集到的各种植物果实为食物，同时也栽种、培育、引进了许多新品种。其中许多果蔬都具有吉祥的寓意，如石榴代表“多子多福”，桃代表“长寿”，瓜瓞代表“子孙万代”等等。古人用谐音、象征、隐喻的方式，赋予这些植物丰富的文化内涵，寄托美好的愿望，因此备受人们的喜爱。

北朝时期，瓷器上出现了葡萄纹，这是目前所知最早的果蔬图案。唐代长沙窑青釉褐绿彩瓷器上已见有竹笋纹、椰枣纹和菠萝纹等，其以褐线细描轮廓，以绿彩稍加渲染，色调浓淡相宜，既是对果蔬的具象描绘，又象征着春意与热带风情，画面简洁，富有生气。

宋代以后，用于瓷器装饰的果蔬种类繁多，有瓜、葡萄、枇杷、荔枝、石榴、桃、樱桃、柿子、佛手、葫芦、莲蓬等。尤以瓜类为大宗，见有南瓜、西瓜、香瓜、癞瓜等。因瓜类具有藤蔓绵长、果实累累、籽粒丰富的特征，故用以表达人丁兴旺、子孙昌盛的愿望。《诗经·大雅·绵》中有“绵绵瓜瓞”的诗句，说的是周的先人像瓜瓞（小瓜）一样绵远久长，代代相继。中国传统文化的主流是儒家文化，多子多孙、人丁兴旺是儒家文化的精要之一。人们不但要追求自身生命的长久、亘远，还要像植物结籽结实那样不断地繁衍自己，壮大自己。于是，民间有了“抱瓜送子”“食瓜得子”等对瓜果类植物的俗信。金代，磁州窑白地黑花瓷枕的枕面上见有南瓜纹，画面写实生动，洋溢着农家田园情趣。元代，景德镇窑青花大盘上常见香瓜纹，其与葡萄、牵牛花、芭蕉、竹石等组合构图，颇具时代特色。成化时期，景德镇以青花和彩绘瓜纹最为精彩，其中青花采用双线勾勒填色法，线条纤细，填色浅淡，带有典型的时代特征。明清时期，折枝花果纹已成为瓷器上的传统装饰图案，无论是青花、釉里红还是五彩、斗彩与粉彩，都一脉相承，不乏其类。

葡萄

葡萄是西汉时期从中亚传入的植物新品，具有颗粒果实丰富的特点。《史记》载：大宛以葡萄为酒——“汉史取其实来”。东汉末年曹丕《与吴监书》赞美葡萄是“中国珍果”。《酉阳杂俎》载，南北朝时期长安一带葡萄已是“园种户植，接阴连架”了。唐代以后，葡萄酒制作工艺传入内地。明代李时珍认为葡萄酒有“暖腰肾、驻颜色、耐寒”等功效。在传统文化中，葡萄还有“多子多福、子孙绵延不断”的寓意。

北朝邢窑青釉印花朱雀葡萄纹扁壶，1973年河北省栾城县出土。现藏于河北省石家庄市博物馆

北朝时期，瓷器上开始出现葡萄纹。以青釉扁壶[78]为代表，腹部模印朱雀纹，周围衬以葡萄纹，布局满密，风格细腻，技法成熟，具有外来工艺的艺术特色。

唐代寿州窑黄釉葡萄纹注壶。现藏于安徽淮南市博物馆

唐代，寿州窑剪纸贴花葡萄纹，具有一定的凹陷度，釉色稍深，图案具有朦胧美。以黄釉注壶[79]为代表，肩腹部饰一整串葡萄叠压于一片葡萄叶上，颗粒饱满，筋脉清晰，构图新颖，生动自然。长沙窑模印贴花葡萄纹，图案上还再涂饰椭圆形的褐色彩斑，独具匠心，效果颇佳。

宋代，耀州窑青瓷刻划葡萄纹，分缠枝与婴戏两种形式，后者以窑址出土广口折肩大梅瓶[80]为代表，腹部刻划串串葡萄，枝叶繁盛，天真活泼的孩童嬉戏其间，生动有趣。

金代，定窑白瓷印花葡萄纹，连叶带蔓，以折枝形式饰于盘内壁的分格区里[81]，主题突出，印纹清晰，有浅浮雕般立体效果。

元代，景德镇窑青花葡萄纹绘画水平较高。多为藤蔓状，常与西瓜、牵牛花、芭蕉、竹石等组合饰于大盘内，串串葡萄有垂垂欲坠之感，呈现出丰收的景象。

明代，景德镇窑青花葡萄纹历代都有变化，特色鲜明。永乐青花葡萄纹多表现为从地上生长的一株[82]形式，果实累累，枝叶繁盛，须蔓卷曲，极其写实生动。宣德青花缠枝葡萄纹与折枝葡萄纹，画意豪放，线条流畅，颇具时代特色。成化青花葡萄纹，多采用双线勾勒填色法，线条纤细，填色浅淡；斗彩葡萄纹尤为精致，藤蔓画成弹簧状，栩栩如生。弘治青花葡萄纹，多为缠枝式，呈色淡雅，色调稳定；与松鼠组合的松鼠葡萄纹，题材新颖，颇具时代特色。万历青花葡萄纹，淡水点染，栩栩如生。

元代景德镇窑青花雉鸡竹石花果纹大盘上的葡萄纹。现藏于英国维多利亚与阿尔伯特博物馆

元代景德镇窑青花缠枝牡丹瑞兽纹双龙耳大罐。现藏于伊朗国家博物馆

明成化景德镇窑斗彩葡萄纹杯。现藏于首都博物馆

清康熙景德镇窑黄地紫绿彩葡萄纹碟。现藏于北京艺术博物馆

清代，除了青花葡萄纹，还有烧造难度较大的斗彩、黄地紫绿彩、釉里红等品种。康熙青花松鼠葡萄纹，内容新颖，绘画生动，具有极好的装饰效果；黄地紫绿彩葡萄纹[83]，色调明快，风格古雅。雍正斗彩葡萄纹、釉里红葡萄纹和天蓝地釉里红葡萄纹等，藤蔓卷曲，果实饱满，绘制细腻，十分生动逼真。光绪继续烧造黄地紫绿彩葡萄纹，黄色为地，绿色为叶，紫色为实，色调丰富，令人赏心悦目。

椰　枣

唐代长沙窑青釉褐斑贴花椰枣纹注壶。现藏于湖南省博物馆

椰枣指枣椰树的果实。原植物属棕榈科刺葵属，又名海枣，最早生长于中东的伊拉克地区，其外观像椰子树，而果实像枣。枣椰树在唐朝中期引进我国，并在广东、云南等地种植。在《本草纲目》中称为无漏子。在伊斯兰地区，受伊斯兰教的先知穆罕默德的教导，阿拉伯人视其为圣树，椰枣被赋予了宗教和文化内涵。

椰枣纹作为瓷器装饰纹饰，最早出现于唐代长沙窑。长沙窑瓷器除广泛供应国内市场外，其显著特征就是外销，印度尼西亚“黑石号”沉船即是明证。长沙窑彩瓷与中原地区白瓷和白釉绿彩瓷、越窑青瓷是唐代外销瓷器的三组合，其中长沙窑产品是外销主打，助推了陶瓷之路的繁荣。因此，椰枣纹作为长沙窑瓷器上常见装饰图案，即蕴含了各种域外文化元素，是迎合海外市场的需求，也是中外文化交流的见证。长沙窑瓷器上的椰枣纹图案主要被装饰在注壶流下的腹部与双系的下方。先采用模印贴塑法将图案粘结在器物上，再饰以大块褐色彩斑，色泽明快，布局有致，显示出非凡的艺术魅力。

椰枣纹一般是由椰枣树叶组成，树叶中有的还有鸟儿栖息其间，画面朴实无华，生动自然，带有浓郁的异国情调与西亚风情。有的椰枣纹正中还书写文字，应是作坊主的姓，说明长沙窑作坊主们在来自内、外部的竞争压力之下，为了在名窑林立的市场上争得一席之地，采用“品牌营销”等方法来推销产品。以现藏于湖南省博物馆的1958年长沙铜官挖泥塅出土的青釉模印贴花“张”字纹注壶[84]为典型代表，流及两系下分别贴有三块模印褐斑，一块为坐狮，另外两块为西亚常见果树，其中椰枣纹正中有一“张”字，图案清晰有浮雕感，且洋溢着浓郁的西亚风情，是唐代外域文化在中国精彩纷呈的缩影，也是当时中西文化交流、商贸关系密切的见证。

枇 杷

枇杷，原产于我国中部，四川高山区尚有野生枇杷。古文献中最早见于司马相如的《上林赋》。枇杷在温暖地带容易成活。宋代杨万里赞美其“大叶耸长耳，一枝斟满盘”。

枇杷纹被用作瓷器装饰图案最早见于明代永乐时期。这一时期，景德镇窑青花瓷上装饰的枇杷纹，有的为折枝式，单独饰于鸡心碗的内底；有的与其他花卉、果实等组合，广泛装饰于碗、大盘、执壶、梅瓶等器物上。也有的是作为主题图案出现，以1994年景德镇珠山御窑遗址出土的青花开光花果纹执壶[85]为典型代表，腹部前后两个菱形开光内分别饰折枝枇杷纹与折枝桃纹，枇杷带着枝叶，果实累累，格调清新。明代宣德时期，景德镇窑青花瓷器上继续沿用此类图案，以北京故宫博物院收藏的青花开光枇杷纹执壶[86]为代表，腹部菱形开光内绘折枝枇杷纹，画意豪放，线条流畅。外底圈足内书“大明宣德年制”六字双行双圈青花楷书竖款，为宣德官窑青花瓷器之精品。

此外，明初龙泉窑官器盛行刻花枇杷纹，刀法娴熟，做工精细，线条流畅，其丰

明永乐景德镇窑青花瑞果纹梅瓶。现藏于北京艺术博物馆

明永乐景德镇窑青花枇杷绶带鸟纹大盘。现藏于天津博物馆

清雍正景德镇窑青花莲托八宝纹盘外壁上的折枝枇杷纹。现藏于北京艺术博物馆

富逼真的表现力仿佛以刀代笔，挥洒自如，刻花工艺精湛。

清代，瓷器上亦见有枇杷纹，多与其他植物果实组合构成瑞果纹，主要被施于梅瓶类器物的腹部及盘类器物的器壁上。如北京艺术博物馆收藏的清雍正景德镇窑青花莲托八宝纹盘，外壁绘以六组青花折枝花果纹，其中便有枇杷纹。底书青花“大清雍正年制”六字双行双圈楷体竖款，为官窑瓷器的代表作品。

荔枝

荔枝，是南方最负盛名的水果，味道鲜美，历来受到人们的喜爱。《三辅黄图》载：“汉武帝破南越，得龙眼、荔枝、菖蒲，植上林苑中，因起扶荔宫。”张九龄《荔枝赋》中赞美“味特甘滋”。荔枝又是高产水果，《南方草木状》载“一树下子百斛”，故有“压枝天子”的美誉。陕西乾县唐永泰公主墓石椁上的线刻画中，见有双手捧着一盘荔枝的仕女像，可知荔枝在唐代已经运至了北方地区，应是用驿马昼夜兼程从南方运来的。因谐音“利子”“立子”而成为瓷器上的吉祥图案。

金代，瓷器上已经见有荔枝纹图案。以河北井陉县河东坡村出土的一件荔枝纹盘模[87]为典型代表，盘模底部刻折枝荔枝纹，枝头缀以荔枝果一对，图案清晰，构图饱满，形象写实。

元代，瓷器上的荔枝纹亦偶有所见。景德镇窑青白釉瓷器上的荔枝纹图案以印花技法制成，如元代青白釉印花荔枝纹高足杯[88]，杯外腹菱形开光内饰折枝荔枝纹，图案清晰工整。龙泉窑青瓷上为露胎贴花装饰的荔枝纹，以现藏于浙江省博物馆的荔枝纹盘[89]为代表，盘内中心贴饰一颗荔枝果，露胎呈火石红色，与整体釉色形成鲜明对比，具有很强的装饰感和逼真度，体现了龙泉窑工匠高超的制瓷技艺水平。

元代龙泉窑青瓷露胎贴花荔枝纹盘。现藏于浙江省博物馆

元代景德镇窑青白釉印花荔枝纹高足杯，1980年出土于江西省高安市元代窖藏。现藏于高安市博物馆

明代永乐景德镇窑青花瓷器上常见有折枝荔枝纹，有的是在青花大碗、大盘内底绘一折枝荔枝纹，果实累累，画面生动写实，寓意吉祥。以1994年景德镇珠山御窑遗址出土的青花荔枝纹窝盘[90]为代表，盘心双弦纹圈内绘一整株生长在地上的荔枝树，树上结满荔枝，生动形象，写实自然。也有的是在大盘外壁与其他植物果实组成瑞果图。宣德时期景德镇窑青花瓷器上继续沿用，画意豪放，线条流畅，具有突出的时代特色。此外，宣德时期还出现了黄地青花的装饰新品种，以大英博物馆大维德爵士藏的宣德黄地青花折枝花果纹盘[91]为典型代表，内壁绘四组青花折枝花果纹，其中便有荔枝纹。图案以外空间涂饰黄釉为地，蓝黄呼应，对比鲜明，充分体现出荔枝的鲜美。成化时期景德镇窑青花瓷及明初龙泉窑青瓷上也有荔枝图案。成化青花采用双勾

明宣德景德镇窑黄地青花折枝花果纹盘。现藏于大英博物馆

清乾隆景德镇窑粉彩三多纹墩式碗。现藏于天津博物馆

填绘，龙泉青瓷则以刻花为主。

清代，景德镇窑粉彩瓷上十分流行荔枝纹，主要与石榴、桃组合在一起，构成三果纹，象征多子、多福与多寿，也称三多纹。

石　榴

石榴原产波斯（今伊朗）一带，公元前1世纪前后传入中国。据晋张华《博物志》载："汉张骞出使西域，得涂林安石国榴种以归，故名安石榴。"东汉末曹植《弃妻》诗曰："石榴植前庭，绿叶摇缥青。"说明当时石榴已广为种植。石榴果实饱满，籽粒众多，"千房同膜，千子如一"，因此被视作瑞果，象征子孙繁衍，家族兴旺。

石榴纹用于瓷器装饰，始见于宋代。北宋定窑、耀州窑、龙泉窑等都普遍运用。北宋定窑白瓷器上的石榴纹，分刻花与印花两种装饰手法，多施于盘、碗类器物上。

北宋定窑白釉刻划花石榴纹碗。现藏于北京故宫博物院

石榴纹多与牡丹、莲花、菊花等花卉组合使用，也有作为主题纹饰的。以北京故宫博物院收藏的北宋定窑白釉刻划花石榴纹碗[92]为典型代表，碗外壁刻花装饰枝叶缠绕的石榴果纹，成熟的石榴果实饱满，籽粒外露，颇为形象写实。耀州窑青瓷器上的刻花石榴纹也很具地域特色，以窑址出土的青瓷瓶[93]为例，瓶肩上刻花装饰一周凤衔石榴纹，刻工娴熟，线条犀利，画面生动。

金代，定窑白瓷中也见有石榴纹，以印花手法制作而成。采用连枝带叶的折枝形式，主要饰于盘内壁的分格区里与其他花卉、果实等共同组成画面[94]。印纹清晰，具有浅浮雕般的立体装饰效果。

元代，磁州窑白地黑花枕上十分流行以石榴纹作边饰辅助图案。一般在枕面边框与菱形开光之间的四角填绘石榴纹与细碎花草叶纹，构图满密，与开光内疏朗的画面形成鲜明对比，起到了突出主题作用。另外，景德镇窑青花瓷上也常常见有石榴纹，或施于大盘上作主题图案，或饰于大罐肩部作辅助图案。进口青花料绘制，呈色艳丽，风格写实，栩栩如生。

明代石榴纹应用更加广泛，多用于装饰青花瓷。或为主题图案，或为辅助图案，主要施在大盘、碗、瓶、尊、大罐等器物上，绘画更加精细。以永乐景德镇窑青花果纹梅瓶上的石榴纹为代表，瓶的腹部绘一折枝石榴纹，果实饱满硕大，画面写

明成化景德镇官窑斗彩团石榴纹碗。现藏于“台北故宫博物院”

明永乐景德镇窑青花花卉纹梅瓶。现藏北京艺术博物馆

实生动，寓意吉祥。宣德时期，景德镇窑青花瓷器上的石榴纹，分缠枝石榴纹与折枝石榴纹两种形式。成化时期以斗彩石榴纹最具代表性，分折枝与团花两种构图形式，施彩艳丽，风格细腻，自然清新。明代晚期，青花瓷器上的石榴纹多为整株连枝带叶的形式入画，间有小鸟飞舞其间，画风自然，随意洒脱。

清代，无论官窑与民窑瓷器上，石榴纹均较为常见。除了青花，还有釉里红、粉彩、珐琅彩等品种。清代晚期官窑粉彩石榴花纹，多以整株连花带果的形式入画，画风写实，带有写生意味。

清乾隆景德镇窑粉彩三多纹墩式碗。现藏于宣南文化博物馆

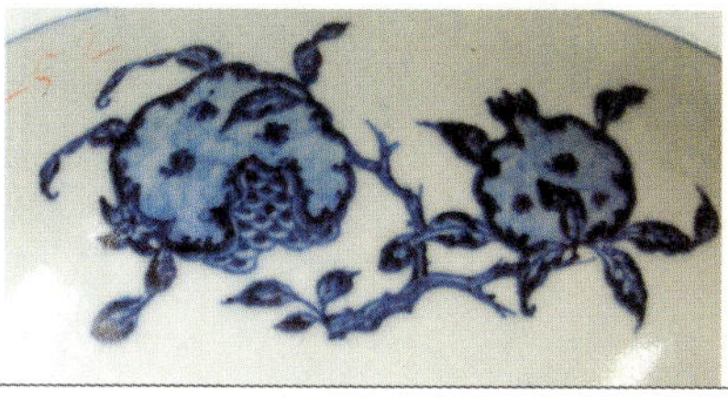

清雍正景德镇窑青花莲托八宝纹盘外壁上的折枝石榴纹。现藏于北京艺术博物馆

清乾隆景德镇窑青花六棱大瓶上的折枝石榴纹。现藏北京艺术博物馆

桃 子

在中国传统文化中，桃因西王母瑶池设蟠桃宴的故事而被誉为象征长寿的吉祥果，故也称寿桃。

桃子用作瓷器装饰图案兴起于金代。金代定窑白瓷上的桃纹，主要是以印花手法制作而成，采用连枝带叶的折枝形式，多饰于盘内底部，也有饰在盘内壁分格区里的，并与花卉和其他果实组合[95]。印花工艺技术高度发展与成熟，图案十分清晰明显，有浅浮雕立体效果。

明代，瓷器上的桃纹装饰开始增多。由于生产窑场不同，其使用的装饰工艺方法也迥然不同。明初龙泉窑官器盛行刻花桃纹。明代景德镇窑瓷器上桃纹的形式富于变化，历代风格均有不同。永乐时期，青花瓷器上十分流行饰双桃纹，主要饰于碗、壶等器物上。1994年景德镇珠山御窑遗址出土的青花开光双桃纹执壶[96]就是典型代表，腹部菱形开光内饰折枝桃纹，画面中两个硕大的桃实缀在枝干上，枝头上盛开着鲜花，显得生机勃勃。宣德青花瓷上继续沿用这种图案，以北京故宫博物院收藏的双桃纹执壶[97]为例，腹部菱形开光内绘折枝桃纹。壶外底圈足内书“大明宣德年制”六字双行双圈青花楷书竖款，为宣德官窑青花瓷器中的精品。此外，宣德时期还出现了黄地青花的装饰新品种，以大英博物馆大维德爵士藏的宣德黄地青花折枝石榴花果纹盘[98]为典型代表，内壁绘四组青花折枝花果纹，其中即有桃纹。图案以外空间涂饰黄釉为地，蓝黄呼应，对比鲜明。成化时期景德

明宣德景德镇窑黄地青花折枝花果纹盘。现藏于大英博物馆

明宣德景德镇窑青花开光双桃纹执壶。现藏于北京故宫博物院

清雍正景德镇窑粉彩八桃纹盘。现藏于北京艺术博物馆

镇窑瓷器上的折枝桃纹采用双线勾勒填色法绘制。

清代，景德镇瓷器上尤为流行彩绘桃纹，历代均有精品传世。雍正时期瓷器上常见八桃纹，以粉彩过枝八桃纹盘为典型代表。乾隆时期瓷器上常见九桃纹，装饰品种也更为丰富，除了粉彩、青花外，还有黄地青花。如清乾隆景德镇窑黄地青花九桃纹盘，盘内底饰青花九桃纹，桃实硕大饱满，在娇嫩的黄釉地衬托下显得格外青翠鲜嫩。盘底亦施黄釉，并书青花“大清乾隆年制”六字三行篆书款，为宫中御用珍品。嘉庆以后，宫廷用瓷上仍十分流行以桃纹为饰。以嘉庆官窑斗彩寿桃纹盘为典型代表。同治、光绪时期，也就是慈禧太后执政期间，官窑瓷器上的桃纹有两种形式较具时代特色：一种是黄地墨彩桃纹，即先以黄釉饰地，再以墨线勾勒轮廓，然后用浓淡深浅不同的墨彩涂染；另一种是黄地蓝料彩桃纹，即以黄釉为地，其上蓝料绘制，风格淡雅，具有宁静之美[99]。

清雍正景德镇窑粉彩八桃纹盘。现藏于北京艺术博物馆

樱 桃

樱桃，春季开花，花色洁白，入夏后结出红果，果实累累，晶莹剔透，令人陶醉。早在先秦时期，樱桃就已是名贵的珍果了。宫宴食樱桃，汉已见事迹。唐代，樱桃更是帝王喜爱的果品，太宗李世民《赋得樱桃》诗中誉樱桃为“席上珍”。宋代，赞美樱桃的诗句也很多，如赵彦端《豆叶黄》诗：“午醉醒来一面风。绿葱葱，几颗樱桃叶底红。”樱桃还有许多异名，如荆桃、楔、牛桃、朱桃、麦英等。

宋元时期，景德镇窑青白瓷上出现了樱桃纹，其采用印花手法制成，“樱桃小鸟”为典型图案，一般用于日常盘、碗和文房用具等器物上。

明代，瓷器上开始更多应用樱桃纹为装饰。明初龙泉窑青瓷装饰的刻花樱桃纹，线条流畅，刀法娴熟。景德镇永乐青花瓷器上亦见有樱桃纹，绘制于青花大碗、大盘的内壁或外壁，与枇杷、荔枝、石榴花、牡丹等组成花果纹或瑞果纹。以1994年景德

明宣德景德镇窑青花折枝花果纹盘。现藏于苏州市博物馆

明宣德景德镇窑黄地青花折枝花果纹盘。现藏于大英博物馆

明永乐景德镇窑青花瓜瓞纹折沿大盘，1994年景德镇珠山御窑遗址出土。现藏于景德镇市陶瓷考古研究所

镇珠山御窑遗址出土的永乐青花瓜瓞纹折沿大盘[100]为代表，盘的外壁绘折枝瑞果纹，其中即有樱桃纹，青花呈色艳丽，画面赏心悦目。宣德瓷器上也以青花樱桃纹为常见，同样是与其他花果纹组合构图在一起，主要用作辅助图案饰在盘类器物内壁。还出现了黄地青花制品，以大英博物馆大维德爵士藏的折枝花果纹盘[101]为代表，内壁绘四组青花折枝花果纹，其中即有樱桃纹，黄地蓝花，对比鲜明。成化时期，景德镇窑瓷器上的折枝樱桃纹，采用双线勾勒填色法，线条纤细，做工精美。

清代，瓜果纹极为盛行。樱桃常与寿桃、石榴、枇杷等组合，寓意吉祥如意。

柿　子

柿子，在我国已有一千多年的栽培历史，素有晚秋佳果的美称。北宋诗人张仲殊称颂：“味过华林芳蒂，色兼阳井沈朱。轻匀绛蜡裹团酥，不比人间甘露。”因金黄色的柿子象征着丰收和喜庆，而“柿”与“事”谐音，古人便将诸多喜庆吉祥的内涵融入其中，有“事事圆满”“事事如意”之意。

金代，定窑白瓷中见有柿子纹，以印花手法制作而成。为连枝带叶的折枝形式，主要饰于盘内底部，与盘壁分格区里的其他花卉、果实等共同组成画面[102]，寓意吉祥。

明代，景德镇窑瓷器上的柿纹更为多见。一般是与其他花果纹组合构图在一起，主要用作辅助图案饰在盘类器物内壁。

金代定窑印花分格花果纹盘。现藏于“台北故宫博物院”

永乐时期，景德镇窑青花瓷器上最为流行柿纹，画面上的柿子多为折枝形式，写实生动。以1994年景德镇珠山御窑遗址出土的永乐青花湖石鸡冠花纹大窝盘[103]为典型代表，器内壁绘柿子、折枝花卉及枇杷、石榴、桃等，构思巧妙，题材新颖。

宣德时期，景德镇窑瓷器上的柿子纹仍以青花为常见，传世品中以现藏于苏州市博物馆的宣德青花折枝花果纹盘[104]为典型代表，盘内壁绘青花折

明宣德景德镇窑青花折枝花果纹盘。现藏于苏州市博物馆

明宣德景德镇窑黄地青花折枝石榴花果纹盘。现藏于大英博物馆

明宣德景德镇窑青花瓜果纹大盘。现藏于首都博物馆

枝柿子纹、仙桃纹、荔枝纹及樱桃纹，内底绘青花石榴花纹，外壁绘四组折枝西番莲纹。外口沿书青花“大明宣德年制”楷书匾额式横款。此外，也有整株柿树出现在画面上，柿树长在坡地上，枝繁叶茂，枝头缀满柿子，富有生机。以首都博物馆收藏的宣德青花瓜果纹大盘[105]为典型代表，盘心绘一株柿树，枝叶繁茂，果实累累，绘画水平高超，反映了景德镇官窑高超的制瓷水平。宣德时期还有黄地青花的装饰技法，以大英博物馆大维德爵士藏的宣德黄地青花折枝花果纹盘[106]为典型代表，内壁绘四组青花折枝花果纹，柿子纹也于其中，蓝黄相映，趣味横生。

佛 手

佛手，产自南方。其果实金黄，气味芳香，形似佛之手，故此得名。北宋著名文学家晏殊作《佛手花》诗，形容其“丹葩羔漆细馨浮，苍叶轻排指样柔”。佛手在我国栽培历史悠久，至明清时期，我国已广泛种植。佛手因有很多吉祥寓意而备受人们青昧。“佛”代表佛祖，保佑消灾避祸，平安如意。“佛”与“福”谐音，故佛手有抓福之意，象征吉祥如意。“佛手”谐音“福寿”，象征福寿如意。人们祈望“佛手”相助，得到幸福。

佛手作为瓷器上的装饰图案，主要表现在三果纹中。常见三果纹主要由佛手、寿桃、石榴组成。石榴、佛手与桃子是中国传统文化中的三大吉祥果，石榴寓意“多子”“榴开百子”，佛手取谐音“福”，寿桃代表“长寿”，三果纹即寓意多子、多福、多寿，故称“三多”。

清代，佛手是瓷器上吉祥图案之一。清初景德镇民窑青花五彩瓷上偶尔见有佛手纹，以景德镇陶瓷博物馆收藏的人物纹花觚为例，腹部以釉下青花结合釉上绿彩绘制佛手纹，图案写实生动，富有生活气息。乾隆时期，景德镇官窑瓷器上开始流行粉彩佛手纹，绘工细腻，色调丰富，将佛手的自然特色表现得淋漓尽致。

清顺治景德镇窑五彩人物纹花觚。现藏于景德镇陶瓷馆

清乾隆景德镇窑斗彩三多纹碗。现藏于北京市海淀区博物馆

葫　芦

葫芦，因其果实累累，籽粒众多，故有多子多福、后代绵绵不绝之美好寓意。另外，葫芦在道教活动中与灵药关系密切，道士随身携带葫芦盛以“仙丹妙药”，并以此作为法器。在道家看来，葫芦具有攘死镇物的意义，故也是道教仙人最具标志性的伴物之一。

明代万历景德镇窑五彩“大吉”葫芦瓶。现藏于北京故宫博物院

最早的葫芦纹，见于明代的瓷器。嘉靖、万历时期，由于皇帝崇信道教，瓷器装饰也受道教文化影响而大量出现葫芦纹。尤其是万历时期的青花葫芦纹，多以缠枝形式构图，将葫芦藤蔓绵延不绝之势表现得淋漓尽致，颇具艺术感染力。

清代，瓷器上的葫芦纹装饰更加盛行，常常与蝙蝠相配，寓意福禄双全。以首都博物馆收藏的清代雍正景德镇窑青花缠枝葫芦蝙蝠纹橄榄瓶[107]为典型代表，腹部满绘缠枝葫芦纹，间有飞舞的蝙蝠，画面充满生机。外底青花双圈内书“大清雍正年制”六字双行楷书竖款，造型秀美，青花色调纯正艳丽，代表了雍正官窑青花的艺术水平。清代晚期，景德镇窑瓷器上的葫芦纹一般与蝴蝶相配，寓意瓜瓞绵绵，象征子孙繁盛。以首都博物馆收藏的清代同治黄地粉彩葫芦地开光“五谷丰登”纹盅[108]为例，通体以黄地粉彩葫芦纹为饰，外腹部置有四个圆形开光，开光内绘瓶插五谷纹与龙衔彩灯纹，谐音“五谷丰登”，画面充满了吉祥寓意。此外，清代末期，景德镇窑瓷器上还出现了子孙万代图，即瓷器上绘着缠绕盘曲的葫芦藤蔓上结着众多大小不一的葫芦，或者是一个大葫芦的两侧各有一个小葫芦，它们藤蔓相连，绵绵延之，无有尽头。

清代同治景德镇窑黄地粉彩葫芦地开光“五谷丰登”纹盅。现藏于首都博物馆

清同治景德镇窑红地粉彩葫芦纹盘。现藏于北京艺术博物馆

清代雍正景德镇窑青花缠枝葫芦蝙蝠纹橄榄瓶。现藏于首都博物馆

莲 蓬

莲蓬纹，也称莲实纹，是莲花开后所结的果实。莲花为佛门圣花，故果实也应为圣果，代表着圣洁与吉祥，同时也寓意着“连生贵子”。

南北朝时期，瓷器上开始流行装饰莲蓬纹。以1975年江西省吉安县出土的洪州窑青瓷莲瓣纹盘[109]为例，盘内底饰一朵盛开的莲花，莲花中心戳印11个小圆圈代表莲蓬，罩以均匀的青釉，图案显得格外清晰。此类莲蓬纹装饰一直流行至隋唐时期，尤以越窑青瓷最为盛行，成为当时青瓷装饰的重要特色之一。其釉色淡雅，釉面匀净，古朴典雅，备受推崇。

北宋中晚期，耀州窑青瓷器上出现莲实纹，主要采用刻花与印花技法。其与莲花、莲叶组合在一起，还尚未形成独立图案，多装饰于刻花青瓷盒[110]的外腹及印花青瓷碟[111]的内底，纹样精美，清丽典雅。几乎是同一时期，龙泉窑青瓷器上也开始出现莲蓬纹。一般装饰于碗类器物上面。碗的外腹刻花莲瓣纹，内腹则由多个重圈纹构成莲蓬状。也有的仅在内腹饰莲蓬纹而外腹光素者。河南新密窑珍珠地划花莲蓬纹也极

南朝洪州窑青瓷莲瓣纹盘，1975年江西省吉安县出土。现藏于江西省博物馆

北宋新密窑白釉珍珠地划花豆形枕，1992年河南省陕县宋墓出土。现藏于陕县文物管理委员会

清道光景德镇窑青花缠枝莲蓬纹大盆。现藏于北京艺术博物馆

具特色。以现藏于陕县文物管理委员会的北宋白釉珍珠地划花豆形枕[112]为典型代表，枕面珍珠地划花装饰莲塘里有莲花、莲叶与莲蓬，珍珠地内填褐赭彩，制作讲究，装饰性强。

明代宣德景德镇窑瓷器上见有莲实纹，画工奔放，线条洒脱，制作精美。成化时期，景德镇窑彩绘瓷器上亦见有莲蓬纹，制作工整，绘画精细，时代特色鲜明。

清代，莲蓬纹仍偶有运用，以道光景德镇窑青花缠枝莲蓬纹大盆为代表，盆外壁绘缠枝莲蓬纹，绘制细腻，风格写实，青花发色浓艳。底书青花“大清道光年制”六字三行楷书横款，为典型的官窑制品。

瓜瓞

瓜瓞，是大瓜和小瓜的称谓。典出《诗经·大雅·绵》：“绵绵瓜瓞，民之初生，自土沮漆。”朱熹《诗经集传》又有“大曰瓜，小曰瓞。瓜之近本初常小，其蔓不绝，至末而后大”之语，后世遂以瓜瓞绵绵比喻子孙繁衍，人丁兴旺，相继不绝。

北宋晚期，耀州窑青瓷器上出现了瓜瓞图案。以窑址出土的一件青瓷瓶[113]为例，肩上刻花装饰两只飞舞的凤纹，其一口衔瓜蔓，在曲绕的瓜蔓藤叶之中缀结着滚圆的瓜瓞，构图新颖，线条流畅，寓意美好。

金代，定窑白瓷中也常见瓜瓞纹，以印花手法制作而成，均为连枝带蔓的折枝形式。有的饰于碗内底心，有的饰于盘壁分格区里与其他花卉、果实等共同组成画面[114]。印纹清晰，具有浅浮雕般的立体装饰效果。

元代瓷器上的瓜瓞纹更是十分多见。龙泉窑青瓷中有以瓜为造型的杯类器物，如浙江省博物馆收藏的瓜式杯，杯呈瓜形，器身施有瓜棱纹，杯侧置有瓜蒂，连着瓜叶与藤蔓，形象写实，非常生动逼真。

元代龙泉窑青瓷瓜式杯。现藏于浙江省博物馆

明万历景德镇民窑青花瓜瓞纹瓜棱式罐。现藏于北京艺术博物馆

明成化景德镇官窑青花瓜瓞纹碗。现藏于英国大维德中国艺术基金会

清道光景德镇窑粉彩瓜蝶纹盖碗。现藏于北京艺术博物馆

清雍正景德镇窑青花瓜瓞纹瓜棱式罐。现藏于北京艺术博物馆

明代，景德镇窑瓷器上尤为流行青花装饰的瓜瓞纹。永乐时期折沿盘内底青花瓜瓞纹，生动写实，呈色浓淡不匀。明代中期成化青花瓜瓞纹，以现藏于英国大维德中国艺术基金会的官窑青花瓜瓞纹碗[115]为典型代表，碗外壁绘青花瓜瓞纹，造型工整，线条纤细，呈色淡雅。明代晚期以万历民窑青花瓜瓞纹为代表，绘画随意草率，青花呈色蓝中泛灰。

清代，瓷器上尤为盛行瓜瓞纹装饰。雍正时期，以景德镇官窑青花瓜瓞纹瓜棱式罐为代表，腹部绘六组瓜纹。青花发色淡雅，绘画细腻。底书青花“大清雍正年制”六字双行楷体竖款，为官窑佳品。嘉庆时期，以景德镇官窑斗彩瓜蝶纹罐为典型。道光时期，以景德镇官窑粉彩瓜蝶纹盖碗为代表，碗盖面及外壁均以粉彩绘制瓜蔓与蝴蝶，意为“瓜瓞绵绵”。

西 瓜

西瓜是辽宋金时期从域外传入的重要果品之一。最早见于五代胡峤的《陷虏记》，书中说西瓜是“契丹破回纥得瓜种”。在内蒙古赤峰市敖汉旗1号辽墓的壁画中，主人面前桌上的果盘里就摆有西瓜。南宋末年文天祥的《西瓜吟》中有：“拔出金佩刀，切破苍玉瓶；千点红樱桃，一团黄水晶。”

金代，瓷器上已见有西瓜纹了。磁州窑白地黑花瓷枕上的西瓜纹尤为典型。以现收藏于磁州窑博物馆的白地黑花西瓜纹八角形枕为代表，枕面随行勾勒粗细线构成八边形开光，开光内绘一只大西瓜，西瓜的瓜蒂用钱纹表示，充满了农家田园情趣。底部带有“张家造” 窑戳款。

元代，西瓜被广为推广，南北方均有生产。王祯《农书》说，西瓜“北方种者甚多，以供岁记。今南方江淮闽浙间亦效种，比北方差小，味颇减尔”。虽然如此，西瓜仍是当时十分新鲜的珍果，所以王祯才会赞美其“醍醐灌顶，甘露洒心”，表达出吃西瓜时的不寻常感觉[116]。尽管如此，这一时期的西瓜纹还是广泛运用于瓷器装饰。其中，尤以青花瓷器上的西瓜纹最为生动形象。元青花上的西瓜纹主要与石上芭蕉等组合，是庭院景致的构成要素之一，生动展现出庭院小景的自然气息，带有浓郁的田间生活情趣。西瓜纹也是元青花瓷器上绘画水平较高的一种植物纹，连枝带叶式入画，枝叶繁茂，藤蔓卷曲，富有弹性，充满生机。

金代磁州窑白地黑花西瓜纹八角形枕，磁县东艾口村出土。现收藏于磁州窑博物馆

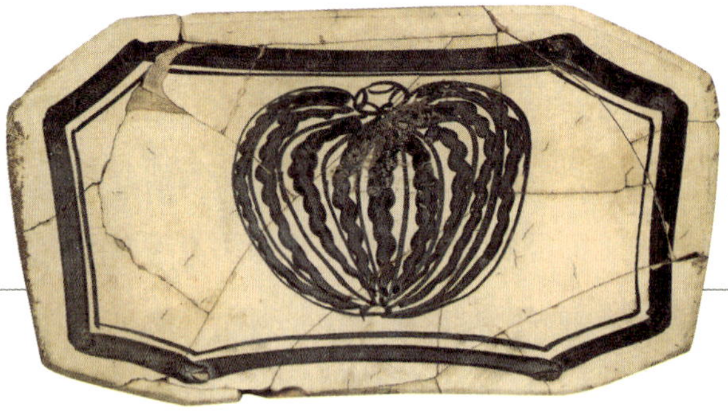

明代早期，景德镇窑青花瓷器上仍然见有西瓜纹装饰。永乐时期青花瓷器上的西瓜纹十分精美，以1994年景德镇珠山御窑遗址出土的永乐青花西瓜纹折沿大盘[117]为典型代表，盘心双弦纹圈内绘一株瓜纹，青花呈色艳丽，画面朴实清新。传世品中以北京故宫博物院收藏的永乐青花西瓜纹折沿大盘[118]为例，盘的内底中央绘两个硕大的西瓜，瓜茎从坡地里长出，瓜叶缠绕，藤蔓翻卷，给人以勃勃生机之感，富有浓郁的田园自然情趣。二者时代风格一致，造型、图案完全相同，堪称是极为难得的瓷中姊妹花。

明永乐景德镇窑青花西瓜纹大盘。现藏于北京故宫博物院

明永乐景德镇窑青花西瓜纹折沿大盘，1994年景德镇珠山御窑遗址出土。现藏于景德镇市陶瓷考古研究所

清代以后，瓷器上的西瓜纹较为少见。

癞瓜

癞瓜也称金癞瓜、赖葡萄。其果实为纺锤形，有瘤状凸起，成熟时色泽橙黄，瓤为鲜红色。

清代道光时期，开始兴起在瓷器上装饰癞瓜纹，以后历代均有沿用，一直到清末都极为盛行。癞瓜纹常与蝴蝶纹搭配在一起，瓜蔓缠绕，不仅美观，还因“瓜蝶”谐音“瓜瓞”，即“瓜瓞绵绵”，有子孙繁衍、兴旺昌盛的吉祥寓意。在构图上一般采用过枝的方法，即器物里外图案连续不断绘成，设计独特，别出心裁，装饰性强。

清道光景德镇窑粉彩过枝癞瓜纹碗。现藏于北京艺术博物馆

道光时期瓷器上的癞瓜纹装饰以景德镇官窑制作的粉彩过枝癞瓜纹盖碗[119]为典型代表，碗外

壁、盖面通体以粉彩绘制癞瓜纹、蝴蝶纹及翠竹纹等，植物的枝蔓从器物外壁曲折转入器物的内壁，肥硕的叶片错落有致，形态各异的癞瓜果实散布其间，翠竹苍劲挺拔，蝴蝶翩翩起舞。构图新颖，色彩艳丽，制作精致。正如《饮流斋说瓷》中的评价："过枝花之杯、碗，乾隆者尤绵密，癞瓜牵藤，间夹翠竹。繁丽中殊有玲珑剔透之致。"碗外底及盖顶圈足内均以青花书"大清道光年制"六字三行篆款，表明为道光时期的官窑制品，代表了当时宫廷用瓷的制作工艺水准与艺术审美取向。

清代后期，由于宫廷对瓷器功能有着特殊要求与需要，景德镇官窑瓷器上十分流行癞瓜纹。对于后宫而言，延绵子嗣堪称头等大事，故凡是与此相关的图案均盛行不衰。由此，寓意瓜瓞延绵、子孙万代的瓜蝶纹瓷器，不仅数量众多，而且内容非常丰富。其与蝴蝶组合，不仅增添了鲜亮喜庆的色彩，更寓意和美与吉祥。同治、光绪时期，也就是慈禧太后执政期间，官窑瓷器上的癞瓜纹在绘制风格上有所改变，较为流行墨彩画法绘制的癞瓜纹，即以墨线勾勒轮廓，然后再用浓淡深浅不同的墨彩涂染描绘，虽较之粉彩少了华丽与富贵之感，却也平添了淡雅与宁静之美。如故宫博物院收藏的墨彩过枝癞瓜纹盖碗[120]，器身绘墨彩过枝癞瓜纹、翠竹纹，间有蝴蝶飞舞其间。碗口沿和盖顶均涂饰一周金彩，圈足内书红彩楷书"同治年制"四字双行款。该套茶具制作规整，绘画精细。据同治时期"白地瓜瓞绵绵碗平面图样"上所写的"照此样，茶盅廿件，盖碗十对"[121]可知这套同治墨彩过枝癞瓜纹盖碗便是传世品中可与之完全对应并与皇宫瓷器平面图样要求相吻合的珍贵实物。除此之外也有同治景德镇窑墨彩过枝癞瓜纹盅实物传世，更加证明了当时宫廷用瓷有着严格的设计要求。瓷器上的图案无不体现了使用者的审美情趣与艺术追求。

清同治景德镇窑墨彩过枝癞瓜纹盖碗。现藏于北京故宫博物院

清同治景德镇窑墨彩过枝癞瓜纹盅。现藏于北京故宫博物院

草叶竹木

草叶竹木纹，是指以自然界中各种草、花叶、竹、木以及菌类为题材的图案。

草叶纹最早见于东汉时期的南方青瓷。装饰手法沿袭原始瓷的做法，尚未形成独立的风格，但以拍印法制成的杉叶纹，却颇有新意。隋代南方的洪州窑青瓷再度兴起叶纹装饰[122]，采用戳式模印技法制作，多饰于碗、盘、钵类器物的内表，以中心对称方式布局，清晰自然，生活气息浓烈。印模为瓷土做成，呈圆柱束腰形，直径一般在3厘米左右，长6—7厘米，两端均有阳文，经高温烧过便可进行印制花纹。操作简单，加工快捷，简化了装饰工序，大大提高了生产效率。唐代长沙窑的白釉绿彩草叶纹，作对称式、四方连续式或散点式，一般排列比较有规律。唐及五代时期，邛崃窑进入发展的兴盛期，彩绘成为主要的装饰技法，所用彩色有黄、褐、黑褐、绿色等，有的为两种彩，有的为三种彩，还有的是彩绘与划花、印花等结合使用。草叶纹是流行彩绘图案之一，构图较为简单，但设计多样，灵活多变。宋金时期，河北观台磁州窑继续流行草叶纹装饰。一种是白釉彩绘草叶纹。早期多采用白釉黑彩、白釉棕绿彩饰于碗、盘类器物的里面，草叶的形态似麦穗；后期多见白釉褐彩、白釉酱红彩饰于钵类器物的外壁，以鸟形草叶纹和折枝草叶纹组合构图。另一种是白釉篦划草叶纹。其制作方法同划花，只是所用工具不同。它是以篦类工具在施了化妆土的瓷器上划饰花纹。多饰于碗、盘类器物的内壁，有的为散草式，有的为三株三叶草式，线条流畅，洒脱自然，工艺简便，极具图案装饰性。当阳峪窑深受磁州窑装饰技法与艺术风格影响，白地黑花草叶纹盛行一时。其是在施有白色化妆土的胎体上，以当地一种铁矿石为颜料，用毛笔绘出草叶纹，再施透明釉烧成。纹饰以黑白、褐白对比强烈的色彩为主，线条流畅洒脱，极具艺术感染力。南宋时期，以江西吉州窑的白地黑花草叶纹为典型，纹样细腻，十分独特。元明清时期瓷器的草叶纹仍很常见，但不及早期繁盛。

竹木为多年生植物，以其蓬勃旺盛、持久恒远的生命力给人们以长寿的希冀，故象征着生命力、长远与顽强。“福如东海长流水，寿比南山不老松”，表达的即是人们希望和这类植物一样，有最大期限的寿命，以强化自己的生命，以便充分享受生活。于是，四季茂盛的青竹，凌霜傲雪的松柏，“横之亦生、倒之亦生”的柳树以及桃树和它所结之鲜果就成了长寿的象征，成了人们追求生命力旺盛、顽强、不受邪祟侵害的吉祥物。唐代长沙窑见有青釉褐绿彩绘制的树木纹，构图简洁。“有单独绘树木者，有些树叶作团扇状，有些作叠线状，有些则类似椰子树。”[123]往往以两棵或三棵树木寓意郁郁葱葱的茂盛森林，画法一致，宛如抽象化的象征符号。如三棵树木中间略矮，树冠采用多条短横线及一条长横线的技法表现，树干则以数条曲线表现，画面显得简朴而随意。宋代以后，瓷器上的竹木纹主要受当时文人画的影响，绘画技法渐趋娴熟。

灵 芝

灵芝是一种多年生的菌类植物，多生长在高山峡谷。道教人士将灵芝视为“仙丹妙药”，相传能起死回生，延年益寿，长生不老，甚至“食之成仙”，故有“仙草”之誉。历朝历代将灵芝列为祥瑞之物，象征风调雨顺，国泰民安。

元代瓷器上开始流行装饰灵芝纹。龙泉窑青瓷碗上见有印花灵芝纹。磁州窑白地黑花灵芝纹[124]线条洒脱，灵动优美。元青花瓷器上流行装饰折枝灵芝纹，有些瓷盏内底绘有一折枝灵芝。有时灵芝纹也与石上芭蕉等组合作为辅助图案，营造出庭院小景的同时，又洋溢着吉祥的氛围。此外，有些瓷器上还饰有釉里红洞石灵芝纹，十分稀少，故显得弥足珍贵。

元代景德镇窑青花灵芝纹盏，1998年太湖县白里镇阮氏一氏祖墓出土。现藏于安徽省太湖县文物管理所

元代磁州窑白地黑花灵芝纹大盆。现藏于磁州窑博物馆

明宣德景德镇窑青花灵芝纹钵。现藏于北京艺术博物馆

明嘉靖斗彩灵芝纹折腰盘。现藏于北京艺术博物馆

明代景德镇窑瓷器上依然流行装饰灵芝纹。洪武时期，釉里红大碗口沿见有缠枝灵芝纹，有的青花大盘内底也绘灵芝纹，但多与竹、洞石组合，画面留白较多，构图疏朗。永乐时期，青花瓷上常饰有缠枝灵芝纹与折枝灵芝纹，主要饰于碗、杯、杯托、钵、罐盖等类器物上，运笔流畅，制作精美。此外，永乐时期有些器物上也饰有绿彩灵芝纹与釉里红灵芝纹，精致典雅，颜色鲜艳。宣德时期青花瓷器上的缠枝灵芝纹画意豪放，线条流畅，具有突出的时代特色。以宣德官窑青花缠枝灵芝纹钵为代表，灵芝纹被绘于器物外壁，画风自然豪放，青花呈色艳丽。成化时期以斗彩团灵芝纹最具特色，绘制于杯外壁，灵芝一仰一覆呈团云状，谓“灵芝云”[125]。红地绿彩缠枝灵芝纹也别具一格，以窑址出土的三足香炉为代表，其外壁绿釉绘缠枝灵芝纹，空隙之处满填矾红彩，带有道教文化色彩。此外，青花灵芝纹形式多样，有缠枝灵芝纹、折枝灵芝纹与团灵芝纹，构图规整，工艺精湛。正德至嘉靖时期，民窑青花瓷器上的灵芝纹呈椭圆如意状，

清乾隆景德镇窑黄地青花灵芝纹葵口碗。现藏于北京艺术博物馆

清乾隆景德镇窑青花灵芝纹葵口碗。现藏于北京艺术博物馆

其顶部或两侧配有四五片竹叶，清新怡人。

清代，灵芝纹除了被用在官窑瓷器上寄托祥瑞寓意外，还备受民间喜爱，在民窑瓷器上普遍使用。康熙时期的民窑青花瓷上出现了灵芝图案款，颇具断代意义。雍正青花灵芝纹，多采用淡描、双勾轮廓线后加以重染，布局疏朗，笔触纤细，画风细腻。乾隆瓷器上的折枝灵芝纹特色突出，分青花与黄地青花等多个品种。

此外，灵芝作为祥瑞的象征，还常与其他植物组合构成新的吉祥图案，典型如灵芝与水仙、天竺、玲珑石组合，寓意“芝仙祝寿”，与鹿组合，即鹿口衔灵芝，寓意“长寿”。

忍冬

忍冬因具有耐寒、经冬不凋的特点，故得名。《本草纲目》上释其一蒂两花，新旧相参，黄白相映，又称“金银花”。忍冬纹源于古希腊的建筑与陶器图案，随后传入印度，成为印度佛教装饰中的常用装饰，汉晋时传入中国。

金代磁州窑白地黑花花卉纹梅瓶，1985年河南省镇平县出土。现藏于河南博物院

瓷器上的忍冬纹兴起于南北朝时期。越窑青瓷

北齐青釉龙柄鸡首壶，1981年山西省太原市北齐武平元年（570年）娄睿墓出土。现藏于山西博物院

北齐相州窑青釉刻花绿彩四系罐，1958年河南省濮阳县北齐武平七年（576年）李云墓出土。现藏于故宫博物院

南朝青瓷刻花忍冬纹单柄壶。现藏于北京故宫博物院

划花忍冬纹，形态简单，通常是三个叶瓣和一个叶瓣互生于波曲状茎蔓两侧的构图形式，连续不断，整体呈S形延展。主要采用贴塑和刻划两种装饰技法。当时河南安阳相州窑瓷器也见有忍冬纹装饰，如北齐李云墓出土的青釉刻花绿彩四系罐[126]，肩部刻划一周忍冬纹，腹部为剔刻的覆莲瓣纹。六条绿色彩釉自肩而下垂流，色彩艳丽。湖南湘阴窑青釉瓷上忍冬纹装饰，主要是采用刻花技法制作而成。南朝末期的陈隋之际，湘阴窑青瓷盘口壶[127]上忍冬纹，亦为刻花手法制作而成，线条流畅。

唐五代时期，瓷器上的忍冬纹装饰更为流行。耀州窑青瓷划花

五代耀州窑青瓷划花忍冬纹碗，1991年陕西省铜川市黄堡镇耀州窑遗址出土。现藏于耀州窑博物馆

忍冬纹、越窑青瓷刻划花忍冬纹，普遍施在盘、碗、罐类器物上。其经过艺术提炼与概括后，富于变化，姿态舒展，线条流畅，风格华丽。

宋代，忍冬纹多元化发展，产地不同，装饰技法与艺术风格也千差万别，充分体现古人丰富的想象力与民族地域特色。磁州窑于北宋早期兴起白釉剔花大叶缠枝忍冬纹，主要饰于唾盂外腹部，构图饱满，富有立体效果。北宋晚期至金代流行白釉黑刻及白地黑绘花忍冬纹，黑白分明，富有张力。吉州窑南宋白地褐花忍冬纹，大多为辅助图案，但也有作为主题图案者，构图巧妙，绘画精美，风格独特。潮州笔架山窑青白釉瓷器上的忍冬纹，以刻划手法制成，线条流畅。登封窑珍珠地划花忍冬纹，多用于装饰钵、炉、瓶、枕等器物上，除个别作主题图案外，大多作边饰辅助图案，色调丰富明快，内容形象生动，具有和谐、统一的自然美感。北宋早期耀州窑青瓷划花缠枝忍冬纹，采用单线划花手法划出；北宋中期改为刻花加篦划，生动写实，富有体感；晚期多为印花缠枝忍冬纹，具有图案化、象征性的装饰意义[128]。

元代以后，此类图案多被称作卷草纹，渐趋图案化。

卷 草

卷草纹由早期忍冬纹发展而来，是瓷器上的常见边饰图案，也称缠枝纹、蔓草纹。

元代景德镇窑青花束莲纹匜。现藏于首都博物馆

元代，卷草纹在瓷器上的应用十分广泛。景德镇窑青花瓷上的卷草纹，依然是作为边饰图案，广泛施于大罐、大瓶、玉壶春瓶等类器物的口沿、肩、胫和足部以及碗、匜、盘、高足杯等器物的沿

元代景德镇窑青花云龙纹玉壶春瓶。现藏于青州博物馆

边，主要起到间隔辅助作用。分单元独立绘制，即每一个单位内的卷草，都是一正一反相接，所形成的中心峰谷线不平衡对称，构图紧密，笔法简练，曲线优美，线条流畅，给人一气呵成之感。浑源窑酱褐釉剔花瓶上则是作为主题图案出现，剔花深刻，叶片肥硕，在酱褐釉的衬托下，更显风格粗犷豪迈。

明代，卷草纹被普遍运用在景德镇窑青花瓷器上，主要作为边饰图案起衬托主题的作用。明代早期制作手法极为娴熟，以景德镇珠山窑址出土的鼓腹罐为代表，肩腹部饰青花地留白卷草纹[129]，线条流畅，风格质朴；中期以成化时期的卷草纹为典型代表，填色淡雅，画工精致，风格简约。

清代，卷草纹在各类官窑、民窑器物上的应用更为广泛，多以二方连续式构图被施于盘、碗的口沿、足部以及瓶、罐、尊的肩、颈、足等处，成为瓷器装饰图案的重要构成要素之一。除了在景德镇窑广为使用外，卷草纹在广彩瓷的装饰上也十分讲究。以现藏于广东省博物馆的雍正广彩折枝花卉纹花口盘[130]为代表，口沿用红彩绘卷草纹一周，盘心以红、绿彩绘折枝花卉纹四组，画面清新疏朗。

清雍正广彩折枝花卉纹花口盘。现藏于广东省博物馆

芦苇

芦苇是最早出现在中国古代诗词中的植物之一。《诗经·国风·秦风》云："蒹葭苍苍，白露为霜。所谓伊人，在水一方。"蒹葭就是荻苇和芦苇的合称，诗人借此抒发了对女子的思慕之情。唐代诗人司空曙所作《江村即事》："钓罢归来不系船，江村月落正堪眠。纵然一夜风吹去，只在芦花浅水边。"寄托了作者淡泊归隐的心态。

古人将芦苇纹作为瓷器装饰与以往花草纹所寄托的富贵吉祥的寓意有很大区别。在战乱不断的时代，人们的生活漂泊无依，人的生命就如同那春生秋枯、随风摇曳的芦苇。古人以物寄情，借芦苇表达思乡、怀旧、归隐等心境，感叹生命的无常和短暂。

早在唐代，长沙窑就出现了芦苇纹装饰。

宋代瓷器上常见作为衬景的芦苇纹。耀州窑青瓷上的芦苇纹，采用印花技法制作，多与水波莲花组合运用，常见有鸭戏芦莲、鸳鸯戏芦莲[131]等。定窑瓷器上的刻花芦苇纹极为生动，一般装饰于斗笠碗上，于碗心刻划两条并肩而游的鱼纹，画面上方衬以迎风摇曳的芦苇，姿态飘逸，栩栩如生。

南宋吉州窑釉下彩绘芦纹三足炉，1979年江西省樟树市永泰镇车埠出土。现藏樟树市博物馆

金代磁州窑白地黑花鹤芦纹如意头形枕。现藏于磁州窑博物馆

南宋吉州窑流行釉下彩绘芦苇纹，以当时较为多见的焚香用具三足炉为代表。如南宋吉州窑釉下彩绘芦纹三足炉，敛口，平沿内折，筒形腹微鼓，平底，三矮足微外撇，胎色白中泛黄。口沿下、下腹近底处各饰弦纹四道，炉腹部置两个椭圆形开光，内绘简笔折枝芦苇一枝，外衬以水波纹。芦苇简笔绘制，茎小叶宽，寥寥几笔，落落大方。

金代，磁州窑白地黑花瓷器上的芦苇纹，亦不再单纯的只作为衬景使用了，而是与仙鹤、鹭鸶均分画面，共同构成主题。如现藏于磁州窑博物馆的一件白地黑花鹤芦纹如意头形枕[132]，枕面开光内绘芦苇水塘小景：两株飘逸的芦苇占据了主画面，芦苇旁有一只回首眺望的仙鹤，画笔潇洒流畅，画面清新自然。

大雁南飞，平添乡愁。元代瓷器经常以“大雁衔芦”为主题纹饰，表达思乡之情。如江西高安出土的元釉里红雁衔芦纹匜，刻划结合釉里红装饰，内底为大雁衔芦纹，内壁为水波纹，色彩艳丽，主题突出。

明清时期，瓷器上的高士图中，多将芦苇纹与人物纹相结合，以显示高士超凡脱俗的情怀。另外，因鹭音同“路”，莲音同“连”，芦谐音“路”，芦苇生长时棵棵相连可谐音转义为“连科”，故这一时期的芦苇纹常与鹭鸶、莲花等组合，称作“一路连科”，寓意科举考试连连高中。品种以青花为多，也有粉彩、三彩等制品。

明万历景德镇窑青花五彩芦苇纹洗。现藏于北京艺术博物馆

花 叶

花叶纹，即似花非花、似叶非叶的图案。

唐代，越窑青瓷碗、海棠杯里心多装饰有荷叶纹，一般是荷叶形花纹两两相对，线条流畅，简洁率意。如慈溪市博物馆收藏的唐代越窑青瓷海棠杯[133]，内壁划花装饰荷叶纹，施青黄釉，釉面匀净

光洁。此外盒盖的盖面上也很流行装饰荷叶纹，划花而成，多为变形荷叶，颇有装饰艺术性。长沙窑青釉褐绿彩花叶纹，使用褐、绿两色绘制，中茎及叶均以绿彩勾画轮廓，叶脉则以褐彩填绘，画面简单又不失美感，表现出当时民间绘画的艺术特色。

五代十国时期，越窑青瓷碗、海棠杯上，依然流行荷叶纹。刻划荷叶纹更是栩栩如生，其中的侧面半开式荷叶最具时代特征，有着较为独特的装饰效果。应为仿唐代金银装饰风格。此外，少数盒盖顶部也会刻划成以盖钮为中心，由数条辐射线组成的圆形荷叶，中心的小钮做叶梗状，立体感强。

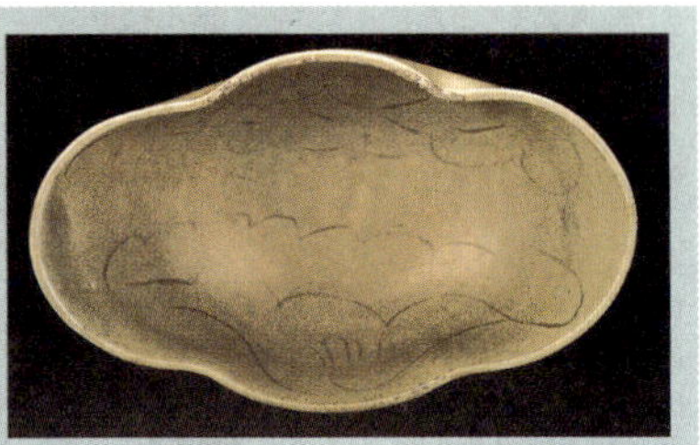
唐代越窑青瓷划花荷叶纹海棠杯。现藏于慈溪市博物馆

北宋时期，龙泉窑、磁州窑、当阳峪窑极为流行变形花叶纹。尤以白地黑花绘制的折枝花叶纹为典型，多饰于碗、盘类器物的内里，线条简练，自然流畅，色调明快，具有中国传统水墨画的艺术效果。

北宋当阳峪窑白地黑花折枝花叶纹碗。现藏于焦作市博物馆

清代雍正景德镇窑斗彩瓷器上常见有一种由树叶组成的花叶纹，以清雍正景德镇窑斗彩花卉纹盘为代表，敞口，浅弧腹，圈足。通体斗彩装饰。盘内底绘芭蕉叶组成的花卉纹。内壁、外壁均饰花卉纹。底书青花“大明成化年制”六字双行双圈楷体竖款，应为清仿明成化的制品。

北宋龙泉窑青釉刻花变体花叶纹盂口瓶，龙泉市林垟乡秋畈村北宋元丰年间（1078—1085年）纪年墓出土。现藏于龙泉青瓷博物馆

清雍正景德镇窑斗彩花卉纹盘。现藏于北京艺术博物馆

莲瓣

莲瓣纹，即以莲花的花瓣为装饰图案，是佛教艺术中的典型图案。

两晋至五代

两晋时期，浙江地区青瓷上兴起莲瓣纹装饰，以刻划技法制成，多饰于碗、杯、钵、盘等器物外侧。莲瓣为单层，一般是由四组细线勾勒轮廓，构图简洁，线条流畅。南北朝时期，莲瓣纹在瓷器上的运用盛极一时。

南朝时期，越窑青瓷刻划莲瓣纹，分仰莲与覆莲、单线与多线、单层与双层等，既富于变化，又协调统一。刻花线条较深，构图简练，制作精细。以重线莲瓣纹装饰效果最佳。一般是在碗、盏的外壁刻划重线仰莲瓣纹，形似一朵盛开的荷花。而在壶、罐、唾盂类器物的外壁刻划重线覆莲瓣纹，线条流畅，制作规整，十分美观，代表了这一时期南方青瓷装饰艺术水平。除线划外，也有剔刻的，花瓣肥硕，有浅浮雕的装饰效果。

南朝越窑青釉刻花莲瓣纹碗，龙泉市南朝刘宋永初元年（420年）纪年墓出土。现藏于龙泉青瓷博物馆

南朝越窑青瓷莲瓣纹唾壶。现藏于浙江省博物馆

北朝北贾壁窑青瓷莲花尊，1948年河北省景县后主天统元年（565年）封氏墓出土。现藏于河北省文物保护中心

北朝相州窑青釉刻花绿彩四系罐，1958年河南省濮阳县北齐武平七年（576年）李云墓出土。现藏于故宫博物院

北朝青瓷莲花纹，采用浮雕、堆贴、模印、刻划等多种装饰技法，以莲花尊为典型代表，莲瓣遍布器身上下，每层莲瓣的形式与处理手法都不相同，有的为双瓣覆莲，有的为单瓣仰莲，均丰满肥硕，制作华丽。另外，白釉绿彩莲瓣纹颇具新意，其先在器腹剔刻出覆莲瓣，瓣尖微微卷起，富有立体感；再在肩腹部施青釉，同时加饰绿彩，六道彩条自然垂流，色彩艳丽，极富艺术魅力。

隋代寿州窑青釉刻划莲瓣纹四系罐。现藏于安徽寿县博物馆

隋代寿州窑青釉刻划莲瓣纹高足盘。现藏于安徽长丰县文物管理所

隋代，安阳窑、寿州窑、洪州窑等也都流行青瓷刻划莲瓣纹。多施于碗、杯、罐等器物外壁及高足盘内。四系罐为代表性器物，其肩上和腹部各施两周凸弦纹，弦纹内刻划覆莲瓣纹，莲瓣内填绘花叶纹，构图简约，为隋代典型装饰风格[134]。另如莲瓣纹高足盘，盘内中心戳印圆圈代表莲蓬，外围刻划莲瓣纹，莲瓣平铺展开，形态写实生动，开启了时代新风。

唐代，黄堡耀州窑黑釉堆贴莲瓣纹，制作工艺及艺术水平极高。以塔式盖罐[135]为典型代表，罐下腹堆贴莲瓣，上下三层，每层六瓣，兼承托与装饰作用，设计巧妙，宗教文化内涵丰富。

唐代耀州窑黑釉塔式盖罐，1972年陕西省铜川市黄堡镇新村出土。现藏于耀州窑博物馆

五代十国时期，南方越窑青瓷莲瓣纹，多饰于盒盖上，中心戳印小圆圈代表莲蓬，圈外围刻莲瓣纹，花瓣多三叠，宽厚肥硕，有浮雕立体效果。茎脉细线划刻，线条清晰有力。北方黄堡耀州窑青瓷莲瓣纹，采用划花、模印与刻花等多种装饰技法。刻花莲瓣纹最为精美，莲瓣形式多样，按层而言，有单层、双层与多层之分；按形态分，有仰莲瓣与覆莲瓣两种。其广泛运用于盅、杯、碗、盏、盘、渣斗、盆、五管瓶、净瓶、罐、器盖等各类器物上，刻工犀利，莲瓣丰满，装饰风格与唐代金银器有一脉相承的密切关系。

五代越窑青瓷刻花莲瓣纹盖盒。现藏于慈溪市博物馆

宋代

宋代，瓷器上的莲瓣纹十分盛行，南北各大瓷窑广为使用。

耀州窑北宋早中期青瓷刻花莲瓣纹，写实性较强。莲花瓣或单线勾出中间饰直线纹理，或双线勾出内饰瓣状纹理。北宋晚期出现了花瓣错位斜压的排列方式，双勾线的莲花瓣日渐变为尖瘦体。

定窑北宋早期流行白瓷刻花莲瓣纹。以河北定州静志寺和净众院两座塔基出土瓷器[136]为代表，莲瓣一般饰于碗外壁或瓶、罐的肩腹部。

北宋定窑白瓷刻花莲瓣纹龙首流大净瓶，1969年12月10日河北省定州市净众院塔基地宫出土。现收藏于定州博物馆

汝窑北宋末期青瓷模印莲瓣纹出现，与传世汝窑极少有装饰相反，遗址中则出土有许多带有莲瓣

装饰的薰炉、盏托、碗、钵等器物。

越窑北宋早期流行青瓷刻花凸莲瓣纹，主要饰于盘、杯类器物外壁，刻花技法洗练，轮廓清晰，叶瓣宽短凸起，造型雅致，与金银器装饰风格相似。北宋中期流行细线划花莲瓣纹，线条简洁流畅，叶瓣瘦长。

龙泉窑北宋早期淡青釉瓷器上常见细线划花莲瓣纹。中晚期刻花莲瓣纹流行，多饰于碗、盘内腹部，技法纯熟，线条流畅。也有的器物外壁施单层刻花莲瓣纹，莲瓣内填以篦划线，花叶形象，更加生动。南宋时期粉青与梅子青釉瓷器上多为深刻手法制作的莲瓣纹，主要施于碗类器物外壁，称“莲瓣碗”。南宋中晚期除了刻花莲瓣碗，还有刻花莲瓣盘，分厚釉与薄釉两种，花瓣宽硕，颇具时代特色。

景德镇窑北宋早期流行青白釉剔刻花莲瓣纹，主要施于碗外壁，莲瓣较尖。北宋中晚期青白釉碗外壁常刻双层莲瓣。南宋时期流行印花莲瓣纹，层数增多，有的多达七层，布局繁密[137]。

北宋早中期龙泉窑青釉刻花莲瓣纹梅瓶，1981年云和县崇头镇宋墓出土。现藏于云和县文物管理委员会

北宋中晚期龙泉窑青釉刻花莲瓣纹盖罐，1985年龙泉市龙渊镇出土。现藏于龙泉青瓷博物馆

南宋龙泉窑青瓷莲瓣纹青釉托盏，1991年四川省遂宁市南强镇金鱼村一号窖藏。现藏于遂宁市博物馆

金元时期

金代，磁州窑瓷器上的莲瓣纹装饰也很盛行。以白地黑花釉下彩绘技法制作的莲瓣纹尤为精美。

元代，莲瓣成为瓷器上的代表性装饰图案，分仰莲瓣纹与覆莲瓣纹两种形式。龙泉窑青瓷上尤为盛行装饰莲瓣纹。元代早期青瓷碗、盘、洗等的外腹壁多带有刻花技法制作的莲瓣纹，工艺及风格均承袭南宋后期莲瓣纹，莲瓣的形状较比南宋时期显得瘦长，莲瓣外侧多刻单线，中凸脊。元代中晚期，龙泉窑青瓷碗、盘外壁仍流

金代磁州窑白地黑花花卉纹梅瓶，1985年河南省镇平县出土。现藏于河南博物院

金代磁州窑白地黑花花蝶纹瓶，1961年河北省磁县观台镇西遗址出土。现藏于河北省文物研究所

元代景德镇窑青花云龙纹玉壶春瓶。现藏于青州市博物馆

元代景德镇窑青花缠枝牡丹瑞兽龙耳大罐。现藏于伊朗国家博物馆

行刻花装饰莲瓣纹，莲瓣变宽肥，中凸脊，莲瓣外侧多刻双线。

景德镇窑青花瓷器上的莲瓣纹俯拾皆是，随处可见。其多作为辅助边饰图案饰于瓶、罐等琢器肩部、胫部及盘、碗等圆器外面。既有一定的模式，又在定式中追求细部的变化。除大盘外，其他元代瓷器上的莲瓣纹均作单体排列。莲瓣之间互不相连，留有空隙。轮廓线一粗一细，留有空隙。因多为八组，故又称“八大码”。

元青花瓷上的莲瓣纹，取上宽下窄式，且用粗细相间的线条绘成，轮廓线互不相连，留有空隙。分仰莲瓣、覆莲瓣。当仰、覆莲瓣互相配合使用时，则其中之一仅留有瓣尖，外形犹如一个横置的大括号，故也称“大括号形莲瓣”。

元青花莲瓣的绘画风格分为两类：一类是传统的、继承前代风格的、写实性的莲瓣纹，或仅保持花瓣状，或于花瓣内饰以简单卷草纹，小件元青花器物上多见。以云龙纹玉壶春瓶[138]为代表，颈部及近地处分别饰火珠覆莲瓣纹与垂云仰莲瓣纹，画面层次清晰，展示了极其高超的设计理念与娴熟精妙的绘画技巧。另一类是变形莲瓣纹，是元代最具代表性的有着独特艺术魅力的边饰图案。莲瓣内再填绘垂云、圆圈、折枝花卉、卷草及珊瑚、银锭、双角、火珠、火轮、莲花、双钱等杂宝纹。风格多变，构图繁杂，应用极为广泛。

明清时期

明代，莲瓣纹继续在瓷器上广为运用。明代早期龙泉窑青瓷上的莲瓣纹，多以刻花方式制成，主要装饰在器物的外壁下腹部，并多在莲瓣上部施双弦纹。明代中期，

明成化青花携琴访友纹大罐，1985年北京市海淀区白石桥地区出土。现藏于北京市海淀区博物馆

明宣德景德镇窑青花鸡心碗。现藏于北京艺术博物馆

龙泉窑青瓷上的莲瓣纹更多装饰于折腹器的下腹部。以莲瓣纹碗为代表，外壁以刻划手法装饰莲瓣纹，瓣端出尖，彼此互不相连，趋于简化与随意。

景德镇窑出现了多种形式的莲瓣纹装饰。洪武时期开始，无论是仰莲瓣纹还是覆莲瓣纹，边缘线均紧靠相连，不留空隙。永乐时期，瓷器上较多采用变形莲瓣纹为装饰，主要施于瓶、罐类器物的折肩、颈、足等处以及盘的外足墙上。宣德青花瓷器上的莲瓣纹，分单层莲瓣纹与双层莲瓣纹。成化时期莲瓣纹以青花为代表，画法独特，主要采用双线勾勒填色法，线条纤细，填色浅淡，带有鲜明的时代风格。另外，明代还流行在色釉瓷器上进行浮雕莲瓣纹的装饰。典型如1983年景德镇珠山御窑遗址出土的一件永乐白釉浮雕莲瓣纹三足座[139]，通体从上至下装饰五层变形莲瓣纹，构思极为精巧。明代中期，变体莲瓣纹之间隔以实体长条形，莲瓣内还有空体长方框，绘画细腻工整，开启时代新风。

清代，莲瓣纹或作为主题图案，或为边饰辅助图案。作为辅助边饰图案多为二方连续式构图，用于盘、碗口沿、足部以及瓶、罐、尊肩、颈、足等处，成为构成瓷器装饰图案重要内容之一。

清乾隆景德镇窑青花折枝花果纹梅瓶。现藏于北京艺术博物馆

菊瓣

菊瓣纹，即菊花瓣纹的简称。瓷器上以菊瓣为饰，兴起于北宋时期。主要装饰在碗、盘类器物的内壁、外壁、足上及瓶、罐类器物的颈部、肩部与足部等处，极富装饰性。

北宋时期，耀州窑青瓷与定窑白瓷上的刻花菊瓣纹，技法娴熟，刀法犀利，线条流畅。以北京故宫博物院收藏的北宋定窑白釉刻花菊瓣纹斗笠碗[140]为典型代表，内壁满刻花装饰菊花瓣纹，刻工技艺精湛，生动展示出花瓣的自然形态与主要特征。

北宋定窑白釉刻花菊瓣纹斗笠碗。现藏于北京故宫博物院

元代龙泉窑青瓷菊瓣纹大罐。现藏于土耳其托普卡比宫

南宋龙泉窑流行青瓷刻花菊瓣碗。1960年龙泉窑大窑窑址发掘出土有内外满刻花菊瓣纹的碗，1987年发现的南海一号沉船中，也发现了与窑址出土的菊瓣碗风格一致的菊瓣盘[141]。

元代，龙泉窑很多葵口盘或花口盘的内壁装饰有菊瓣纹。有的甚至是通体呈菊瓣式，内腹壁的菊瓣纹模制而成，内凸外凹，图案造型一次模印而成，制作完美，简称“菊瓣盘”。此外，腹部满饰立体感较强的菊瓣纹大罐也极具代表性。除了作主题图案外，也有为辅助图案的，一般施于大凤尾尊、大瓶等器物的肩颈部与腹下部。菊瓣纹大罐在韩国新安海底沉船中有发现，并在国内外博物馆中也有收藏。

元代龙泉窑青瓷菊瓣纹大罐，韩国新安海底出船出土。现藏于韩国国立中央博物馆

明代，景德镇窑青花瓷上的菊瓣纹装饰仍较常见。永乐时期，青花鸡心碗的外壁多饰以菊瓣纹，形状细长，也称变形菊瓣纹[142]。宣德时期应用极为广泛。有的为一层，有的为两层。花瓣排列分为相互借边线和各自独立不借边线两种。永乐青花鸡心碗的外壁，以9个花瓣为饰，而宣德青花菊瓣纹大碗的外壁，以32个菊花瓣为饰，花瓣细长呈放射状排列。

清代，以康熙时期的菊瓣瓶最为著名，造型为撇口，长颈，溜肩，敛腹，圈足，瓶的下腹部浮雕一周菊花瓣为饰，为康熙时期独特器形之一。

木叶

木叶纹，指以各种植物的枝叶为装饰的图案。最早见于东汉时期的南方青瓷。装饰手法沿袭原始瓷的做法，尚未形成独立的风格，但以拍印法制成的杉叶纹极具特色。

南朝时期，木叶纹在瓷器上被广为运用。采用戳式模印方法制作而成，先是用高温烧造瓷质阳文印模，再戳印于尚未干透的素坯上，最后施青釉入窑烧造。操作简单，加工快捷，适合大批量生产。

隋代，瓷器上的木叶纹装饰十分盛行。江西洪州窑青瓷流行戳式模印花木叶纹，多饰于碗、盘、钵类器物的内表，以中心对称方式布局，清晰自然，极具装饰效果，极大地丰富了瓷器装饰内容。此类装饰工艺也广泛应用于安徽寿州窑，戳印松叶纹[143]便是其中较具特色的图案之一，通过对称式或交叉式排列组成二方连续图案。

隋代洪州窑青瓷印花钵，江西省洪州窑窑址出土。现藏于江西省博物馆

唐代，瓷器上的松叶纹更为常见。洪州窑继续沿用隋代的木叶纹装饰，但远不及隋代丰富，且不再是模印而成，而是以刻、划、绘的方法做出叶子的形状。寿州窑出现了剪纸漏花松叶纹，即将剪好的图案贴于施过化妆土的器胎上，施釉后，揭去剪纸，便露出未施釉的化妆土，入窑焙烧。这种方法烧成的松叶纹，带有较深的凹槽，使图案更加清晰鲜明。唐五代时期，邛崃窑进入发展的兴盛期，彩绘成为主要的装饰技法，所用彩色有黄、褐、黑褐、绿色等，草叶纹是其流行的彩绘图案之一，构图较为简单，但设计多样，灵活多变。有的为两种彩，有的为三种彩，还有的是彩绘与划花、印花等结合使用。

唐代寿州窑黑釉松叶纹枕。现藏于安徽长丰县文物管理所

北宋时期，浙江瓯窑产品中以蕨草装饰的图案十分独特，其在淡青釉上施褐彩蕨草纹，叶片呈褐色，枝干为褐绿色，浓淡相宜，婷婷玉立，枝繁叶茂，舒展自如。

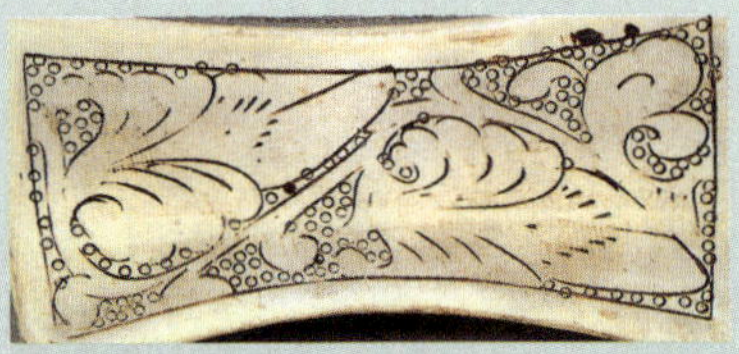

北宋磁州窑白釉珍珠地划花大叶纹束腰形枕。现藏于磁州窑博物馆

北宋当阳峪窑白地黑花草叶纹盒盖，2004年当阳峪窑址出土。现藏于河南省文物考古研究所

南宋吉州窑木叶贴花盏，1996年江西省上饶市南宋开禧二年（1206年）赵氏墓出土。现藏于上饶市信州区博物馆

北宋瓯窑青釉褐彩蕨草纹带盖执壶，1983年温州市鹿城区锦山出土。现藏于温州市博物馆

南宋时期，江西吉州窑还发明了以天然木叶进行贴花装饰的图案。其制作工艺较为复杂，即先将树叶经过特殊处理；然后运用贴花和釉色窑变的原理，将树叶直接贴在器表，施以基础黑釉后，再于叶片上罩不同的色釉；最后入窑高温一次烧成。木叶贴花的树叶选择是非常讲究的，大多数选用桑树的叶子。据研究以这种叶子制作木叶贴花具有以下优势：一是叶形肥大；二是叶茎与叶脉清晰；三是因其含有五氧化二磷，故入窑焙烧时与铁釉不融合，产生分离，可呈现清晰的叶脉图案。木叶贴花装饰的瓷器，只有盏类一种器物，因此也称“木叶盏”。有半叶、单叶及二三片叠加等多种装饰技法。呈色有金黄和紫褐等，质朴自然，和谐美观。1996年出土于江西省上饶市南宋开禧二年（1206年）赵氏墓的木叶盏[144]是目前发现的有确切年代可考的最早的一件。该盏通体施黑釉，釉色滋润，晶莹光亮，内壁装饰木叶纹，叶尖朝向盏沿，叶

片肥大，几乎占据了器壁的一半，茎脉由粗渐细，丝丝网络偶有虫咬之孔洞，妙趣天成，令人回味无穷，堪称是天然图案与制瓷工艺完美结合的典范。

蕉 叶

蕉叶纹，即取芭蕉的叶子为饰。以芭蕉叶组成带状纹饰，特指以蕉叶图样作二方连续展开形成的装饰性图案。用作瓷器装饰始于宋代，定窑、龙泉窑、景德镇窑多将其作为瓷器的辅助纹样。

瓷器上的蕉叶纹兴起于五代至北宋早期，流行于整个宋代。南北各大瓷窑皆有名品出现。定窑北宋早期刻划白瓷蕉叶纹，一般在梅瓶的颈部饰单层蕉叶纹，盒的外壁饰粗短蕉叶纹。越窑北宋早期青瓷刻划花凸蕉叶纹，叶瓣均较宽短而有力，刻划的刀法洗练，遒劲有力，外轮廓线粗而清晰，蕉叶内常填以细线划制的茎络状纹理；北宋中期蕉叶纹造型拉长，并出现中心呈茎状凸起的作法。龙泉窑北宋早期淡青釉刻划蕉叶纹，线条纤细；北宋中期刻花蕉叶纹，中茎凸起，筋脉篦划而成，具有鲜明时代特色；北宋晚期刻花蕉叶纹，工艺技法纯熟，线条流畅自然，加之釉色透明，光泽度好，使釉面与刻花装饰完美结合，相得益彰，极富装饰效果。磁州窑北宋晚期至金代，蕉叶纹多作为辅助边饰图案。耀州窑北宋时期青瓷器上的蕉叶纹，采用刻花、剔刻花手法制成，取连续式布局方式，多环圈

北宋青釉刻花蕉叶纹五管盖瓶，1976年龙泉县茶丰乡墩头村出土。现藏于龙泉青瓷博物馆

饰于灯、炉类器物的腹部，在青绿釉色映衬下，显得十分典雅精致。景德镇窑南宋时期青白瓷碗的外壁流行刻划双线蕉叶纹。吉州窑南宋时期绿釉瓷枕上的刻划蕉叶纹，先是以锯齿纹连续刻划出叶子的轮廓，再以梳篦纹细化局部，取其意韵，简朴率真，主题突出。

元青花云龙纹象耳瓶。现藏于英国大维德中国艺术基金会

元代，蕉叶纹作为边饰辅助图案继续盛行。多饰于瓶类器物的颈部。以景德镇窑青花瓷上的蕉叶纹最具时代特色，蕉叶的边缘稍加渲染，而叶心为满色，即中茎为实心，与明代蕉叶绘画方式迥然有别。

明代，蕉叶纹仍为边饰辅助图案，以景德镇窑青花瓷器上运用最为广泛。洪武时期的蕉叶纹，中茎留白，叶心不填满色。永乐、宣德时期青花瓷上的蕉叶纹，是以主脉为中心向左右两边渲染，边缘反而不染色，画风写实，呈色浓艳，具有时代特色。成化时期蕉叶纹较为修长，线条柔和，有风吹漂浮的动感。明代龙泉窑青瓷上也常见有蕉叶纹。此外，龙泉窑青瓷上还流行刻花蕉叶纹，多施于器物外壁，刀法娴熟，线条流畅。纹饰轮廓线因积釉呈深绿色，轮廓线外釉色稍浅，两相映照，极具层次感与立体感。

清代，蕉叶纹在各类瓷器品种中广为使用，尤以绘制的蕉叶纹最为精致典雅，但总体而言其艺术创新性因素不多，明显趋于图案化。

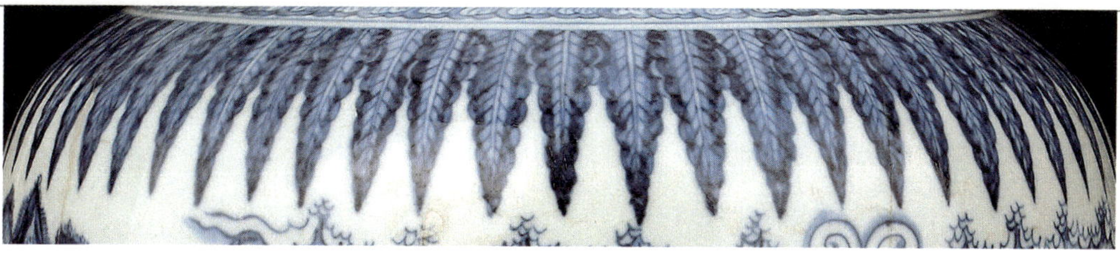
明成化青花携琴访友纹大罐，1985年北京市海淀区白石桥地区出土。现藏于北京市海淀区博物馆

芭 蕉

芭蕉叶宽大舒展，象征着青春与生命力。中国芭蕉的种植可以追溯到西汉时期，东汉许慎《说文解字》云：“蕉，生枲（xǐ）也。”枲是古时麻的总称，指芭蕉叶可以制麻。唐代以后，芭蕉在园林中普遍种植，并成为文人墨客咏叹的对象。如唐代大诗人白居易的《夜雨》中有：“隔窗知夜雨，芭蕉先有声。”杜牧亦有诗曰：“芭蕉为雨移，故向窗前种。怜渠点滴声，留得归乡梦。”

自古以来，芭蕉寄托了文人墨客的无数情感，如雨打芭蕉的离愁别绪、蕉叶题诗的闲情逸致与竹石芭蕉的田园情趣等。对普通老百姓而言，宽大的芭蕉叶象征着家业（叶）兴旺，健康长寿。因此，自瓷器产生以来，芭蕉纹是使用最多的图案之一。

芭蕉用作瓷器装饰图案兴起于北宋时期。北宋末至金代时期的定窑白瓷上常见有划花芭蕉纹。以“台北故宫博物院”收藏的定窑白瓷划花洞石蕉叶草虫纹花式盘为典型代表，盘内划花装饰洞石纹与芭蕉纹，大叶芭蕉自洞石后探出，主茎高耸，蕉叶对称排列，叶脉清晰，层次分明，两只蜻蜓与两只蜜蜂飞舞于蕉叶间，画面生动有趣。

元代开始，瓷器上的芭蕉纹多与竹纹、山石纹等组合在一起，共同构成园林景致的一角，称为竹石芭蕉纹，其中以景德镇窑青花瓷上的芭蕉庭园小

北宋末至金代定窑白瓷划花洞石蕉叶草虫纹花式盘。现藏于“台北故宫博物院”

元青花芭蕉瓜果飞凤纹菱花口大盘。现藏于伊朗国家博物馆

景最为精美，主要采用对称法构图，即以一株石上芭蕉为中心，两侧对称布置石头、竹子、瓜果、花卉等，多饰于大盘里面。有的还衬以凤、孔雀、麒麟等，显得生机盎然。元青花上芭蕉纹的画法颇具时代特色，即以细线勾勒轮廓后，再渲染填色，中茎留白，叶片多为两左两右，叶侧很少不开叉，中间常见出一叶芽，显示出勃勃生机。

明代，竹石芭蕉园景纹盛行不衰。以景德镇窑青花为代表，永乐时期多见竹石芭蕉园景纹，并以玉壶春瓶为典型器物。明代早期龙泉窑青瓷大盘上也常见带有芭蕉的园景纹，其中与假山、护栏等组合构图的芭蕉纹，采用刻划手法制成，布局繁密，制作工整，与同时期景德镇青花瓷器上的图案完全一致，说明是由官府出样、组织、派送两窑同时烧造的器物，应属于龙泉官器一类。

清代芭蕉纹仍很流行，且品种增多。康熙景德镇民窑笔筒上常见以青花、釉里三彩等绘制的芭蕉纹。青花制品色调明快，色阶丰富，写实性较强。釉里三彩由青花、豆青、釉里红三色构成，色彩丰富，风格古雅。以清康熙景德镇窑釉里三彩芭蕉麒麟纹笔筒为典型代表，外壁以釉下青花、豆青、釉里红三色饰麒麟芭蕉纹，色彩典雅，制作精美。乾隆时期开始，官窑仿明代永乐宣德时期的青花竹石芭蕉园景纹尤为盛行，并在后世历代官窑继续烧造，成为官窑瓷器中常见的传统图案之一。道光景德镇窑青花竹石芭蕉纹玉壶春瓶延续了乾隆时期的风格，青花发色淡雅，纹饰布局疏朗，画工纤巧，笔意高古，技法娴熟。

清道光景德镇窑青花竹石芭蕉纹玉壶春瓶。现藏于北京艺术博物馆

清康熙景德镇窑釉里三彩芭蕉纹笔筒。现藏于北京艺术博物馆

松 树

松树是植物中的“百木之长”，由于它对生长环境的适应性强，不管是平原沃土，还是山间石隙都可生长，也不受风霜雨雪的限制而四季常青，且“历千年而不陨”，寿命极长，根植大地，故象征着顽强的生命力，也寓意青春长寿。另因其针叶对生，也象征着婚姻幸福。在以儒家文化为主导的中国传统文化中，松被视为坚贞不屈、坚韧不拔等高贵品质的象征，与竹、梅并称岁寒三友。

松树作为瓷器装饰图案兴起于元代。除了作为人物故事衬景外，还是构成岁寒三友纹的重要要素。以现藏于土耳其托普卡比宫的元青花岁寒三友纹大碗[145]为代表，外壁绘岁寒三友纹，其中松树与竹子、梅花组合，笔法老辣，极具文人画的艺术神韵。

元青花松竹梅纹大碗。现藏于土耳其托普卡比宫

明代，景德镇窑青花瓷上尤为盛行装饰松树纹。永乐时期青花瓷上的松树纹画法独特，松叶似圆形团花。松树除了出现于岁寒三友里，还多作为主体，与棕榈、萱草、湖石等构成园林小景[146]，设计巧妙，画面清新，颇具文人画意蕴。正德至嘉靖时期，景德镇民窑青花瓷器上松纹的松针多为椭圆形，且多与鹤纹组合在一起，构成松鹤图，寓意长寿。

另外，嘉靖时期的瓷器上还大量出现由盘曲的松树枝干构成的“寿”“禄”“福”等字，构思奇巧，富有趣味，寓意吉祥。

清代，松树纹在瓷器装饰上更加流行，有以松树的枝干盘曲组成一“寿”字的寿松；有与竹、梅组合构成的岁寒三友纹，象征着高风亮节与美好的人生境界；有与鹤组合装饰的，称“松鹤同龄”，寓意延年益寿、长寿不老；还有的将松与菊花组合构图，寓意松菊延年等。

竹 子

竹子，葱茏茂盛，四季常青，无论酷暑寒冬，始终傲然挺立，充满生机，有着高风亮节、无惧无畏、不卑不亢、虚心向上等高尚品格。竹与梅、兰、菊并称花中四君子，松、竹、梅又被称为岁寒三友。北宋大文豪苏轼写下：“宁可食无肉，不可居无竹；无肉令人瘦，无竹令人俗。”代表了当时文人们的心声，表达了他们对青青翠竹无比的依恋与喜爱。

以竹为瓷器装饰图案始于宋代。这一时期竹已经成为中国传统绘画中的常见题材。当时宫廷曾经兴起过墨竹画风，《宣和画谱》专门在卷二十开辟“墨竹”部分，其“不专于形似而独得于象外者”的理论显然也影响到了瓷器上竹纹装饰的风格。现藏于故宫博物院的磁州窑白地黑花枕上的竹枝纹便是极具文人画神韵的佳作。同时期耀州窑青瓷器上的竹纹则多与动物纹、婴戏纹组合在一起，如婴戏竹梅、婴戏松竹、喜鹊登竹等纹样。

宋代磁州窑白地黑花竹叶纹枕。现藏于故宫博物院

金代磁州窑白地黑花绘制的竹纹最为精美，无论是结构、笔势，还是技法均得丹青之妙，墨彩淋漓，惟妙惟肖地展现出同时

金代磁州窑白地黑花竹纹八角枕，磁县东艾口村金墓出土。现藏于磁州窑博物馆

期文人画中墨竹的风采。以磁州窑博物馆收藏的一件白地黑花竹纹八角枕[147]为代表，枕面八边形开光内绘墨竹一枝，竹枝上正中书一“花”字，寓意“花烛”，有洞房花烛夜之意。

元青花雉鸡竹石花果纹大盘上的竹纹。现藏于英国维多利亚与阿尔伯特博物馆

元代，磁州窑瓷器上的竹纹装饰更加普遍，除了用作主题图案，还广泛饰于瓷枕的侧面枕墙上。景德镇窑青花瓷上所绘的竹，常被表现为生长在山石或路旁的状态，竹叶均朝着一个方向生长，挺劲向上，画法独特，一笔一叶，叶间还有数根细纹以示侧叶或分枝，与当时文人画中的墨竹图有着异曲同工之妙。

明代，景德镇窑瓷器上尤为流行装饰竹纹。永乐时期，竹纹除了出现在岁寒三友纹中以外，还有许多其他的组合形式。饰有竹纹的

民国景德镇徐仲南绘粉彩竹纹瓷板。现藏于景德镇陶瓷馆

清同治黄地绿彩丛竹纹渣斗。现藏于北京故宫博物院

瓷器以青花制品为主，另外也见有绿彩制品。如1994年景德镇珠山御窑遗址出土的一件永乐绿彩竹叶纹器托[148]，器外壁以绿彩绘竹叶纹、灵芝纹，十分精致典雅。正德至嘉靖时期民窑青花绘制的竹纹中，竹叶多朝下生长。

清代，瓷器上的竹纹装饰十分普遍，其中以景德镇窑官窑制品为代表。雍正时期，斗彩竹纹多与山石组合，绘制于盘外壁，画工细腻，填彩准确，以绿色为主调，写实韵味浓郁。乾隆时期，青花单线勾描竹纹，洒脱自然。晚清同治时期，官窑流行黄地绿彩丛竹纹，图案碎小，排列整齐，层次满密，主要饰于碗、盘、渣斗等日常生活用具[149]上，是为同治皇帝大婚专门设计制作的。此外，还出现了以红地留白技法装饰的竹纹，较具时代特色。

民国时期，景德镇窑青花、粉彩及醴陵窑釉下五彩竹纹制作精美。其中，景德镇瓷绘大师徐仲南的粉彩竹纹，画面构图饱满，以青绿和淡赭色料渲染，丛丛簇簇、疏密有致的竿竿修竹，迎风摇曳，叶片大小参差，层次分明，有水墨淋漓之风韵。

梅 树

梅树，多为整株入画，或与竹子搭配，构成梅竹图。南宋时期吉州窑釉下彩绘作品较为常见，多饰于瓶类器物的腹部，微风中的梅树枝繁叶茂，花蕾开放，似嗅之有香，衬以飞舞的蝴蝶，富有生活韵味。

元代吉州窑釉下彩绘锦地开光梅竹纹梅瓶。现藏吉安县博物馆

元代，吉州窑继续流行釉下彩绘梅竹纹装饰瓷器，多采用锦地开光方式饰于梅瓶类器物的腹部，老梅枝条横出，枝丫顺势穿插，梅花含笑枝头，花朵偃仰反正，配以新月，映带有情，构成一幅雅致的月影梅纹图。

明代，景德镇窑青花瓷上的梅树纹较为常见。永乐时期，主要是构成“岁寒三友图”的要素之一，画面为梅树、松树与竹子的组合，简洁、清新[150]。明代成化时期，景德镇窑瓷器上再度兴起月影梅纹。多为梅花、竹子与月亮的构图。

清代康熙时期，景德镇窑青花瓷器上的月影梅花纹，颇具水墨绘画的艺术效果。其先以浓重青花色料勾勒出梅花花朵与树干的轮廓，再以浅淡青花色料晕染出月影，画面十分素雅高贵。这一时期的冰梅纹也颇具时代特色，其主要饰于名窑青花瓷器上面，以青花为地，上面满饰白色的梅花花朵。冰梅纹运用广泛，既可作为主题图案，亦可为色地开光的辅助图案。

民国景德镇田鹤仙绘粉彩梅纹瓷板。现藏于景德镇陶瓷馆

民国时期，景德镇窑青花、粉彩及醴陵窑釉下五彩竹纹制作精美，尤以田鹤仙瓷绘艺术大师的粉彩瓷板画为典型代表，梅树枝干色泽凝重，遒劲天然，虚枝若隐若现，对比鲜明，给人以实虚相生的艺术效果。

注释：

[1] 韩立森主编：《中国定窑》，中国华侨出版社2012年版，第23页。

[2] 陕西省考古研究所：《五代黄堡窑址》，文物出版社1997年版，第66页。

[3] 〔清〕厉鹗辑：《宋诗纪事》，卷四十四，李唐题画，上海古籍出版社1983年版，第1116页。

[4] 杨俊艳主编：《中国当阳峪窑》，中国华侨出版社2010年版，第94、126页。

[5] 刘广堂等主编：《契丹风华：内蒙古辽代文物珍品》，文物出版社2012年版，第35页。

[6] 石阳主编：《文物载千秋：巴林右旗博物馆文物精品荟萃》，内蒙古人民出版社2012年版，第120页。

[7] 北京辽金城垣博物馆编：《碧彩云天：辽代陶瓷》，北京燕山出版社2013年版，第60页。

[8] 石阳主编：《文物载千秋：巴林右旗博物馆文物精品荟萃》，内蒙古人民出版社2012年版，第141页。

[9] 叶喆民主编：《中国磁州窑》（下），河北美术出版社2009年版，第70页。

[10] 王建中著：《磁州窑鉴定与鉴赏》，江西美术出版社2002年版，第56页。

[11] 杨俊艳主编：《中国当阳峪窑》，中国华侨出版社2010年版，第103页。

[12] 土耳其共和国外交部：《伊斯坦布尔的中国宝藏》，2001年版，第54页。

[13] 浙江省文物考古研究所、北京大学考古文博学院、龙泉青瓷博物馆编：《龙泉大窑枫洞岩窑址出土瓷器》，文物出版社2009年版，第13页。

[14] 铁源编著：《民国瓷器鉴定：纹饰款识辨伪》，华龄出版社2003年版，第109页。

[15] 周世荣著：《长沙窑瓷鉴定与鉴赏》，江西美术出版社2001年版，第44页。

[16] 成都文物考古研究所著：《遂宁金鱼村南宋窖藏》（上），文物出版社2012年版，第115、120、122页。
[17]〔宋〕罗大经：《鹤林玉露》卷之一，丙编，中华书局1983年版，第241页。
[18] 王逊：《中国美术史》，上海人民美术出版社1989年版，第408、241页。
[19] 叶喆民主编：《中国磁州窑》（下），河北美术出版社2009年版，第207页。
[20] 浙江省文物考古研究所、北京大学考古文博学院、龙泉青瓷博物馆编：《龙泉大窑枫洞岩窑址出土瓷器》，文物出版社2009年版，第13页。
[21] 首都博物馆编：《景德镇珠山出土永乐官窑瓷器》，文物出版社2007年版，第156页。
[22] 北京市文物局编：《北京文物精粹大系·陶瓷卷》（下），北京出版社2003年版，第134页。
[23] 石阳主编：《文物载千秋：巴林右旗博物馆文物精品荟萃》，内蒙古人民出版社2012年版，第120、149页。
[24] 陈建明主编：《御窑密码：明代皇家瓷器特展》，中华书局2014年版，第240页。
[25] 铁源编著：《民国瓷器鉴定：纹饰款识辨伪》，华龄出版社2003年版，第104—105页。
[26] 罗劲松主编：《洪州青瓷》，江西人民出版社2012年版，第14页。
[27] 权奎山、孟原召著：《古代陶瓷》，文物出版社2008年版，第144页。
[28] 江西省文物考古研究所等编著：《景德镇湖田窑址：1988年—1999年考古发掘报告》，文物出版社2007年版，第96页。
[29] 耿宝昌：《明清瓷器鉴定》，紫禁城出版社1993年版，第56页。
[30] 康蕊君等编著：《大英博物馆大维德爵士藏中国陶瓷精选》，文物出版社2013年版，第172页。
[31] 耿宝昌：《明清瓷器鉴定》，紫禁城出版社1993年版，第161页。
[32] 天津博物馆编：《耀世奇珍：馆藏文物精品陈列》，文物出版社2013年版，第43页。
[33] 刘新园：《元代窑事小考》（一），《景德镇陶瓷学院学报》二卷一期1981年版，第67—78页。
[34] 江西省文物考古研究所等编著：《景德镇湖田窑址：1988年—1999年考古发掘报告》，文物出版社2007年版，第96页。
[35] 北京市文物局编：《托普卡比宫的中国瑰宝》，北京燕山出版社2003年版，第172页。
[36] 故宫博物院编：《定瓷雅集：故宫博物院珍藏及出土定窑瓷器荟萃》，故宫出版社2012年版，第123页。
[37] 康蕊君等编著：《大英博物馆大维德爵士藏中国陶瓷精选》，文物出版社2013年版，第169页。
[38] 天津博物馆编：《耀世奇珍：馆藏文物精品陈列》，文物出版社2013年版，第43页。
[39] 首都博物馆编：《景德镇珠山出土永乐官窑瓷器》，文物出版社2007年版，第112页。
[40] 成都文物考古研究所著：《遂宁金鱼村南宋窖藏》（上），文物出版社2012年版，第120页。
[41] 蔡玫芬主编：《定州花瓷：院藏定窑系白瓷特展》，“台北故宫博物院”2014年版，第220页。
[42] 北京市文物局编：《北京文物精粹大系·陶瓷卷》（下），北京出版社2003年版，第230页。
[43] 蔡玫芬主编：《定州花瓷：院藏定窑系白瓷特展》，“台北故宫博物院”2014年版，第70页。
[44] 北京大学考古学系、河北省文物研究所、邯郸地区文物保管所：《观台磁州窑址》，文物出版社1997年版，第113页。
[45] 北京大学考古学系、河北省文物研究所、邯郸地区文物保管所：《观台磁州窑址》，文物出版社1997年版，第122、130页。
[46] 北京市海淀区博物馆编：《海淀博物馆》，文物出版社2005年版，第20页。
[47] 叶喆民主编：《中国磁州窑》（下），河北美术出版社2009年版，第51页。
[48] 蔡玫芬主编：《定州花瓷：院藏定窑系白瓷特展》，“台北故宫博物院”2014年版，第224页。
[49] 耿宝昌主编：《故宫博物院藏明初青花瓷》（上册），紫禁城出版社2002年版，第159页。
[50] 耿宝昌主编：《故宫博物院藏明初青花瓷》（下册），紫禁城出版社2002年版，第347页。
[51] 故宫博物院、首都博物馆编：《故宫珍藏：慈禧的瓷器》，北京出版社2013年版，第145页。
[52] 陕西省考古研究所、耀州窑博物馆编著：《宋代耀州窑址》，文物出版社1998年版，第626页。
[53] 北京大学考古学系、河北省文物研究所、邯郸地区文物保管所：《观台磁州窑址》，文物出版社1997年版，第147页。
[54] 陕西省考古研究所、耀州窑博物馆编著：《宋代耀州窑址》，文物出版社1998年版，第285页。
[55] 叶喆民主编：《中国磁州窑》（下），河北美术出版社2009年版，第206页。
[56] 同上，第51页。
[57] 赵巨川、何直刚：《保定市发现一批元代瓷器》，载《文物》1965年第2期。
[58] 康蕊君等编著：《大英博物馆大维德爵士藏中国陶瓷精选》，文物出版社2013年版，第126页。
[59]〔清〕寂园叟：《陶雅》卷下。
[60] 耿宝昌著：《明清瓷器鉴定》，紫禁城出版社1993年版，第108页。
[61] 北京市文物局编：《北京文物精粹大系·陶瓷卷》（下），北京出版社2003年版，第219页。
[62] 康蕊君等编著：《大英博物馆大维德爵士藏中国陶瓷精选》，文物出版社2013年版，第150页。
[63] 河北省文物研究所编著：《珍瓷赏真——河北省文物研究所所藏瓷选介》，科学出版社2007年版，第69页。
[64] 康蕊君等编著：《大英博物馆大维德爵士藏中国陶瓷精选》，文物出版社2013年版，第150页。
[65] 首都博物馆编：《景德镇珠山出土永乐官窑瓷器》，文物出版社2007年版，第151页。

[66] 太原市文物考古研究所编：《北齐娄叡墓》，文物出版社2004年版，第72页。
[67] 罗劲松主编：《洪州青瓷》，江西人民出版社2012年版，第14页。
[68] 王建中著：《磁州窑鉴定与鉴赏》，江西美术出版社2002年版，第57页。
[69] 蔡玫芬主编：《定州花瓷：院藏定窑系白瓷特展》，“台北故宫博物院”2014年版，第220页。
[70] 浙江省文物考古研究所、北京大学考古文博学院、龙泉青瓷博物馆编：《龙泉大窑枫洞岩窑址出土瓷器》，文物出版社2009年版，第13页。
[71] 江西省文物考古研究所等编著：《景德镇湖田窑址：1988年—1999年考古发掘报告》，文物出版社2007年版，第120—122页。
[72] 首都博物馆编：《景德镇珠山出土永乐官窑瓷器》，文物出版社2007年版，第143页。
[73] 康蕊君等编著：《大英博物馆大维德爵士藏中国陶瓷精选》，文物出版社2013年版，第104、106页。
[74] 陈建明主编：《御窑密码：明代皇家瓷器特展》，中华书局2014年版，第87页。
[75] 蔡和璧：《成化瓷器特展图录》，“台北故宫博物院”2003年版，第55页。
[76] 北京市文物局编：《北京文物精粹大系·陶瓷卷》（下），北京出版社2003年版，第134页。
[77] 康蕊君等编著：《大英博物馆大维德爵士藏中国陶瓷精选》，文物出版社2013年版，第131页。
[78] 赵庆刚、张志忠主编：《千年邢窑》，文物出版社2007年版，第41页。
[79] 淮南市博物馆编著：《寿州窑》，文物出版社2014年版，第180页。
[80] 陕西省考古研究所、耀州窑博物馆编著：《宋代耀州窑址》，文物出版社1998年版，第285页。
[81] 蔡玫芬主编：《定州花瓷：院藏定窑系白瓷特展》，“台北故宫博物院”2014年版，第223页。
[82] 首都博物馆编：《景德镇珠山出土永乐官窑瓷器》，文物出版社2007年版，第145页。
[83] 良渚博物院、北京艺术博物馆编：《天子之雅：清代帝王生活侧影展》，浙江古籍出版社2010年版，第40页。
[84] 李建毛主编：《中国长沙窑》，中国华侨出版社2016年版，第231页。
[85] 首都博物馆编：《景德镇珠山出土永乐官窑瓷器》，文物出版社2007年版，第116、158页。
[86] 耿宝昌主编：《故宫博物院藏明初青花瓷》，紫禁城出版社2002年版，第184页。
[87] 河北博物院编：《名窑名瓷》，文物出版社2014年版，第232页。
[88] 刘金成著：《高安元代窖藏瓷器》，北京朝华出版社2006年版，第90页。
[89] 李刚主编：《千峰翠色——浙江青瓷风韵》，中国文化艺术出版社2006年版，第54页。
[90] 首都博物馆编：《景德镇珠山出土永乐官窑瓷器》，文物出版社2007年版，第136页。
[91] 康蕊君等编著：《大英博物馆大维德爵士藏中国陶瓷精选》，文物出版社2013年版，第127页。
[92] 故宫博物院编：《定瓷雅集：故宫博物院珍藏及出土定窑瓷器荟萃》，故宫出版社2012年版，第156页。
[93] 陕西省考古研究所、耀州窑博物馆编著：《宋代耀州窑址》，文物出版社1998年版，第285页。
[94] 蔡玫芬主编：《定州花瓷：院藏定窑系白瓷特展》，“台北故宫博物院”2014年版，第223页。
[95] 蔡玫芬主编：《定州花瓷：院藏定窑系白瓷特展》，“台北故宫博物院”2014年版，第223页。
[96] 首都博物馆编：《景德镇珠山出土永乐官窑瓷器》，文物出版社2007年版，第114、165页。
[97] 耿宝昌主编：《故宫博物院藏明初青花瓷》，紫禁城出版社2002年版，第184页。
[98] 康蕊君等编著：《大英博物馆大维德爵士藏中国陶瓷精选》，文物出版社2013年版，第127页。
[99] 故宫博物院、首都博物馆编：《故宫珍藏：慈禧的瓷器》，北京出版社2013年版，第117、124页。
[100] 首都博物馆编：《景德镇珠山出土永乐官窑瓷器》，文物出版社2007年版，第122页。
[101] 康蕊君等编著：《大英博物馆大维德爵士藏中国陶瓷精选》，文物出版社2013年版，第127页。
[102] 蔡玫芬主编：《定州花瓷：院藏定窑系白瓷特展》，“台北故宫博物院”2014年版，第223页。
[103] 首都博物馆编：《景德镇珠山出土永乐官窑瓷器》，文物出版社2007年版，第151页。
[104] 王莉英主编：《中国陶瓷全集·第12卷，明，上》，上海人民美术出版社1999年版，第92页。
[105] 同上，第90页。
[106] 康蕊君等编著：《大英博物馆大维德爵士藏中国陶瓷精选》，文物出版社2013年版，第127页。
[107] 北京市文物局编：《北京文物精粹大系·陶瓷卷》（下），北京出版社2003年版，第195页。
[108] 故宫博物院、首都博物馆编：《故宫珍藏：慈禧的瓷器》，北京出版社2013年版，第75页。
[109] 朱伯谦主编：《中国陶瓷全集·第4卷，三国、两晋、南北朝》，上海人民美术出版社1999年版，第192页。
[110] 陕西省考古研究所、耀州窑博物馆编著：《宋代耀州窑址》，文物出版社1998年版，第342页。
[111] 陕西省考古研究所、耀州窑博物馆编著：《宋代耀州窑址》，文物出版社1998年版，第224页。
[112] 张柏主编：《中国出土瓷器全集·12，河南》，科学出版社2008年版，第144页。
[113] 陕西省考古研究所、耀州窑博物馆编著：《宋代耀州窑址》，文物出版社1998年版，第285页。
[114] 蔡玫芬主编：《定州花瓷：院藏定窑系白瓷特展》，“台北故宫博物院”2014年版，第218、223页。
[115] 康蕊君等编著：《大英博物馆大维德爵士藏中国陶瓷精选》，文物出版社2013年版，第132页。
[116] 孙机著：《中国古代物质文化》，中华书局2015年版，第23页。

[117] 首都博物馆编：《景德镇珠山出土永乐官窑瓷器》，文物出版社2007年版，第123页。
[118] 耿宝昌主编：《故宫博物院藏明初青花瓷》，紫禁城出版社2002年版，第88页。
[119] 良渚博物院、北京艺术博物馆编：《天子之雅：清代帝王生活侧影展》，浙江古籍出版社2010年版，第53页。
[120] 故宫博物院、首都博物馆编：《故宫珍藏：慈禧的瓷器》，北京出版社2013年版，第45页。
[121] 故宫博物院编：《官样御瓷——故宫博物院藏清代制瓷官样与御窑瓷器》，紫禁城出版社2007年版，第124页。
[122] 罗劲松主编：《洪州青瓷》，江西人民出版社2012年版，第14页。
[123] 周世荣著：《长沙窑瓷鉴定与鉴赏》，江西美术出版社2001年版，第44页。
[124] 叶喆民主编：《中国磁州窑》（下），河北美术出版社2009年版，第199页。
[125] 陈建明主编：《御窑密码：明代皇家瓷器特展》，中华书局2014年版，第223页。
[126] 朱伯谦主编：《中国陶瓷全集·第4卷，三国、两晋、南北朝》，上海人民美术出版社1999年版，第228页。
[127] 周世荣、周晓赤著：《岳州窑》，湖南美术出版社2011年版，第112页。
[128] 陕西省考古研究所、耀州窑博物馆编著：《宋代耀州窑址》，文物出版社1998年版，第673页。
[129] 陈建明主编：《御窑密码：明代皇家瓷器特展》，中华书局2014年版，第137页。
[130] 江西省博物馆编著：《绚丽华彩：广东省博物馆藏广彩瓷器精品》，上海锦绣文章出版社2012年版，第16页。
[131] 陕西省考古研究所、耀州窑博物馆编著：《宋代耀州窑址》，文物出版社1998年版，第632页。
[132] 叶喆民主编：《中国磁州窑》（下），河北美术出版社2009年版，第132页。
[133] 慈溪市博物馆编：《瑞色青青》，上海人民美术出版社2013年版，第118页。
[134] 淮南市博物馆编著：《寿州窑》，文物出版社2014年版，第126、138页。
[135] 禚振西主编：《中国耀州窑》，中国华侨出版社2014年版，第24页。
[136] 河北省文物局编：《定州文物藏珍》，广州岭南美术出版社2003年版，第51图。
[137] 江西省文物考古研究所等编著：《景德镇湖田窑址：1988年—1999年考古发掘报告》，文物出版社2007年，第72、93、105页。
[138] 北京艺术博物馆等主编：《元青花》，石家庄河北教育出版社2009年版，第29页。
[139] 首都博物馆编：《景德镇珠山出土永乐官窑瓷器》，文物出版社2007年版，第52页。
[140] 故宫博物院编：《定瓷雅集：故宫博物院珍藏及出土定窑瓷器荟萃》，故宫出版社2012年版，第153页。
[141] 浙江省博物馆编：《窑火遗韵》，浙江古籍出版社2009年版，第121页。
[142] 首都博物馆编：《景德镇珠山出土永乐官窑瓷器》，文物出版社2007年版，第159页。
[143] 淮南市博物馆编著：《寿州窑》，文物出版社2014年版，第25页。
[144] 彭明翰主编：《中国吉州窑》，中国华侨出版社2013年版，第93页。
[145] 北京市文物局编：《托普卡比宫的中国瑰宝》，北京燕山出版社2003年版，第173页。
[146] 首都博物馆编：《景德镇珠山出土永乐官窑瓷器》，文物出版社2007年版，第142页。
[147] 叶喆民主编：《中国磁州窑》（下），河北美术出版社2009年版，第130页。
[148] 首都博物馆编：《景德镇珠山出土永乐官窑瓷器》，文物出版社2007年版，第89页。
[149] 故宫博物院、首都博物馆编：《故宫珍藏：慈禧的瓷器》，北京出版社2013年版，第61页。
[150] 首都博物馆编：《景德镇珠山出土永乐官窑瓷器》，文物出版社2007年版，第146页。

第二章／动物图案

动物图案，题材广泛，种类繁多。从广义上讲，瓷器上的动物图案，不仅包括自然界中真实存在的动物，如天空中的飞禽、山野间的走兽、江河湖海中的游鱼虾蟹及草丛花卉间飞舞的昆虫，也包括神话传说中的瑞兽与仙禽，如“四灵”中的龙、凤、麒麟等。总之，凡地上跑的、水里游的、天上飞的及人们能够幻想出来的皆可作为图案。它们既是古代自然生态的反映，也是古人审美趣味、文化观念与精神追求的体现，因此具有鲜明的时代特征。

神异动物

神异动物是古人想象出来的祥瑞动物，如龙、凤、麒麟、摩羯、朱雀等。名字多源于神话传说，世间并不曾真实存在。但历经千年发展，这些神异动物也成为瓷器上的重要装饰图案。此类图案往往与当时社会王权、神权、宗教信仰密切结合，故除了用作点缀、装饰和美观瓷器外，还带有丰富的文化内涵与象征意义，显示出神秘独特的艺术魅力。

龙

龙是古人想象出来的一种神兽，有兴云致雨之能，不仅是封建社会中皇权的象征，还是中国传统文化中重要的吉祥符号，是中华民族的标志，体现着华夏民族勇往直前的精神与中华文化生生不息的传承。古代称皇帝为“真龙天子”“九五之尊”，具有神圣不可侵犯的尊严和至高无上的权力。因此，龙纹图案伴随着中国古代瓷器艺术的发展，内涵也不断丰富。

西晋至五代

龙是中华民族的图腾，也是民间传说的吉祥神物，因此早期瓷器上的龙纹图案反映的正是龙文化在民间的流行情况。

西晋时期瓷器上的龙纹是以四神形式出现的，即龙与白虎、朱雀、玄武组成四神以象征四方。另外，也有与神人骑兽、佛像等组合的，呈现复杂的宗教与文化背景。独立作为主题图案的龙纹极为罕见，以印花龙纹钵[1]为代表，钵腹外壁饰自左向右、顺序排列的龙纹一圈，构图独特，装饰精美，气势非凡。

西晋越窑青瓷印花龙纹钵。现藏于慈溪市博物馆

北朝时期，青釉瓷器上流行贴塑团龙纹。以青釉仰覆莲花尊[2]为例，尊的颈部装饰有贴塑团龙纹，釉色青绿，装饰华美，从一个侧面反映了当时名门望族的精神信仰与生活习俗。

唐代，瓷器上流行走兽形龙，它是随着佛教的传入而出现的一种新的龙的造型。越窑青瓷龙纹装饰技法主要有两种：一种为模印龙纹，多饰于碗、盘内底；另一种为堆贴龙纹，多用于装饰罂类器物，先以扁平状泥片塑成龙身，再施压印的指甲状麟片，造型生动，工艺高超。在浙江金华的唐代婺州窑也十分盛行烧造堆贴蟠龙纹罂。器物上装饰的龙纹，其龙身亦为扁而宽的泥条塑造而成，上面压印指甲纹为麟，可见同一时期的龙纹在工艺、形态及艺术表象上均带有鲜明的共性。长沙窑出现了青釉褐、绿彩绘制的釉下彩绘

唐代长沙窑青釉褐绿彩龙纹注壶，1985年铜官窑窑址附近征集。现藏于湖南省博物馆

唐代越窑青瓷蟠龙纹罂。现藏于浙江省博物馆

五代吴越国时期越窑青瓷刻花龙纹罂。现藏于浙江省博物馆

龙纹[3]，龙身披鱼鳞，昂首张嘴，脚踏祥云，双足力蹬前行，长尾用力卷扬其上。有的龙前方还绘有水草，寓意来自天上，也来自大泽，颇富想象力。另外，该窑的模印贴花龙纹也同样匠心独具，往往在图案上再涂饰椭圆形的大块褐色彩斑，更加强化了图案的装饰效果。

五代时期，龙纹进一步发展，龙之神性也更加突出。北方以耀州窑为代表，该窑烧造的青瓷上出现了浮雕式贴花龙纹，龙身健壮，腿尾相缠，充满动感。同时也有划花龙纹，但目前仅有窑址出土的相关残片标本，尚不能由此了解龙纹形象的全貌[4]。南方以吴越国越窑青瓷刻划龙纹[5]为代表，龙纹以刻划技法制成，刻划工艺十分精湛，线条犀利流畅，带有蛟龙出水的气势，颇具皇家风范。此外，还有罕见的半浮雕状龙纹，杭州玉皇山五代天福七年（942年）钱元瓘墓出土的一件龙纹盘口壶[6]便是以这类装饰技法制作的龙纹典范之作，生动的形象及匀净内蕴的釉色均体现出五代时期越窑青瓷较高的制瓷工艺水平与艺术审美追求。

宋代

宋代开始，瓷器上的龙纹装饰逐渐增多。南北各大窑场都以烧造过龙纹瓷器为骄傲，而带有龙纹装饰的瓷器更是成为瓷器品级、质量与规格的标志，甚至成为贡御瓷的标签。

北宋时期，越窑青瓷沿袭前代仍以细线划花龙纹为主，线条流畅。常见海水龙纹，即表现龙游于海水。以碗类器物上划花海水龙纹为典型代表，细线划花，多呈团龙形，龙首居于中间，圆眼外凸，双角高耸，张嘴长舌外卷，三爪长而尖锐，显得十分威严。仅露出头部，龙身隐藏在汹涌的海浪中，给人神秘莫测之感。耀州窑龙纹采用刻花、印花、模制与捏塑等多种装饰技法制成。窑址出土的刻花行龙纹瓷片标本上的纹饰为刻花龙纹的典型代表，龙首有双角和鬃毛，张嘴露牙，眼睛突出，下颚前突，上颚唇部微微突起，曲颈，蛇身，四腿，两前腿伸举做舞爪状，三爪锋利，尾部呈S形。龙首上侧衬以喷出带状火焰的宝珠一颗。纹饰刻工犀利，线条流畅，富有动感，表现出波涛中蛟龙出水的威武与凶猛。贴塑龙纹也极其精美，以窑址出土的一件青瓷龙纹复层式熏炉[7]为代表，套筒壁一周贴塑三条首尾相随的行龙。釉色青绿，均匀透亮，釉面局部有开片。定窑印花白瓷龙纹与刻花白瓷龙纹制作精美。带有“尚食局”“尚药局”铭文款识的，应是专为宫廷烧造的贡御瓷。传世作品以现藏于北京故宫博物院的北宋定窑白瓷印花龙纹盘[8]为典型代表，盘内底印一蟠龙纹，龙昂首挺胸，神采飞扬。龙首前是一颗火珠，四周满饰云纹，舞动的四爪与飞扬的须鬣使整个画面充满了强烈的动感。

北宋定窑白瓷印花龙纹盘。现藏于北京故宫博物院

北宋耀州窑青瓷镂孔龙纹复层式熏炉，1994年陕西省铜川市黄堡镇耀州窑遗址出土。现藏于耀州窑博物馆

北宋末期，汝窑青瓷上也出现龙纹装饰。传世汝窑极少有装饰，但河南宝丰清凉寺汝窑遗址中则出土了一些带有龙纹装饰的青瓷器，如在瓶的腹部刻以盘龙，盒的盖面上刻划盘龙，钵的内底模印盘龙等[9]。

南宋时期，龙泉窑青釉瓶上的堆塑龙纹颇具时代特色，龙纹以堆塑形式装饰在瓶的肩部，俗称“龙瓶”，是专为随葬制作的冥器，与虎瓶成对出现。吉州窑剪纸贴花二龙戏珠纹，对称布局，形态稚拙，往往一条有鳞片，一条无鳞片，虚实对比，富于变化，洋溢着民间艺术情趣。

南宋龙泉窑青釉龙瓶，龙泉市大窑村出土。现藏于温州博物馆

金代

金代，皇帝倾慕中原文化，在与中原汉族交流中很快吸收了代表帝王威严与皇室权贵的龙文化。这一时期，以龙代表皇帝的含义更为明确，皇帝为“真龙天子”，即为龙的化身。金代海陵王完颜亮还曾写诗咏龙：“蛟龙潜匿隐苍波，且与虾蟆作混合。等待一朝头角就，撼摇霹雳震山河。”由此足以看出帝王远大的抱负与不凡的气概。金代瓷器上的龙纹，多见于河北定窑与磁州窑两个窑场。

定窑白瓷上多见蟠龙纹，即将龙身盘曲成圆形置于盘内。蟠龙纹为此时期定窑瓷器上所装饰龙纹的典型样式，2009年定窑考古发掘出土有金代龙纹标本，而吉林农安窖藏、俄罗斯滨海区古城亦出土了相似的龙纹瓷器。

磁州窑龙纹从构图形式上可分团龙与行龙两种。团龙纹是将盘曲成圆形的龙置于圈内；行龙纹即指龙如行走状。以窑址出土的白地黑绘划花龙纹大盆[10]为典型代表，内底绘团龙纹一条，侧壁绘二行龙纹，龙为长吻、四爪，周身伴有火焰宝珠，气势雄浑威猛，充分体现了金代磁州窑高超的制瓷水平。大罐上的龙纹常与凤纹同饰于一器，以白地黑花绘制为主，龙为三爪，躯体雄壮有力，常作屈伏欲跃状，显得威猛神秘，具有鲜明的时代风格与特色。

金代磁州窑白地黑花龙凤纹大罐，北京市房山区金陵遗址出土。现藏于首都博物馆

金代磁州窑白地黑花龙纹盆，1987年河北磁县观台磁州窑窑址出土。现藏于磁州窑博物馆

元代

元代景德镇窑青花云龙纹象耳瓶。现藏于英国大维德中国艺术基金会

元代，瓷器上龙纹的品种更加丰富，南北各大窑场均生产带有龙纹装饰的瓷器。

景德镇窑瓷器上的龙纹，装饰品种较为丰富，有蓝釉白龙纹、蓝釉金彩龙纹、卵白釉印花龙纹、青白釉印花龙纹、青白釉刻划龙纹、青花绘画龙纹等。其中，青花龙纹绘画水平极高，精美异常，代表了当时瓷绘艺术的最高水平。从形态分，有行龙、团龙、升龙、降龙等，均配有火珠，故可统称龙戏珠纹。分单龙戏珠与双龙戏珠，动感十足。从组合看，有云龙、海水龙及海水云龙。云龙纹多施于大瓶、大罐的腹部及高足杯的内里心。构图丰满，极具时代特色。龙头较小，呈扁长形，双角或独角，细长颈，身躯细长如蛇。须发俱全，多有鬃毛，上颚较大，大多张嘴吐舌。四肢细瘦，爪生三指、四指或五指，分张有力。肘毛、尾鬃多呈火焰状。身披鳞片，一种为鱼鳞状，另一种为横、竖交叉的网格状。据《元史》《元典章》记载，元朝禁止臣民使用双角五爪龙。因此，五爪龙纹应是元代帝王专用器上的专有图案。明曹昭《格古要论》“古饶器”条载：“元朝烧小足印花者，内有枢府字者高。”“枢府”铭白釉瓷被认为是元代景德镇浮梁瓷局为枢密院烧制的，多有印花装饰，图案以云龙最具代表性，见有五爪龙纹，模印制成，图案凸起，制作规整，品质优良。

元代景德镇窑青花海水龙纹大盘。现藏于伊朗国家博物馆

元代景德镇窑青花双龙赶珠纹盖罐，1988年出土于景德镇市珠山北麓风景路。现藏于景德镇市陶瓷考古研究所

元代景德镇窑蓝地白花龙戏珠纹菱口大盘。现藏于伊朗国家博物馆

元代龙泉窑青瓷露胎堆贴龙纹八角盘。现藏于龙泉青瓷博物馆

龙泉窑青瓷上的龙纹装饰技法极为丰富，典型的有两种：一种为模印贴花龙纹，龙为三爪或四爪，主要将其施于盘、碗类器物的内底，有的施釉，有的露胎，尤以朱红色露胎龙纹为特色，图案突出，更具装饰性。以土耳其托普卡比宫的两件元代龙泉窑青瓷大盘上的模印贴花龙纹与模印露胎贴花龙纹[11]为典型代表，龙与云组合，颇具装饰性。另一种为刻花龙纹，以北京故宫博物院清宫旧藏的龙泉窑青釉刻花龙纹大盘为代表，制作极为精美，应为当时等级极高的宫廷用器。据文献记载，元代在祭祀方面尊古，正如《元史》记载："元之五礼，皆以国俗行之，惟祭祀稍稽诸古。"[12]元代南郊之礼有："南郊之礼，笾豆皆十二，……青瓷牲盘一。"[13]上述祭祀中所用的"青瓷牲盘"应为龙泉青瓷，据《元史》记载："中统以来，杂金、宋

元代龙泉窑青瓷刻花云龙纹大盘。现藏于北京故宫博物院

祭器而用之，至治初，始造新器于江浙行省，其旧器悉置几阁。”[14]由此可推测出这件做工极为考究的龙泉窑青釉刻花龙纹大盘应为当时祭祀所用的礼仪用具。

磁州窑流行装饰白地黑花的龙纹图案。尤以龙纹大罐及龙凤纹大罐上的龙纹为代表，其画法与景德镇窑青花瓷上的龙纹风格一致，只是相比之下更显粗犷、随性与洒脱。

明代

龙纹历经了长期发展演变的过程，至明代被贴上了御用标签，成为帝王及皇室权威的象征。瓷器上的龙纹也就成为皇家御用的标志。明代景德镇窑瓷器上的龙纹，因烧造工艺与装饰技法不同，每个时期都有鲜明的艺术特色，由此成为断代与鉴定的重要依据之一。

洪武时期，青花与釉里红瓷器上常见龙纹图案。龙纹细颈，躯体粗壮，特色鲜明。云龙纹最为多见。

永乐时期，除了青花、釉里红外，各种色釉瓷器上也常见龙纹图案。龙纹躯体粗壮，矫健凶猛，嘴较长，多为张口吐舌状，有角有发，蛇尾，鱼鳞身。龙的须角向后飞扬，双目圆睁，颈项短粗

明洪武景德镇窑青花“春寿”铭龙纹梅瓶。现藏于上海博物馆

明永乐景德镇窑青花龙纹扁壶。现藏于大英博物馆

明永乐景德镇窑青花龙纹扁壶。现藏于大英博物馆

直立，须发竖起，指爪尖利。有五龙纹、莲池游龙纹、海水龙纹、龙戏珠纹等。工艺纯熟，线条流畅，颇有气势。

明宣德景德镇窑青花海水龙纹高足杯。现藏于西藏博物馆

宣德时期，龙的形象更加矫健威猛，龙身粗壮，龙首昂扬，嘴或闭或张，胡须皆具，双角，头发向上飘起，腿发变为一缕，多为五爪，尾部似蛇尾。此时还出现了九龙纹与十龙纹，配以祥云与海水，威风凛凛，辗转腾挪，盘旋曲折，昂首挺胸，怒目伸须，张牙舞爪，姿态各异。

成化时期，龙纹一般闭嘴，有胡有须，五爪，蛇尾，但龙身大多变细，龙睛为平视状态，好似戴了副眼镜，俗称“眼镜龙”。长颈歪斜，神态温和，极具时代特色。龙的形态与构图多种多样，分翼龙、莲池游龙、海水龙、穿花龙等，其中以斗彩翼龙纹的制作最为精致。

弘治时期，龙纹与成化时期大体相同，只是画法相对简练一些。莲池游龙纹极其盛行，龙在莲池中穿行，莲花、水草亦呈翻舞状，纹饰线条纤细柔和，颇具代表性。

正德时期，龙也常常在莲花中穿行。龙多闭嘴，脑部方正，毛发竖立，龙眼圆睁，向前平视，很有时代特色。穿花龙纹也很盛行，在盘、碗、渣斗、壶、花觚等瓷器上比较多见，多缠枝莲等花卉为背景，龙穿行于花间，龙前身呈环状环绕。

嘉靖时期，有云龙、团龙、飞龙、荷塘龙、海水团龙、穿花龙等。龙身较为细长，龙首上颚鼓出，头端的鼻尖画成如意的形状，近似猪嘴，俗称“猪嘴龙”。出现了龙头朝向正前的正面龙的形象。

明正德景德镇窑黄地青花二龙戏珠纹碗。现藏于西藏博物馆

明嘉靖景德镇窑青花莲池游龙纹大缸。现藏于北京艺术博物馆

明嘉靖景德镇窑三彩云龙纹绣墩。现藏于北京艺术博物馆

明嘉靖青花云龙纹大缸。现藏于北京艺术博物馆

隆庆时期，龙纹分团云龙纹、双龙纹、六龙纹、龙凤纹、团龙凤纹等形式，绘画流畅自然，潇洒飘逸。尤以团龙最具时代特色，有的与云组合，构成团云龙，有的与凤组合，构成团龙凤，布局严谨，绘制生动，线条流畅，潇洒飘逸。

万历时期，龙纹沿袭前代特点，见有双龙纹、云龙纹、穿花云龙纹、穿花行龙纹、穿花团龙纹、龙托“永”字纹、龙凤纹等多种形式。侧身行龙，张嘴，龙头面部向外，近似狮子头，显得呆滞无力，气魄不足。

明末崇祯时期，景德镇窑瓷器上的龙纹常与海水纹、山石纹组合构图，用笔纤细，山呆、水滞、石瘦，山峰两侧常绘有零星水花。正面龙纹颇有特色，龙首正面朝前，披头散发，显得老态龙钟。

明万历景德镇窑青花穿花龙纹梅瓶。现藏于北京定陵博物馆

明崇祯景德镇窑五彩云龙纹盘。现藏于上海博物馆

清至民国

清代，龙纹完全为皇室所垄断，是绝对皇权的象征，当时明确规定："亲王以上可绘画五爪金龙"；"郡王以上绘画四爪之蟒"；凡是"僭用违禁龙凤纹者"，"官民各杖一百，徒三年"。瓷器上的龙纹以各种形式加以体现，尤以景德镇官窑彩绘瓷器上的龙纹最为精美。

清顺治景德镇民窑青花云龙纹花觚。现藏于北京故宫博物院

顺治时期，官窑青花瓷器上见有云龙纹，绘制工整。民窑瓷器上的龙纹也颇有气势，龙身翻腾转侧，时隐时现，只露出龙头、龙尾和部分龙身，给人以龙身大部分隐于云海之中的感觉，俗称"三现龙纹"，此为顺治瓷绘龙纹的典型样式。

康熙时期，龙纹姿态各异，凶猛矫健，形象生动。见有九龙纹、龙戏珠纹、团龙纹、正面龙、升龙纹、大龙与小龙组合的"苍龙教子"纹、龙与凤组合的"龙凤呈祥"纹及龙与云组合的云龙纹、龙与海水组合的海水龙纹等。升龙纹即头部在上方呈升起动势，正面龙有的宽额上还写一"王"字。除了青花外，还有五彩、斗彩、绿彩、红彩、青花红彩等品种。

清康熙景德镇窑斗彩团龙纹碗。现藏于北京艺术博物馆

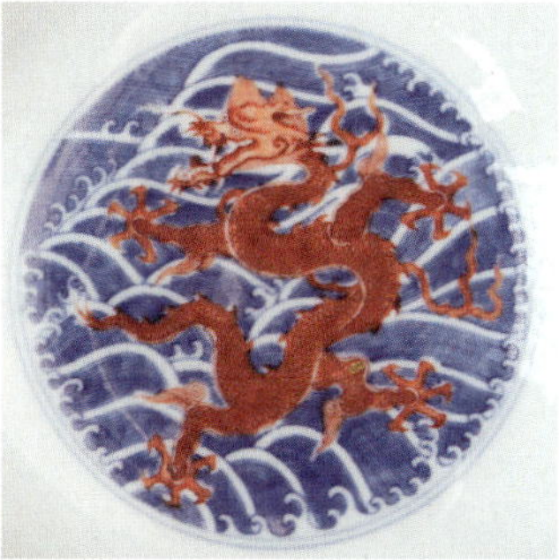

清康熙景德镇窑青花红彩海水龙纹盘。现藏于北京艺术博物馆

清康熙景德镇窑白地绿彩升龙纹盘。现藏于北京艺术博物馆

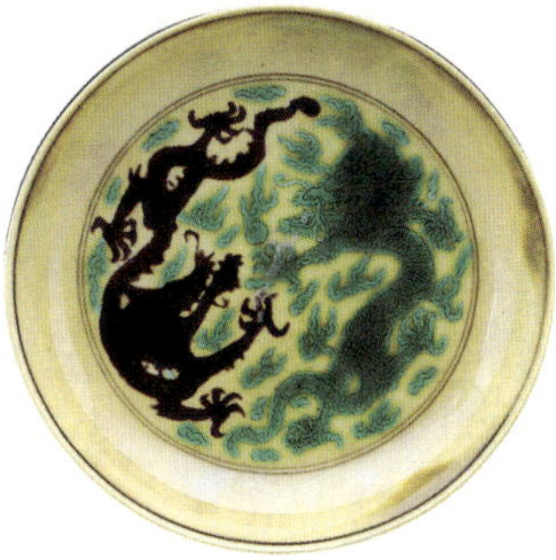

清康熙景德镇窑黄地紫绿彩双龙纹碟。现藏于北京艺术博物馆

清康熙景德镇窑青花五彩二龙戏珠纹盘。现藏于北京艺术博物馆

清康熙景德镇窑青花红彩九龙纹盘。现藏于北京艺术博物馆

雍正时期，龙纹工艺复杂，形式多种多样。除了青花、釉里红、五彩等品种外，还有珐琅彩、冬青釉地釉里红等。官窑五彩龙凤纹碗承继前代传统继续沿用，碗外腹壁红龙、绿龙与二凤相间排列，穿梭于花卉之间，色彩热烈，寓“龙凤呈祥”之美好含义。过墙龙颇具时代特色，龙身从器外延伸至器内，三波九折，给人以腾跃不息的雄壮之美。正面龙画技高超，神态生动，主要饰于御用官窑碗、盘类器物上。

乾隆时期，龙纹装饰技法极为娴熟，除了有青花、五彩、釉里红等品种外，还有青花与釉里红结合的青花釉里红。龙体盘曲翻转，动势十足，神态凶猛，显示出高超的工艺水平。

清雍正景德镇窑五彩龙纹盖碗。现藏于北京艺术博物馆

清雍正景德镇窑五彩龙纹盖碗。现藏于北京艺术博物馆

清雍正景德镇窑青花过墙龙纹盘。现藏于北京艺术博物馆

清雍正景德镇窑五彩龙纹盘。现藏于北京艺术博物馆

清雍正景德镇窑青花龙纹盘。现藏于北京艺术博物馆

嘉庆以后，瓷器上的龙纹虽尚能保持前朝水平，但气势大不如前。道光时期的回头龙纹较具特色，以青花红彩龙纹、淡描青花云龙纹制作较为精美。咸丰时期，瓷器上的龙纹显得呆板，下颚低垂，躯体盘曲减少，缺乏了威严的气势。红彩云龙纹多加

清乾隆景德镇窑青花红彩九龙纹盘。现藏于北京艺术博物馆

清嘉庆景德镇窑青花红彩云龙纹七格盖盒。现藏于北京艺术博物馆

清嘉庆景德镇窑青花红彩云龙纹七格盖盒。现藏于北京艺术博物馆

饰金彩火珠纹，主要饰于盘类器物上，红彩稍淡，釉面干涩，欠光润。清代末期，龙纹绘制显得简单粗率，尤其是龙身上的鳞片不再是一片一片地描绘上去，而是先绘成网格状，然后于其中加上小点，有的甚至只绘网格纹而不加小点，四肢无力，缺乏动态美。官窑瓷器上较为流行在单色釉瓷器上绘制金彩云龙纹，图案制作较为精细。粉彩绘制的云龙纹亦多带有描金装饰，代表了晚清官窑瓷器的装饰风格。

清光绪景德镇窑蓝釉描金云龙纹象耳方瓶。现藏于北京艺术博物馆

民国时期，出现大量仿前朝龙纹瓷器，以南昌新中华出品的团龙餐具为代表，虽图案的构图及画法没有任何新意，但却也制作精细，显示出这一时期的艺术水平。

夔 龙

夔龙，是古代神话传说中的一种似龙的神异动物。其本为古代青铜器上的装饰图案，盛行于商代和西周前期。但用作瓷器装饰则始于战国时期的原始青瓷，是模仿青铜器而出现的典型移植图案。

宋代定窑白釉印花夔龙纹方炉。现藏于定州博物馆

明宣德景德镇窑青花夔龙纹罐。现藏于北京故宫博物院

宋代，瓷器上的夔龙纹装饰逐渐增多。定窑白瓷见有刻划与模印两种方法制作的夔龙纹。南宋时期，景德镇窑青白釉瓷器上的夔龙纹很有特色，长嘴上翘，眼睛细长，躯体细长作盘绕状，时代特征鲜明。

明代宣德时期，景德镇官窑瓷器上的夔龙纹，以青花为代表，形象新颖，表现为猪鼻、双足、双翼，尾部较长，呈多重卷曲的花草式，俗称“香草龙”。口中常常衔着蕃莲或灵芝，故也称“含花龙”。成化时期夔龙纹尤为盛行，也是官窑瓷器上的典型图案之一。分兽足夔龙纹与三爪夔龙纹两种形式。以青花、斗彩为主要品种，绘制采用双线勾勒填色法，线条纤细，填色浅淡。其中，斗彩夔龙纹嘴唇上翻如象鼻，口衔一束莲花，形态十分特殊。

弘治时期，景德镇民窑青花瓷器上也十分流行夔龙装饰，主要为青花品种。口吐莲花为这一时期夔龙纹的典型形象。

清代，夔龙纹继续发展。康熙时期的青花团夔龙纹、雍正时期的青花衔灵芝夔龙纹、乾隆时期的青花夔龙纹及色釉模印夔龙纹等均制作十分精美，图案清晰，繁而不乱。另外，由于清代夔龙纹多为二方连续的几何构图，故也俗称“拐子龙”。

明弘治景德镇窑青花夔龙纹碗。现藏于北京艺术博物馆

清雍正景德镇窑青花夔龙纹印盒。现藏于北京艺术博物馆

清乾隆景德镇窑青花夔龙纹瓶。现藏于北京艺术博物馆

清康熙景德镇窑斗彩团夔龙纹碗。现藏于北京艺术博物馆

清乾隆景德镇窑青花夔龙纹瓶。现藏于北京艺术博物馆

螭龙

螭龙，简称螭，是古代传说中一种无角的龙。《广雅》云：“有角曰虬，无角曰螭。”《说文·虫部》释：“螭，若龙而黄，北方谓之地蝼。”其形象多为盘曲蜿蜒匍匐状，故又称“蟠螭”，寓意美好吉祥。

瓷器上的螭龙纹兴起于北宋时期。以定窑白瓷上的螭龙纹最为常见，有团螭龙纹、双螭龙纹、三螭龙纹、五螭龙纹等，分印花、刻划花、模印等多种装饰技法。螭龙除了作为主题图案，还常以团螭形式饰于碗、盘、洗类器物的内底，腹壁则饰缠枝莲纹或缠枝牡丹纹，相互衬托，彼此呼应，情趣盎然。北宋晚期龙泉窑青釉盘内底刻花装饰的螭龙纹，龙身细长蟠曲，线条流畅，苍劲有力，带有宋徽宗瘦金体书法艺术的独特韵味。

金代定窑白瓷划花螭龙纹折沿盘。现藏于“台北故宫博物院”

元代景德镇窑釉里红贴塑螭龙纹高足转杯，1980年江西省高安元代窖藏出土。现藏于高安市博物馆

金代，定窑白瓷上见有划花螭龙纹，躯体不规则饰有三或五点成簇梅花斑，长身向反时针方向盘绕，四足，花尾，肘毫与鳍带曲转四散，布满整个盘心底面，制作极为精细恭谨、一丝不苟，显示出极高的工艺制作水平。印花螭龙纹多饰于碟、盘类器物的内底，螭龙的形象多样，有的单只舞于海石榴丛中，有的成对盘旋，还有的为四条顺次前行，均颇具动感。

元代，螭龙纹多以贴塑形式出现在瓷器装饰

元代龙泉窑青瓷露胎堆贴螭龙纹盘，龙泉溪口镇瓦窑垟窑址出土。现藏于浙江省文物考古研究所

上。龙泉窑青瓷上的露胎堆贴螭龙纹生动形象。景德镇窑青白釉仿金属制品的鬲式炉、鼎式炉外壁有的贴塑模印螭龙纹。另外，还出现釉里红贴塑螭龙纹，以现藏于高安市博物馆的高足转杯[15]为典型代表，杯的外壁涂饰大块红色彩斑，下腹部贴塑一条正在向上攀爬的螭龙，形态逼真，惟妙惟肖。

明代，景德镇官窑瓷器上流行螭龙纹装饰图案，有多种形式。宣德青花瓷上的螭龙纹，威猛矫健，颇有气势。成化时期，青花螭龙纹多用双线勾勒填色法，色泽淡雅，画工精细。嘉靖时期以螭龙瓶为代表，白釉瓶颈肩处盘绕着一条红色的螭龙，红白辉映，神采夺目。隆庆时期螭龙纹绘画流畅自然，潇洒飘逸。万历时期以黄釉紫彩三螭纹三足炉为代表，三螭倒立成足，螭身成为炉腹上的堆塑装饰，构思巧妙。

清代康熙时期，豇豆红釉太白尊上的细线划花团螭纹，制作精致，尽显盛世之时精益求精的风格。乾隆时期以铜红料绘制的釉里红团螭龙纹，布

清乾隆景德镇窑釉里红团龙纹葫芦瓶。现藏于北京艺术博物馆

清道光景德镇窑青花螭龙捧寿纹葫芦瓶。现藏于北京艺术博物馆

局规整，画风细腻，图案清晰。清代晚期螭龙捧寿纹别具特色，一般绘制于葫芦瓶上，瓶身两面各绘一双螭龙捧寿图案，构图新颖，线条流畅，代表了当时瓷绘艺术水平。

麒 麟

麒麟是古代传说中的瑞兽。在中国传统文化中，麒麟既是祥瑞之物，又是美德的象征。

麒麟纹早在西晋时期便在瓷器上有所使用了。浙江上虞西晋太熙元年（290年）墓出土的西晋青瓷谷仓罐[16]、浙江慈溪鸣鹤龙潭山墓出土的西晋青瓷人物堆塑罐[17]及慈溪市博物馆收藏的西晋青瓷唾壶[18]等器身上均发现有贴塑的麒麟纹。

元代景德镇窑青花瑞兽牡丹纹双耳大罐。现藏于伊朗国家博物馆

元代景德镇窑青花缠枝牡丹瑞兽纹双龙耳大罐。现藏于伊朗国家博物馆

元代，景德镇窑青花瓷上常见有麒麟纹装饰。此时期的青花麒麟纹，有的作为主题图案饰于大盘与大碗内底，有的则作为辅助图案施于梅瓶、大罐等类器物的肩部。麒麟多为鹿身、独角、全身披鳞甲、蹄足、牛尾的形象。常与山石、瑞果、飞凤等组合出现。除青花工艺外，亦有以红绿彩绘制的麒麟纹。

明代前期，受宫廷审美及服饰制度的影响，瓷器上的麒麟纹较为多见。洪武时期对麒麟纹的装饰有着严格的规定，据《明太祖实录》洪武六年（1373年）四月癸巳条载：“除一品至五品酒盏用金，其余器皿俱不得棱金、描金并雕刻龙凤，里饰金玉、珠翠及朱红黄色、彩凤、狮子、麒麟犀象等形。御赐者许用，既弊不许托此再造……违者罪之。”[19]由此，麒麟纹也就成为皇家御用瓷的标志。宣德时期，瓷器上的麒麟纹形态多样，或立或卧，或奔或坐，周围常配有火焰纹及简单的花草纹，十分生动。明代中期以后较为少见，但仍不乏有精美之作出现，以成化青花麒麟纹盘为代表，麒麟以祥云衬托，颇具神采。明代晚期，麒麟纹又大量出现，以民窑青花产品为主，绘

明成化景德镇窑青花麒麟纹大盘，景德镇御窑厂遗址出土。现藏于景德镇官窑博物馆

清康熙景德镇窑青花瑞兽纹棒槌瓶。现藏于北京艺术博物馆

清顺治景德镇窑青花麒麟纹罐。现藏于北京市海淀区博物馆

制潦草。但也有制作较为精致的五彩制品，以万历五彩麒麟纹罐为代表，施彩浓艳，绘画生动，展示了较高的艺术水平。

清代，瓷器上的麒麟纹装饰十分兴盛。以景德镇窑青花瓷为代表，无论官窑与民窑均广泛使用。顺治时期，麒麟纹多与山石、芭蕉组合，形象粗放生动。康熙时期，麒麟纹与芭蕉常同时出现在画面中，称麒麟芭蕉纹。同时期也有麒麟纹与海水江崖组合而成的图案，麒麟多呈侧立状，一足腾空抬起，另一足紧抓着海水中的礁石，须发直立，瞠目咆哮，躯体上满布鳞片，其旁配有燃烧着的火焰纹，凸显出它的健壮与威猛。

康熙以后，瓷器上的麒麟纹题材更加多样，尤以麒麟送子纹运用最广，寓意及内涵也更加丰富。有两种典型形式：一为童子骑着角挂一书的麒麟；另一为童子手持莲花骑着麒麟。

摩 羯

摩羯，也称“摩伽罗”“摩羯鱼”，在印度神话中是凶猛无比的海中大鱼，被视为“鱼之王”。印度佛教以其比喻菩萨以爱念缚住众生，不到圆满成佛终不放弃。佛教典籍记载，摩羯是如来佛在水中的化身。他用自己身上的肉，供养周围的穷人十二年。南北朝东魏时期的《洛阳迦蓝记》就有“如来作摩羯大鱼，从河而出，十二年以肉济人”的记载，由此摩羯也是佛教圣物之一。以摩羯为饰蕴含了有如来佛的恩惠与庇护。

早在北周、隋代，摩羯纹已经出现。以西安出土的北周安伽墓石围屏上雕刻的摩羯纹和隋开皇二年（582年）李和墓石椁上的刻绘摩羯纹为典型代表，摩羯的形象显然融入了龙的诸多特征，外观上有相似之处，带有镇邪、祈福的象征意义。

唐代，瓷器上的摩羯形象更加多见。越窑青瓷上的摩羯，长隆嘴、长鼻、利齿、突眼、兽角、鱼身、鱼尾，多饰于碗、盏、杯、盘内底和盒盖上，且使用比较细的划花进行装饰，称“细线划花”。长沙窑青釉褐绿彩绘摩羯，腾跃于涌动的水面上，唇部上卷，鳍部直立，绘画技法娴熟，具有鲜明时代特色。

北宋耀州窑青瓷印花摩羯纹碗，1984年陕西省铜川市黄堡镇耀州窑遗址出土。现藏于耀州窑博物馆

北宋中期耀州窑青瓷斗笠碗内底流行摩羯纹，刻花手法制成，常与海涛纹组合出现，称摩羯戏水或水波摩羯，有的成双追逐嬉戏，有的单条遨游在波涛之中。以窑址出土的青瓷印花摩羯纹碗[20]为代表，内壁饰印花水波摩羯纹，摩羯为鱼形，头上长角，鼻子长而上卷，富有神秘色彩。宋以后摩羯纹虽偶有所见，但始终未能流行起来。

海中灵怪

金代磁州窑白地黑绘划花海兽衔鱼纹豆形枕，河北省大名县水渠工地出土。现藏于河北省邯郸市文物保护研究所

海中灵怪，简称“海怪”，有的是古人杜撰出来的动物，如海水为衬景下的飞龙、飞象、飞马、飞狮、飞鹿、飞羊、飞鱼等；也有真实存在的水生动物，如龟、虾、螺等。题材源自唐代海兽葡萄纹镜。

宋代耀州窑青瓷上开始见有海兽纹，大头，双耳，兽身，长尾，四足，采用浮雕贴花的装饰技法施于熏炉及器盖上面[21]。

金代，磁州窑白地黑绘划花海兽纹尤为精彩，主要见于枕面开光内，海兽口衔鱼，造型夸张，颇具气势。底部墨书题记：“大定五年四月十三日，买到枕子一个，竖考至记口。”[22]是一件极具断代意义的标准器。

明代，海兽纹构成形式与内容基本固定，也称海水异兽纹。永乐时期景德镇窑御窑遗址中便出土有青花釉里红海兽纹高足碗，器外通体绘青花海浪与仙山纹，其间以釉里红绘飞鱼、飞龙、飞象、海马、羊、虾、螺、龟等灵兽及水生动物，工艺娴熟，图案精美。宣德时期，景德镇窑继续沿用海兽纹装饰，有釉里红、青花红彩等品种[23]，尤以青花海水红彩海兽纹碗和高足碗为代表，利用红蓝两色对比，生动刻画出海兽的凶猛。这些海兽，形体怪异，可识别的有麒麟、天鹿、天马、独角兽、鱼尾翼龙、飞象，还有一些无法识别的，形似鲤鱼、龟、狮子或猪等动物，形象极其怪异，也称“海八怪”。明代中期成化至弘治时期景德镇官窑斗彩及青花瓷器上均非常流行装饰海兽纹，布局疏朗，线条圆柔，风格简约。

清代，康熙民窑瓷器上的海兽纹仍很流行。雍正官窑刻意模仿明成化时期的海兽纹，以斗彩海马献宝纹盘为代表，盘里画面为一海马跃出水面，四蹄奋起，背驮吉祥器物，在海面上奔驰。激越的浪花和腾飞的海马，给人以一种奋起之势。此外，青花

清雍正景德镇窑青花红彩海兽纹大碗。现藏于北京艺术博物馆

红彩海兽纹大碗也非常具有代表性，碗外壁红彩海水纹为地，上绘青花海兽纹，亦为仿明成化风格的典型器物。此类图案延续至嘉庆时期仍有烧造，只是清代晚期的海兽纹大碗造型变敦厚，且海兽为胭脂彩绘制，线条纤细凸起，立体感增强。

民国时期，青花瓷器上的海兽纹多仿清代康熙民窑风格，海兽虽凶猛威武，但气韵生动不足，绘画亦略显呆板，青花发色也不如康熙青花，缺乏料分五色的明快与质感。

凤

凤是凤凰的简称，系中国古代传说中的吉祥之鸟，被誉为“百鸟之王”。古时称雄者为凤，雌者为凰，统称“凤凰”。传说凤凰雌雄同飞，相和而鸣，故古人以“凤凰于飞，鸾凤和鸣”比喻夫妻恩爱。凤与凰，各为阴阳，还蕴含着阴阳二元的哲学思想，表达了世界万物乃阴阳结合的观念。凤凰成双，在中国传统吉祥文化中还有“好事成双”的美好祈愿。

西晋至五代

早在西晋时期，凤纹便出现在了瓷器上。以早期越窑青瓷为代表，此时期的凤纹主要采用贴塑技法装饰于器物的双系[24]上，设计独特，神形兼备。

唐代瓷器上的凤纹开始十分常见。陕西黄堡耀州窑素胎黑花瓷上的凤纹，以黑釉绘就，笔法简练自如，配上与之反差较大的浅黄胎色，显得格外突出醒目，具有鲜明的地域特色。定窑晚唐时期白釉凤首壶的壶盖，采用捏塑技法制成凤首形，以刻划的

唐代长沙窑青釉褐绿彩凤纹注壶，1983年湖南省长沙窑址出土。现藏于湖南省博物馆

唐代长沙窑青釉彩绘凤纹注壶，1983年湖南省长沙窑址出土。现藏于湖南省博物馆

折线、弧线及小圆圈表现羽毛，眼睛点褐彩，显得炯炯有神，格外生动。长沙窑青釉彩绘凤纹尤为精美，主要装饰于注壶的腹部。有的是单彩，以褐彩绘制，凤作展翅飞翔状，有的凤头顶花冠，口衔彩带，动态十足，并于空白处书“飞凤”二字，技法娴熟，极具研究价值[25]；也有复彩，或为褐、绿二彩，或为红、绿、褐三彩，凤站立于草丛之中或为振翅欲飞状，头冠、羽翅及丽尾绘制精细，神态高雅，展示了“皎皎鸾凤姿，飘飘神仙气”的风采。

五代时期，以越窑青瓷为代表的瓷器上的凤纹装饰主要有两种形式：一种为印花制成，花纹清晰地凸起于器表，立体感很强。凤为展翅飞翔状，尾羽和颈羽向后飘拂，周围衬以瑞草，较好地展现出凤轻盈的体态与扶摇直上的动态美；另一种是采用划花技法制成，以双凤展翅团转式构图为典型特色，线条纤细，工艺娴熟，带有唐代金银器的艺术风格。此外，唐代流行的凤首壶在五代时期也继续烧造[26]，精准讲究的造型及青翠匀净的釉色，体现出当时越窑青瓷的工艺水平。

宋金时期

宋代开始，凤纹在瓷器上的使用更加广泛。越窑、耀州窑、定窑、磁州窑、登封窑、景德镇窑、吉州窑、龙泉窑等烧造的瓷器中都有凤纹。

越窑北宋早期青瓷上流行装饰细线划花凤凰纹，主要装饰于碗、洗等类器物的内底。凤凰多成对出现，首尾相接呈盘曲状，回首顾盼，彼此呼应，双翅微张作起飞状，长尾飘逸灵动。此类器物无论造型还是图案，均与当时金银器有着相似之处。

耀州窑青瓷碗、盘、盏、枕上均见有凤纹装饰，以刻花工艺为主，刻花精美，技法娴熟，线条犀利流畅。其中有凤穿牡丹纹、飞凤穿云纹、凤衔瑞草纹、凤衔缠枝石榴纹、凤衔缠枝瓜瓞纹、凤衔向日葵纹等多种组合。此外，还有一些执壶的流也制作成凤首形象[27]。

定窑北宋晚期至金代瓷器上所装饰的凤纹形象有双凤齐飞、双凤穿云、凤穿牡丹、凤衔彩带等多种样式，还有与龙、螭一起组成的图案[28]。划花和印花为主要装饰技法。以“台北故宫博物院”收藏的白瓷划花双凤纹盘[29]为代表，盘底划花装饰两只凤纹，双凤对飞，尾羽旋绕，形成环飞团转的布局形式，颇具装饰效果。

北宋定窑白瓷划花双凤纹盘。现藏于“台北故宫博物院”

金代定窑白釉印花双凤穿莲花纹盘。现藏于定州博物馆

龙泉窑南宋时期青瓷碗、盘上流行装饰云凤纹，常采用刻划技法施于器物内底。还有一种较为特殊的装饰方式，在瓶的颈部贴塑凤首，称为凤耳瓶。

吉州窑南宋时期运用剪纸贴花的手法制成朵花双凤纹，构图新颖别致，绘画写实精细，常饰于碗、盏、瓶、炉等器物上。以盏为例，有时先在盏的内壁施兔毫釉为地，再于其上饰剪纸贴花双凤图案，并衬以双蝶，画面饱满但不零乱，主纹与地纹之间色彩对比鲜明，主题突出；有时先在盏的内壁

南宋吉州窑剪纸贴花双凤朵梅纹盏。现藏吉安市博物馆

南宋吉州窑釉上彩绘双凤纹盏。现藏于江西省博物馆

施窑变花釉，再于其上饰飞凤纹，一般为三只飞凤均匀分布呈绕碗心盘旋飞舞状，凤冠高耸，长尾翻卷，动态十足。团凤纹别具特色，有的为单凤，凤展翅独立，昂首挺胸，细颈弯曲，长尾翻卷，羽毛后飘，造型简洁明快；有的为双凤，凤相对站立，喙部相接，曲颈相交，象征夫妻恩爱。

金代少数民族在与中原汉族文化的交流中，也采用象征尊严与富贵的凤作为瓷器装饰图案。定窑白瓷仍流行以印花工艺制作凤纹，磁州窑则以白地黑花绘制凤纹为主。磁州窑白地黑花绘制的凤纹，形式多样，有的是配几朵祥云，表现凤展翅高飞的形象及其轻盈直上、任意翱翔的姿态，也有的是凤与牡丹组合，形成“牡丹于凤”的视觉效果，也称“凤穿牡丹”。凤的腹部多为螺旋状，羽毛由细线构成，呈放射状，整体似等边三角形，画面简洁生动。

元代

元代，以景德镇窑青花凤纹最为精美。一般作为主题图案装饰在瓶、罐、壶等类琢器的腹部和大盘的里心部位，有时也用作边饰辅助图案。此时期的凤纹分单凤、双凤、四凤、六凤等多种形式。有的凤穿梭于牡丹、莲花或菊花花丛中，统称“凤穿花纹”。亦可细分为凤穿牡丹纹、凤穿莲花纹和凤穿菊花纹。有的凤飞翔于祥云之间，称为云凤纹；有的凤与麒麟组合，称为麟凤呈祥纹；还有的凤与芭蕉、瓜、果等组合，

元代景德镇窑青花蕉叶瓜果飞凤纹菱口盘。现藏于伊朗国家博物馆

元代景德镇窑青花开光花鸟水禽纹六棱瓶。现藏于英国剑桥大学费兹威廉博物馆

寓意吉祥。元代瓷器的云肩内亦常见凤凰形象，构图灵活，内容丰富。此时凤的形象较具时代特色：凤头为鹦鹉头，细颈，羽毛呈鱼鳞形，尾羽三、四根，数量不等，呈卷曲状，凤爪较小或省略不画。釉里红双凤纹虽较为少见，但亦绘制精美。青白釉及卵白釉印花凤纹则制作粗犷，图案不甚清晰。

磁州窑白地黑花绘制的凤纹颇具地方特色，长颈曲伸，圆目大睁，双翅在蚕状的身躯上平伸，作展翅飞翔状，构图简单，造型夸张。除了白地黑花外，有的还加饰棕色，甚至再用锐器划出图案细节，增强了图案的立体效果。

龙泉窑青瓷上的凤纹装饰技法极为丰富。有一种为模印贴花工艺，具体又分为两类：一类为施釉的模印贴花凤纹，另一类为露胎模印贴花凤纹。后者制作工艺是以模印技法将瓷泥制成浮雕状的图案花纹，再贴在已经施釉的坯体上，花纹部分露胎不

元代龙泉窑青瓷贴花凤纹玉壶春瓶。现藏于龙泉青瓷博物馆

上釉，烧成后花纹因氧化呈红褐色，与青瓷的青翠釉色相映生辉，达到极为独特的艺术效果。这种露胎贴花凤纹一般饰于盘、碗、盆等类器物上。此外，元代中晚期龙泉窑还出现了戳印凤纹，即将需要表现的题材预先刻在泥模上，入窑烧成瓷质印模，再印在瓷坯上。主要是阴刻印模，表现在器物中就是阳文印花[30]。采用戳印技法制作而成的凤纹，在青绿色釉的映衬下显得格外醒目，极富情趣。

明清时期

明代初期，宫廷对凤纹的使用有着严格的规定。《明太祖实录》洪武六年（1373年）四月癸巳条载："除一品至五品酒盏用金，其余器皿俱不得棱金、描金并雕刻龙凤，里饰金玉、珠翠及朱红黄色、彩凤、狮子、麒麟犀象等形。御赐者许用，既弊不许托此再造……违者罪之。"[31]

明初龙泉窑官器上多见以刻划技法制作的凤纹。如现藏于浙江省博物馆的青瓷刻划龙凤纹罐，腹部刻划龙凤纹，画面中的龙身首矫健，须发飘扬，凤婀娜多姿，回首顾盼，间饰朵云纹，纹饰刻划犀利流畅，极具艺术装饰效果。

明代，景德镇窑瓷器上的凤纹题材丰富，分团凤、云凤、双凤、凤穿莲、凤衔花、龙凤呈祥等多种形式。永乐时期，流行双凤纹，品种以青花最为常见，另外也有青花红彩及红彩等制品。单纯的矾红彩云凤纹主要装饰在碗的外壁[32]，色彩鲜艳，带有浓浓的喜庆气氛。宣德时期，景德镇窑烧造的宫廷御用瓷器上，见有团凤构图形式。成化时期，景德镇窑瓷器上仍流行团凤纹，多采用双线勾勒填色法，线条纤细，色彩浅淡。隆庆时期，团凤纹多与团龙纹组合构图，也有三凤纹、龙凤穿花纹等，其中三凤纹也称三凤朝阳纹[33]。团凤纹中的凤展翅成圆，似乎置于圆形当中，有吉庆圆满之意。

明代龙泉窑青瓷刻花龙凤纹罐。现藏于浙江省博物馆

清代，凤是景德镇官窑瓷器上的常见装饰图案。除了青花品种外，还有烧造难度较大的釉里红品种。清代早期流行凤凰和龙、凤凰和牡丹、凤凰和狮子、凤凰和麒麟等组合构图，寓意丹凤朝阳、龙凤呈祥、凤麟呈祥等吉祥含义。雍正时期，冬

清道光景德镇官窑青花对凤纹盘。现藏于北京艺术博物馆

清道光景德镇窑青花凤穿牡丹纹罐。现藏于北京艺术博物馆

清道光景德镇窑釉里红团凤纹碗。现藏于北京艺术博物馆

青釉地釉里红团凤纹具有时代特色，工艺复杂，烧造难度较大，主要饰于碗、盘类器物上。乾隆时期，有双凤对头飞翔、中间隔以云纹的对凤纹及凤呈顺时针飞翔的云凤纹，二者均用于官窑制品的装饰。

清代晚期，以道光釉里红团凤纹碗为代表，工艺技法仍保持着前代的水平。青花凤纹也很精美，多为凤穿牡丹式，花纹繁密，层次清晰，寓意吉祥。清代末期，景德镇官窑瓷器上较为流行在单色釉瓷器上进行描金装饰的凤纹，虽笔法细腻，但缺乏变化，图案显得非常死板。

民国时期，瓷器上的粉彩凤凰纹屡见不鲜，装饰于各种陈设瓷与日常生活用瓷上。一种为凤栖牡丹纹，虽画法上带有康熙朝韵味，但色彩斑斓，写实性强，又有工笔重彩的艺术效果；另一种为百鸟朝凤纹，场面宏大，构图繁缛，装饰性强，反映出独特的艺术效果与时代审美趣味。

夔凤

夔凤是古代传说中的神鸟，与凤类似，身形有雉鸡、孔雀等禽鸟的特征。凤是人们心目中的瑞鸟与天下吉祥太平的象征。夔，是古代传说中的一种单足异兽，夔凤也可以理解为变异的凤。因此夔凤纹也有吉祥、太平的寓意。

夔凤，最初是古代青铜器上的装饰图案，与夔龙纹一样盛行于战国时期。秦汉时期，建筑用的陶瓦上多出现夔凤纹，形象也逐渐趋于成熟。夔凤纹一般都是成对的，或构成连续的几何图案，以表现吉祥、和谐、美满的寓意。

明代，夔凤纹成为一种规范化图案，并在官窑与民窑瓷器上都有烧造。在宣德、成化、嘉靖、万历时期常见，尤以宣德官窑青花夔凤纹十棱洗最为典型，双夔凤盘旋飞舞，姿态优美，呈现出一派喜庆和谐的气氛。

清代，官窑瓷器上装饰的夔凤纹比明代显著增多，制作也更加精细。以始烧于雍正时期的官窑斗彩夔凤纹盘为经典作品，器型规整，图案生动，色彩艳丽，为历代所沿用，基本贯穿整个清代中后期的瓷器生产，有的还配以缠枝莲纹、八宝纹等，均带有吉祥美好的寓意。嘉庆时期，以斗彩夔凤纹盘为代表，盘心及外壁均绘斗彩夔凤纹。绘工精细，

清嘉庆景德镇窑斗彩夔凤纹盘。现藏于北京艺术博物馆

填彩准确，颜色鲜艳。道光时期，以黄地粉彩夔凤纹花口碗为代表，碗外壁以黄釉为地，上绘粉彩夔凤纹、花卉纹。宣统时期，官窑粉彩瓷器上的夔凤纹，以夔凤穿花纹碗为典型作品，风格与前朝基本一致，制作精致，绘画较为细腻，只是色彩略显浅淡。同类图案还见于宣统粉彩夔凤纹赏瓶。同时，夔凤纹在民窑瓷器上也广为应用。以乾隆时期民窑夔凤纹为例，凤首造型较为夸张，似兽非兽，似鸟非鸟，凤尾呈卷枝花式，可谓别具一格。一般来说官窑精湛细腻，民窑粗犷直率，但就纹饰的神采来说，民窑却丝毫不亚于官窑，同样画工精细，形神兼备。

朱雀

上古时期，人们将天空分为东、南、西、北四个区域，每一个区域由七个星宿组成一个形象的动物图案，叫“四象”。即东方青龙、西方白虎、南方朱雀、北方玄武（似龟）。它们能震慑妖孽，法力无边。《三辅图》曰：“青龙、白虎、朱雀、玄武，天之四灵，以正四方，王者制宫阙殿阁取法焉。”其中，代表南方的朱雀亦称“朱鸟”，属火，满身红色，形似凤凰。因其身覆火焰，终日不熄，也称作“火凤凰”。

北朝邢窑青釉印花朱雀葡萄纹扁壶，1973年河北省栾城县出土。现藏于河北省石家庄市博物馆

北朝时期，朱雀纹常出现在扁壶类瓷器上。以现藏于石家庄市博物馆的青釉印花扁壶[34]为代表，

隋代邢窑酱釉双系印花扁壶。现藏于邢窑博物馆

元代景德镇窑青花釉里红堆塑四灵塔式盖罐，1974年江西省景德镇市出土。现藏于江西省博物馆

腹部两面均模印装饰一只展翅欲飞的朱雀，周围衬托着葡萄纹，通体施青釉，釉色青中泛黄，布局满密，风格细腻，技法成熟，显然是借鉴并吸纳了外来工艺与艺术的精华。

隋代，扁壶上仍见有朱雀的形象，以邢窑博物馆藏酱釉双系印花扁壶[35]为代表，一面印有展翅欲飞的朱雀，一面印有朱雀戏葡萄，外缘随形装饰连珠纹，造型稳重大方，灰褐胎，胎质坚硬，通体施酱釉。

元代，景德镇窑创烧青花与釉里红工艺相结合的青花釉里红品种，这类瓷器上见有四灵纹装饰，其中便有朱雀纹。以现藏于江西省博物馆的四灵塔式盖罐[36]为代表，肩及腹上部堆塑四灵，即青龙、白虎、朱雀与玄武。其中朱雀上涂饰铜红色釉，造型生动，是元代有明确纪年的青花釉里红珍品。

走兽

走兽，即奔跑的野兽，泛指兽类。见有虎、狮、鹿、牛、犀牛、兔、羊、象、熊、马、猴等，大多与中国传统吉祥图案相关，带有吉祥如意的寓意及禳灾避邪的功能。

虎

虎是中国古代先民的图腾崇拜物之一，被视为“百兽之长”。由于虎有雄健、威猛的特点，因此虎纹也具有了神异的力量与辟邪的功能。

虎的形象出现在瓷器上，最早为虎子的造型，其器身为兽形，状似伏虎，故而得名。多为越窑产品，主要流行于三国、两晋和南朝时期。唐代，以虎为造型的虎枕，因具辟邪祛灾的功能而盛行起来。宋代以后，除了虎枕，以虎纹为瓷器的装饰图案更为流行。

北宋时期，河南登封窑出现了以珍珠地划花技法装饰的虎纹图案，主要装饰在橄

宋代磁州窑白地黑花虎纹枕。现藏于故宫博物院

北宋登封窑珍珠地划花虎纹瓶。现藏于故宫博物院

榄瓶腹部。图案为双虎搏击于草丛之中，虎翘尾直立，张口舞爪，在颗粒饱满的珍珠地纹衬托下，更显诙谐有趣。

南宋龙泉窑青瓷堆贴虎纹瓶。现藏于龙泉青瓷博物馆

南宋时期，龙泉窑青瓷流行将虎纹以堆塑形式装饰在瓶类器物的肩部，简称“虎瓶”。此类瓷器上的虎纹，多被塑造得虎虎生威、惟妙惟肖，颇具装饰艺术性。虎瓶是与龙瓶成对出现的，属于专为随葬而烧造的冥器，生动反映了当时社会的丧葬风俗。

金代，虎纹用于瓷器的装饰，分为三种形式：一为虎枕，即以虎为造型的枕，磁州窑等北方诸多窑场均十分流行。二为白地黑花绘制而成的虎纹，即以简洁凝练的笔法绘出虎的形态，或静卧似睡，或蹿跃欲起，静中遇动，气势非凡。三为浮雕手法制成的虎纹[37]，主要施于黄绿釉等色釉瓷枕上，立体感强，色彩绚丽，形象逼真。

元代，瓷器上的虎纹更为多见。磁州窑枕面上流行白地黑花绘制的虎纹[38]，老虎皮色斑斓，气势威猛。景德镇窑出现青花釉里红堆塑虎纹，主要饰在塔式盖罐[39]上，与青龙、朱雀、玄武组合，称为“四灵”。其中，虎即代表白虎，身上涂饰铜红色

元代磁州窑白地黑花猛虎下山纹枕，1973年磁县都党乡冶子村元代墓葬出土。现藏于磁州窑博物馆

釉，色调明快，充满道教神秘色彩。

明代以虎纹装饰的瓷器仍很常见。陕西陈炉耀州窑出现白地黑花虎纹，绘制于盆的外壁，衬以芦苇、蕉叶等花草，画面生动有趣。明代隆庆时期，景德镇窑民窑青花瓷器上也出现了虎纹[40]，风格古朴，画技高超，生动传神。

清代康熙时期盛行龙与虎的组合图案，常以釉里三彩技法装饰于将军罐、笔筒等瓷器上，一龙与一虎，动静结合，活灵活现，颇为传神，被称为“龙虎斗”。

民国时期，景德镇瓷绘大师毕源明的粉彩虎，堪称是瓷器画虎一绝。画面上表现的是一只猛虎随山势直冲而下，墨彩点睛，褐白两色胡须及丝毛质感逼真，气场强大，有啸傲山林之势。

明代陈炉窑白地黑花虎纹盆，2002年陕西省铜川市陈炉镇宋家崖耀州窑遗址发掘出土。现藏于耀州窑博物馆

清康熙釉里三彩龙虎纹将军罐。现藏于北京艺术博物馆

狮 子

狮子原产于非洲和亚洲西部，西汉时期从西域传入，在佛教文化中扮演着重要角色。《佛经》曰：“释者以狮子勇猛精进，为文殊菩萨骑者。”在佛教中，教徒比喻佛陀为“人中狮子”，一是突出佛陀在人们心目中的地位，二是突出其无畏自在之德性。在佛门中佛法称为“狮子法门”，说经讲法为“狮子吼”。狮子因其勇猛的形象和驱邪护法的神力而被视为瑞兽，象征着威严、权力与吉祥。

越窑青瓷狮形插器。现藏于慈溪市博物馆

早在西晋时期，越窑便烧制了以狮为造型的青

瓷制品，主要包括胡人骑狮俑的坐骑和专门以狮为造型的插器两大类产品。以慈溪市博物馆收藏的狮形插器[41]为代表，蹲狮背承插管，龇牙瞠目，尾部及胸部的卷毛刻划生动细致。器身施青釉，釉色青绿，匀净光亮。狮子体态丰满，四足有力，显得格外威武勇猛。

北齐黄釉印花扁壶。现藏于山西博物院

南北朝时期，南方青瓷仍流行以狮子为器物的造型，主要有胡人骑狮俑、狮座烛台等，同时也有将模印的狮纹贴塑在器物上的，多见于堆塑罐、唾盂及扁壶等青瓷器。北方青瓷虽尚处于初创发展阶段，但狮纹的装饰却毫不逊色。以山西博物院收藏的青黄釉印花扁壶[42]为代表，腹部模印贴塑胡人与双狮，呈浅浮雕状，工艺娴熟精湛。

唐代，瓷器中狮子的形象更加常见。一种为瓷塑，以邢窑白瓷蹲狮为典型，狮子蹲坐于覆斗形方座之上，头披卷发，双目圆睁，张口卷舌，颈系带铃项圈，昂首挺胸，十分雄健威严。另一种为模印贴花狮首纹，盛行于唐代北方地区。还有一种为绘画狮子纹，以长沙窑青釉褐彩绘制的卧狮纹最为精美，狮子鬃毛长垂，双目前视，萌态毕现。

唐代巩义窑白釉贴塑狮首纹塔式罐，1993年巩义市食品厂工地出土。现藏于河南博物院

唐代长沙窑青釉褐彩卧狮纹壶，望城县书堂乡古城村蓝岸嘴窑址出土。现藏于湖南省博物馆

唐代长沙窑青釉贴花褐斑注壶，1958年湖南省望城县长沙窑窑址出土。现藏于湖南省博物馆

宋金时期，狮枕继续流行，工艺精湛。笔架山窑宋代青白釉狮枕集划刻、雕刻、堆塑、点彩描绘于一体，狮子的形象憨态可掬，凶猛威严气势减弱，增添了活泼可爱的气质。狮纹图案偶有所见，以北宋中晚期耀州窑遗址出土的青瓷刻花狮纹罐[43]为代表，腹部刻划三只奔跃的狮子，尾巴形式各不相同，有的卷如忍冬，有的如花叶，它们在奔跑中相互追逐，动感十足，富装饰趣味。金代磁州窑枕面上以白地黑花绘制的狮子纹更为形象生动，也颇具特色。

元代，景德镇窑青白釉盘内常见印花狮纹，但大多制作简略，图案不规整，显得模糊不清。

明代，瓷器上的狮纹尤为流行。明初，宫廷对狮纹的使用有着严格的规定。《明太祖实录》洪武六年（1373年）四月癸巳条载："除一品至五品酒盏用金，其余器皿俱不得棱金、描金并雕刻龙凤，里饰金玉、珠翠及朱红黄色、彩凤、狮子、麒麟犀象等形。御赐者许用，既弊不许托此再造……违者罪之。"[44]隆庆时期景德镇窑瓷器上见有狮纹，绘画流畅自然，潇洒飘逸。万历时期景德镇窑瓷器上的狮纹分狮子绣球纹与狮戏牡丹纹两类，画面上的狮子形象，比例有些失衡，画法稚拙。

清代，狮纹是瓷器上常见的吉祥图案，尤以青花绘制的艺术水平最高，狮子形象夸张，但比例恰当，生动形象，栩栩如生，并以"太师少师"纹为典型代表，寓意高官厚禄。

民国时期，景德镇红店出品的日常生活用瓷，以帽筒为典型代表，上面大量出现红彩或红绿彩狮子纹，造型夸张，画风粗犷，虽笔法不精，却生动表现出浓郁而热烈的气氛，富有民间生活气息。

清光绪景德镇窑青花狮纹大缸。现藏于北京艺术博物馆

鹿

鹿在古人心目中是长寿的仙兽，也称“天鹿”，是祥瑞的象征。《符瑞志》载：“鹿为纯善禄兽，王者孝则白鹿见，王者明，惠及下，亦见。”《汉书·萧曹传》载“以鹿为禄”，故鹿也象征利禄长存、官禄如意、高官厚禄、加侯进禄、福禄寿等诸多吉祥美好的寓意。

唐代长沙窑青釉褐绿彩奔鹿纹注壶，河南省洛阳北窑出土。现藏于河南省洛阳博物馆

瓷器上的鹿纹最早出现在三国东吴时期，以北京故宫博物院藏三国东吴永安三年（260年）谷仓罐[45]上的鹿纹为典型代表，采用模印贴塑技法饰于器身，形态稚拙，洋溢着艺术趣味。

唐代长沙窑青釉褐绿彩奔鹿纹已经展示出十分娴熟的绘画技法，图案被装饰在注壶流下的腹部，一只小鹿双后足奋力后蹬腾于花间，憨态可掬，形体优美，笔力流畅，画面中似可见因疾奔而带动的花草的飞扬，色彩浓重，颜色鲜明。长沙窑瓷器上绘制的鹿纹数量较多，形象写实而生动，将鹿胆小、机警、好动的特征表现得淋漓尽致。

宋代瓷器上较多运用鹿纹装饰。定窑瓷器上的鹿纹，见有奔鹿和卧鹿，以白瓷印花盘上的鹿纹为典型代表，画面上两只长角鹿奔跑在枝叶缠绕的花丛中，前一只回首张望，后一只追赶鸣叫。磁州窑枕面上所绘鹿纹线条流畅，形态多样，或在山中奔跑，或在草莽间漫步，或卧于灌木丛里，或在途中踟躇。耀州窑青瓷上的鹿纹，见有缠枝菊卧鹿纹、鹿衔瑞草纹、婴驯鹿纹、卧鹿牡丹纹等。南宋吉州窑釉下彩绘的白地褐花鹿纹，一般被施于罐类器物的腹部，置于连弧状的几何形开光内，多呈奔跑跳跃状，活泼奔放，富有动感。典型如南宋釉下彩绘跃鹿纹罐，鹿口衔瑞草，四足腾空跃

南宋吉州窑釉下彩绘跃鹿纹罐。现藏于新干县博物馆

北宋登封窑白釉珍珠地划花鹿纹腰圆形枕。现藏于登封窑博物馆

起，身旁点缀小草一簇，寥寥数笔，生动传神。此外，河南登封窑还出现了白釉珍珠地划花鹿纹[46]，主要饰于腰圆形枕的枕面上，采用珍珠地与划花两种装饰工艺，制作亦十分精美。

辽代，瓷器上的鹿纹图案较为常见，多装饰于枕、盆、盘、碗等类器物上。尤为流行三彩装饰技法，以口衔瑞草的大角梅花鹿纹最具代表性，形象生动，栩栩如生。

金代，磁州窑瓷枕上的鹿纹较为精美，有山林中奔行的小鹿，也有漫步草丛、回首顾望的子母鹿，画面活泼自然，颇具生活气息。井陉窑白釉戳印点彩鹿纹颇具地方特色，做法是用带有花纹图案的印戳在半干的瓷坯上印出图案，在图案上点彩，然后上釉烧制[47]，主要饰于瓷枕的枕面上，有相对而卧、对称布局的梅花鹿纹，也有回首

辽代三彩鹿纹梯形枕，辽宁省北票市西官营镇韩杖子村辽墓出土。现藏于辽宁省北票市博物馆

金代井陉窑白釉褐彩卧鹿纹如意形枕，河北省定州市西关窑厂出土。现藏于定州博物馆

金代井陉窑白釉褐彩束鹿纹如意形枕。现藏于定州博物馆

金代耀州窑青瓷刻花卧鹿纹碗，1983年陕西省澄城县城郊乡董家河村出土。现藏于耀州窑博物馆

而望的卧鹿，还有栓于桩上的小鹿。耀州窑以青瓷刻花卧鹿纹为代表，回首眺望的梅花鹿屈膝卧于牡丹花丛中，画面安详平和，寓意吉祥。

元代，鹿纹广为流行。龙泉窑青瓷碗的里心见有印花鹿纹，鹿作回首状，生动有趣。浙江省博物馆藏一件露胎盘底残片上，饰有鹿纹，鹿的上方为一“福”字，两侧衬托着祥云，寓意“福禄双全”[48]。景德镇窑青花鹿纹见于平底盘内，一只小鹿回首跳跃，前足抬起，动态十足，非常传神。

明代，瓷器上的鹿纹装饰仍较为常见。弘治时期，景德镇窑青花瓷器上的鹿纹，多与松树组合构成“松鹿图”。隆庆时期，景德镇瓷器上的鹿纹与蜜蜂组合在一个画面上，称为蜂鹿纹，画风古朴，技艺娴熟，形态传神。明代晚期流行以谐音和寓意象征吉祥的图案，鹿纹作为“禄”的象征，常与蝠（福）、寿桃组合成“福禄寿”吉祥图案。万历时期五彩瓷器上尤为盛行鹿纹装饰，布局繁密，色彩

元代景德镇窑青花鹿纹盘。现藏青州市博物馆

元代龙泉窑青瓷露胎模印鹿纹碗残片。现藏于浙江省博物馆

明万历景德镇窑五彩梅花式盆。现藏于北京艺术博物馆

明万历景德镇窑五彩百鹿尊。现藏于“台北故宫博物院”

浓艳，鹿为奔跑状，衬以梅花、蝙蝠、海水江牙和八卦纹等图案，寓意吉祥长寿。这一时期还出现了百鹿纹，各色大鹿、小鹿栖息于山石、林木之间，布局繁密，景象也颇为壮观，寓意子嗣繁茂。因“百鹿”音同“百禄”，故这种瓷尊被视作特殊等级与身份地位的象征。

清代，百鹿纹在乾隆时期的粉彩瓷上尤为盛行，粉彩百鹿尊堪称杰出代表。画面上以青绿山林为背景，形态各异的群鹿，或奔跑，或穿行，或栖息，或静卧，将鹿纹艺术与鹿文化内涵发挥到了极致。嘉庆、道光以后，各朝均继续烧造这类粉彩百鹿尊，同时鹿纹也不再限于大型陈设类瓷器的粉彩装饰，小件瓷器上也流行装饰百鹿纹，以青花釉里红百鹿纹鼻烟壶为例，腹部以釉里红绘山川，以青花绘百鹿，群鹿姿态各异，画面生动，寓意吉祥。

民国时期，瓷器上的鹿纹图案，在继承前代基础上又有创新。以方云峰的作品为代表，工而不板，于传统笔墨中加入西洋素描技法，颇具时代特色。

清乾隆景德镇窑粉彩百鹿尊。现藏于北京故宫博物院

清道光景德镇窑青花釉里红百鹿纹鼻烟壶，1987年北京市海淀区德外北沙滩北顶村出土。现藏于北京市海淀区博物馆

牛

牛，十二生肖之一，性格温顺，吃苦耐劳，是人们非常熟悉和喜爱的家畜之一。牛是古代“六畜”之一，在古典《尔雅》中，“六畜”是指“马、牛、羊、猪、狗、鸡”六种家畜。六畜中，牛能耕田劳作，马能负重致远，羊能供备祭器，鸡能司晨报晓，

犬能守夜防患，猪能宴飨宾客。其中，与农业耕作最密切的家畜当数牛。唐代诗人元稹《生春》诗“鞭牛县门外，争土盖春蚕”指的就是春耕的场面。

在古代，人们还铸造铁牛、铜牛放于河边，以震慑洪水灾祸，可以看出牛成了人们心中的一种精神寄托，是吉祥征兆的象征。

以牛为瓷器装饰，最早见于东晋时期的瓯窑，以青釉牛形灯[49]为代表，灯管做成蹲坐的牛形，上为搁置灯芯的圆口，下有吸油小孔，灯管下的圆盘起了油盏的作用，造型奇特，十分罕见。

金代，瓷器上的牛纹较为常见。河北观台磁州窑窑址出土的一件珍珠地划花束腰枕残片上，清晰可见有一牛的臀部形象[50]，衬以大面积的珍珠地纹，划线内填橙红色彩料。井陉窑白釉褐彩腰圆形枕上的划花牛纹极具代表性，牛背隆起，尾部扬起，奔跑于草地之上，动态十足，充满了浓厚的田园气息。

明末天启时期，景德镇窑青花瓷器上流行斗牛纹、牧牛纹、卧牛纹，较为写实生动。

清代非常重视农耕生产，以耕牛为题材的瓷器画面非常多见，如耕牛图、牧牛图、渔樵耕读图等，画面层次分明，为瓷绘艺术之佳品。以康熙五彩耕牛纹大盘、康熙青花耕牛图碗等为例，画面描绘水田中一农夫赤脚驱牛耙地的场景。此类纹饰一直延续到清末，在一定程度上也反映了当时朝廷对农业的重视。乾隆时期，还出现了斗彩耕牛图瓷器。如天津博物馆藏清乾隆斗彩耕织图扁壶，腹部两面开光，以斗彩绘耕地和耙耨两个场景。

东晋瓯窑青釉牛形灯。现藏于浙江省博物馆

金代井陉白釉褐彩牛纹腰圆形枕，河北省定州市西关窑厂出土。现藏于定州博物馆

清康熙景德镇窑青花“丙吉问牛”纹笔筒。现藏于北京艺术博物馆

大 象

大象是从大约5000万年前的始祖象进化来的，是现存世界上最大的陆栖哺乳动物。商周时期，大象已用于载物负重，被视为富国利民的瑞兽。后来随着佛教的发展，象作为佛祖与菩萨的坐骑又被赋予了吉祥的象征。在传统文化中，因“象”与“祥”谐音，故象驮宝瓶（平）寓意“太平有象”，象驮插戟（吉）宝瓶寓意“太平吉祥”，童骑（吉）象寓意“吉祥”，象驮如意或象鼻卷如意寓意“吉祥如意”等。

瓷器上见到的早期大象的形象，主要是以雕塑或器物造型构成元素而出现的。典型如南朝时期湘阴窑青瓷象驮烛台、隋代相州窑白瓷龙柄象首流壶、唐代邢窑白釉人牵象瓷塑及南宋龙泉窑青瓷象钮盖罐等，均设计巧妙，栩栩如生，既具装饰性，又有实用功能。

隋代相州窑白釉龙柄象首流壶，1959年河南省安阳市豫北纱厂隋开皇十五年（595年）张盛墓出土。现藏于河南博物院

南宋龙泉窑青釉象钮盖罐，浙江省庆元县南宋开禧元年（1205年）十二月庚申胡紘夫人纪年墓出土。现藏于庆元廊桥博物馆

元代景德镇窑青花云龙纹象耳瓶。现藏于英国大维德中国艺术基金会

元代景德镇窑青花象纹碗，1992年内蒙古自治区乌兰浩特市郊窖藏出土。现藏于乌兰浩特市博物馆

元代，瓷器上多以雕塑象首作为器物的耳系，象鼻向下弯曲成环形，尖端粘附于器壁，有的象鼻上还套有圆环。如现藏于英国大维德艺术基金会的元青花云龙纹象耳瓶及湖北省博物馆与江西九江市博物馆收藏的元青花塔式盖罐等，上面均装饰有象首，应是宗教艺术在瓷器装饰上的反映。此外，元青花大碗内也见有象纹，大象为奔跑状，四肢有力，长鼻勾卷，十分生动形象[51]。

明代，在香炉、瓶类器物上常见以象首耳为装饰。另外，以象为题材的彩绘装饰也更为盛行。宣德时期景德镇窑青花瓷器上见有海中飞象纹。明代末期景德镇民窑青花瓷器上常见洗象纹，以英国巴特勒家族收藏的青花象纹笔筒[52]为代表，腹部青花绘一头大象，几名侍从正准备为大象洗浴。画面绘制细腻，生动形象，既有世俗吉祥、美好的寓意，也兼含佛教深厚的文化意蕴。

明崇祯景德镇窑青花象纹笔筒。现藏于英国巴特勒家族

清代景德镇窑青花太平有象尊，1986年北京市海淀区板井村出土。现藏于北京市海淀区博物馆

清代，瓷器上的象首耳仍非常流行，多被施于瓶、尊等类器物上。彩绘象纹少见，盛行大象背上驮着宝瓶的瓷塑造型。因“瓶”与“平”同音，故驮宝瓶之象寓意天下太平、风调雨顺、气象一新、喜气祥和等，皆为吉祥美好的象征。

羊

古代，羊是“六畜”之一。成语“五谷丰登，六畜兴旺”形容的就是当时社会的繁荣景象。羊性情温顺，在华夏民族传统文化中是吉祥如意的象征。另因羊有“跪乳之恩”，故自古还被人们视为有孝心的代表。古代“羊”通“祥”，《说文解字》云：“羊，祥也。”故以羊为器物造型或图案便具有吉祥的含意。

魏晋时期，主要是以羊或羊首为造型，常见青瓷羊形插台、羊首壶等，构思新颖，技法娴熟，令后世望尘莫及。宋元时期，龙泉窑承继这一工艺，在青瓷器上再度兴起以羊首、羊角为装饰，一般用于尊、罐的口沿或缸、香炉腹部，以堆塑技法制作，兼装饰性、艺术性与吉祥寓意于一身，独具时代特色与风采。

彩绘羊纹图案则出现在唐代，以湖南长沙窑的青釉釉下褐、绿彩山羊纹[53]为

东晋越窑青瓷羊形插器。现藏于浙江省博物馆

西晋越窑青瓷堆塑罐。现藏于慈溪市博物馆

典型代表，山羊被绘制于壶流下方的腹部，身体肥硕，羊角伫立，胡须茂盛，神态生动，形象写实。

明代嘉靖时期景德镇官窑瓷器上以青花绘制的三羊纹极具特色，三只羊展示在一件器物上，蕴含了“三阳开泰”的美好意义。

明嘉靖景德镇窑青花三羊纹碗。现藏于北京故宫博物院

清代中晚期景德镇窑瓷器上流行釉上彩绘的羊纹图案，多以粉彩绘制，技法娴熟，画面精美。道光官窑瓷器常见在碗外壁绘粉彩三只羊，它们或跳跃，或抵撞，或静立，空白处衬托着树石、花卉等，并配有诗句“素萼枝枝封蜜蜡，明珠颗颗迸珊瑚”，钤“清惠”等红彩方章，画面错落有致，动中有静，色彩艳丽，同时融诗、书、画、印为一体，具有丰富的文化内涵。有时也在碗外壁先置三个圆形开光，再于开光内分别绘三只单羊。这类装饰工艺较为复杂，先是以黄釉饰地，再在其上剔划出浅浅的忍冬草纹，即为当时流行的“轧道”工艺，留三个圆形开光，每个开光内绘一只羊，配以山水风景图案，开光外饰以博古纹，碗内绘青花三羊纹。光绪时期，三羊纹仍很流行，也分为两种装饰形式，一种是碗内绘青花三羊纹；另一种是碗外壁黄地轧道三个圆形开光内以粉彩各绘一羊纹。画工精美，寓意吉祥。

清道光景德镇窑粉彩开光羊纹碗。现藏于北京艺术博物馆

清道光景德镇窑粉彩羊纹斗笠碗。现藏于北京艺术博物馆

兔

兔因其有较强的繁殖能力而被视为生育的象征，《尔雅·释兽》云：“兔子曰娩。”兔子性情温顺和善，乖巧可爱，民间一直将其视为吉祥之物，并赋予它许多吉祥的寓意，如吉祥长寿、团圆和睦、多子多福等。

兔子的形象出现在瓷器上，最早见于三国时期，以浙江早期越窑出现的青瓷兔形砚滴为代表[54]。晋人傅玄《拟天问》云：“月中何有，白兔捣药。”因此玉兔成为月亮的象征，寓意团圆吉祥。

北宋时期河南登封窑出现了珍珠地划花兔纹，主要饰在腰圆形枕的枕面上，兔子或温顺静卧，或活跃奔跑，极其生动可爱[55]。

三国时期越窑青釉兔形砚滴。现藏于浙江省博物馆

北宋登封窑白釉珍珠地划花卧兔纹腰圆形枕。现藏于河南博物院

北宋登封窑白釉珍珠地划花跃兔纹腰圆形枕，河南省新郑市薛店乡莱园马村出土。现藏于河南博物院

辽金时期，北方游牧民族烧造的瓷器上偶见有兔纹装饰。辽代以三彩绿釉兔纹罐上的玉兔为代表，灵动传神，温顺可爱。金代磁州窑有白地黑花、白地黑剔花及绿釉黑剔花等多种装饰技法制作的兔纹，以现藏于日本静冈MOA美术馆的绿釉剔花开光兔纹大口罐[56]为代表，腹部开光内为一只回首静坐的兔子，开光外的空间填绘草叶纹，构图满密，色调古雅，风格质朴。

金代磁州窑绿釉剔花开光兔纹大口罐。现藏于日本静冈MOA美术馆

元代，瓷器上的兔纹更加常见。以江西景德镇窑的产品最为丰富，有釉里红兔纹瓶、青花三兔纹带座瓶、青花双兔纹盘[57]、白地黑花兔纹盘等。以一对元青花兔纹带座供瓶[58]为代表，瓶腹绘三只形态各异的兔子，一只在平地疾奔，一只伫立回首，另一只从山石间向下奔跑，周围衬以柳树、山石和灵芝草等，整体画面栩栩如生，别有一番情趣。釉里红兔纹玉壶春瓶上的小兔作回首观望状，以釉里

元代景德镇窑釉里红兔纹玉壶春瓶。现藏于北京故宫博物院

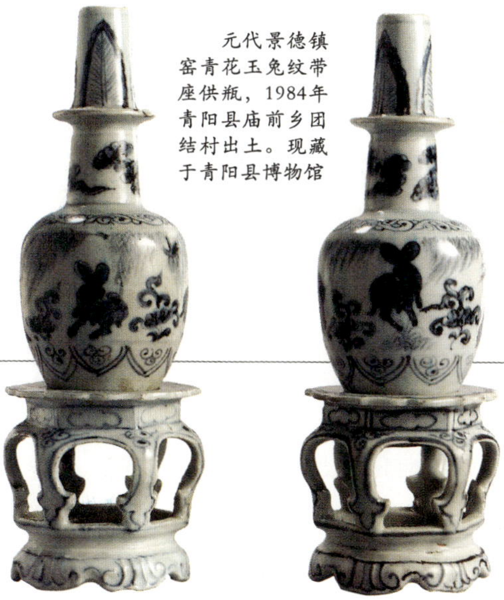

元代景德镇窑青花玉兔纹带座供瓶，1984年青阳县庙前乡团结村出土。现藏于青阳县博物馆

元代磁州窑白地黑花飞鹰逐兔纹长方枕，1993年河北省磁县南关兴仁街墓葬出土。现藏于磁县文物保管所

明代磁州窑白釉酱彩兔纹四系罐。现藏于北京艺术博物馆

红点睛，画工流畅，形象逼真。此外，磁州窑烧造的白地黑花飞鹰逐兔纹长方枕也极具特色，一飞鹰正在空中俯冲而下，准备捕捉在草丛中迅疾奔逃的兔子，画面动感十足，扣人心弦。

明代晚期景德镇瓷器上的兔纹也很常见。隆庆时期以民窑青花产品为主，见有盘、碗、罐等类器物，上面的青花兔纹生动传神，富有民间气息。明末天启、崇祯时期，瓷器上的兔纹流行蕉石玉兔、流云玉兔、桂树玉兔等题材内容，绘制精细，时代特征鲜明。

清代，兔纹在瓷器上的应用更为广泛，在康熙时期的景德镇民窑青花瓷器上尤为盛行。康熙时期，在景德镇民窑生产的许多青花盘、碗、罐等器物底部，常会见到绘有兔形的图案。这种兔形图案，是替代帝王年号款而出现的一种创新款识，时代特色鲜明，具有重要的瓷器断代意义。

马

据记载马在4000年前已被人类驯服。无论耕作的马，还是用于古代作战的马，都与人们的生活息息相关。以至于古代帝王将相的随葬品中，也离不开马。汉代还出现了马有翼能飞之神话传说。《太平御览》引《孙氏瑞应图》曰：“龙马者仁马，河水之精也。高八尺五寸，长颈骼上有翼，旁乘毛，鸣声九音，有明王则见。”天马也一直是古代优秀骏马的代称。由此，马成了吉祥的瑞兽。

宋代，瓷器上出现马的图案。以磁州窑白地黑花为代表，所绘制的马纹，十分生动传神，主要表现骏马疾驰，马儿四蹄飞扬、尾巴翘起的动态，不注重细节，往往草草几笔，将马瞬间的神态形象地勾勒出来。

元代，景德镇窑青花瓷上的马纹与海水纹组合出现，有的还带有火焰，形态与文

元代景德镇窑青花缠枝牡丹云肩马纹罐。现藏于土耳其托普卡比宫

元代龙泉窑青瓷露胎贴花马上封侯纹盘。现藏于浙江省博物馆

献记载中元代帝王仪仗旗帜上的马纹相近似。据《元史·舆服二》载：“玉马旗，赤质，青火焰脚，绘白马，两膊有火焰。”[59]元代青花瓷器上的马纹设计巧妙，颇有想象力，即在波涛汹涌的海面上飞扬着一匹白马，图案留白而成，不加渲染，海水则以青花勾画。白马两膊有火焰，火焰上飘，在起伏不断的海浪衬托下显得动态十足，给人以神奇的艺术效果。

明代中期，马纹图案在景德镇官窑瓷器上开始流行，以青花、斗彩制品为常见。其中成化斗彩天马纹罐的图案最为精美，赤红色的天马腾跃于海水之上，颇具神异色彩。正德、嘉靖时期，景德镇民窑青花瓷器上的马纹，绘画工整严谨，周围衬托以波浪、海草、水体动物等。多施于盘、碗类器物的外壁，近底处配以二方连续的连弧构成的海水纹，有的填色，有的不填色，构图与布局十分固定，即海水中间饰四组浪花，每两组浪花的上部空间处，饰一组飞马与云纹。飞马四蹄伸展，腾空而起，极具时代典型特征。此外，嘉靖时期，景德镇窑瓷器上见有八骏图[60]。天启时期，景德镇窑瓷器上亦见有八骏图，还有的是在碗心画一匹马，外环以海水纹。此外，磁州窑白地褐彩马纹画风独特，颇为生动。其先用粗笔勾画出身躯，再用细笔勾勒头部和蹄足，灵秀生动，飘逸洒脱。多装饰于坛、罐类器物上。

明成化景德镇窑青花海马纹直壁碗，景德镇御窑厂遗址出土。现藏于景德镇官窑博物馆

清雍正景德镇窑青花红彩海兽纹碗。现藏于北京艺术博物馆

清咸丰粉彩八骏图鼻烟壶。现藏于北京艺术博物馆

清代，满族人喜爱马，也崇拜马，因此瓷器上的马纹图案增多，并大量出现八骏马。以清雍正八骏马盘为代表，“绘事精细，或立或卧，或起或行，无一同者，精神勃勃，极为生动”[61]。乾隆时期，八骏马纹色彩丰富，繁复华丽，绘制极为生动细致，或卧地休憩，或引颈嘶鸣，或低头衔草，或昂首奔驰，形象各异，神完气足。嘉庆之后各朝，马纹虽然没有更多突破，但却总体保持着较高的艺术水准，描绘较为细腻，色彩较为丰富艳丽，造型较为准确。

民国时期，景德镇瓷绘大师张志汤的马，具有极高的艺术水平。作品多仿清代宫廷画家郎世宁画风，用笔工整，设色自然，造型准确，形象生动。尤其鬃毛和肌肉的皴擦极富质感，形神兼备，代表了这一时期瓷器动物纹装饰的新成就。

猴

猴是灵长类动物，动作敏捷，头脑灵活，是自然界最聪明的动物之一。猴的种类很多，体态多样，遍布世界各地。中国古典《孝子传》《尔雅》等书籍，都有对猴的记载。猴在古书里常称作猿、猨、蝯等，周索氏《孝子传》曰：“蝯，寓属也，或黄黑通臂，轻巢善缘。能于空轮转，好吟。”这说明猴子是人们很早就认知的动物。在

明代吴承恩的著作《西游记》里，齐天大圣孙悟空就是以猴子为原形塑造的，美猴王的形象早已深入人心。

猴聪明、灵活，招人喜爱。猴还是十二生肖之一，又因“猴”与“侯”同音，故在中国传统文化中，寓有“升官”“封侯”等含义。因此，猴作为吉祥图案成为瓷器上的装饰题材之一。如猴与蜜蜂同时出现在画面上有“封侯”的寓意，马驮猴便有“马上封侯”之意，猴骑在前行的马背上蕴含马上飞黄腾达之意，表达了封建社会大多数士人对美好仕途的期盼。

东汉时期，南方青瓷五联罐上见有堆塑的猴子形象。隋代，捏塑的猴子形象已经十分逼真写实。以现藏于邢窑博物馆的白釉猴[62]为代表，造型为母子三只猴子相亲相爱的瞬间场景，母猴背着一只小猴子，怀抱着另一只小猴子，母猴表情慈爱，小猴子顽皮活泼，展现了极为高超的瓷塑技术水平。此类题材还因猴子背猴子的谐音而寓意“辈辈封侯”。

隋代邢窑白釉猴。现藏于邢窑博物馆

北宋时期的陕西耀州窑，以烧制青瓷为主，类似北宋时期的龙泉窑，采用了东汉时期的装饰手法。在耀州窑的器物上，也有用堆塑的手法装饰猴子等动物造型的情况。

元代浙江龙泉窑青瓷出现了马与猴组合图案。以现藏于浙江省博物馆收藏的标本为例，该标本出土于龙泉窑窑址，是一件露胎贴塑青瓷盘的盘底残片，盘的内底装饰着一只猴子，机灵的猴子立在马背上，马俯卧在地，周围衬托着祥云。元关汉卿《望江亭》有“俺从今把心猿意马紧拴住，将繁花不过眼”，此图案正是对句中含义的一种形象诠释[63]。

清康熙景德镇窑斗彩猴纹盘。现藏于北京市海淀区博物馆

明代瓷器上的猴纹装饰亦偶有所见，如隆庆时期景德镇瓷器上便有松猴纹，画风古朴、画工娴熟、生动传神。

清代，百猴纹是瓷器中运用较多的一种。此

外，还有猴捧寿桃纹，寓意献寿。

熊

熊，为食肉目熊科动物的通称。熊的种类很多，有棕熊、灰熊、北极熊、黑熊等种类。世界范围内分布最广的是棕熊，中国最常见的是黑熊。熊身躯肥壮，力大无比，忍耐力极强，能适应各种恶劣的生存环境。在一般情况下，性情温顺，憨态可掬，非常招人喜爱。

此外，“熊”姓是中国最古老的姓氏之一，最早可以追溯至西周周成王时期。在古代，还流传着方相氏驱魔打鬼的故事。方相氏，是古代驱疫避邪的神，每次打鬼时都要装扮成熊的样子或带熊的面具。因此，在古代熊是吉祥的征兆，可避邪除恶。《周礼·夏官·方相氏》曰：“方相氏掌：蒙熊皮，黄金四目，玄衣朱裳，执戈扬盾，帅百隶而时傩，以索室驱疫。”

以熊作瓷器装饰，最早见于西晋时期，主要采用堆贴技法饰于谷仓罐[64]上。另外，也有瓷塑作品，以慈溪市博物馆收藏[65]的一件洗为代表，洗内中心堆塑一只小熊，熊龇牙蹲坐，背连一钩状物，十分有趣可爱。

金代磁州窑瓷器上出现了白地黑剔花工艺制作的熊纹，以叶形枕为典型代表，造型别致。胎色淡灰，枕面先施白色化妆土，然后施黑铁粉，在粉料未干状态下用硬制工具，勾剔掉部分黑色铁粉露出下一层的白化妆土，形成黑白反差对比效果。内心一只黑色的立熊栓于桩旁，形象十分写实生动。

金代磁州窑白地黑剔花熊纹叶形枕。现藏于大英博物馆

飞 禽

飞禽，即飞翔的禽鸟，泛指鸟类。见有雁、鹦鹉、孔雀、仙鹤、鹭鸶、喜鹊、绶带鸟、雉鸡、山雀、鹰、猫头鹰、鸳鸯、鸭、鹅、鸡、鹌鹑等。

飞禽纹是瓷器上运用较多的一种动物图案。最早出现于西汉中晚期的原始瓷上，当时是以简约、抽象、写意的手法刻划出飞鸟的头部、眼睛和嘴，间施锥刺纹以象征羽毛，线条纤细，婉转流畅，风格与同时期漆器上的飞鸟纹十分相似，带有楚文化的意蕴[66]。

唐代，瓷器上飞禽纹图案装饰开始流行起来。装饰方法多样，分划花、印花、模印花与彩绘四种主要形式。其中，划花鸟纹和印花鸟纹均以浙江慈溪上林湖窑越窑青瓷为代表[67]，划花多采用细线划花，线条较为精细，主要饰于盒盖上及碗、盏、杯、盘类器物的内底；印花鸟纹，技法娴熟，印纹清晰，代表了当时较高的制瓷工艺水平。模印鸟纹以河北邢窑白瓷为代表，十分流行鸾衔绶的题材。鸾是古代传说中类似凤凰的一种神鸟。《广雅·释鸟》载："鸾鸟……凤凰属也。"《山海经·西山经》中云："其状如翟而五采文，名曰鸾鸟，见则天下安宁。"鸾衔绶最早出现在唐代青铜镜中，是唐代十分流行的一种新题材。绶即飘带，因"绶"与"寿"同音，用鸾鸟衔之，寓意长寿吉祥。以唐墓出土的白釉双鸾衔绶纹盒[68]为代表，盖面模印双鸾衔绶纹，双鸾相对分立绶带之上，构图优美，对称布局，图案凸起，有浅浮雕效果。造型、图案与工艺均忠实模仿金银器，即直接用模具将器物制作出来，工艺高超。此外，唐代长沙窑十分盛行装饰彩绘飞禽纹。一种为青釉红、彩飞禽纹，主要装饰在执壶上腹部，鸟呈俯冲飞翔状，翘尾伸喙，正欲啄食地上的花卉。飞鸟及花卉的主体均用绿彩勾勒轮廓，再于轮廓内填以红彩，工艺精湛，纹饰精美。另外，该窑也有模印贴花飞禽纹，较比邢窑工艺更加复杂。其方法为：先以模印贴花的技法置于瓷器上面，再在图案上涂饰椭圆形的大块褐色彩斑，最后施釉，极大地增强了装饰效果。

五代耀州窑青瓷器上的飞禽纹，表现技法多样，有刻划、模印、塑贴等，其中以塑贴最为常见，不但有塑贴鸟纹的盏、杯、盏托等实物，还有大量的鸟纹模具。其制作方法是：先制模，然后将模制成形后的鸟纹贴塑于盏、杯内或盏托上。或为一只，或成双成对，或三只，或四只，有的单只飞翔，有的对飞，有的环飞，姿态各异，形象生动，真实描绘了鸟的各种生活习性。

宋代，瓷器上的飞禽纹受当时文人画影响，追求自然情趣。当阳峪窑剔划飞禽纹，常装饰于枕面上开光区域内，单只伫立于枝头，或凝视前方，或与蝴蝶相呼应，布局得当，格调高雅。黑地白花图案尤为精彩，一般是在开光以外采用白地剔划黑花的手法填充卷草纹，内部则满施黑色，均匀如漆，使白色的鸟儿醒目突出，活灵活现。越窑青瓷上流行细线划花制作的飞禽纹，多作振翅欲动状，动感十足，张力外扬。其中，以鸟踏花枝组成的花鸟图案最具诗情画意。另外，还有以半浮雕状装饰技术手法制作的绞索状双头鸟纹，是较为奇特的纹样[69]。

金代磁州窑瓷器上的飞禽纹，装饰技法多样，但仍以白地黑花的绘画作品为主。多绘于瓷枕的枕面上，追求自然情趣，或表现水边的仙鹤、鹭鸶、鸭、鹅等水禽鸟类，或展示栖息于松树枝头的山雀，构图严谨，富绘画意境，颇具文人画风格。

元代，磁州窑瓷器上的飞禽纹，造型夸张，形式活泼，显示出豪放的气势与风格。除白地黑花外，还出现了黄彩，如在麻雀头部以黄彩渲染，使绘画更加生动传神。元代吉州窑白地褐花釉下彩绘鸟纹，身形像蛋[70]，其形象经过提炼与概括后更为生动。

明代，瓷器上的飞禽纹仍以绘画为主，表现鸟的种类增多。以景德镇窑为典型代表，永乐时期的青花绶带鸟纹，形象写实，别具一格；万历时期的青花“百鸟朝凤”纹，群鸟飞舞，热闹非凡。

清代，瓷绘飞禽纹发展成熟，流行莲荷翠鸟、池塘花鸟、折枝果花鸟等，题材多样，既展现了燕子、麻雀等各种鸟的形态，又用于风景画中起点缀作用，谱写了瓷上飞禽图案装饰的新篇章。

民国时期，景德镇窑青花、粉彩及醴陵窑釉下五彩花鸟纹制作精美，尤以艺术大师们的作品最具代表，如毕伯涛的粉彩翎毛花鸟，画风承袭清代华嵒一派，以双勾、没骨为主，工写兼用，构图疏朗，设色鲜嫩不腻，雅静艳丽。刘雨岑的粉彩花鸟则效仿清代画家新罗山人，作品形象生动，设色清新。他尤擅画公鸡，能在瓷上将蓬松的绒毛画得淋漓尽致，栩栩如生。

雁

雁，又叫鸿。十一二月南飞，六七月北归，并在北方繁殖。《汉书·苏武传》中有“得雁，足有帛书”的记载，民间也有“鸿雁传书”一说。古礼规定用雁为贽，即以雁作为男女婚嫁的见面礼，象征着婚配双方像雁一样飞行有序、形影相随、不离不弃、和睦相处。

以雁为瓷器装饰图案，始见于唐代长沙窑。其以釉下褐、绿彩绘制的雁纹，尽管绘画技法较为稚拙，构图也十分简洁，但却极具装饰艺术性。

北宋时期，雁已经成为瓷器上较为流行的装饰图案。龙泉窑金村窑址出土的北宋青瓷方瓶残片上见有阳印飞雁衔芦纹[71]。耀州窑青瓷器上的雁纹及定窑印花白瓷盘上的雁纹均属于胎装饰范畴，所饰之雁均为飞翔状。北宋中晚期景德镇窑青白釉碗内底心饰雁衔芦草纹，纹饰下凹，系采用先模印、后划刻制作而成[72]。南宋时期，景德镇窑青白釉瓷器上流行印花芦雁纹，构图繁密，制作工整。

金代，定窑以白瓷印花双雁衔花纹为代表，主要饰于折沿盘的内底，双雁展翅飞翔，口衔长枝菊花，衬以朵朵祥云，画面满密，内容丰富。磁州窑盛行白地黑花绘制

金代磁州窑白地黑花芦雁纹豆形枕，磁县都党乡冶子村出土。现藏于磁州窑博物馆

元代景德镇窑青花雁衔菊花纹葵花口盘，1998年安徽省太湖县白里镇阮氏墓出土。安徽省太湖县文物管理所

元代景德镇窑釉里红芦雁纹匜，江西省高安窖藏出土。现藏于高安市博物馆

的芦雁纹，画面常见一只展开双翅的大雁衔着芦草飞翔于空中，构图简洁，笔意洒脱。此外，北方窑场烧造的红绿彩瓷上也常见有芦雁纹图案，一般绘一展翅衔草雁纹，构图同于磁州窑风格，似乎寄托了某种思乡的情绪。

元代景德镇窑青花云雁纹蒙古包。现藏于俄罗斯艾尔米塔什博物馆

元代，景德镇窑青花瓷器上的雁纹极其精美，组合内容丰富，构图形式多变，其中有口衔芦苇者，称芦雁纹；口衔菊花者，称菊雁纹；大雁在云中飞翔者则称云雁纹。卵白釉、釉里红瓷上主要流行芦雁纹，以釉里红芦雁纹匜[73]为代表，其先在器内刻划出卷草纹与雁衔芦苇纹，再于图案上平涂铜红料，其他位置留白，红白对比鲜明，装饰效果极佳。磁州窑白地黑花绘制的芦雁纹颇具地方特色，口衔芦草，长颈曲伸，圆目大睁，双翅在蚕状的身躯上平伸，作展翅飞翔状，构图简单，造型夸张。龙泉窑青瓷上见有露胎装饰的云雁

明万历景德镇窑五彩梅花式盆。现藏于北京艺术博物馆

纹[74]，立体感强，有浅浮雕艺术效果。

明代万历时期，景德镇窑五彩瓷器上再度流行芦雁纹装饰。以北京艺术博物馆收藏的五彩梅花式盆[75]为代表，外壁画芦雁纹，色彩浓艳，富有浓郁的民俗风情。

清代，以雍正、乾隆时期粉彩芦雁纹为代表，画面色彩丰富，气韵生动，充满野趣。晚清以后，瓷器上的芦雁纹画意呆滞，笔法草率，缺乏神韵。

民国时期，粉彩芦雁纹以仿清代雍正、乾隆风格为主，多绘制于瓶腹部，画面以汀岸芦塘为背景，一群大雁或翔于天上，或回首喙羽，或引颈长鸣，还有的正将头深入沼泽之中，形态各异，绘画精细，艺术成就远超于清代晚期作品。

鹦 鹉

鹦鹉，外表艳丽，叫声响亮，聪明机灵，善于模仿，自古为人们所喜爱。唐人郑处诲《明皇杂录》记载了贵妃教白鹦鹉诵经的故事。瓷器上所绘鹦鹉的形象，有展翅飞舞的单体鹦鹉，也有首尾相对的成对鹦鹉，寓英武、吉祥等意。有的鹦鹉纹还与牡丹纹相结合，寓意美满、富贵、长寿等。

瓷器上见到的鹦鹉形象，最早是以器物造型的构成要素出现

隋代邢窑白釉鹦鹉形杯，河北省内丘县西关北窑址出土。现藏于河北省文物研究

的。典型如隋代邢窑窑址出土的白瓷鹦鹉形杯[76]，椭圆形花瓣口及杯身为鹦鹉两翅合拢构成，尾下置一孔通向杯内。鹦鹉双目圆睁，曲颈回首，颈部以下采用印花及刻花技法做出羽毛、腿、爪及双眼，头顶饰以褐色釉彩，姿态优美，设计巧妙，制作精细，为邢窑之精品。

以鹦鹉为瓷器装饰图案，始兴于唐五代时期。越窑青瓷器物上的鹦鹉纹较为常见，制作方法与构图形式也颇具特色。画面上的鹦鹉，有的头顶枝叶或花卉，有的单羽，有的双羽，尾羽由弧线构成，条数不等，均从里向外依次增长。较具时代性的典型构图为双鹦鹉展翅团转，刻工精细，技法娴熟，为仿造唐代金银器及铜器等金属工艺品装饰而形成的特有图案。

北宋时期，瓷器上的鹦鹉纹更为流行。越窑北宋早期的细线划花双鹦鹉纹，以首尾相逐的团形构图形式饰于碗心，充满动感。婺州窑青瓷上的细线划花鹦鹉纹也很精美，以尊为典型器物，上腹部细线划花卷云纹与鹦鹉纹，下部浮雕莲瓣纹，造型独特，装饰华丽。登封窑流行装饰珍珠地划花鹦鹉纹，以腰圆形枕[77]为代表器物，枕面饰细密整齐的珍珠地纹，中心刻划一只展翅飞翔的鹦鹉，四周辅以祥云，线条细腻流畅，鹦鹉栩栩如生，堪称珍品。

北宋婺州窑青瓷细线划花鹦鹉纹尊。现藏于浙江省博物馆

北宋登封窑珍珠地刻划花鹦鹉纹腰圆形枕。现藏于登封窑博物馆

北宋越窑青瓷刻划花鹦鹉纹盒。现藏于慈溪市博物馆

明代，景德镇窑青花瓷上又见鹦鹉纹，画面十分清晰优美。宣德时期，由于皇帝酷爱鹦鹉，故青花大盘上常绘有成对的鹦鹉，有的还与寿桃组合，别具特色。成化时期景德镇窑瓷器上仍见有鹦鹉纹。中晚期的嘉靖、万历时期也偶尔以鹦鹉纹装饰瓷器。

清代前期，无论官窑还是民窑，瓷器上的鹦鹉纹都不多见。清中期以后，瓷塑鹦鹉开始出现，往往成对组合，主要用作室内陈设。

民国时期，景德镇瓷绘大师邹文侯的粉彩鹦鹉纹，以瓷板画为代表，艺术水平极高。画面上一只鹦鹉停立在桃树枝头，除尾羽墨线勾勒外，余皆以浅墨或白粉侧锋横扫而成，带有写意韵味，颇具笔墨情趣。

孔　雀

在中国古代传说中，孔雀是凤凰的化身，象征女性的美貌、美满的爱情及幸福、吉祥、善良与高贵。

以孔雀为瓷器装饰，始见于唐代长沙窑，其青釉褐、绿彩绘制的孔雀纹颇具代表性，一般装饰在注壶流下的腹部，孔雀立于草丛之中，俯身做觅食状，头顶彩冠，尾部羽毛绘有漂亮的圆斑，笔法简练，自然洒脱，具有浓厚的民间生活气息。

宋代，瓷器上较为多见孔雀纹。北宋早期越窑青瓷流行细线划花孔雀纹。孔雀多成对出现，首尾相接呈盘曲状，回首顾盼凝视，眉目含情，双翅微张作欲迎还羞状，长尾飘逸灵动。北宋中晚期，耀州窑青瓷器上的孔雀纹，见有孔雀戏莲纹、孔雀衔莲纹、孔雀衔瑞草纹[78]。北宋末至金代，定窑白瓷印花瓷上也流行孔雀纹装饰，以“台北故宫博物院”所藏印花孔雀纹折沿盘[79]为典型代表，内底饰印花孔雀牡丹纹，孔雀口衔花草，展翅飞翔，周围衬托着牡丹，布局疏朗，主题鲜明。

北宋末至金代定窑印花孔雀纹盘。现藏于“台北故宫博物院”

元代，孔雀纹非常流行。景德镇窑瓷绘孔雀

元代景德镇窑釉里红开光孔雀纹罐，1980年江西省高安元代窖藏出土。现藏于高安市博物馆

元代磁州窑白地黑褐花孔雀牡丹纹罐。现藏于日本松岗美术馆

元代景德镇窑青花孔雀牡丹纹大罐。现藏于英国大英博物馆

元代景德镇窑青花孔雀牡丹四系扁方壶。现藏于伊朗国家博物馆

纹尤为精美，分青花与釉里红两个品种。青花瓷器上的孔雀纹较为常见，如伊朗国家博物馆藏元青花孔雀牡丹纹大罐、四系扁方壶及土耳其托普卡比宫博物馆藏孔雀纹大盘、大英博物馆藏元青花孔雀纹大罐等均被誉为绝品。元青花上的孔雀纹，主要是作为主题图案绘于大盘里面、四系扁方壶与大罐的腹部。孔雀纹形态多样，有的穿飞于牡丹花丛中，充分展现出孔雀的美丽与高贵；有的停立在庭院中，衬以洞石、竹子、芭蕉等，呈现庭院小景中孔雀的优雅姿态。雌雄有别，雌者尾羽简单，雄者尾羽华丽，画风细腻写实，技艺精湛高超，达到了非常完美的程度。此外，釉里红绘制的孔雀纹亦非常别致，主要饰在大罐的腹部菱形开光内，层次清晰，呈色红艳，代表了元代釉里红瓷绘艺术的最高水平。[80]磁州窑白地黑花孔雀纹，长颈曲伸，圆目大睁，双翅在蚕状的身躯上平伸，作展翅飞翔状，构图简单，造型夸张。

明代，孔雀纹继续在瓷器上被广泛采用。正统时期，景德镇窑青花孔雀牡丹纹极为流行。雌孔雀形如鸵鸟，牡丹花叶如掌，筋脉留白，笔法淋漓，风格奔放。

清代，无论官窑还是民窑，孔雀纹依然是十分重要的装饰图案，画面生动，刻画了孔雀的各种形态。同时，以孔雀为主题的吉祥图案也很多，如牡丹象征富贵，孔雀象征吉祥，合在一起寓意“吉祥富贵”，或称“贵上加贵”。晚清时期粉彩孔雀纹色彩艳俗，绘工粗糙。

民国时期，景德镇瓷绘大师程意亭的粉彩孔雀名动一时。以瓷板画为代表，画面上一只开屏的孔雀立于洞石之上，尾羽刻画细腻，色彩斑斓，鲜活灵动，非普通匠人所能及。

鹤

古人以鹤为仙禽，故也称“仙鹤”。传说鹤是长生不老的神鸟，骑上它可上天与神仙相会，故鹤为长寿的象征，寓延年益寿之意。

瓷器上的鹤纹，始见于东汉时期浙江上虞小仙坛窑，见有鹤纹青瓷标本，采用刻划技法制作而成，线条拙朴，形象逼真[81]。

唐代，越窑青瓷器上的鹤纹，有的为刻划制成，地衬祥云，设计巧妙；有的为印花制成，主要施于杯类器物的内底，匠心独具。唐代晚期，长沙窑也出现鹤纹图案，为青釉釉下彩绘制而成，一般为褐、绿两彩，技法娴熟，形象生动。

宋代，鹤纹普遍用于瓷器装饰。陕西黄堡耀州窑青瓷印花仙鹤纹，印花层次分明，构图匀称。河北观台磁州窑的白釉绘划花鹤纹，多与荷叶、云纹组合，飞鹤的羽翼及荷叶的筋脉均以利器划饰，线条简练，充满勃勃生机。白地黑花鹤纹也极其生动有趣，有的抬腿伸脖，注视水中的食物；有的双腿伸直，振翅高飞[82]。此外，邢窑还见有模印莲花鹤纹[83]，见于瓷枕侧壁，鹤与鱼、莲花组合，颇具文人画意趣。

宋代邢窑白釉印花鹤纹枕，河北省临城县岗头砖厂出土。现藏于河北省文物保护中心

金代，磁州窑白地黑花鹤纹，多与芦苇组合[84]，主要饰于瓷枕的枕面开光内，两株飘逸的芦

苇分置两边，中间一只亭亭玉立、伸颈捕食的仙鹤，构成芦苇水塘小景，画笔潇洒，意境开阔，清新自然。

金代磁州窑白地黑花鹤芦纹椭圆形枕。现藏于磁州窑博物馆

西夏时期，宁夏灵武窑白地黑花瓷上也见有鹤纹图案，以塔儿湾遗址出土的白地黑花云鹤纹六系瓶[85]为代表，腹部绘云鹤纹，画面上共有十只鹤展翅翱翔在云中，线条洒脱，富有自然的乡土气息。

元代，龙泉窑青瓷盘内底见有露胎堆贴云鹤纹，双鹤展翅飞翔，间饰以祥云，露胎图案呈朱红色，十分醒目。景德镇窑见有釉里红绘制的松竹仙鹤纹。

明代成化时期，瓷器上流行鹤与云的组合图案，称“云鹤纹”，青花制品多见。弘治时期的仙鹤纹，形象隽秀、纤细[86]，多与松树组合，构成“松鹤图”。明代晚期，鹤常常与松树、鹿等组合，寓意“松鹤延年”“鹤鹿同春”。尤其是在嘉靖、万历时期，因皇帝崇信道教从而使道教文化影响的图案在瓷器上大量出现，鹤即为其中之代表，流行飞鹤纹、百鹤纹、松鹤纹及仙人驾鹤纹等。

西夏灵武窑白地黑花云鹤纹六系瓶，甘肃省凉州区古城乡塔儿湾遗址出土。现藏于武威市博物馆

元代龙泉窑青瓷露胎堆贴云鹤纹盘。现藏于龙泉青瓷博物馆

明万历景德镇窑青花锦地开光云鹤纹盖盒。现藏于西藏博物馆

清代，景德镇窑青花、五彩、黄釉绿彩等瓷上流行丹顶鹤纹，有的与“寿”字组配，有的与八卦符号组合，均寓意“长寿”。雍正时期瓷器上的云鹤纹，除了青花，还以青花釉里红为代表，青花绘祥云，釉里红绘鹤纹，鹤飞舞于祥云之中，形态逼真，动态十足。

清末民国时期，醴陵窑瓷器上也见有青花松鹤纹，呈色较为完美，显示出极高的艺术水平。

民国时期，景德镇民用中低档瓷器上也大量使用松鹤纹图案，见有珊瑚红釉描金盖盒、粉彩执壶及黄地描金帽筒等，画工粗率，线条僵硬，姿态呆板，工艺水平不高。

清道光景德镇窑青花松鹤纹瓶。现藏于北京艺术博物馆

鹭鸶

鹭鸶又称白鹭，是古代文学与绘画的题材之一。《诗经·周颂·振鹭》云：“振鹭于飞，于彼西雍。”唐代诗人杜牧《鹭鸶》诗曰：“雪衣雪发青玉嘴，群捕鱼儿溪影中。惊飞远映碧山去，一树梨花落晚风。”由此可见，自古以来人们就非常喜爱鹭鸶。

唐代湖南长沙窑青釉褐绿彩瓷上的鹭鸶纹已经十分流行，且绘画技法娴熟，画面生动[87]。有的表现鹭鸶垂头行走于流水之上，似为寻觅水中鱼儿，水波流动，身后几尾芦苇迎风摇曳，一幅生动盎然的自然景象跃然眼前；有的表现鹭鸶在草丛中做漫步状，身后绘一枝芦苇，似寄闲情；还有的表现鹭鸶张开双翅，回头侧望身旁一朵含苞待放的荷花。画面中的鹭鸶神态生动，显示出画师对生活观察得多么细致入微。

金代，瓷器上的鹭鸶也不是以单独个体的形式出现，而是多与花草等组合在一起，构成写生小景。以磁州窑白地黑花枕上绘制的芦草鹭鸶纹[88]最为精美，在芦苇丛生的水塘旁，鹭鸶亭亭玉立，伸颈低头，似在觅食，画意生动，情景交融，极富野趣。

元代，鹭鸶纹继续流行，其中元青花瓷器上的鹭鸶纹最为精美，常与多种花草纹结合组成内涵丰富的吉祥图案。以现藏于伊朗国家博物馆的一件元青花莲池鹭鸶纹菱花口大盘为典型代表，盘内底连弧开光内绘莲池鹭鸶纹，蓝地白花，密而不乱，十分精美。

明代中期以后，景德镇窑瓷器上的鹭鸶纹也很常见。除了官窑制品外，民窑瓷器上的鹭鸶纹也表现极佳，不仅画工精细，且神态优雅。成化时期莲池鹭鸶纹较为典型，隆庆时期也有烧造，绘画流畅，风格自然，潇洒飘逸。

清代，瓷器上展现了鹭鸶的各种形态，同时以鹭鸶为主题的组合图案也更加流行。“鹭”谐音“路”，“莲”谐音“连”，故鹭鸶莲花纹寄托了一路连科、科举仕途一帆风顺的愿望。芙蓉花谐音“荣华”，故鹭鸶与芙蓉组合，寓意“一路荣华”。莲花“出淤泥而不染”，象征高洁，又与“廉”谐音，故夏日莲塘鹭鸶之景还有“一路清

金代磁州窑白地黑花鹭鸶纹八角形枕，1987年磁县观台窑遗址出土。现藏于磁州窑博物馆

元代景德镇窑青花莲池鹭鸶纹菱花口大盘。现藏于伊朗国家博物馆

清光绪景德镇官窑粉彩鹭鸶莲纹碗。现藏于北京故宫博物院

清康熙景德镇窑五彩加金鹭鸶莲花纹大凤尾尊。现藏于北京故宫博物院

廉”的含义。以现藏于故宫博物院的康熙五彩凤尾尊[89]为代表，通体以五彩加金绘莲塘、荷花与鹭鸶，色调明快，富丽堂皇。清末同治、光绪时期，即慈禧太后执政期间，官窑粉彩瓷器上仍常见鹭鸶纹，多绘制于碗的外壁，以白地粉彩为主，画面为池塘边的白鹭，或穿飞，或栖息于莲池附近，施彩艳丽，画面写实，生机盎然。

雉 鸡

《周礼 · 天官 · 庖人》记载：“掌共六畜、六兽、六禽。”集注：“六禽、雁、鹑、鷃、雉、鸠、鸽。”雉，是古代六禽之一。雉鸡，因其鲜艳美丽的羽毛而被人们认为是“吉祥富贵”的象征。

唐以前瓷器的装饰基本以素纹为主，少有刻花、划花纹饰。自从长沙窑开创了釉下彩绘的先河，瓷器上的纹饰才日益丰富多样。除了常用的花草纹以外，还增加了许多飞禽走兽的纹饰。从1984年唐代长沙窑出土的文物上看，飞禽纹应用广泛，器物上绘画的鸟跳跃于草丛之上，形象生动。可以判断唐代已有雉鸡纹饰的瓷器存在，尤以罐、注壶居多。

金代，定窑白瓷印花上见有雉鸡牡丹纹。以“台北故宫博物院”收藏的印花雉鸡牡丹纹盘[90]为代表，盘内印花装饰一只雉鸡站在湖石上回望，另一只雉鸡在空中盘旋而下，周围衬托着盛开的牡丹、飞舞的蝴蝶，呈现出生机勃勃的庭园景色。此时期的禽鸟与唐代相比已有显著不同，飞禽大多与牡丹、洞石、栏杆等组合，构成寓意吉祥的画面。

金代定窑白瓷印花雉鸡牡丹纹盘。现藏于“台北故宫博物院”

元代景德镇窑青花瓷器上的雉鸡纹，多饰于大盘的内底。以现藏于英国维多利亚与阿尔伯特博物馆的元青花雉鸡大盘为例，画面为两只雉鸡分别立于山石之上，彼此回首，仰天长鸣，周围衬托着翠竹、花卉、葡萄等，呈现出一派欣欣向荣的景象。笔法淋漓，生动传神，极大地发挥了

元代景德镇窑青花雉鸡纹大盘。现藏于英国维多利亚与阿尔伯特博物馆

釉下彩绘的表现力[91]。

明代是青花彩瓷发展的黄金时期，从绘画风格上看，无论花鸟、飞禽都极为生动豪放、挥洒自如。嘉靖时期，由雉鸡与牡丹组成的雉鸡牡丹纹，被宫廷和民间广泛采用，寓意“大吉大贵”“吉祥富贵”。以民窑大瓶、大罐较为常见。

清代，流行雉鸡牡丹纹，牡丹婀娜盛开，雉鸡花下顾盼，寄托着富贵吉祥的美好愿望。雉鸡纹不仅用于青花、五彩、粉彩器物中，还用于只有宫廷烧造的珐琅彩官窑瓷中，工艺精湛，并融诗、书、画、印于一体，体现了官窑瓷器高超的艺术品位。顺治至康熙初期十分盛行青花和五彩绘制的雉鸡牡丹纹，绘画工细，生动传神。雍正时期以珐琅彩雉鸡牡丹纹最为精美，色彩艳丽丰富，画风严谨工丽，颇具当时名画家邹一桂和蒋廷锡的艺术风采。乾隆时期珐琅彩芍药雉鸡纹精美异常，以玉壶春瓶为典型制品，腹部绘制雉鸡、芍药等，空白处墨书题诗，是诗、书、画合璧的艺术珍品。晚清光绪、宣统时期，粉彩雉鸡写意传神，色彩淡雅柔和。

清康熙景德镇窑五彩花鸟纹圆瓷砖。现藏于北京艺术博物馆

民国时期，瓷器上的粉彩雉鸡牡丹纹大量出现，绘工较为粗糙，线条生硬，羽毛质感不强，色彩多为红绿，显得艳俗。

喜鹊

喜鹊，体型较大，叫声婉转，古人将其视为报喜的瑞鸟。春秋时期《禽经》载，“仰鸣则阴，俯鸣则雨，人闻其声则喜”。《开元天宝遗事》云：“时人之家，闻鹊声皆以为喜兆，故谓喜鹊报喜。”在中国传统文化中，喜鹊是喜庆、吉祥、好运的象征。传说牛郎织女也是通过喜鹊搭起的鹊桥才得以相会，因此，画鹊兆喜的风俗在民间十分盛行。

宋末金初磁州窑白地黑花喜鹊登枝纹豆形枕，磁县观台镇出土。现藏于磁州窑博物馆

以喜鹊为瓷器装饰图案，兴起于北宋，以耀州窑青瓷为代表，主要装饰于印花盏的内壁，有鹊竹纹和鹊梅纹两种形式。其中，竹多取分叉的单枝，梅或为下垂的枝条或为分叉折枝，喜鹊停立枝上，或仰头或回首，还有的在花间展翅飞翔。以窑址出土的一件青瓷盏[92]为例，器内印花开光内饰有喜鹊登梅纹。因喜鹊谐音“喜”，梅花谐音“眉”，故图案寓有“喜上眉梢”的吉祥含意。

金代，磁州窑白地黑花绘制的喜鹊纹尤为精美，常采用喜鹊登枝的构图形式饰于瓶、罐、枕等器物上。以现藏于磁州窑博物馆的豆形枕[93]为代表，枕面绘一只喜鹊登在花树枝头，呈回首状，似在报喜，喜鹊的羽毛黑白相间，古朴自然。

南宋时期景德镇窑青白釉喜鹊纹，主要采用印花手法制作，构图较为复杂，印纹清晰工整。以景德镇湖田窑出土的青白釉覆烧芒口盘为代表，在盘的内底心有时印单只喜鹊立于梅枝上，做抬头鸣叫状或回首后望状；有时印两只喜鹊立于梅枝上，前鸟回首与后鸟相望[94]。

元代彭城窑大坛、大罐、大瓶等瓷器上也见有喜鹊纹图案。以邯郸市彭城镇出土的彭城窑喜鹊纹坛为代表，腹部花瓣形开光内绘喜鹊纹，或立于花冠上，或立于竹叶花丛间，画面安静和谐，充满吉祥寓意。

明代在瓷器上装饰喜鹊纹仍很流行，早期以宣德时期景德镇窑青花桃花双鹊纹为代表，晚期则以万历青花竹鹊纹为典型，二者采用的青花色料、绘画技法均不相同，故呈色与艺术风格也差别极大，风格迥异，别具一格[95]。

清康熙景德镇窑斗彩鹊梅纹盘。现藏于北京艺术博物馆

清晚期景德镇窑黄地粉彩梅鹊纹渣斗。现藏于北京故宫博物院

清代，喜鹊作为吉祥图案应用广泛，装饰技法丰富，除了青花，还见有斗彩、粉彩、珐琅彩等品种。康熙时期常见斗彩制品。雍正时期多为珐琅彩绘制，以小盘、小碗上的喜鹊纹最为精美，或顾盼传情，或穿行俯冲，衬以花卉、翠竹、洞石等，具有浓郁的生活气息。乾隆时期以粉彩为主，喜鹊梅花纹天球瓶即为其中难得的佳品。同治时期，因皇帝大婚，曾定烧了一批黄地粉彩梅鹊纹餐具，画面上的喜鹊或栖息或翔飞于梅枝之间，姿态万千，洋溢着喜庆吉祥的气氛。

民国时期，景德镇粉彩喜鹊纹多仿清代官窑构图与风格，以喜鹊登梅纹胆瓶为代表，画面采用传统的通景式构图法，在鲜花盛开的梅树上有各种形态的喜鹊，或栖息于枝头，或穿飞于花间，热闹非凡。喜鹊造型准确，笔法细腻，深得雍正、乾隆之神韵。

猫头鹰

猫头鹰是自然界常见的一种昼伏夜出的猛禽，我国常见的种类有雕鸮、鸺鹠、长耳鸮和短耳鸮，雕鸮分布最为广泛。

由于猫头鹰形貌丑陋，声音难听，长期以来一直被人们视为不祥之鸟。在以各种花鸟动物为题材的瓷器中，几乎不见猫头鹰的踪影。而在古代，它却被看作是一种神物。古人把鸮当作祖先神来崇拜，在古代文献中有不少记载。如《大戴礼·五帝德》曰：“帝喾……化为峻鸟，其状如鸱，赤足而直喙。”这里的“峻鸟”即指鸱鸮。

三国东吴时期越窑青瓷鸮形罐。现藏于慈溪市博物馆

清康熙景德镇窑五彩花鸟纹瓷砖。现藏于北京艺术博物馆

猫头鹰的形象最早出现在新石器时代仰韶文化的一件陶鸮鼎上，而后在殷商盛行一时。当时它被视为一种被崇拜的图腾，象征神秘、威严和权力。汉语里枭雄的枭，就是指猫头鹰。

瓷器上最早出现鸮的形象是在三国东吴时期的早期越窑青瓷上，以鸮形罐为典型代表，罐整体为鸮的造型，鸮首形盖，罐下承双足及尾，器身划花表现鸮的双翼及羽毛纹，设计巧妙，制作精美[96]。

清代，景德镇窑彩绘瓷器上见有鸮纹装饰，以康熙五彩绘制的鸮纹最为精美。如北京艺术博物馆收藏的清康熙景德镇窑五彩花鸟人物纹瓷砖[97]，一面绘有一只勇猛有力、振翅向下俯冲、正欲停立枝头的巨鸮，绘画写实生动，色彩丰富艳丽，显示出极为高超的瓷绘水平。

鹰

鹰，矫健敏捷，翱翔于天际，是古代先民崇拜的对象，被奉为“神鸟、天鸟、神鹰”。鹰的形象，很早就出现在新石器时期仰韶文化的鸢形陶鼎上。鹰的形象在中国传统文化中已沿袭数千年，在古代文人笔下，鹰是人格和理想的象征。屈原在《楚辞》中用“苍鸟（指鹰）群飞”，比喻自己的远大志向和博大胸襟。鹰击长空，气势磅礴，常激励人们像雄鹰一样不畏艰险，勇往直前。在古代，鹰象征战神，象征着胜利。因“鹰”与“英”谐音，所以鹰又象征“英雄”。在中国传统吉祥纹饰中，苍鹰展翅高飞，寓意高瞻远瞩、大展宏图之意。

鹰的形象最早出现在瓷器上是在西晋时期，以鹰首壶为典型代表，两系之间堆塑一鹰首，下腹部贴塑鹰爪和鹰尾，两侧浅刻羽翼纹象征鹰的翅膀，造型别致，设计巧妙，充分展现了鹰的凶猛气势[98]。

隋代，瓷器上也有鹰的形象，以湘阴窑青釉堆塑钵为典型代表，口沿堆塑一只雄鹰，鹰尖喙，展翅，显得十分勇猛[99]。

金代，北方瓷窑生产的黄釉虎形枕上的鹰纹极具艺术感染力。以鹰抓兔纹枕为典型代表，枕面椭圆形开光内以黑彩绘鹰兔纹：一只老鹰向下俯冲，枯草丛中的一只兔子和天空中的燕子都惊恐地逃窜，形象生动，情节紧张，惟妙惟肖[100]。

元代，磁州窑白地黑花枕面上的鹰纹绘画水平高超。如现藏于磁州窑博物馆的白地黑花鹰捉兔纹长方形枕[101]，枕面菱形开光内绘一只空中展翅的雏鹰正向

西晋越窑青瓷鹰首壶，西晋永宁二年（302年）墓出土。现藏于南京市博物馆

隋代湘阴窑青釉堆塑钵，1982年湖北省天门市石河镇出土。现藏于天门市博物馆

元代磁州窑白地黑花鹰捉兔纹长方形枕，磁县南关石桥村出土。现藏于磁州窑博物馆

一只飞奔的野兔俯冲下来，周围衬托着山石、芦苇、草丛等，画面生动，气氛紧张，扣人心弦。

明代，瓷器上的鹰纹以景德镇窑青花制品为典型代表。上海博物馆藏嘉靖青花鹰纹碗和天启青花鹰纹盘，画面上的鹰独立礁石，凝眸回望，傲视冷月，寓意“英雄独立”，透露着英雄气概。

清代康熙时期，景德镇民窑青花、五彩瓷器上的鹰纹时有所见，配以山石，形象生动，绘技高超，色彩艳丽。清代末期，以湖南醴陵窑高温釉下五彩鹰纹为代表，绘于琵琶尊上，鹰倒挂于树干之上，正欲俯冲而下，画面生动，色调明快，开启了瓷绘艺术新风。

民国时期，以景德镇瓷绘大师王琦的粉彩鹰纹瓷板画为代表，画面上方留有较大空白，一只雄鹰立于苍松侧枝，展翅欲飞，构图新颖，笔墨传神，表现出较为深厚的艺术修养。

明嘉靖景德镇窑青花鹰纹碗。现藏于上海博物馆

明天启景德镇窑青花鹰纹盘。现藏于上海博物馆

清康熙景德镇窑五彩鹰纹瓷砖。现藏于北京艺术博物馆

清末醴陵窑釉下五彩鹰纹琵琶尊。现藏于醴陵市博物馆

蝙 蝠

蝙蝠，因蝙蝠的“蝠”与“福”同音，故以蝙蝠为题材的图案寓意吉祥，是清代瓷器上盛行的吉祥图案之一。有的单独使用，有的是以蝙蝠为主题的组合图案，皆象征着福气、幸福与美满。

蝙蝠应用在瓷器上作装饰图案，始于明代万历时期的景德镇窑[102]。以云里百蝠纹为典型。

清代雍正时期，瓷器上更加流行装饰蝙蝠纹，品种丰富，有粉彩、斗彩、青花、青花釉里红等。由于青花和釉里红的呈色技术均运用得十分娴熟，故使得青花和釉里红这两种釉下彩，均呈色完美，显示出极高的艺术水平。青花绘祥云，或浓或淡，色调鲜亮；釉里红绘蝙蝠，多采用淡描手法，飞舞于祥云之中，形态逼真，动感十足。

清代晚期，瓷器上蝙蝠纹装饰盛极一时。道光时期一件瓷器上装饰蝙蝠纹的数量很多，故称“百蝠纹”，画面华美，带有喜庆、吉祥的含意。清末同治大婚时，宫中定烧了一批百蝠纹餐具。有杯、碗、盘等，多以黄釉为地，并在杯、碗的外壁与盘里绘红彩描金蝙蝠纹。

清雍正景德镇官窑青花红彩云蝠纹碗。现藏于北京艺术博物馆

清同治景德镇官窑黄地红彩百蝠纹盘。现藏于北京艺术博物馆

清同治景德镇官窑粉彩万福万代纹盘。现藏于北京艺术博物馆

清光绪景德镇官窑粉彩云蝠纹赏瓶。现藏于北京艺术博物馆

清道光景德镇官窑青花红彩百蝠纹盘。现藏于北京艺术博物馆

此外，以蝙蝠为主题的组合图案十分常见，官窑和民窑均运用较广，构图形式富于变化，多种多样，内涵也极其丰富。典型如：蝙蝠飞临，视为“进福”，即希望福气会像蝙蝠一样自天而降；很多的红色蝙蝠飞临，寓意“洪福”；一只蝙蝠飞在眼前，寓意“福在眼前”；蝙蝠和马组成，寓意“马上得福”；五只蝙蝠与“寿”组合在一起，寓意“五福捧寿”；一群蝙蝠与桃子组合在一起，寓意“多福多寿”；五只蝙蝠飞翔在云彩之间，寓意“五福祥云”；五只蝙蝠飞翔在海水江崖上，寓意“寿山福海”；蝙蝠与古钱组合，寓意“福在眼前”；一只蝙蝠与一只桃实、两枚古钱组合或是蝙蝠衔着用绳穿起来的篆书寿字和两枚古钱，寓意“福寿双全”；蝙蝠与桂花树构图在一起，寓意“福增贵子”；蝙蝠口衔丝带，丝带系一“卍”字符，寓意“万福万代”；许多只红色的蝙蝠漫天飞舞，寓意“洪福齐天”。总之，瓷器上出现的与蝙蝠相关的图案，大多表达了“福”文化的内涵。其中，“五福捧寿”“洪福齐天”图案自康熙官窑瓷器上出现后，历代都有生产，民窑也竞相仿效，一直流行至清代末期。

清道光景德镇官窑青花“福在眼前”六棱香薰。现藏于北京艺术博物馆

民国时期，瓷器上蝙蝠纹多仿清代，常见红彩和青花两个品种。图案高度写实，头如鼠，双翼较宽，筋脉清晰，姿态舒展，多飞舞于海浪之上、云天之中，寓意“寿山福海，洪福齐天”。

绶带鸟

因“绶”音同“寿”，故常与蝙蝠合用，寓意“福寿双全”，还有与蝙蝠、如意组成者，意“福寿如意”。

明代永乐时期景德镇窑青花绶带鸟纹最具特色，以枇杷绶带鸟纹大盘为代表，内底绘折枝枇杷与绶带鸟纹，布局疏朗，画面精美，青花呈色艳丽[103]。之后各朝代均把绶带鸟纹当作吉祥图案装饰于瓷器。

明永乐景德镇窑青花枇杷绶带鸟纹大盘。现藏于天津博物馆

清代，瓷器上的绶带鸟纹装饰以五彩制品较为常见。尤以康熙时期五彩瓷砖上的绶带鸟纹最为精美。以现藏于北京艺术博物馆的清康熙景德镇窑五

清康熙景德镇窑五彩花鸟纹瓷砖。现藏于北京艺术博物馆

清光绪绿地墨彩花鸟纹长方花盆。现藏于北京故宫博物院

彩绶带鸟纹瓷砖为典型代表，一面饰绶带鸟纹，绘画技艺高超，色彩丰富艳丽，制作水平精湛。清代晚期，瓷器上多以粉彩绘制绶带鸟纹。以故宫博物院收藏的清光绪绿地墨彩花鸟纹长方花盆为代表，器外壁通体以淡绿色釉为地，上面绘制一对绶带鸟栖息在梅花盛开的梅树枝干上，画意生动。外口沿横书红彩“大雅斋”三字楷书款，旁落“天地一家春”椭圆形篆书章，外底书红彩“永庆长春”四字楷书款。大雅斋是圆明园“天地一家春”景区内一处建筑名称，是供慈禧皇太后绘画习字的画室。同时，紫禁城长春宫内也曾悬挂有“大雅斋”匾额[104]。该瓷器应是为这两处建筑特别烧造的慈禧皇太后专用瓷。

燕　子

燕子的故乡在北方，北方色玄，因此，古时把它叫作玄鸟。汉字的“燕”是特指家燕。燕子以捕捉害虫为生，是众所周知的益鸟。燕子，冬去春来，衔泥筑巢，孕育生命，因而也成为春天的符号。

古代《诗经 · 邶风 · 燕燕》有“燕燕于飞，差池其羽”的句子，意思是燕子比翼双飞，相影又相随。燕子双飞，寓意婚姻美满幸福，现代成语“新婚燕尔”就来自《诗经》，特指新婚夫妇。自古以来，中华民族对燕子寄托了深厚的情感。古人有许多诗句表达了对燕子的期待，比较著名的如宋代晏殊《浣溪沙》词：“无可奈何花落去，似曾相识燕归来。”

唐代瓷器上已经出现了燕子的形象。陕西黄堡耀州窑创烧的素胎黑花瓷器上，出现了以黑釉绘制的燕子纹，笔法简练自如，配上反差较大的黄白地色，图案格外突出、醒目。湖南长沙窑青釉褐绿彩双燕纹更加形象生动，其被绘制于枕面上，两只燕子作展翅飞翔状，前燕回首与后燕互相顾盼，意境动人，说明当时花鸟画的技艺非常娴熟。此后，瓷器上的燕纹并不多见。

清代，燕纹才又普遍出现在景德镇窑彩绘瓷器上。画面中的燕子形态各异，并主要在山水风景画中起点缀作用。其中，尤以柳树、杏花和燕子组合图案最为常见，称

清乾隆景德镇窑粉彩柳燕纹鼻烟壶。现藏于北京艺术博物馆

清雍正珐琅彩杏林春燕纹碗。现藏于“台北故宫博物院”

为杏林春燕纹。杏林春燕纹兴起于雍正时期，以珐琅彩制品最为精美。如现藏于“台北故宫博物院”的雍正珐琅彩杏林春燕纹碗[105]，碗外壁一面绘杏花柳树，一对燕子栖息于枝条之上，粉嫩的花蕊和鲜绿的垂柳传递出春天的信息，笔法细腻，色彩鲜艳；另一面配明代状元申时行的诗作“玉剪穿花过，霓裳带月归”两句，墨彩书写，红彩钤“佳丽”“四时”“长春”三枚章，即为“佳丽四时长春”的吉祥语，具有独特的时代风格。

燕子纹在民窑瓷器上也十分流行，多绘成双成对的燕子，或双燕齐飞，或停于树梢，画面生动鲜活，象征着吉祥、幸福与美满。

鸳鸯

鸳鸯，雌雄偶居，成双成对，形影不离，故被古人视为爱情的象征，寓意夫妻恩爱。《后汉书·马融传》曰：“鸳鸯匹鸟也，朝依而暮偶。”晋代崔豹《古今注》载：“鸳鸯，水鸟，凫类。雌雄未曾相离，人得其一，则一者相思死，故谓之匹鸟也。”唐代诗人卢照邻在《长安古意》中赞叹：“得成比目何辞死，愿作鸳鸯不羡仙。”

宋代，瓷器上兴起装饰鸳鸯纹图案。定窑、景德镇窑、耀州窑、磁州窑等窑瓷器上均有使用。

越窑北宋早期青瓷上流行装饰细线划花鸳鸯纹，鸳鸯多与荷叶共同出现，一般四张侧视荷叶对称构图，叶面茎络清晰，荷茎相连，四叶中心单只鸳鸯作昂首张翅雀跃状，也有在盖面等位置多只出现，造型基本与单只一致[106]。造型和纹饰与金银器錾花装饰有着异曲同工之妙。

耀州窑北宋青瓷碗、盘类圆器上常见鸳鸯戏莲纹，画面中以涟漪的水波和莲花丛为背景，鸳鸯成对相随嬉戏，前者回首顾盼，后者紧紧跟随。此外，也有鸳鸯戏枝纹、鸳鸯戏双鸭纹[107]，极其生动有趣。

汝窑北宋末期青瓷上也开始出现鸳鸯的形象。与传世汝窑上极少有装饰相反，宝丰清凉寺汝窑遗址中出土的炉盖上，见有蹲踞在盖面上的鸳鸯，形象十分逼真[108]。

吉州窑在南宋时期出现釉下彩绘锦地开光莲池鸳鸯纹，多饰于瓶类器物的腹部。如现藏于广东省博物馆的釉下彩绘锦地开光莲池鸳鸯纹瓶就是一件极为典型的器物，腹部连弧开光内以写意手法画鸳鸯水草纹与鸳鸯芦苇纹，水波泛起，仅寥寥数笔便勾画出两对鸳鸯在芦苇、水草中嬉戏的场景，形象十分生动，饶有情趣。画面构图丰满，纹饰精细，布局严谨，主题突出，为吉州窑釉下彩绘瓷中的精品。

金代，瓷器上依然流行装饰鸳鸯纹，定窑白瓷上多以模印手法制作，主要装饰在盘类器物的内底，图案呈现出明显的浮雕效果，十分清晰美观。磁州窑盘、碗、枕上多见此类图案，采用白地黑花绘制为主，画面通常有莲叶、莲花或垂柳、水波作衬景，鸳鸯一前一后，或以其他水禽、植物，如水草或野鸭来打破构图，大大提升了图案的装饰效果。

北宋越窑青瓷划花鸳鸯纹荷叶盖罐。现藏于浙江省博物馆

南宋吉州窑釉下彩绘锦地开光莲池鸳鸯纹瓶。现藏广东省博物馆

金代定窑白釉印花鸳鸯荷莲纹菊瓣盘，1985年北京市海淀区南辛庄出土。现藏于北京市海淀区博物馆

元代景德镇窑青花莲池鸳鸯纹大罐。现藏于英国剑桥大学费兹威廉博物馆

元代景德镇窑青花鸳鸯纹玉壶春瓶。现藏于甘肃省博物馆

元代，瓷器上的鸳鸯纹，有作为主题图案的，也有作为辅助图案的，荷莲鸳鸯戏水荷叶盖罐就是典型器物，国外许多博物馆中都有收藏，画面上的鸳鸯皆成双成对，并与大片莲池相配，构图饱满，绘工精细，既有一定的模式，又在定式中追求细部变化，应是依据了某种范本。

明代，鸳鸯纹在瓷器上广为应用。鸳鸯都成对出现，寓意夫妻恩爱、家庭美满。从宣德时期开始便见有五彩、斗彩等装饰品种，以青花五彩莲池鸳鸯纹[109]为代表，莲池中两对鸳鸯在池中戏水，周围衬托着碧绿的荷叶、慈姑、浮萍和红色的莲花与芦苇，呈现出一派生机勃勃的景象。成化时期盛行斗彩鸳鸯卧莲纹，多饰于盘内。明代晚期，青花绘制的莲塘鸳鸯纹较具特色，画风自然，随意潇洒。

清代，鸳鸯纹更加常见，画面中刻画了鸳鸯的各种形态，品种也更加丰富，有青花、斗彩、五彩、粉彩等。嘉庆以后，以官窑斗彩鸳鸯卧莲纹碗为典型，至清代末期始终都有生产。

明宣德景德镇窑青花五彩莲池鸳鸯纹碗。现藏于西藏自治区萨迦寺

清道光景德镇窑斗彩莲池鸳鸯纹碗。现藏于北京艺术博物馆

明嘉靖景德镇窑青花莲池鸳鸯纹长方花盆。现藏于北京艺术博物馆

鹌鹑

鹌鹑是一种古老的鸟类，分布极广，品种繁多。鹌鹑体型似鸡，头小尾短，赤褐色羽毛中杂有黄色条纹，形象机灵可爱。《周礼·天官·庖人》载：“掌共六畜、六兽、六禽。”集注：“六禽，雁、鹑、鷃、雉、鸠、鸽。”其中的“鹑”即为鹌鹑。《诗经·国风》云：“鹑之奔奔，鹊之彊彊。”意思是鹌鹑双双共栖止，喜鹊对对齐飞翔。据记载，唐宋时期，赛鹑在皇宫和民间都非常盛行，赛斗、赛鸣很普遍。因此，鹌鹑作为图案装饰在瓷器上，也备受古人欢迎。

唐代，长沙窑釉下彩绘飞禽纹中就有鹌鹑。如青釉褐绿彩花鸟纹注壶的腹部绘有一株花草及一只硕鸟，因硕鸟的形象酷似鹌鹑，故择选于此为例。金代，磁州窑瓷器上也见有鹌鹑纹[110]。明代晚期，瓷器装饰的鹌鹑纹较前朝增多，尤以青花制品为代表。

清代，象征“安居乐业”的鹌鹑纹多以成双成对的形式装饰在器物上，并配饰花草、洞石等，颇具生活气息。雍正、乾隆时期，以官窑珐琅彩瓷器上的鹌鹑纹最为精美，羽毛色彩丰富，绘工精细入微，生动传神，代表了当时宫廷瓷绘艺术的最高成就。

清乾隆景德镇窑青釉粉彩鹌鹑菊花纹盘。现藏于北京艺术博物馆

清乾隆珐琅彩竹菊鹌鹑图瓶。现藏于上海博物馆

鹌鹑与菊、石、落叶等的组合构图十分流行，画面因“鹌”音同“安”，“菊”谐音“居”，“落叶”谐“乐业”，故寓意“安居乐业”。如现藏于上海博物馆的乾隆珐琅彩竹菊鹌鹑图瓶[111]，器身绘九只神态各异的鹌鹑在翠竹、湖石、花草与菊花丛中栖息、飞舞的景象，布局得体，彩绘浓淡相宜，色调明快，绘制精细，富有生机。其中，鹌鹑与翠竹结合的画面，还寓有竹报平安或一生平安之意。

民国时期，粉彩菊花鹌鹑纹多仿清代画风，主要绘制于瓶腹部，布局疏密得当，但技法不精，线条生硬，缺乏神韵，远不及清代艺术水平。

鹅

鹅是鸟纲雁形目鸭科动物中的一种，是雁类野鸟经人类长期驯化而成的其中一种家禽。学界认为中国家鹅来自鸿雁，欧洲家鹅则来自灰雁。中国家鹅起源于东北，饲养的历史很长，大约有三四千年。在古典《尔雅·释鸟》中已有对鹅的记载。鹅羽毛洁白，脖颈修长，体态优美，动作优雅，非常招人喜爱。东晋大书法家王羲之爱鹅成痴，曾用自己的作品《黄庭经》向山阴道士换鹅。他通过对鹅在水中姿态的观察，还悟出了执笔、运笔的技巧和方法，如《艺舟双楫》中所载：“玩其两掌行水之势也。”因“鹅”与“我”谐音，鹅在团身曲首时状似“如意”，因此有“我如意”的寓意。另因鹅顶红头的特征，又寓“鸿运当头”。

鹅的形象出现在瓷器上，最早见于唐代邢窑。以白釉鹅形三足炉[112]为代表，弯曲的鹅首及项部为执柄，对称的另一端口沿贴附六瓣形鹅尾，褐彩点饰嘴、眼睛，形象逼真。作为图案则最早出现在北宋耀州窑青瓷上。多采用刻划花手法饰于青瓷碗的内里。水波游鹅为常见题材，以窑址出土的青瓷碗[113]为例，碗内壁满饰刻划的水波纹，内底中心饰一只小鹅，画面写实而又具有动感，鹅畅游欢

唐代邢窑白釉鹅形三足炉，河北省内丘县内丘镇四里铺村出土。现藏于内丘县文物保管所

金代磁州窑白地黑花双鹅戏水纹如意头形枕。现藏于河北省文物保护中心

金代磁州窑绿釉划花鹅纹枕，1987年磁县观台窑遗址发掘出土。现藏于磁州窑博物馆

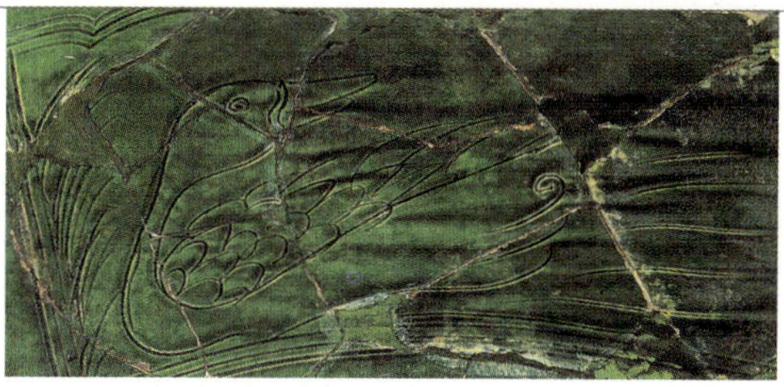

金代白釉红绿彩鹅纹碟，1965年山西省侯马市金明昌七年（1196年）墓出土。现藏于山西省考古研究所侯马工作站

快，给人以水波荡漾之感。景德镇湖田窑青白釉瓷器也是采用刻划花技法，水中游鹅生动形象。

金代，瓷器上的鹅纹图案采用多种装饰技法制作。一种是白地黑花，以四系瓶[114]为代表，瓶腹部采用简笔写意的手法绘两只鹅和一朵云，风格粗犷豪放，体现出浓厚的女真民族渔猎生活气息。另一种是绿釉划花，如现藏于磁州窑博物馆的一件绿釉划花鹅纹单边如意头形长方枕[115]，枕面划花装饰一只回首游鹅，周围饰水波纹，线条流畅，洒脱自然。第三种是红绿彩，产地也是在北方，以金墓出土的红绿彩鹅纹碟[116]为代表，碟内壁以红绿彩绘一丛芦苇与一只大白鹅，色彩鲜艳，构图简洁，画风潇洒。第四种是印花，主要为定窑白瓷制品，以“台北故宫博物院”收藏的定窑白瓷印花莲塘浴鹅纹碗[117]为典型代表，内壁饰印花三组双鹅戏于荷塘中，姿态各异，栩栩如生，颇具特色。

元代，鹅纹很少在瓷器上独立使用，最为人们所熟知的是王羲之爱鹅的故事图案。该题材在明清时期景德镇窑彩绘瓷上亦偶有使用，其他鹅纹题材则较为少见。

鸭

鸭是我国常见的一种家禽，有入水擅游且羽毛不湿的特点。古代传统文化中往往取其偏旁“甲”，寓意科举考试高中。

鸭是宋金时期北方瓷器上十分流行的动物图案。水波游鸭较为常见，有时也配以水草、芦苇、莲花等，极具民间生活气息。

北宋时期，耀州窑青瓷器上较早流行鸭纹图案，主要饰于碗、盏、盘类器物的内面。见有水波游鸭纹、双鸭戏莲纹、鱼鸭戏莲纹等[118]。装饰技法分刻花与印花两种。刻花以六瓣花口碗为典型代表，碗内壁以刻划技法满施水波纹，内心以刻花手法饰一只浮游水波中的小鸭，线条舒展流畅，富有动感。印花则以一件八瓣葵花口盘为典型代表，盘内壁印花装饰水波游鸭纹。当阳峪窑见有白地黑花竹鸭纹大盆[119]，内底绘芦苇、水波与一只畅游其间的小鸭。线条潇洒，笔意灵动，富有民间生活情趣。定窑白瓷刻划花双鸭游水纹[120]以“台北故宫博物院”收藏的一件作品为典型代表，画面中除了水波中仰首并游的双鸭，还有皓月、芦苇等相衬，表现出月夜池塘的宁静与优美。北宋末期汝窑青瓷上开始出现雕塑鸭的形象。与传世汝窑极少有装饰相反，宝丰清凉寺汝窑遗址中则出土的炉盖上，见有蹲踞在盖面上的鸭子造型，形象逼真[121]。

北宋耀州窑青瓷刻花水波游鸭纹六瓣花口碗。现藏于北京故宫博物院

宋代当阳峪窑白地黑花竹鸭纹大盆，2004年当阳峪窑址出土。现藏于河南省文物考古研究所

金代耀州窑青瓷刻花鸭纹枕，20世纪80年代陕西省铜川市黄堡镇四中耀州窑遗址出土。现藏于耀州窑博物馆

金代耀州窑青釉刻花鸭纹碗，1983年河南省洛阳市出土。现藏于洛阳博物馆

金代，瓷器上的鸭纹亦很常见。耀州窑青瓷器上刻花鸭纹，常饰于碗、盘类器物的里面及枕的侧面，以青瓷刻花鸭纹碗[122]及青瓷刻花鸭纹枕为代表。磁州窑红绿彩瓷器上的游水鸭纹十分生动，体态丰腴的鸭与生意映然的慈姑、浮萍等构成了一幅鸭嬉春水图，颇具当时文人画的神韵，令人联想起北宋苏轼诗中的意境：“竹外桃花三两枝，春江水暖鸭先知。蒌蒿满地芦芽短，正是河豚欲上时。”[123]北方瓷窑生产的黄釉虎形枕上的鸭纹极具艺术感染力，以金墓出土的黄釉双鸭纹虎枕[124]为代表，枕面椭圆形开光内以黑彩绘湖石纹、莲花纹，以黄彩绘双鸭，并以黑彩勾绘羽毛，造型生动，画面精美。定窑则以绿釉荷塘游鸭纹腰圆形枕为代表，采用剔花与划花相结合的技法于枕面椭圆形开光饰主题图案，一只憨态可掬的肥鸭正悠游于荷花盛开的莲池之中，清晰精美，代表绿釉装饰的较高艺术水平。

金代磁州窑红绿彩鸭纹碗。现藏于日本东京国立博物馆

金代黄釉双鸭纹虎枕，1996年山西省长治县郝家庄金墓出土。现藏于长治市博物馆

鸡

鸡，其被人类驯化的历史至少已有4000多年，为“六畜”之一，是最常见的家禽。因“鸡”谐音“吉”，故成为“大吉大利、吉祥如意”的标志。子母鸡图案尤其表达了一种安逸祥和、团圆和睦的家庭生活氛围。

西晋时期的鸡首壶，即因壶嘴为鸡首状而得名，是以鸡为元素的经典造型，一直流行至唐代初期。各个时期的鸡首壶造型特色鲜明，主要表现为鸡头与鸡尾的塑造与变化上。如西晋时期壶的肩部贴一鸡首，小而无颈；东晋以后，鸡冠加高，出现了鸡脖子，鸡尾改成高出壶口的曲柄，鸡嘴以圆形为主；隋代，安徽寿州窑、河北邢窑等诸多窑场都有生产，分单鸡首与双鸡首，颈部细长，鸡头十分突出，呈挺胸、昂首、张嘴打鸣状，形象灵动，呼之欲出。

东晋瓯窑青瓷褐斑鸡首壶，1958年浙江温州雨伞寺东晋永和七年（351年）墓出土。现藏于温州市博物馆

唐宋时期，壶类器物的盖子往往制作成凤首形象，也称“凤首壶”。从此，鸡首壶渐被凤首壶所取代，凤首壶成为此时期十分盛行的器物类型。

明代，最著名的当属明成化斗彩鸡缸杯，杯壁上以斗彩绘画子母鸡图案，两只雄鸡昂首在前或回首顾盼，两只母鸡低头觅食并呼唤着小鸡，刻画逼真，栩栩如生。据《陶说》记载：“成窑以五彩为最，酒杯以鸡缸为最。”明清以来人们视成化斗彩为珍宝，清谷应泰《博物要览》曰：“成窑上品，无过五彩，葡萄敞口扁肚靶杯，或较宣德妙甚。次若草虫子母鸡杯，人物莲子杯……皆精妙可人。”[125]清代前期斗彩鸡纹杯非常流行，胎薄体轻，制作精美，亦为后世所喜爱。

明代后期及清代康熙、雍正、乾隆时期均有仿制，尤以乾隆斗彩鸡缸杯最为别具一格，画面上增绘一男童，男童在山石牡丹花丛中与鸡群嬉戏，活泼可爱，天真无邪。

清代，以雄鸡与鸡冠花的组合图案最为新颖别致，因寓意“官上加官”而盛行一时。多采用粉彩工艺绘制。此外，也有雄鸡与石头的组合画面，寓意“室上大吉”。

民国时期，景德镇瓷绘艺人邓为绚的粉彩花鸟图瓷板[126]上的鸡纹尤为精美，构图疏朗，画面为在柴门旁正在回首的一只雄鸡与觅食的母鸡彼此顾盼，情景交融，生活气息浓郁。

明成化景德镇窑斗彩鸡缸杯。现藏于大英博物馆

清康熙景德镇窑斗彩鸡缸杯。现藏于北京艺术博物馆

水生动物

瓷器上的水生动物纹主要是指鱼。古代瓷窑大多坐落于水量丰沛的河流区域，宽阔的水面、清澈的河水、鲜美的水藻以及各种各样的鱼类给工匠带来艺术创作的灵感，因此瓷器上常见以鱼为题材的图案，其优美的身姿及美好的寓意，给器物增添了无限的生命力。此外，也有虾、蟹、龟、螺等，虽数量不多，但却因其自带的吉祥含意而有所运用。

鱼

鱼具有多子的特点，在古代被人们视作多子多福、子孙昌盛的象征。后世又因“鱼”与“余”谐音，故有富裕、充足、繁盛、兴旺等寓意。瓷器上鱼纹图案的盛行，恰恰反映出古人祈盼丰衣足食、年年有余的心理。

东汉至宋代

鱼纹被用作装饰瓷器始于东汉东吴时期，岳州窑青瓷碗的碗心见有双鱼印纹[127]。三国时期，南方青瓷上见有模印鱼纹，以谷仓罐[128]上的鱼纹为代表，采用模制贴塑法，立体感强。

唐代邢窑白瓷模印鱼纹海棠式环把杯。现藏于邢窑博物馆

唐代，南方越窑青瓷、北方邢窑白瓷、湖南长沙窑青釉褐彩瓷、陕西耀州窑青瓷上均见有鱼纹装饰。越窑青瓷鱼纹采用划花与印花两种技法，构图简单，一般鱼头前衬一卷草，主要饰于碗的内底。

邢窑白瓷双鱼纹主要施于海棠形杯的内底，刻划技法制成的小鱼，凸起于胎面，双鱼首尾相对，似在水中嬉戏，格外生动有趣[129]。长沙窑流行青釉模印贴花双鱼纹，有时还涂饰椭圆形的大块褐色彩斑，极大地增强了装饰效果。五代时期，以鱼纹装饰的瓷器继续流行。耀州窑青瓷碗、杯、盏、盘类器物内底中心常见鱼纹装饰，多采用贴塑技法，工艺简便，装饰性强。

宋代，鱼纹被广泛运用到瓷器装饰上，定窑、耀州窑、磁州窑、当阳峪窑、登封窑、景德镇窑、龙泉窑、吉州窑等南北各大窑场均大量烧造。当阳峪窑的剔划花鱼纹多出现于瓷枕的顶面装饰中，形态生动写实，刻划写意流畅。鱼纹在画面中所占比例较大，显得突出而独立。鱼鳍与鱼尾的轮廓处理恰到好处，从而与周边花叶、水草等搭配协调，相得益彰。耀州窑青瓷器上的鱼纹形式多样，分刻花与印花两种装饰手法，见有水波游鱼纹、双鱼戏莲纹、鸳鸯游鱼戏莲纹、群鱼戏莲纹等[130]。最具时代特色的是刻花水波游鱼纹，水波及浪花以细密的平行线刻划表现，极富流水的律动感。定窑北宋前期主要采用刻花与划花相结合的装饰技法，有水波游鱼纹、水藻游鱼纹、莲荷游鱼纹等，有的用水草与芦苇作为衬托，鱼的轮廓用深刀刻出，水波用篦状工具划出，线条清晰流畅，富有动感。北宋后期流行印花双鱼纹，印纹清晰，构图工

南宋景德镇湖田窑青白釉刻划花双鱼纹碗。现藏于北京市海淀区博物馆

宋代定窑酱釉印花鱼莲纹碗，1972年辽庆州古城出土。现藏于内蒙古巴林右旗博物馆

宋代磁州窑白釉黑彩刻鱼纹枕。现藏临城县文物保管所

整严谨。除了白釉制品外，还见有酱釉印花鱼纹。汝窑北宋末期青瓷上也见有鱼纹装饰，与传世汝窑极少有装饰相反，宝丰清凉寺汝窑遗址出土的椭圆形洗内底饰有双鱼纹[131]。龙泉窑北宋中晚期至南宋前期流行刻花鱼纹，多饰于碗、盘类器物的内壁，刻工技艺娴熟，线条流畅自然，加之釉色透明，光泽度好，使釉面与刻花装饰完美结合，极富装饰性。南宋后期出现贴花双鱼纹，主要饰于洗的内底，也称双鱼洗，极具特色。吉州窑于南宋时期出现白地褐花双鱼戏水纹，经过提炼和夸张的处理后，以突出的外形轮廓为重点，画面中的鱼大都并排齐游，十分生动。

辽金时期

辽代流行划花加彩绘的装饰技法，所制作的鱼纹瓷器虽然不多，但很有时代特色。以绿彩划花牡丹鱼纹盆[132]为代表，内壁及底采用先划花再施绿彩的技法饰缠枝牡丹纹、鱼纹，四条鱼对称分布，刻划线条简单，具有图案化、程式化风格。

金代，许多名窑都延续北宋时期制瓷技艺，但在造型和图案设计上又有很大进步与提升。定窑继续流行印花双鱼纹，印纹清晰，构图严谨工整。磁州窑以白釉黑彩刻鱼纹为代表，采用绘画、剔、刻多种技法施在瓶、罐、钵、盆等瓷器上，线条流畅，富有动感。

辽代绿彩划花牡丹鱼纹盆，辽宁省朝阳市建平县老官地嘎吉哈达村出土。现藏于辽宁省朝阳市建平县博物馆

金代磁州窑素胎划花鲤鱼纹枕，磁县都党乡叶子村金墓出土。现藏于磁州窑博物馆

磁州窑特别流行鱼藻纹和鱼莲纹，反向漂动的水草、荷花与莲叶，突出了鱼在水中行进的动感。白地黑花的装饰，简洁明了地展现了各种鱼的形态，有的寥寥几笔即将鱼刻画得淋漓尽致，生动活泼。常见鲤鱼、草鱼、鲢鱼、鲶鱼等图案。

耀州窑青瓷上鱼纹的装饰，分刻划花与印花两种装饰技法。刻划花鱼纹青瓷器物以青瓷刻花水波三鱼纹碗为代表，碗内饰刻花水波三鱼纹，刻花技法娴熟精湛，线条流畅灵动。印花游鱼纹，层次分明，构图匀称，清新活泼，栩栩如生，特色鲜明，极具时代特色。以窑址出土的印花水波鱼莲纹

金代耀州窑青瓷刻花水波三鱼纹碗，1972年陕西省铜川市黄堡镇耀州窑遗址出土。现藏耀州窑博物馆

金代耀州窑青瓷印花水波鱼莲纹盘，1986年陕西省铜川市黄堡电瓷厂耀州窑遗址出土。现藏于耀州窑博物馆

金代耀州窑青瓷刻花鱼鸭莲纹枕，20世纪80年代陕西省铜川市黄堡镇四中耀州窑遗址出土。现藏于耀州窑博物馆

盘[133]为代表，器内壁饰印花水波、莲荷及鱼纹。盘内涩圈，为金代新出现的制作工艺痕迹，具有断代的标志性意义。这一时期鱼纹除了用于装饰青瓷碗、盘类器物外，也饰于枕壁。

元代

元代，瓷器上的鱼纹装饰更加盛行。

龙泉窑盛行模印贴花鱼纹。大窑遗址出土的模印贴花鱼纹盘、碗十分常见，鱼或单或双，或三、四、五尾前后追逐[134]。有的施釉，有的露胎，露胎是元代最为新颖独特的一种装饰技法。贴花双鱼纹洗继承南宋风格并成为元代龙泉窑青瓷中的典型器物，极具时代标志性。此外，元代中晚期龙泉窑还出现了戳印鱼纹，即将需要表现的题材预先刻在泥模上，入窑烧成瓷质印模，然后印在瓷坯上。主

元代龙泉窑青瓷模印贴花双鱼纹洗。现藏于龙泉青瓷博物馆

要为阴刻印模，表现在器物中就是阳文印花[135]。采用戳印技法制成的鱼纹在青绿色釉映衬下显得灵动有趣。

元代磁州窑白地黑花鱼藻纹大盆，1972年北京西绦胡同元大都遗址出土。现藏于首都博物馆

磁州窑白地黑花鱼纹运用广泛，多饰于大盆的内底，以鱼藻纹最为多见。鱼摇头摆尾，游曳于水草莲瓣之中。一般是水草尖逆向对着鱼头，鱼儿似乎是在逆水中行进，活泼可爱，展现出鱼翔浅底的生动画面。以北京元大都遗址出土的鱼藻纹大盆[136]为代表，盆内绘白地黑花鱼藻纹，鱼游于水草之间，水波暗涌，动感十足。

景德镇窑青白釉瓷上的鱼纹装饰，见有两种形式：一种为刻划花，刻纹粗率简单；另一种为印花，印纹粗犷，清晰度低。元青花瓷上的鱼纹最为精美，多与莲花、水藻组合在一起，构图饱满，画工精湛，趣味横生，代表了青花瓷绘画艺术的水平。常见鳜鱼、鲤鱼，也有鲈鱼、鲭鱼、鲂鱼等。多作为主题图案饰于大罐的腹部或大盘的内底。构图形式多样：或单独畅游，或两两成双；或形体肥硕，或小巧灵动；或在水草间嬉戏，或于莲池中穿梭。画面生动，情趣盎然。以现藏于日本大阪市立东洋陶瓷美术馆的元青花鱼莲纹大罐[137]为例，腹部主题图案为鳜鱼、鲤鱼等游鱼在莲池中畅游、穿梭，画面构图饱满，绘画写实生动，富有趣味性。

元代景德镇窑青花莲池游鱼纹大盘，1956湖南省常德市桃源县陬市镇出土。现藏于湖南省博物馆

元代景德镇窑青花鱼藻纹大盘，1956湖南省常德市桃源县陬市镇出土。现藏于湖南省博物馆

元代景德镇窑青花鱼藻纹大罐。现藏于日本大阪市立东洋陶瓷美术馆

明清及民国时期

明代，以景德镇窑为代表的鱼纹装饰更加盛行。永乐时期除了青花外，还出现了青花与釉里红相结合的三鱼纹装饰新技法，以御窑遗址出土的三鱼纹高足杯[138]为代表，外壁通体绘青花海水纹为地，腹部留白处以釉里红饰三条鱼纹，杯内书青花梵文，画面生动，青红相映，富装饰性。宣德时期青花鱼莲纹继续流行，以鱼莲纹盘为代表，盘内外绘鱼莲纹，能够分出有青鱼、白鱼、鲤鱼和鳜鱼四种，它们随水而动，栩栩如生。釉里红三鱼纹盛极一时，多绘于高足杯上，三尾游鱼首尾相随，等距排列，釉色浓重深艳，被视为瓷中珍品。弘治时期青花瓷上常于鱼身的前后留出大片的空白，似鱼儿优哉游哉于水天一色的碧波之中[139]。正德时期流行跃鱼纹，多饰于盘、碗类器物的外壁，近底处配以二方连续连弧式水波纹，虽有时填色，有时不填色，但构图与布局十分固定，即海水中间饰四组浪花，每两组浪花的上部空间饰一组跃鱼纹与云纹。跃鱼形体直立，似要纵入云端，线条简练，颇富动感。成化至弘治时期景德镇民窑青花瓷器上的鱼藻纹中的鱼为鳜鱼；正德至嘉靖时期，在鱼与莲花的组合中新增白莲作点缀，较具时代特色；嘉靖时期常见青花红彩制品，有鲤鱼纹、四鱼纹、水草鱼纹、鱼藻纹等，构图多样，色调丰富，画面生动。

明嘉靖景德镇窑青花红彩鱼藻纹大盖罐。现藏于英国维多利亚与艾伯特博物馆

清代，因“莲”音同“连”，“鱼”音同“余”，故鱼与莲花组合构图便有着“连年有余”“连连有余”“多子连生”等多种美好寓意。作为瓷器上传统吉祥装饰图案，鱼继续以各种形式出现在画面上。康熙时期鱼纹绘工精湛，活灵活现，富有生气。以斗彩鱼藻纹盖罐[140]为代表，盖面绘鱼、虾、蟹及水草纹，腹部绘水藻游鱼纹，色彩丰富艳丽。雍正时期，仿宣德釉里红三鱼纹较为流行，多装饰在大碗的外壁，三尾鳜鱼，摇头摆尾，等距分布在碗腹外壁，在纯净细腻的白色地釉衬托下显得格外醒目。嘉庆以后，金鱼出现并开始流行，寓意“金玉满堂”。道光时期兴起雕瓷工艺，鱼纹突出，立体感强。以刻有“陈国治”款者最为珍贵，证明其出自晚清雕瓷名家陈国治之手。

清雍正景德镇窑釉里红三鱼纹大碗。现藏于北京艺术博物馆

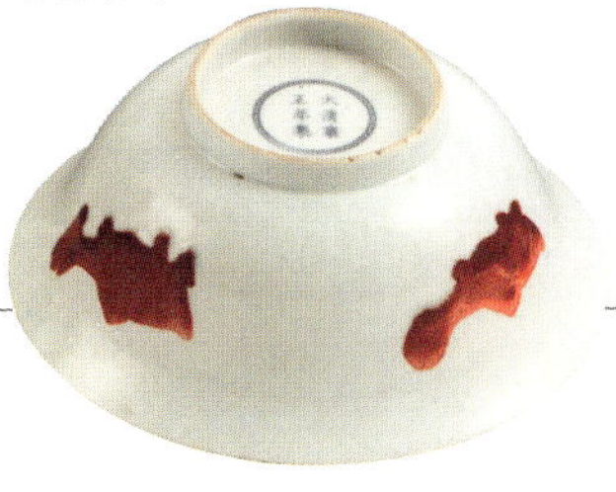

清康熙景德镇窑斗彩鱼藻纹盖罐。现藏于首都博物馆

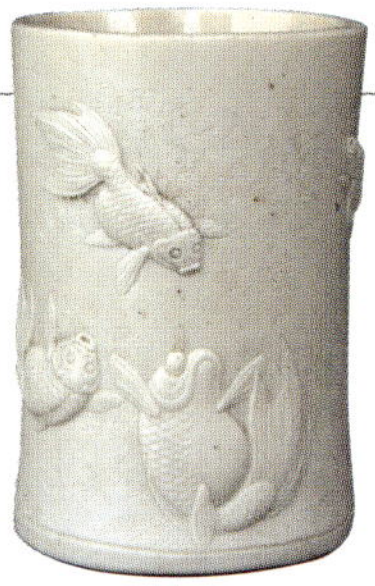

清道光景德镇窑白釉雕鱼藻纹笔筒。现藏于北京艺术博物馆

民国时期，景德镇瓷绘大师邓碧珊的粉彩鱼藻图，取得了很高的艺术成就。作品将西洋画中的透视原理、光影关系用于瓷器绘画，设计新颖，构思巧妙，常常画鱼而不画水，却让人感到鱼在水中游动的意境美。

海 螺

海螺，为水生软体动物，贝壳为回旋形。海螺壳能够发出浑厚、深沉、稳定的长音，是佛家法会吹奏的乐器之一，故称“法螺”。据佛经记载，佛祖释迦牟尼说法时声震四方，如海螺之音，故法会之际常吹鸣海螺。海螺作为佛家法器，也是佛教吉祥八宝之一，代表着佛音吉祥、祛除邪恶、好运常在。

唐代以来，海螺纹便已成为瓷器上的装饰题材之一。如唐代长沙窑青釉褐彩海螺纹双系罐，罐为大口外卷唇，短颈微束，圆肩。腹部还用褐绿彩绘画山峦、树木和飞鸟，肩部饰浮雕状海螺纹一圈，生动有趣。

宋代，耀州窑青瓷器上见有螺纹装饰，常见水波鱼螺纹。以窑址出土的印花螺纹

碗[141]为典型代表，碗内印花装饰水波、田螺与游鱼，富有民间生活气息。

元代景德镇窑青花螺纹高足杯。现藏于上海博物馆

元代，法螺除了作为杂宝之一饰于瓷器外，也有独立成纹者。以高足杯为典型器物，杯内绘结带法螺纹，法螺先用细线勾勒出轮廓，再渲染填色，个别部位留白以表现螺的纹理，构图简练，形象生动[142]。龙泉窑青瓷在杂宝纹中亦见有法螺纹。

明清时期，民窑瓷器上多见海螺纹，一般饰在碗心，一只海螺构成画面，图案简洁，寓意佛祖保佑，吉祥如意。

明代中期开始，瓷器上的螺纹装饰较为兴盛。尤以成化、弘治时期景德镇民窑青花瓷器为代表，海螺纹装饰多配以海水，绘画布局疏朗，笔法以勾、拓、涂染的一笔点划为主，笔触圆柔肥润，风格简约，具有鲜明的时代特征。正德、嘉靖时期景德镇民窑青花瓷器上继续流行海螺纹，绘画工整严谨，形象秀丽，周围有的衬以水波纹。

明清时期景德镇瓷器多以青花、斗彩、五彩、粉彩描绘八吉祥纹，螺纹在其中的排列次序逐渐规范化，基本固定于轮与伞之间。乾隆以后，粉彩八吉祥供器别具一格，八种宝物均配以莲花柱形底座，各自独立，作为佛前供器，显得十分庄重肃穆。

龟

龟，俗称乌龟，是古人心目中衔接天地的神物，为四灵之一。《礼记·礼运》云："何谓四灵，麟凤龙龟，谓之四灵。"龟是四灵中唯一自然界客观存在的，也是长寿的象征。瓷器上的龟纹最早出现在三国时期，以谷仓罐为代表器物，龟纹为先模制成型后再贴塑于器物上的，这种装饰技法历代延续，影响深远[143]。

五代十国时期，尤为盛行贴塑龟纹装饰。以越窑青瓷为代表，十分流行龟游荷叶碗的造型与装饰。题材源自《史记·龟策列传》"龟千岁乃游莲叶之上"的记载，内容表现为：一只龟爬行在荷叶上，主要施于小撇足碗的内心，辅以碗壁上的刻划荷叶纹，匠心独具，别出心裁。

北宋时期，龟伏荷叶的构图组合仍较为流行。以慈溪上林湖窑为代表的越窑青瓷上，多采用细线划花技法制作而成，主要饰于盘类器物的内里[144]，称荷叶龟心盘，也是当时极具时代特色的一类产品。景德镇湖田窑青白釉瓷上也见有龟游荷叶纹，以南海沉船打捞出水的青白釉斗笠碗为代表，碗内心凸印一只小龟，内壁刻划捧笏天官像，又有龟、鹤二纹，胎薄细腻，釉色淡雅，艺术效果极佳。

金代，定窑流行白瓷印花龟纹，因采用模具将龟纹翻印到瓷坯上，使得模印成型与印花工艺同时完成，故可批量生产，提高效率。这一时期还出现了龟与鹤的组合构图，主要用在印花盘内，构图严谨，层次分明，堪称佳作。

元代，景德镇窑创烧青花与釉里红工艺相结合的青花釉里红品种，这类瓷器上见有四灵纹装饰，其中便有龟纹。以现藏于江西省博物馆的青花釉里红堆塑四灵塔式盖罐[145]为典型代表，肩及腹上部堆塑四灵，即青龙、白虎、朱雀与玄武。其中玄武为龟蛇一体形，上涂饰铜红色釉，造型生动，是元代有明确纪年的青花釉里红珍品。

明代以后，龟纹图案在民窑中普遍应用。最常见的是把龟纹画在盘、碗类器物的内心或外壁，以象征长寿。

金代定窑白釉印花龟纹盘。现藏于河北省曲阳县文物保管所

元代景德镇窑青花釉里红四灵塔式盖罐，1979年江西省文物工作对发掘出土。现藏于江西省博物馆

昆虫

瓷器上的昆虫纹主要是指蝴蝶。自然界中的蝴蝶大小不一，形态各异，色彩丰富。此外，也见有蝉纹、蜜蜂纹、蜻蜓纹、螳螂纹等。

唐代，以邢窑白瓷与越窑青瓷上的划花蝉纹为代表。宋代，瓷器上昆虫纹的装饰技法除划花，还有印花与绘画。元明清时期，瓷器上的昆虫纹因多与花草组合，故也称草虫纹。

元代景德镇窑青花瓷及磁州窑白地黑花瓷上见有草虫纹图案。景德镇窑青花以八棱葫芦瓶为典型器物，下腹四个菱形开光中有三个绘有螳螂，此外，还有纺织娘、蝴蝶等，绘制严谨细致，在瓜果、花卉等植物衬托下，显得格外生动逼真[146]。磁州窑白地黑花以元宝形枕为典型器物，枕面椭圆形开光内绘一片杂草丛生的郊外，一个儿童正在捕捉一只蚂蚱，儿童小心翼翼的神态及蚂蚱急着逃窜的动作均刻画得入木三分，扣人心弦[147]。

元代磁州窑白地黑花儿童捉蚂蚱纹元宝形枕。现藏于河北省邯郸市峰峰矿区文物保管所

明代，瓷器上草虫纹以景德镇官窑彩绘制品为代表，主要是与各种花卉组合，常见蜜蜂与蝴蝶在花丛中飞舞穿梭，画面生机盎然。

元代景德镇窑青花开光花鸟草虫纹八棱葫芦瓶。现藏于土耳其托普卡比宫

清代，瓷器上所见草虫纹的品种增多。康熙彩绘瓷上常见花丛间活动的蝴蝶、蜜蜂与蚂蚱等。雍正时期以五彩和粉彩瓷器上的草虫纹较为常见，如上海博物馆收藏的雍正景德镇窑五彩草虫纹盘[148]，内壁印花双龙戏珠纹，内底、内壁绘五彩草虫纹，画面恬静而又富有生气，色彩典雅而又精致，具有雍正官窑彩瓷的典型特色。道光时期粉彩瓷器上尤为流行秋虫纹，多饰于盖碗的盖面与碗外

清雍正景德镇民窑青花花卉纹盒盖。现藏于北京艺术博物馆

清康熙景德镇窑五彩花鸟纹长瓷砖。现藏于北京艺术博物馆

壁，以菊花、秋虫为主题图案，配以假山石，绘画精细，画面写实，色彩鲜艳，多为官窑制品。道光以后各朝，无论官窑与民窑，瓷器上的花卉草虫纹均较为流行，只是官窑制作精致，绘画细腻，而民窑制作粗糙，画工较为草率。

民国时期，景德镇瓷绘草虫纹更是运用广泛，随处可见，但大多为档次较低的作品。能够代表这一时期艺术水平的应是著名艺术大师们的作品，虽然为传统题材，但画风新颖，技法独特，颇具个人魅力。

蝴 蝶

蝴蝶美丽多姿，自古以来被视为幸福美好的象征，深受人们喜爱。古人将八九十岁的高龄称为“耄耋之年”，而蝴蝶之“蝶”与“耋”同音，故蝴蝶纹还有祝愿寿至耄耋、健康长寿之意。

唐宋金时期

唐代晚期，瓷器上开始较多出现蝴蝶纹装饰图案。巩义窑青花绘制的蝴蝶纹及定窑白瓷刻花与模印蝴蝶纹，均展现了蝴蝶自由飞翔、翩翩起舞的美丽姿态，构图简洁，图案清晰，生动形象。安徽寿州窑黄釉瓷枕上的剪纸贴花蝴蝶纹[149]，工艺较为复杂，其是以厚纸剪出蝴蝶图案敷于瓷胎化妆土上，施釉后再揭去纸样以露出化妆土，蝴蝶纹鲜明突出，清晰质朴。长沙窑除了见有模印贴花蝴蝶纹外，还出现了青釉剪纸蝴蝶纹[150]，主要用在枕面之上，蝴蝶作张开翅膀飞翔状，工艺新颖，制作工整，呈现出剪纸印花的艺术效果。

唐代寿州窑酱釉剪纸贴花蝴蝶纹枕。现藏于安徽淮南市博物馆

晚唐五代定窑白瓷刻划双蝶纹长方形枕，1962年河北省曲阳县涧磁村出土。现藏于河北省文物研究所

晚唐五代时期，河北定窑白瓷上见有刻花装饰的蝴蝶纹。以长方形枕为典型器物，枕面中心刻划两只蝴蝶纹及草叶纹，沿面四边刻花半梅花纹各三组。线条流畅，图案清晰，造型美观[151]。

唐代邢窑“盈”字款白釉印花蝴蝶纹盘。现藏临城县文物保管所

五代十国时期，越窑青瓷上普遍流行装饰对蝶纹，蝴蝶躯体浑圆，双翅丰满，尾须灵动，具有较高的工艺制作水平。

辽代三彩蝴蝶纹渣斗，1988年查干诺尔镇辽墓出土。现藏于内蒙古巴林右旗博物馆

辽代，瓷器上的蝴蝶纹较为常见。多饰于三彩器物上，形式多样，一种为左右对称构图，见于三彩印花牡丹纹海棠盘与绿釉印花牡丹纹海棠盘上，折枝牡丹纹居中，花朵的两边各飞舞着一只蝴蝶；另一种为散点式构图，见于三彩渣斗器，宽折沿的沿面上饰以黄彩和绿彩绘就的翩翩起舞的四只蝴蝶，色彩艳丽，富有生机[152]。

宋代的蝴蝶纹是由宋代盛行的花鸟画上的蝴蝶形象演变而来的。以圆形构图为特色的蝴蝶纹，多取材于蝴蝶对飞的场景，构图简单明快，形象传神。北宋早期的越窑青瓷上流行装饰细线划花蝴蝶纹，多采用对蝶形式，对称布局，两蝶均作振翅疾飞状。此类器物无论是器型还是纹饰，均与金银器关系密切。南宋时期，蝴蝶纹多与梅花纹、竹纹组合搭配。以南宋吉州窑釉下彩绘花鸟纹长颈瓶为代表，瓶腹部绘梅树与竹子，微风中的梅树枝繁叶茂，花蕾开放，周围飞舞着两只蝴蝶，似乎嗅之有香，富有生活韵味。

金代，瓷器上依然流行装饰蝴蝶纹。定窑见有绿釉印花蝴蝶纹，以长方形枕为典型器物，枕面上采用划花加填黑彩的综合技法饰三只同向飞翔的蝴蝶，图案清晰精美，构图疏朗美观[153]。磁州窑白地黑花瓷器上的花鸟纹图案中常见有蝴蝶，多绘制于瓶腹部，几只蝴蝶飞舞于花叶之间，画面生机盎然[154]。

金代定窑绿釉蝶纹长方形枕。现藏于定州博物馆

金代磁州窑白地黑花花蝶纹瓶，1961年河北省磁县观台镇西遗址出土。现藏于河北省文物研究所

元明清时期

元代，吉州窑釉下彩绘蝶纹也极具代表性，有的独立施于罐类器物上。以元代吉州窑釉下彩绘蝶纹罐为代表，通体白釉褐彩，底足露胎。肩部绘弦纹二周，腹部绘数只写意飞蝶，上下界以粗弦纹。有些元青花瓷器上也绘有蝴蝶纹，以大盘为典型器物，盘内底绘两只雉鸡分别立于山石之上，周围衬托着葡萄、喇叭花、菊花、翠竹等，间有两只蝴蝶翩翩起舞，洋溢着秋收的喜悦[155]。

明代，青花、五彩、斗彩等瓷器上多见有花蝶纹。所谓花蝶纹，就是在蝴蝶纹的基础上加入了花卉纹的元素，从而有了蝴蝶翩飞、花蝶相恋的缠绵意境。成化时期尤以斗彩花草蝴蝶纹为代表，斗彩团蝶纹罐便是其中的经典之作，三组怪石茶花纹布局疏朗，间衬以坡地、花草及飞舞的蝴蝶，呈现出勃勃生机[156]。明代中期景德镇民窑青花蝴蝶纹，采用一笔点划的绘画技法，笔触圆柔肥润，风格简约。万历时期流行五彩花蝶纹，以蒜头瓶为代表作品，体现了当时五彩瓷的最高制作水平。

元代景德镇窑青花雉鸡纹大盘上的蝴蝶纹。现藏于英国维多利亚与阿尔伯特博物馆

明成化景德镇窑斗彩花蝶纹罐。现藏于大英博物馆

清代，瓷器上的蝴蝶纹构图形式多样，题材丰富，主要用于碗、瓶、罐等类器物的装饰。雍正时期流行团蝶纹，以团蝶纹碗为代表，构图新颖，图案清晰，工整秀丽。与洞石、花卉组合的粉彩花蝶

清雍正景德镇窑粉彩花蝶纹盘。现藏于北京艺术博物馆

清雍正景德镇窑粉彩花蝶纹盘。现藏于北京艺术博物馆

清嘉庆景德镇窑粉彩瓜蝶纹盖盒。现藏于北京艺术博物馆

清光绪景德镇窑粉彩百蝶纹杯。现藏于北京艺术博物馆

清光绪景德镇窑青花百蝶纹赏瓶。现藏于北京艺术博物馆

清光绪景德镇窑粉彩百蝶纹赏瓶。现藏于北京艺术博物馆

纹也十分常见，蝴蝶采用蓝、绿、黄、紫、红等多种色彩绘制，色调鲜丽柔和，充分表现出蝴蝶翩翩飞舞的优美姿态与绚丽斑斓，为雍正官窑粉彩瓷器代表作。乾隆、嘉庆时期，官窑粉彩瓷器上尤为流行与瓜类植物组合的瓜蝶纹图案，以官窑粉彩瓜碟纹盖盒[157]为典型代表，器身绘粉彩花蝶、瓞瓜纹，施彩艳丽，绘画细腻，寓有“瓜瓞绵绵、子嗣昌盛”的美好含意。

清末同治、光绪、宣统时期，除了花蝶纹、瓜蝶纹与团蝶纹外，还盛行百蝶纹。百蝶纹主要采用青花与粉彩两种装饰技法，在瓶、碗、杯、盘等各类瓷器上广为使用。以官窑粉彩百蝶纹赏瓶[158]为代表，瓶身绘以近百只红、粉、紫、蓝、黑、绿、赭等各色姿态各异、翩翩起舞的蝴蝶，绘工细腻，图案精致，绚丽缤纷，极具装饰艺术性与视觉冲击力。因“蝶”与“耋”同音，故百蝶寓“寿至耄耋”之意。

蝉

蝉，俗名“知了”，属于同翅目蝉科。蝉由卵、幼虫（若虫），经过一次蜕变而成，幼虫生活在土里，吸食植物的根，成虫吃植物的汁液。在夏秋之际，雄性蝉能连续不断发出响亮的叫声。

古人认为蝉出淤泥而不染，居高而饮露，象征高洁，故备受推崇。《史记·屈原列传》云：“蝉蜕于浊秽，以浮游尘埃之外。”唐代十八学士之一的虞世南作《蝉》赞曰：“垂緌饮清露，流响出疏桐。居高声自远，非是借秋风。”此诗以蝉性的高洁，比喻无论做人还是做官都应该立身高处，品行高尚。此外，因蝉能入土生活，又能出土羽化，古人以蝉的羽化比喻人能重生。另因“蝉”音同“禅”，故蝉纹还有消灾避邪、保佑平安之意。

北宋定窑白釉“官”字款划花蝉纹盘，1969年河北省定州市贡院内静志寺塔基出土。现藏于定州博物馆

北宋早期，定窑白瓷上见有划花蝉纹。以寺庙塔基出土的白釉“官”字款划花蝉纹盘[159]为典型代表，采用划花和按压技法，口腹呈六曲花瓣式，下腹折为平底。内底划刻两只对称的蝉，外底刻一行书“官”字，并有墨书发愿文，是有明确纪年的标准器，极为珍贵。

清康熙广东潮州窑青花蝉纹大碗。现藏于广东省博物馆

此后，瓷器上很少再见有蝉纹图案。直到清代，瓷器上才偶见有蝉纹图案，以广东潮州窑康熙时期生产的青花蝉纹大碗为代表，内壁青花绘五层纹饰，分别为倒“山”字、蝉纹、条纹、回纹及花卉纹，底有青花草书“祥玉”二字。青花发色深沉，纹饰层次丰富，代表当时广东地区此类昆虫纹的制作艺术水平。清末景德镇民窑粉彩瓷器上也有蝉纹图案，主要装饰在盘、碗、瓶等类器物上。

蜜 蜂

蜜蜂一生要经过卵、幼虫、蛹和成虫四个虫态。瓷器上的花卉纹上常衬有蜜蜂纹，寓意甜甜蜜蜜、生活幸福。

早在辽代，三彩印花盘上便见有蜜蜂纹。以印花盘为典型器物，盘内饰印牡丹花、菊花等花卉纹，三只蜜蜂飞舞其间，图案上再饰黄彩与绿彩，衬以白色的地釉，三色彼此呼应，十分鲜艳明快[160]。

北宋末至金代，定窑划花白瓷上常见蜜蜂纹，以“台北故宫博物院”收藏的草虫纹花式盘[161]为典型代表，盘内划花装饰洞石纹与芭蕉纹，两只蜜蜂与两只蜻蜓飞舞其间，显得生机勃勃。

明代，景德镇窑青花瓷器上也常见蜜蜂纹，以嘉靖青花岁寒三纹罐为典型器物，腹部绘青花岁寒三友图，有蜜蜂飞舞其间，画面静中有动，充满生机。

辽代三彩印花纹盘，1989年查干诺尔镇辽墓出土。现藏于内蒙古巴林右旗博物馆

北宋末至金代定窑白瓷划花洞石蕉叶草虫纹花式盘。现藏于“台北故宫博物院”

明嘉靖景德镇窑青花岁寒三纹罐，1991年北京市海淀区北下关地区出土。现藏于北京市海淀区博物馆

清光绪景德镇窑墨彩花卉纹花盆。现藏于北京艺术博物馆

清光绪景德镇窑墨彩花卉纹花盆。现藏于北京艺术博物馆

清道光景德镇窑粉彩过枝花卉纹碟。现藏于北京艺术博物馆

清代晚期，景德镇窑粉彩瓷上常见蜜蜂图案。如清道光景德镇窑粉彩过枝花卉纹碟，碟外壁至盘心绘粉彩过枝花卉纹，间饰以几只蜜蜂纹，构图新颖，画面生动。同治光绪时期，长期执掌政权的慈禧太后专用瓷上也屡屡以蜜蜂纹入画。这类瓷器因书有“大雅斋”，故也称大雅斋瓷。如清光绪景德镇窑墨彩花卉纹花盆[162]，外壁绘牡丹、桃花等，墨彩绘枝干，白彩画花朵，花间飞舞着小蜜蜂，图案简练，设色淡雅，独具装饰特色与趣味。

蜻蜓

蜻蜓，是昆虫中比较古老的物种，大多以蚊蝇为食，是人类的益友，也是人们喜爱的观赏虫之一。宋代晏殊有《渔家傲》词：“嫩绿堪裁红欲绽，蜻蜓点水鱼游畔。”后来人们用“蜻蜓点水”来形容它的美丽身姿。南宋杨万里诗“小荷才露尖尖角，早有蜻蜓立上头”即是对田园美景中蜻蜓的最好描述。因蜻蜓的“蜻”与“清”谐音，故寓意“清廉”，其与荷花组合，象征着“一品清廉”。

北宋末期至金代磁州窑白地黑花蜻蜓纹如意头形枕。现藏于河北省文物保护中心

北宋末至金代定窑白瓷划花洞石蕉叶草虫纹花式盘。现藏于“台北故宫博物院”

以蜻蜓为瓷器装饰图案，始兴于北宋末期至金代。定窑白瓷上见有划花蜻蜓纹，以草虫纹花式盘为典型器物，盘内划花装饰洞石纹与芭蕉纹，两只蜻蜓与两只蜜蜂飞舞其间，富有生气[163]。磁州窑流行白地黑花绘制的蜻蜓纹，主要饰于如意头形枕的枕面上，蜻蜓体态轻盈，翩然而下，似要振翅落向芦苇、水草之中，画面动静结合，活泼自然，呈现出蜻蜓点水的美好意境[164]。

明代，景德镇窑瓷器上的蜻蜓图案，主要是作为辅助陪衬主景而出现的。以万历皇帝定陵地下宫殿出土的三彩骑马出游纹花觚为典型器物，通体施黄釉为地，再以紫赭彩、黑彩绘制。外颈部绘洞石纹、牡丹纹，并有蜜蜂、蜻蜓飞舞其间，显得生机勃勃，富有朝气。此器出土于神宗棺椁的北侧，应是万历皇帝生前的珍爱之物，亦是万历官窑瓷器中之精品[165]。

清代，景德镇窑瓷器上的蜻蜓纹，以粉彩制品为代表，特别是晚清时期构图较满，色彩艳丽。典型如道光民窑粉彩花卉纹水丞，外壁绘粉彩花卉与蜻蜓，蜻蜓飞舞，姿态舒展，色彩艳丽，代表了当时的艺术水平。

民国时期，景德镇粉彩蜻蜓纹以李明亮创作的瓷板画为代表，画面构图疏朗，只有两片莲叶与两朵荷花，一只蜻蜓立于莲梗上，意境清雅，超凡脱俗。

明万历三彩骑马出游纹花觚，1958年明万历皇帝的定陵地下宫殿出土。现藏于北京定陵博物馆

清道光景德镇窑粉彩花卉纹方水盛。现藏于北京艺术博物馆

注释：

[1] 慈溪市博物馆编：《瑞色青青》，上海人民美术出版社2013年版，第41页。
[2] 河北博物院编：《名窑名瓷》，文物出版社2014年版，第60页。
[3] 周世荣著：《长沙窑瓷鉴定与鉴赏》，江西美术出版社2001年版，第44页。
[4] 陕西省考古研究所：《五代黄堡窑址》，文物出版社1997年版，第53页。
[5] 浙江省博物馆编：《瓷源撷萃》，浙江古籍出版社2009年版，第95页。
[6] 浙江省文物管理委员会：《杭州、临安五代墓中的天文图和秘色瓷》，《考古》1975年第3期。
[7] 禚振西主编：《中国耀州窑》，中国华侨出版社2014年版，第152页。
[8] 故宫博物院编：《定瓷雅集：故宫博物院珍藏及出土定窑瓷器荟萃》，故宫出版社2012年版，第207页。
[9] 孙新民：《河南宋金名窑瓷器概述》，《河南新出宋金名窑瓷器特展》2009年版，第8页。
[10] 邯郸市博物馆编：《赵都风韵：邯郸市博物馆陈列与藏品》，北京科学出版社2007年版，第90页。
[11] 土耳其共和国外交部：《伊斯坦布尔的中国宝藏》2001年版，第26、51页。
[12] 〔明〕宋濂等撰：《元史》卷七十二，中华书局，第1779页。
[13] 〔明〕宋濂等撰：《元史》卷七十二，中华书局，第1798页。
[14] 〔明〕宋濂等撰：《元史》卷七十四，中华书局，第1847页。
[15] 刘金成著：《高安元代窖藏瓷器》，朝华出版社2006年版，第71页。
[16] 浙江省博物馆：《浙江纪年瓷》，文物出版社2000年版，第42图。
[17] 李军编著：《千峰翠色：中国越窑青瓷》，宁波出版社2011年版，第85页。
[18] 慈溪市博物馆编：《瑞色青青》，上海人民美术出版社2013年版，第45页。
[19] 《明太祖实录》，“台北中央研究院”校印本，卷八十一，第4页。
[20] 禚振西主编：《中国耀州窑》，中国华侨出版社2014年版，第131页。
[21] 陕西省考古研究所、耀州窑博物馆编著：《宋代耀州窑址》，文物出版社1998年版，第645、649页。
[22] 叶喆民主编：《中国磁州窑》（下），河北美术出版社2009年版，第146页。
[23] 陈建明主编：《御窑密码：明代皇家瓷器特展》，中华书局2014年版，第170页。
[24] 慈溪市博物馆编：《瑞色青青》，上海人民美术出版社2013年版，第22页。
[25] 李辉柄主编：《中国陶瓷全集·第6卷，唐、五代》，上海人民美术出版社1999年版，第45页。
[26] 浙江省博物馆编：《窑火遗韵》，浙江古籍出版社2009年版，第64页。
[27] 陕西省考古研究所、耀州窑博物馆编著：《宋代耀州窑址》，文物出版社1998年版，第638页。
[28] 穆青编著《定瓷艺术》，河北教育出版社2002年版，第139页。
[29] 蔡玫芬主编：《定州花瓷：院藏定窑系白瓷特展》，“台北故宫博物院”2014年版，第68页。

[30] 浙江省文物考古研究所、北京大学考古文博学院、龙泉青瓷博物馆编：《龙泉大窑枫洞岩窑址出土瓷器》，文物出版社2009年版，第13页。
[31] 《明太祖实录》，“台北中央研究院”校印本，卷八十一，第4页。
[32] 首都博物馆编：《景德镇珠山出土永乐官窑瓷器》，文物出版社2007年版，第91页。
[33] 耿宝昌著：《明清瓷器鉴定》，紫禁城出版社1993年版，第139页。
[34] 赵庆刚、张志忠主编：《千年邢窑》，文物出版社2007年版，第41页。
[35] 张志忠主编：《中国邢窑》，中国华侨出版社2012年版，第140页。
[36] 汪庆正主编：《中国陶瓷全集·第11卷，元，下》，上海人民美术出版社2000年版，第121页。
[37] 叶喆民主编：《中国磁州窑》（下），河北美术出版社2009年版，第151页。
[38] 叶喆民主编：《中国磁州窑》（下），河北美术出版社2009年版，第160页。
[39] 江西省博物馆、首都博物馆编：《赣水流韵 辉耀千载：江西古代文物精品》，文物出版社2014年版，第138页。
[40] 耿宝昌：《明清瓷器鉴定》，紫禁城出版社1993年版，第139页。
[41] 慈溪市博物馆编：《瑞色青青》，上海人民美术出版社2013年版，第27页。
[42] 张柏主编：《中国出土瓷器全集·山西》，北京科学出版社2008年版，第23图。
[43] 陕西省考古研究所、耀州窑博物馆编著：《宋代耀州窑址》，文物出版社1998年版，第271页。
[44] 《明太祖实录》，“台北中央研究院”校印本，卷八十一，第4页。
[45] 《中国美术全集》编辑委员会：《中国美术全集·工艺美术编·陶瓷》（上），上海人民美术出版社1988年版，第169图。
[46] 王莉英主编：《中国登封窑》，中国华侨出版社2014年版，第30页。
[47] 河北博物院编：《名窑名瓷》，文物出版社2014年班，第219页。
[48] 浙江省博物馆编：《窑火遗韵》，浙江古籍出版社2009年版，第183页。
[49] 李刚主编：《千峰翠色——浙江青瓷风韵》，中国文化艺术出版社2006年版，第33页。
[50] 北京大学考古学系、河北省文物研究所、邯郸地区文物保管所：《观台磁州窑址》，文物出版社1997年版，第165页。
[51] 汪庆正主编：《中国陶瓷全集·第11卷，元，下》，上海人民美术出版社2000年版，第190页。
[52] 上海博物馆编：《上海博物馆与英国巴特勒家族所藏17世纪景德镇瓷器》，上海书画出版社2005年版，第89页。
[53] 中国陶瓷编辑委员会：《中国陶瓷·长沙铜官窑》，上海人民美术出版社1985年版，第114页。
[54] 李刚主编：《千峰翠色——浙江青瓷风韵》，中国文化艺术出版社2006年版，第27页。
[55] 王莉英主编：《中国登封窑》，中国华侨出版社2014年版，第28、29页。
[56] 叶喆民主编：《中国磁州窑》（下），河北美术出版社2009年版，第321页。
[57] 叶佩兰著：《元代瓷器》，北京九州图书出版社1998年版，第33页。
[58] 桂金元：《安徽青阳发现一对元代青花带座三兔瓶》，《文物》1986年第8期。
[59] 《元史》，中华书局标点本，册7，第1970页。
[60] 耿宝昌：《明清瓷器鉴定》，紫禁城出版社1993年版，第132页。
[61] 邵蜇民：《增补古今瓷器源流考》（卷下），第4页。
[62] 张志忠主编：《中国邢窑》，中国华侨出版社2012年版，第55页。
[63] 浙江省博物馆编：《窑火遗韵》，浙江古籍出版社2009年版，第183页。
[64] 浙江省博物馆：《浙江纪年瓷》，文物出版社2000年，第42图。
[65] 慈溪市博物馆编：《瑞色青青》，上海人民美术出版社2013年版，第47页。
[66] 张柏主编：《中国出土瓷器全集·6，山东》，北京科学出版社2008年版，第7页。
[67] 浙江省博物馆编：《窑火遗韵》，浙江古籍出版社2009年版，第61页。
[68] 张柏主编：《中国出土瓷器全集·15，陕西》，北京科学出版社2008年版，第53页。
[69] 浙江省博物馆编：《窑火遗韵》，浙江古籍出版社2009年版，第67页。
[70] 刘晓玉著：《吉州窑彩绘瓷品鉴》，江西美术出版社2010年版，第67页。
[71] 浙江省博物馆编：《窑火遗韵》，浙江古籍出版社2009年版，第109页。
[72] 江西省文物考古研究所等编著：《景德镇湖田窑址：1988年—1999年考古发掘报告》，文物出版社2007年版，第120—122页。
[73] 刘金成著：《高安元代窖藏》，北京朝阳出版社2006年版，第68页。
[74] 浙江省博物馆编：《窑火遗韵》，浙江古籍出版社2009年版，第181页。
[75] 王莉英主编：《中国陶瓷全集·第13卷，明，下》，上海人民美术出版社，1999年版，第121页。
[76] 张志忠主编：《中国邢窑》，中国华侨出版社2012年版，第47页。
[77] 王莉英主编：《中国登封窑》，中国华侨出版社2014年版，第27页。
[78] 陕西省考古研究所、耀州窑博物馆编著：《宋代耀州窑址》，文物出版社1998年版，第638页。
[79] 蔡玫芬主编：《定州花瓷：院藏定窑系白瓷特展》，“台北故宫博物院”2014年版，第192页。
[80] 江西省博物馆、首都博物馆编：《赣水流韵 辉耀千载：江西古代文物精品》，文物出版社2014年版，第118页。

[81] 浙江省博物馆编：《窑火遗韵》，浙江古籍出版社2009年版，第31页。
[82] 王建中：《磁州窑瓷鉴定与鉴赏》，江西美术出版社2002年版，第60页。
[83] 张志忠主编：《中国邢窑》，中国华侨出版社2012年版，第116页。
[84] 叶喆民主编：《中国磁州窑》（下），河北美术出版社2009年版，第134页。
[85] 张柏主编：《中国出土瓷器全集·16》，北京科学出版社2008年版，第24页。
[86] 耿宝昌：《明清瓷器鉴定》，紫禁城出版社1993年版，第108页。
[87] 左汉中主编：《湖南民间美术全集·民间陶瓷》，湖南美术出版社1994年版，第37页。
[88] 北京大学考古学系、河北省文物研究所、邯郸地区文物保管所：《观台磁州窑址》，文物出版社1997年版，第169页。
[89] 王莉英主编：《故宫博物院藏文物珍品大系·五彩、斗彩》，上海科学技术出版社2011年版，第88页。
[90] 蔡玫芬主编：《定州花瓷：院藏定窑系白瓷特展》，"台北故宫博物院"2014年版，第200页。
[91] 上海博物馆编：《元代青花瓷器特辑》，上海书画出版社2012年版，第106—107页。
[92] 陕西省考古研究所、耀州窑博物馆编著：《宋代耀州窑址》，文物出版社1998年版，第155页。
[93] 叶喆民主编：《中国磁州窑》（下），河北美术出版社2009年版，第139页。
[94] 江西省文物考古研究所等编著：《景德镇湖田窑址：1988年—1999年考古发掘报告》，文物出版社2007年，第120—122页。
[95] 耿宝昌著：《明清瓷器鉴定》，紫禁城出版社1993年版，第56、148页。
[96] 慈溪市博物馆编：《瑞色青青》，上海人民美术出版社2013年版，第10—11页。
[97] 北京市文物局编：《北京文物精粹大系·陶瓷卷》（下），北京出版社2003年版，第219页。
[98] 李军编著：《千峰翠色：中国越窑青瓷》，宁波出版社2011年版，第76页。
[99] 张柏主编：《中国出土瓷器全集·13，湖北、湖南》，北京科学出版社2008年版，第58页。
[100] 张柏主编：《中国出土瓷器全集·5，山西》，北京科学出版社2008年版，第123页。
[101] 叶喆民主编：《中国磁州窑》（下），河北美术出版社2009年版，第263页。
[102] 耿宝昌：《明清瓷器鉴定》，紫禁城出版社1993年版，第148页。
[103] 天津博物馆编：《耀世奇珍：馆藏文物精品陈列》，文物出版社2013年版，第38页。
[104] 故宫博物院、首都博物馆编：《故宫珍藏：慈禧的瓷器》，北京出版社，2013年版第145、200页。
[105] 余佩瑾等编撰：《抟泥幻化：院藏历代陶瓷》，"台北故宫博物院"2014年版，第144页。
[106] 李刚主编：《千峰翠色——浙江青瓷风韵》，中国文化艺术出版社2006年版，第50页。
[107] 陕西省考古研究所、耀州窑博物馆编著：《宋代耀州窑址》，文物出版社1998年版，第638页。
[108] 孙新民：《河南宋金名窑瓷器概述》，《河南新出宋金名窑瓷器特展》2009年版，第8页。
[109] 王莉英主编：《中国陶瓷全集·第13卷·明，下》，上海人民美术出版社1999年版，第93页。
[110] 北京大学考古学系、河北省文物研究所、邯郸地区文物保管所：《观台磁州窑址》，文物出版社1997年版，第478页。
[111] 周丽丽著：《清代雍正——宣统官窑瓷器》，上海人民出版社2014年版，第79页。
[112] 张志忠主编：《中国邢窑》，中国华侨出版社2012年版，第104页。
[113] 陕西省考古研究所、耀州窑博物馆编著：《宋代耀州窑址》，文物出版社1998年版，第124页。
[114] 首都博物馆等编：《白山·黑水·海东青》，文物出版社2013年，第158页。
[115] 叶喆民主编：《中国磁州窑》（下），河北美术出版社2009年版，第152页。
[116] 张柏主编：《中国出土瓷器全集·5，山西》。北京科学出版社2008年版，第87页。
[117] 蔡玫芬主编：《定州花瓷：院藏定窑系白瓷特展》，"台北故宫博物院"2014年版，第217页。
[118] 陕西省考古研究所、耀州窑博物馆编著：《宋代耀州窑址》，文物出版社1998年版，第641页。
[119] 杨俊艳主编：《中国当阳峪窑》，中国华侨出版社2010年版，第80页。
[120] 东京国立博物馆：《中国陶磁展·目录》，1980年版，第6图。
[121] 孙新民：《河南宋金名窑瓷器概述》，《河南新出宋金名窑瓷器特展》2009年版，第8页。
[122] 张柏主编：《中国出土瓷器全集·12，河南》，北京科学出版社2008年版，第149页。
[123] 吴熊和、蔡义江等：《唐宋诗词探胜》，浙江人民出版社1981年版，第318页。
[124] 张柏主编：《中国出土瓷器全集·5，山西》，北京科学出版社2008年版，第77页。
[125] 〔清〕谷应泰：《博物要览》，长沙商务印书馆1949年版，卷二。
[126] 铁源编著：《民国瓷器鉴定：纹饰款识辨伪》，华龄出版社2003年版，第96页。
[127] 周世荣、周晓赤著：《岳州窑》，湖南美术出版社2011年版，第17页。
[128] 《中国美术全集》编辑委员会：《中国美术全集·工艺美术编·陶瓷》（上），上海人民美术出版社1988年版，第169图。
[129] 河北博物院编：《名窑名瓷》，文物出版社2014年版，第60页。
[130] 陕西省考古研究所、耀州窑博物馆编著：《宋代耀州窑址》，文物出版社1998年版，第645页。
[131] 孙新民：《河南宋金名窑瓷器概述》，《河南新出宋金名窑瓷器特展》2009年版，第8页。

[132] 北京辽金城垣博物馆编：《碧彩云天：辽代陶瓷》，北京燕山出版社2013年版，第51页。
[133] 禚振西主编：《中国耀州窑》，中国华侨出版社2014年版，第172页。
[134] 浙江省博物馆编：《窑火遗韵》，浙江古籍出版社2009年版，第179页。
[135] 浙江省文物考古研究所、北京大学考古文博学院、龙泉青瓷博物馆编：《龙泉大窑枫洞岩窑址出土瓷器》，文物出版社2009年版，第13页。
[136] 北京市文物局编：《北京文物精粹大系·陶瓷卷》（下），北京出版社2003年版，第81页。
[137] 上海博物馆编：《元代青花瓷器特辑》，上海书画出版社2012年版，第70—71页。
[138] 首都博物馆编：《景德镇珠山出土永乐官窑瓷器》，文物出版社2007年版，第197页。
[139] 耿宝昌：《明清瓷器鉴定》，紫禁城出版社1993年版，第108页。
[140] 北京市文物局编：《北京文物精粹大系·陶瓷卷》（下），北京出版社2003年版，第213页。
[141] 陕西省考古研究所、耀州窑博物馆编著：《宋代耀州窑址》，文物出版社1998年版，第106页。
[142] 上海博物馆编：《元代青花瓷器特辑》，上海书画出版社2012年版，第100页。
[143] 《中国美术全集》编辑委员会：《中国美术全集·工艺美术编·陶瓷》（上），上海人民美术出版社1988年版，第169图。
[144] 浙江省博物馆编：《窑火遗韵》，浙江古籍出版社2009年版，第67页。
[145] 江西省博物馆、首都博物馆编：《赣水流韵 辉耀千载：江西古代文物精品》，文物出版社2014年版，第138页。
[146] 北京市文物局编：《托普卡比宫的中国瑰宝》，北京燕山出版社2003年版，第151页。
[147] 叶喆民主编：《中国磁州窑》（下），河北美术出版社2009年版，第165页。
[148] 周丽丽著：《清代雍正—宣统官窑瓷器》，上海人民出版社2014年版，第51页。
[149] 淮南市博物馆编著：《寿州窑》，文物出版社2014年版，第196页。
[150] 周世荣著：《长沙窑瓷鉴定与鉴赏》，江西美术出版社2001年版，第54、55页。
[151] 河北省文物研究所编著：《珍瓷赏真：河北省文物研究所藏瓷选介》，北京科学出版社2007年版，第36页。
[152] 石阳主编：《文物载千秋：巴林右旗博物馆文物精品荟萃》，内蒙古人民出版社2012年版，第146页。
[153] 韩立森主编：《中国定窑》，中国华侨出版社2012年版，第219页。
[154] 河北省文物研究所编著：《珍瓷赏真：河北省文物研究所藏瓷选介》，北京科学出版社2007年版，第85页。
[155] 上海博物馆编：《元代青花瓷器特辑》，上海书画出版社2012年版，第106、107页。
[156] 康蕊君等编著：《大英博物馆大维德爵士藏中国陶瓷精选》，文物出版社2013年版，第138页。
[157] 北京市文物局编：《北京文物精粹大系·陶瓷卷》（下），北京出版社2003年版，第243页。
[158] 北京艺术博物馆编：《仪态盈万方：中国明清女性生活》，河北教育出版社2015年版，第96页。
[159] 河北省文物局编：《定州文物藏珍》，岭南美术出版社2003年版，第66图。
[160] 石阳主编：《文物载千秋：巴林右旗博物馆文物精品荟萃》，内蒙古人民出版社2012年版，第143页。
[161] 蔡玫芬主编：《定州花瓷：院藏定窑系白瓷特展》，“台北故宫博物院”2014年版，第121页。
[162] 良渚博物院、北京艺术博物馆编：《天子之雅：清代帝王生活侧影展》，浙江古籍出版社2010年版，第70页。
[163] 蔡玫芬主编：《定州花瓷：院藏定窑系白瓷特展》，“台北故宫博物院”2014年版，第121页。
[164] 河北博物院编：《名窑名瓷》，文物出版社2014年版，第184页。
[165] 北京市昌平区十三陵特区办事处等编著：《回望大明：走近万历朝》，北京美术摄影出版社2011年版，第178页。

第三章／人物图案

人物图案，即以人物为题材内容的装饰图案。它是瓷器装饰图案中艺术水平极高的一类作品。西晋以后，瓷器上的人物纹增多，贴塑为主，佛像人物常见。唐晚期开始，瓷器上的人物图案装饰技法多样，题材内容逐渐丰富。元代瓷器上的人物图案多取材于元杂剧。发达的戏曲艺术直接促进了瓷器人物图案的发展。此类人物故事题材，对绘制水平要求极高，需要制瓷工匠、画工不仅有精湛的技术，还需要他们具有一定的艺术修养和审美能力。明代中晚期以后，取材现实生活的人物图案大量出现，如官窑耕织图、民窑渔樵耕读图等，绘声绘色地描绘出当时人们生活的艰辛；而隐居高士、苦读学者人物形象的出现，则反映了当时人们的价值取向与社会心态，是当时社会生活的缩影。

婴戏纹

婴戏纹，即描绘孩童游戏时的画面，活泼自然，妙趣横生，洋溢着生活情趣。古代童子有宜男之意，故瓷器上的婴戏纹，尽管展示的是儿童玩耍、嬉戏、蹴鞠、钓鱼等生活或游戏场面，但体现的却是传统儒家哲学思想中“多子多福”的观念，表达了古人祈求“子孙满堂”的愿望。

唐宋时期

瓷器上的婴戏题材，始见于晚唐时期的长沙窑。当时婴戏纹多以莲花童子为题材，内容源自佛教“莲花化生”的故事。一种为青釉模印贴花荷花童子纹，多被装饰于执壶流下方；另一种为青釉褐绿彩莲花童子纹，壶腹以褐彩单线勾勒白描法绘制一胖娃娃[1]，其头顶留三撮发，裸露肩背，胸前挂围肚，腰缠飘带，手持莲梗，两腿呈快步走状，腰间飘带迎风舒卷，活灵活现。因莲音同“连”，故图案寓意连生贵子，反映了唐代民间的求子习俗。

五代十国时期，陕西黄堡耀州窑青瓷上除了莲花童子纹，又出现了攀枝娃娃纹。莲花童子纹采用印花技法制作而成，描绘一童子安详地躺在荷叶内，富有童话般的浪漫色彩[2]。攀枝娃娃纹采用刻画技法制作而成，表现的是一个天真活泼的娃娃，双手持着牡丹花枝，一边奔跑，一边回视，显得生动有趣[3]。南方越窑青瓷上的婴戏纹，有的是以水波莲花为地，男婴手持莲花苞戏耍在漩涡翻卷的急流中，极具艺术感染力。

宋金时期，婴戏纹被广泛运用于南北各大窑场。题材内容十分丰富，多表现孩童的欢快活泼与天真无邪，富有浓郁的生活气息。景德镇窑北宋中晚期青白釉碗内壁见有刻划双婴戏莲荷纹[4]。此外，还有婴戏牡丹纹，形象地再现了玩耍于花圃中的孩童的欢乐情景。龙泉窑北宋中晚期青瓷刻花婴戏纹，多饰于碗、盘类器的内壁，工艺技法纯熟，线条流畅自然。耀州窑北宋时期青瓷流行印花婴戏纹，见有婴戏莲花、婴戏梅花、婴戏葡萄、婴戏竹梅、婴戏松竹等，形式多样，画面生动，富有情趣。金代以三婴戏莲最为常见，多饰于碗内，层次分明，构图匀称，栩栩如生。定窑北宋晚期至金代盛行白瓷印花婴戏纹，有的为稍大点的儿童，或身披背心戏于莲花、牡丹与石榴丛中，或身着短衣持莲苞在庭园中追逐，纹饰繁密，线条纤细，人物形神兼备，生动活泼；有的为赤身裸体的婴儿，或攀附于枝条上，或嬉戏于花丛中，肌体丰满，天真烂漫，极富艺术感染力。磁州窑北宋晚期至金代白地黑花婴戏纹主要装饰在瓷枕上，有骑竹马、池塘赶鸭、江边垂钓、戏鸟、牧鸭、打陀螺、放风筝、燃爆竹、荡秋千、蹴鞠等各种形式，画面生动而写实，画风自然潇洒，清新活泼，充满了浓郁而淳朴的民间生活情趣。井陉窑金代流行白釉褐彩戳印婴戏纹，典型如童子舞蹈纹长方形枕，枕面中心戳印六个头戴球形巾、手抱瓜状物的舞蹈童子，上下各戳印九朵花瓣纹，三组图案之间以双线隔开，布局讲究，图案清晰[5]。另外，金代北方瓷窑也烧制三彩婴戏纹，其先是以刻、剔、划等技法勾勒出图案的轮廓线，再施以黄、绿、白等色，颇有装饰艺术性。

北宋末至金代磁州窑白地黑花婴戏纹枕，1998年北京市海淀区北京植物园院内出土。现藏于海淀区博物馆

北宋末至金代磁州窑童子玩鸟纹枕。现藏于大兴区文物管理所

金代三彩婴戏牡丹纹枕，1964年山西省侯马市金明昌七年（1196年）墓出土。现藏于山西省考古研究所侯马工作站

金代井陉窑白釉褐彩戳印童子舞蹈纹长方形枕。现藏于河北省文物研究所

元明时期

元代，磁州窑瓷器上继续流行白地黑花婴戏图案，多被饰于罐类器物的腹部。以婴戏纹大罐为代表器物，腹部开光内绘一胖胖的婴儿，头顶一撮发髻，穿着肚兜儿，手持折枝花朵，欢快地在牡丹丛中嬉戏，十分生动可爱。此外，也有黑釉剔刻花制品，如元大德九年铭黑釉剔刻花婴戏纹小口瓶，腹部剔刻扛荷童子纹，剔刻清晰，风格粗犷[6]。

元代磁州窑白地黑褐花婴戏纹罐。现藏于天津博物馆

明代景德镇窑瓷绘婴戏纹的文化内涵更加丰富。永乐、宣德时期因进口青料绘制的青花线条晕散，极少有婴戏纹。成化时期，婴戏纹极具特色，除了婴戏莲，还常见儿童户外活动的场面，有蹴鞠、放风筝、捉迷藏、斗蟋蟀、玩花灯、习武、对弈等。斗彩婴戏纹最为精美，主要绘制于杯外壁，以两个孩童放风筝的场景最为生动，画面表现出童真、活泼和吉祥的意蕴。正德时期，景德镇窑瓷器上的婴戏纹，以庭院为背景，群婴嬉戏，多见十六子。所绘儿童后脑略大，以官窑青花婴戏纹碗为典型，堪称是当时景德镇官窑瓷器的代表作品。嘉靖、万历时期，景德镇官窑瓷器上的婴戏纹，亦以庭院为背景，群婴嬉戏，但所绘儿童后脑过大，比例失调，与整个体形相比极不协调。嘉靖时期婴戏纹的内容流行对弈、读书、放风筝、玩傀儡戏等。隆庆时期，景德镇窑瓷器上再度出现婴戏莲纹，画面巧妙运用谐音转义法，“莲”谐音“连”，借以寓意“连生贵子”。以青花绘制图案为主导，笔法流畅自然，风格潇洒飘逸。万历时期官窑青花瓷器上的婴戏纹，因场景宏大、孩童众多，故也称“百子图”。百子图中，既有儿童游戏时的瞬间表现，包括斗蟋蟀、竹马戏、斗草、放风筝等，也有孩子们活泼顽皮的天性显露，充分营造出热闹喜庆的场景，体现了人们对多子多福、美好生活的期盼。

清代民国时期

历经发展，至清代，瓷器上的婴戏纹达到了顶峰，在官窑、民窑瓷器上大量运用。官窑表现的是富丽而精致的宫廷生活场面；民窑则充满生活的气息。装饰技法以

清康熙景德镇窑青花婴戏莲纹镗锣洗。现藏于北京艺术博物馆

清康熙景德镇窑青花百子纹罐。现藏于北京艺术博物馆

彩绘为主，品种有青花、五彩、珐琅彩及粉彩等。

康熙时期，景德镇窑瓷器上除了见有婴戏莲纹外，还流行四子、十六子、二十子、百子等婴戏图案，其中以十六子和百子图最具代表性，无论官窑与民窑皆有烧造。民窑画面蓬勃热烈，富有生活气息；官窑画面场景精致，衣着讲究，表现的是宫廷生活的富丽与华美。此时，由孩童与麒麟组合构成“麟趾呈祥”图案也开始出现。内容源于《诗·周南·麟之趾》：“然则关雎麟趾之化，王者之风，故系之周公。”麟趾，即麟足，借此比喻子孙昌盛、贤能众多。

雍正时期，景德镇窑青花瓷器上继续流行十六子图案，表现的大多是孩童户外活动的场景，有举荷叶的、骑马的、打鼓的、敲锣的、踢毽的等。

清乾隆景德镇窑黄地绿彩婴戏纹碗。现藏于北京艺术博物馆

清乾隆景德镇窑粉彩儿童放鞭炮纹鼻烟壶。现藏于北京艺术博物馆

清乾隆景德镇窑粉彩儿童放鞭炮纹鼻烟壶。现藏于北京艺术博物馆

清道光景德镇窑粉彩婴戏纹盖碗。现藏于北京艺术博物馆

乾隆以后，景德镇窑瓷器上表现婴戏题材的图案中，童子的数量众多，场景宏大。多表现为童子点彩灯、骑马做官、舞龙、赛龙舟、击球、放鞭炮等场景。儿童姿态多样，动作夸张，画面充满了热闹愉悦的气氛。绘画水平极为高超，带有同时期宫廷儿童画家金廷标的笔意。

嘉庆时期，除了传统婴戏纹外，百子纹依然盛行，新出现耍龙灯的孩童，数量众多，百子百态，显示了清代婴戏人物绘画的高超水平。

道光时期，官窑瓷器上的婴戏纹尤为流行，以粉彩为多见，多施于盖碗上面，画面中孩童活动的内容十分丰富，场面活泼热烈，色彩浓淡相宜，多表现孩童淘气与可爱的一面，反映了中国传统农业社会对子嗣延续的重视以及期盼子孙满堂的美好愿望。该主题一直沿用至清代晚清。

民国时期，流行牧童骑牛瓷塑，景德镇青花、粉彩、石湾窑多色窑变釉及醴陵窑釉下五彩等制品，风格各异，各具地域风格与时代特色。

女性人物

女性人物，即以妇女生活为题材内容的装饰图案。她们多为封建社会中上层女子形象，故也称仕女图。“仕女”一词出现于晚唐时期。古代称做官的人为“仕”，“仕女”即指官宦人家的妇女，泛指上层社会的妇女，特别是指贵族妇女。

唐代长沙窑瓷器上最早出现了仕女图案，以窑址出土的一件青釉褐绿彩仕女图扑满残片[7]为代表，其以褐、绿彩绘一仕女图案，以褐彩勾勒轮廓，仕女卷发，脸颊饱满圆润，柳叶细眉，高鼻大眼，头缀三枚宝珠，宝珠内填绿彩，樱桃小口，颈部挂一绿色宝珠为饰，肩上担有物品。虽为残品，用笔也不繁复，却将唐代仕女丰腴的体态、娴静的神情表现得淋漓尽致。对研究唐代的服饰、社会生活等有重要意义。

宋金时期，瓷器上的仕女纹逐渐增多。北宋时期耀州窑青瓷碗上见有刻花装饰的母子蹴鞠图[8]；金代瓷器上则见有执扇仕女纹。

明代，瓷器上的仕女纹更加常见。明代早期，景德镇窑青花瓷器上的仕女纹，受进口青花料晕散的局限，人物轮廓和线条不清晰，仕女图并不多见，偶尔出现的仕女纹瓷器画面也并不是十分理想。明中期以后，采用国产青料绘画，人物面部较清晰，仕女图多反映贵族妇女的生活。如成化朝仕女图，虽不甚精细，但颇有古意。明晚期仕女图大量出现，在一定程度上反映了当时女性社会生活的现状。

清代，瓷器上的仕女纹装饰盛极一时。除了青花，还有五彩、粉彩、广彩等品种，绘画技法十分娴熟，人物形象逼真，场景生动。仕女纹是当时女子生活方式的一个缩影，不仅真实记录了她们生活的某一精彩瞬间，而且还传达出不同境遇下女子的生活情趣与精神追求。

民国时期，瓷器上的仕女纹极为流行，可以说无论陈设瓷还是日用瓷与文房用瓷上无处不见。高水平的艺术作品以景德镇瓷绘大师们的瓷板画为代表，潘匋宇的《梧桐仕女图》与王大凡《二乔图》均堪称极品，个人风格突出，反映出鲜明的时代特色。

执扇仕女

金代，瓷器上已经出现了执扇仕女纹，堪称是瓷器上仕女纹的重要题材之一。以井陉窑白釉褐彩瓷为典型代表，如执扇仕女纹枕，枕面双线边框分为三区，中饰六位执扇仕女纹，上下为卷草纹。枕壁两侧壁均为模印的亭宇人物纹。

金代井阱窑白釉褐彩仕女纹枕，河北省定州市良村出土。现藏于定州博物馆

明清时期，在父权、夫权与族权约束下，以及朝廷和各级官府诏令、告示限制下，无论是大家闺秀，还是普通人家女子，其生活空间均受到很大影响，如不能进山烧香礼佛，不许到茶馆、戏园听书看戏等。独处深闺可谓是大多数女子的主要生活常态，执扇仕女正是这一背景下涌现的典型图案。清代康熙时期执扇仕女纹以青花、五彩绘制为主，人物比例较大，顶天立地，占据器物整个画面空间，主题鲜明，妙笔传神。青花以现藏于故宫博物院的康熙青花仕女图盘[9]为代表，画面上一位俊俏秀美、面露微笑的仕女侧坐于玲珑石前，华丽的着装、精美的簪饰显示出非同寻常的身份。她右手展扇，扇面上精妙的文人山水图更加衬托出这位闺阁名媛的艺

清康熙景德镇窑青花执扇仕女纹盘。现藏于故宫博物院

清康熙景德镇窑五彩盘执扇仕女纹盘。现藏于故宫博物院

术修养与生活格调。五彩以现藏于故宫博物院的康熙五彩仕女图盘[10]为代表，盘内面一位体态婀娜、眉目清秀、发髻高挽、头饰簪钗、面露微笑、仪态高雅的仕女，左手执扇，立于长方形的书案旁，似乎正沉浸于夏日美景之中。她内穿立领对襟衫，上着镶花边的蓝上衣，下配黄色的曳地长裙，绿色的披帛缠绕两臂自然下垂。空中蜻蜓飞舞，地上墙栏迂回、花树相依、洞石玲珑，环境优美而雅致。从书案上摆放整齐的书匣、三足香炉及水盂等文房用品看，这是一位爱好读书的大家闺秀，她不仅在生活上得到了无微不至的关爱与照顾，更在精神上获得满足与放松，因此即便独处闺阁，也并不觉得孤寂与无聊，而是显得无比闲淡与适从。

拜月祈福

拜月由祭月而来。早在周朝，人们就有“秋暮夕月”的习俗，夕月，即祭拜月神，每逢中秋夜都要举行迎寒和祭月。北京的月坛就是明嘉靖年间为皇家祭月修造的。

民间对月亮的祭祀主要集中在中秋节。这天夜里，家家置供桌于月下，桌上供上贡品与香炉。人们在月光下点燃香火，待香烬烛尽时，将其移到庭前，焚于月下，目的是祈求幸福、团圆，故称“拜月祈福”。

拜月祈福，源于民俗乞巧活动。乞巧活动，是一种吉祥活动，在每年的七夕举行。该习俗自古有之，唐代尤为盛行。此后历代流传，至清代依然不衰。因“月”属“阴”，故拜月者多为女性。拜月主要是为了祈福，是女子期望美好生活的一种方式。每年的这天夜里，家家在庭院架设穿针织女台或彩楼，并且摆上各种食物、花束和瓜果等。姑娘、媳妇们对月祭拜，暗自祈祷，互相祝福。

明宣德景德镇窑青花“瑶台赏月”仕女图高足碗，2001年湖北省钟祥市梁庄王墓出土。现藏于湖北省博物馆

拜月祈福作为瓷器图案，最早出现在明代宣德时期景德镇窑青花瓷器上。如现藏于湖北省博物馆的青花“瑶台赏月”仕女图高足碗[11]，外壁画庭园景物与人物纹三组：第一组有四个人物，其中一位

清道光景德镇窑粉彩焚香拜月纹碗。现藏维多利亚与艾伯特博物馆

清康熙景德镇窑五彩焚香拜月纹笔筒图。现藏于故宫博物院

似老妇，侧身坐在石墩上仰望着天空，正在赏月，身后站一丫鬟，丫鬟双手持扇，老妇对面站一年轻女子，其右侧立一童子；第二组和第三组各有一年轻女子和丫鬟，并有远山纹与流云纹作衬托。画面与宋代文人画《瑶台步月图》有着异曲同工之妙。青花轮廓线条略有晕散，为进口料绘画。仕女在庭院里赏月，格调清新高雅。虽因受进口青花料晕散的局限，但画面仍十分理想，故极其难能可贵。

清代，这一题材在瓷器上仍时有所见。清代早期，以五彩绘制为多。如现藏于故宫博物院的康熙五彩焚香拜月图笔筒[12]，外壁绘庭院中设香几，香几上置一三足炉，炉内插着一炷香，香已燃烧过半。空中祥云缭绕，弯月倒挂。一位发髻高耸、身材修长、服饰华丽的女子正躬身虔诚祈祷，侍女则举烛相伴。清晚期瓷器上此类图案时有所见，以粉彩绘制，在洞石玲珑、松竹掩映的庭院中，设有香几与香炉，一位仕女双手合于胸前，在两名侍女的陪同下，躬身施拜，画面生动传达了女子的诚挚情怀。

读书仕女

“万般皆下品，唯有读书高”，这是宋代《神童诗》里的一句话。中国自古以来受儒家教育思想的熏陶，认为读书是人生的首要大事。古代，读书不只局限于男儿，西汉才女卓文君、东汉学者蔡文姬、南宋词人李清照等，她们都是历史上有名的才女。据记载“妇学而至清代，可谓盛极一时，才媛淑女，骈萼连珠，自古妇女作家之众，无有逾于此时者矣”[13]。清代许多闺秀有自幼接受教育的传统，如阳湖闺秀钱湘，便是“幼入家塾，随诸兄读五经四子书”[14]。从瓷画上看，读书作画已经成为清代深居内宅的闺阁名媛们消遣时光的最佳方式之一。读书仕女纹多见于清代瓷器，大多绘制于盘、瓶类器物之上，有青花、五彩、粉彩等品种。

康熙时期以五彩最为精美，人物比例较大，顶天立地，占据器物整个画面空间，主题鲜明，妙笔传神。如现藏于故宫博物院的读书仕女图盘[15]，盘内绘一位眉清目秀、面带微笑、头插凤簪、耳饰吊坠、装束华美的仕女，端坐于长方形的书案旁，右手展书，沉浸在读书的乐趣之中。她身着绿衫花裙，橘红色的披帛绕过双臂飘然下垂。书案一端摆放着线装书册，另一端放置一精致金杯，衬托出这位大家闺秀高贵典雅的气质。再如五彩仕女瓶[16]，腹部主题画面为女子学习场景：中间悠闲静坐着一位贵族仕女，在仕女的陪同下学习。左边轻摇团扇的侍女为其扇风纳凉，右边双手捧书的侍女则正在为其阅读。在欧洲，这种风格的妇女形象被称为“苗条的伊丽莎白”。

雍正时期以粉彩为典型代表。如粉彩仕女图瓶[17]，腹部主题画面为：一位窈窕淑女侧坐于镶有大理石面的长条案旁，正展开纸张，准备书写绘画。身后站立一侍女，手持扇子为其摇扇纳凉。条案一端放置砚台、书匣及时令瓶花。香几则摆放着别致的

清康熙景德镇窑五彩读书仕女纹盘。现藏于故宫博物院

清雍正景德镇窑粉彩读书仕女纹瓶。现藏于首都博物馆

清康熙景德镇窑五彩读书仕女纹瓶。现藏于维多利亚与艾伯特博物馆

盆景。优美的环境与雅致的陈设，烘托出深闺中深厚的学习氛围，再现了古代名媛高雅的气质。

清末民国时期，景德镇窑和湖南醴陵窑瓷器上涌现出一大批仕女人物纹图案，其中也有读书仕女人物题材。

弈 棋

弈棋是颇受古代女子喜爱的智力游戏之一。

元代白地黑花仕女对弈纹长方形枕，2001年河南省郑州市商城遗址出土。现藏于河南省文物考古研究所

元代，北方瓷窑生产的白地黑花瓷枕上见有弈棋仕女纹。以长方形枕为典型器物，枕面绘仕女弈棋的场面：两女子对坐在树下的矮凳上，均对着棋桌上的棋局苦苦思索，枕的四边绘连续草叶纹，周边饰黑釉宽带。画面布局疏朗，绘工细腻，线条流畅，人物表情形象生动，栩栩如生。[18]

清代，弈棋这项传统智力游戏继续盛行。瓷器上的相关图案也得以发展，尤以女子对弈的画面增多。对弈的场地多为室内。这与当时社会背景有关。清代弈棋活动高度发展，名手辈出，棋苑繁盛。闺阁名媛参与其中，视作时尚雅好。在清代女子的诗词或以女子为主人公的诗词之中不乏相关描述，如表现夫妻弈棋之恩爱生活者或姑嫂弈棋之情趣浓厚者。而清代画家陈枚绘制的《月曼清游图》册中，更生动再现了当时大家闺秀们在三月“闲亭对弈”的生活方式。

瓷画上的仕女弈棋纹，无论构图与内容，均可与陈枚绘画作品相媲美。此时期弈棋纹多为粉彩制品，以雍正粉彩仕女弈棋纹瓶为典型器物，腹部画面上展示的场景为陈设有香几等家具的居室内，两名女子对坐于镶有大理石面的长方形桌案边，桌案中间摆放有围棋盘，两女子均一手抓棋子，另一手与对方击掌，人物表情生动，刻画细腻，气氛紧张，让人领略到了清代女子弈棋时紧张而又热烈的氛围。[19]

清雍正景德镇窑粉彩仕女弈棋纹瓶。现藏于故宫博物院

音乐舞蹈

音乐舞蹈，是古代女子的才艺表现之一，也是女子传统教养的训练内容之一。很多女子自小就研习音律，学习歌舞，因此显示出“多才多艺”的天赋与才华。

将音乐舞蹈的仕女人物纹装饰在瓷器上，始于明代末期。明末崇祯时期，仕女起舞题材受版画艺术影响而出现在瓷器装饰上，以民窑青花笔筒为典型器物，外口沿下暗刻缠枝花卉纹，底足处暗刻水波纹，具有典型的明末青花笔筒的特征。笔筒外腹部绘一仕女在月光下翩翩起舞，是十分难得一见的仕女舞蹈表演图。[20]

明崇祯景德镇民窑青花仕女起舞图笔筒。现藏于上海博物馆

清代，瓷器上的彩绘舞蹈人物纹尤为盛极一

清康熙景德镇窑青花吹笛仕女纹罐。现藏于维多利亚与艾伯特博物馆

清康熙景德镇窑五彩舞蹈纹棒槌瓶。现藏于故宫博物院

清道光广彩抚琴仕女纹盖盅。现藏于广东省博物馆

时，且多以仕女题材为主要表现形式。清代舞蹈纹瓷器，以康熙五彩为代表，如五彩仕女人物纹棒槌瓶[21]，通体以五彩为饰，颈部绘翠竹，肩部绘冰梅纹，腹部绘仕女舞蹈图：在洞石、芭蕉的背景衬托下，一名发髻高挽、钗饰华美、妩媚多姿的女子正在翩翩起舞。她穿绿衣，着黄裙，颈饰云肩，腰系蓝带，衬托出俊美的身段与精妙的舞姿。

笛子是清代较为普及的乐器之一，无论民间女子、教坊歌伎，还是宫廷贵妇、大家闺秀，都有擅长吹笛者。清代瓷器上以吹笛女子为题材的画面也很多。主要表现为一位端庄秀丽、亭亭玉立的女子，立于庭院中吹笛，表情专注，完全沉浸在自己美妙的乐声里。

抚琴是女子演奏形式之一。抚琴纹，最早出现在明代宣德时期景德镇窑青花瓷器上，格调清晰。但因受进口青花料晕散的局限，画面并不是十分理想。清代较为流行，出现了抚琴仕女。清代晚期，以广彩绘制为多。主要图案表现为：一位装扮华美的窈窕女子，高挽髮髻，端坐绣墩上，正倾身抚琴。对面一位贵妇坐在绣墩上倾听，仿佛是被优美的琴音所打动，因此露出迷人的微笑。三位侍者立于琴桌两侧，衣饰各不相同，可以看出主仆装扮方面的明显区别。

休闲仕女

休闲包括游园、赏花、扑蝶、养宠物、饮酒等各类活动。作为瓷器装饰图案，最早出现在明代宣德时期的景德镇窑青花瓷器上。

游园纹主要表现的是仕女漫步在庭院楼阁之间，人物清新明丽，格调高雅。明末清初盛极一时，并成为这一时期典型的仕女人物装饰图案之一。游园是清代大家闺秀们的主要消遣方式。她们在花园内赏花、观景，或举行各种游乐活动。因此，仕女游园图也成了清代瓷画上的重要题材内容。清代顺治时期，以青花绘制为主，典型作品如仕女图盘，盘内以青花描绘了仕女游春图，远处为云带山峦，近处是树石花草，十名仕女游玩其间。她们有的下棋，有的阅读，有的奏乐，有的交谈，有的赏景……再现了当时女子们结伴游园的快乐情景，折射出当时女性高雅的生活情趣与品位[22]。

清顺治景德镇窑青花仕女游园纹盘。英国巴特勒家族收藏

赏花作为清代闺阁女子的雅兴与重要消遣方式，在瓷器画面上表现尤为突出。康熙年间多以青花手法绘制于盖罐与觚类器物上，并以连环画的形式绘制各种各样的花卉及姿态各异的赏花仕女形象。

扑蝶是古代常玩的一种游戏，因而也成为画家笔下的绘画题材之一，早在宋代文人画上便有出现。明清时期成为瓷器上的装饰图案，主要采用青花绘制而成。以康熙青花为代表，如仕女图笔筒，腹部绘一仕女高举团扇，正在追扑着两只飞舞的蝴蝶，动作轻盈，身体婀娜，展现了妙龄女子的柔姿丽质与率性活泼。周围衬以翠竹、树木、山石、花草、栏杆等，构图开阔，场景宏大，说明当时女子的活动空间有所扩展[23]。

清康熙景德镇窑青花扑蝶仕女纹笔筒。现藏于上海博物馆

清代豢养宠物十分普遍。许多贵族、官宦家庭里以养猫、狗或其他动物作为宠物。这种消遣娱乐方式不仅得到男子们的喜欢，也是闺阁仕女们的最爱。清代瓷画仕女图中所见猫、狗等是最好的佐证。多以粉彩绘制，典型作品如雍正粉彩仕女纹盘，盘内画一位眉清目秀、面露微笑、右手持扇的女子，轻倚放有香炉的圆桌，正扭身观赏两只玩闹戏耍的花猫与白狗。她内着红衣粉裙，外罩蓝衫，高高的发髻上插满饰物，装饰华丽，举止高雅。书案上整齐摆放着时令瓶花、书匣与紫砂壶等，地上散放着画轴、盖罐、尊等物品，衬托出大家闺秀的优雅生活[24]。

清雍正景德镇窑粉彩赏宠物纹盘。现藏于故宫博物院

清乾隆广彩饮酒仕女纹盘。现藏于广东省博物馆

饮酒在清代，女性也可以参与，瓷器上的饮酒仕女纹主要见于广彩瓷器，如这件盘内绘一举止优雅的女子悠闲自在地坐于长方形的织锦座垫上，右臂搭靠垫，左手托酒杯，前面的男侍从手执酒壶，单膝下跪，正在斟酒，后面的女侍从则费力地举着团扇为主人纳凉。图案上表现的饮酒礼俗继承汉人部分传统，既反映了人们之间的尊卑等级地位，也折射出当时女性的生活面貌与时尚。

家庭聚会

瓷器上的家庭聚会纹表现的往往是妻妾成群的场景，堪称是当时家庭组织形式与生活的真实写照。

清康熙景德镇窑青花红彩庭院聚会纹盖盒。现藏于故宫博物院

如这幅清康熙青花红彩盖盒的庭院人物图，庭院中一身着官服的男子和妻妾相拥赏月，两个舞女在

清乾隆广彩合家欢纹碗。现藏于广东民间工艺博物馆

清乾隆广彩庭院聚会纹瓶。现藏于广东省博物馆

清乾隆广彩满大人合家欢聚纹碟。现藏于广东省博物馆

清嘉庆广彩满大人合家欢聚纹盘。现藏于广东省博物馆

乐队的伴奏中手持爵杯跳献酒舞。周围衬以松柏、山石、栏杆等。香几上摆放着食盒。画面颇具写实效果，真实记录官宦人家合家欢聚的生活场景。

再如这幅清乾隆广彩瓶上的图案，庭院中，除了男主人与儿童外，女子众多，她们有的与丈夫对坐品茗，有的伴童嬉戏，有的服侍两侧，展现了清代仕宦家庭娇妻美妾成群，生活富足、温馨、享乐的场景。辅以花卉及贴塑松树葡萄纹等边饰，给人以华丽温馨之感。

广彩瓷器中称这类题材内容为“满大人合家欢纹”。所谓“满大人”，是西方人对广彩瓷器上清装人物的称呼，也代指中国官员。流行于清代雍正至嘉庆时期的广彩瓷器上，内容多为轻松欢愉、充满亲情的庭院生活。

如这幅清乾隆广彩碟上的图案，一女子端着茶点正在服侍着一位男子。男子着清代官服，戴笠帽，脖上戴朝珠，显然是一位朝廷官员。深处的院落里还有一女子正在吹笛。周围衬以带有月亮门的院墙、葱绿的树木、盛开的花卉、方砖地面等，真实再现了当时仕宦人家奢华的住宅、精美的花园及身处其中的女子们舒适、祥和、安定的生活状态。

另如这幅清乾隆广彩碗上的人物图：一位白发苍苍的老妇人在一位白胡子、戴笠帽老年男子的陪同下漫步于花园之中。周围绕着三个正在玩耍嬉戏的孩童。亭阁上也有着装各异的男女关注地看着二位老人，呈现出快乐祥和的家庭氛围。

再如这幅清嘉庆广彩盘上的满大人合家欢乐图：亭台楼阁错落有致，一女子端坐绣墩之上，侧身观赏蓝衣男子手上立着的鸟儿，另有老人、孩童和小妾观看，呈现出欢快热烈的场面。

伴子游戏

瓷器上的女子装饰图案中，与儿童在一起的仕女纹十分常见，题材内容十分丰富。

捉柳花，这是古代儿童喜爱的一种室外游戏。如这幅清顺治五彩盘上的仕女婴戏图：楼台庭院内，洞石花艳，垂柳相依，微风轻拂，三名童子在嬉戏捉柳花，旁立两名女子，其一为贵妇模样，着绿色宽袖长衫，正将双手高高举过头顶，伸着懒腰，扭头闲观，另一位外罩红服，手拿如意，应是正在服侍的婢女。空白处题写诗句：“日长睡起无情思，闲看儿童捉柳花”，点名了画面主题。

清顺治景德镇窑五彩捉柳花纹盘。现藏于故宫博物院

室内观鱼，这是清代官宦人家常见的一种休闲方式。人们继续沿用明代发明的养鱼方式——盆养。盆养方式大大缩短了人与鱼的距离，也更易于观赏，因此成为孩子们的娱乐内容之一。如这幅清雍正粉彩盘上的仕女婴戏图，一位衣着华丽、形象俊美的母亲，右手持扇，左手扶着一孩童正在观赏大鱼盆里的鱼儿。孩童十分调皮地站在矮凳上，踮着脚尖，双手扒着盆沿儿，好奇地向里面张望。书案上摆放着盆景、插着孔雀羽与珊瑚枝的花觚、水盂等，地上陈设着精美的古董器皿与玲珑石盆景，衬托出母亲高雅的生活品位与情趣。

清雍正景德镇窑粉彩母子室内观鱼纹盘。现藏于故宫博物院

清乾隆珐琅彩摇拨浪鼓纹碟。现藏于“台北故宫博物院”

清乾隆珐琅彩母子钓鱼纹鼻烟壶。现藏于首都博物馆

清乾隆珐琅彩倚窗观景纹四方瓶。现藏于“台北故宫博物院”

拨浪鼓。清代儿童十分喜欢的一种玩具。清代瓷画仕女婴戏图中，便见有手摇拨浪鼓的儿童。如这幅清乾隆珐琅彩碟上的仕女婴戏图：母亲衣饰华丽，端庄贵气，她双手隐于袖中，与身旁的孩童在庭院中游玩。活泼而又顽皮的儿童，一手拽着母亲的胳膊，一边摇着拨浪鼓，显得无比的欢快与兴奋。周围衬以芭蕉、月季、玲珑石等。画面写实，人物自然，仿佛是现实生活场景的瞬间凝固与再现。

钓鱼。清代女子的活动空间不只限于庭院花园，在春暖花开的季节，母亲们也会带着孩童来到更广阔的大自然中。如这幅清乾隆珐琅彩鼻烟壶上的仕女婴戏图：两个孩童在垂柳相依、桃花盛开的美景中，捧着鱼篓争相向里面巴望，似乎在看里面钓到了多少鱼儿；而旁边的母亲则一边手拈食物，一边关爱地看着他们。画面开阔，充满情趣，展现了大自然的勃勃生机。

倚窗观景。以这幅清乾隆珐琅彩四方瓶上的图案为代表：一位装束高雅、形象美丽的母亲怀抱一个孩童，依于窗前，兴致勃勃的抬头观赏室外的美景，蓝色的天空中飞舞着两只红色的蝙蝠。因红色蝙蝠，谐音“洪福”，故有“洪福将至”“福在眼前”“洪福齐天”等美好的寓意。

繁衍子嗣是女性无可替代的角色，育儿成长也是她们的家庭重任。因此，清代瓷器上非常流行仕女婴戏的题材与内容。画面以母亲与孩童为核心，母亲们或照看儿童，或伴童游戏，或课子习书，虽为极其普通的日常生活小景，却能带给人以无限的感动与启示。清代瓷画上的仕女婴戏图，往往带有“子孙繁衍”“多子多福”等吉祥寓意。

清雍正景德镇窑粉彩观看斗鸡纹盘。现藏于大英博物馆

清雍正景德镇窑粉彩观看斗鸡纹盘。现藏于维多利亚与艾伯特博物馆

育儿成长

清代女性，在家庭养育子女中担当重任，不仅抚育，还要教育，可谓亦师亦母。如清康熙五彩盘上的仕女婴戏图，在一墙栏围绕、红日高照、菊花盛开、蝴蝶飞舞的庭院内，置有长条案子，案上设一香炉，一位面目清秀、举止娴雅的母亲正在躬身作揖，似在教导孩童学习鞠躬行礼的礼仪。对面站一孩童，正认真地模仿母亲修习主宾相见的礼仪动作。画面真实、生动地反映了当时社会推崇儒家教育理念的思想。

清代瓷器上表现育儿成长的母子图案，许多都带有吉祥的寓意，如童子戏莲、赏莲图等便寄予了人们对多子多福、连生贵子的期待。以这幅清康熙五彩盘上的仕女婴戏图为代表：清雅的庭院内，一位发髻高挽、身着绿色长衫的母亲，双臂相交搭椅背上，左手持扇，面带微笑，正侧身回看一手举莲

清康熙景德镇窑五彩盘上的仕女婴戏图。现藏于北京故宫博物院

清康熙景德镇窑五彩盘上的仕女婴戏图。现藏于上海博物馆

花、奔跑前来的孩童。椅子旁放置一绣墩，周围院墙环绕，松竹相依，蝴蝶飞舞。孩童手举莲花，寓意“连生贵子”。再如这幅清康熙五彩盘上的仕女婴戏图，一位手持羽扇、端坐玲珑石上的母亲，正扭头注视着一手持莲花奔跑而来的孩童。画面温馨，传递出浓浓的母子亲情。还有这幅清雍正粉彩盘上的仕女婴戏图，一位神情静雅、衣饰华美的母亲，悠闲地坐在铺有锦垫的椅子上，照看着两个玩意正浓的孩童。其中一个孩童左手拿石榴，右手举莲花，寓意“榴开百子”“连生贵子”。

四美十六子

四美一般指初唐时宫廷设置的一品夫人，即贵、淑、德、贤四妃，以贵妃为大。此外，也有学者认为是黄帝四妃：嫘祖、女节、彤鱼氏、嫫母，或为帝喾四妃：安源氏、简狄氏、陈丰氏、女取訾氏。十六子一般被视为十六相或十六族的引申，即古代传说中的高阳氏的后代八恺和高辛氏的后代八元。此为舜向尧推荐的十六贤臣，因各有大功，皆赐姓氏，故称十六族或十六相。也有学者将十六子解释为姜子牙点将时的十六贤臣。尽管以上说法各有不同，但表达的都是祈福求祥的含义，即希望子孙满堂、合家幸福。

瓷器上的四美十六子纹产生于特殊的历史背景之下。明末清初，战乱频仍，人口锐减。直至康熙中期以后，境内大规模战争才基本结束，社会趋于稳定，百业待兴，故增长人口的需求渐被提上日程。统治者想方设法增加人口，康熙时期出台“滋生人丁、永不加赋”的国策，取消再生人口“人头税”；雍正时期普遍推行“摊丁入亩”的政策，即将“人头税”并入了田赋征收。在政府鼓励与提倡的背景下，百姓生育没有了税收的后顾之忧，由此开

清雍正景德镇窑五彩折桂加官纹罐。现藏于北京故宫博物院

清康熙景德镇窑青花四妃十六子纹罐。现藏于北京故宫博物院

启了长达几百年的人口增长高峰期。

在这样的时代背景下，从康熙时期开始，瓷器上大量出现四美十六子纹。画面为四位美女与十六个孩童在庭院中游戏玩耍，儿童活泼可爱，有的骑木马，有的舞狮子，还有的在放风筝……周围衬以桂树、花草、洞石、芭蕉、栏杆等景物。其中，桂树被视作富贵的吉祥物，桂子、桂花常被寄予“贵子”的寓意。桂树与莲花组合，寓意连生贵子；桂树与蝙蝠组合寓意福增贵子。总之有了桂树，便有了福寿绵长、多子多福、家族兴旺的吉祥寓意。

课子习书

清代瓷器上流行的仕女婴戏题材中便有很多这方面的图案。如这幅清乾隆珐琅彩长方盒上的寒灯课子图：一位母亲一手捧书，一手托腮，正向身旁的儿童讲述书中的内容。绘画吸收了西洋油画中的透视技法，人物的面部、衣纹的色调均有明暗之别，增强了立体感。再如这幅乾隆紫地珐琅彩碟上的课子读书图：窗外黄花盛开，室内安静雅致，一位母亲悠闲地坐于矮榻上，左手搭于靠垫上，右手翘起兰花指，正向手托书本前来请

清乾隆珐琅彩课子习书纹长方盒。现藏于北京故宫博物院

乾隆紫地珐琅彩课子习书纹碟。现藏于“台北故宫博物院”

清乾隆红地珐琅彩课子习书纹碟。现藏于“台北故宫博物院”

教的孩童讲述书中的内容。室内空间开阔，陈设雅致，书案上整齐摆放着时令瓶花与书匣，象征着母亲的学识与修养。还有这幅清乾隆红地珐琅彩碟上的课子习书图：窗外翠竹横斜，室内典雅舒适，一位娴熟端庄的母亲端坐于椅子上，正向依偎在身旁的孩童指导书上的内容。室内陈设讲究，墙上挂着名人山水画，案上摆放着青铜器等古董，衬托出官宦世家的富贵之气。此类仕女纹一直沿用至清末民国时期。

生产劳动

清代瓷器上大量出现女子生产劳动的场景，内容丰富多彩，作为时代的缩影，不仅承载着深厚的传统文化内涵与积淀，再现了美丽、端淑、勤劳、智慧的女性形象，还折射出清代女性的生活状态、艺术品位与精神追求，因此具有一定的证史、补史的资料作用与价值。

清康熙景德镇窑五彩养蚕纹盘。现藏于英国维多利亚与阿尔伯特国立博物馆

养蚕。如这幅清康熙五彩盘上的养蚕图：屋外一提篮蚕妇与一携筐帮工正向屋子走来，屋内蚕架旁有三名蚕妇忙于蚕事，画面紧凑，再现了养蚕的繁忙景象。画面右下角题诗文，名为《大起》，即为康熙御制《耕织图诗》之《大起》：“盈箱

大起时，食叶声似雨。春风老不知，蚕妇忙如许。呼童刈早麦，朝饭已过午。妖歌得绫罗，不易青裙女。”大起是养蚕过程中的重要程序。春蚕生长得很快，几乎日日不同，蚕妇要不停地倒换蔑箔以利于蚕宝宝的生长，因此蚕妇非常辛苦。此诗正是对青色布衣蚕妇们的生动写照。此图为御制耕织图中“织”的系列场景之一，它是以宫廷画家焦秉贞《耕织图》为蓝本绘制的，反映了当时女子的社会生活状况与面貌，极富生活气息。

络丝。如这幅道光粉彩花口碗上的络丝图：宽敞明亮的室内，置有两架络车，两名女子均右手拿丝篗，分别在各自的络车前操作。空白处附有墨彩诗文：“儿夫督机丝，输官趁时节。向来催租瘢，正为坐逾越。朝来掉篗勤，宁复辞腕脱。辛勤夜未眠，败屋灯明灭”。点名了画面主题。另如这幅道光粉彩笔筒上的络丝图：简陋的室内有一名女子右手拿丝篗，正坐在一架络车前娴熟地操作。空白处书写“络系”二字。两幅图案均为实景描绘，具有珍贵的资料价值。

道光景德镇窑粉彩络丝纹笔筒。现藏于北京艺术博物馆

道光景德镇窑粉彩络丝纹花口碗。现藏于北京艺术博物馆

清代女性广泛参与社会生产，家禽饲养是女性参与的家务劳动之一。以这幅清咸丰粉彩盖盒上的喂鸡图为代表：庭院中置放有竹编鸡笼与竹编椅凳，一小脚女子立于凳旁，正微微俯身向鸡群投食。一只老母鸡带着一群小鸡争相跑来，还有两只小鸡在争食一条蚯蚓。画面生动有趣，极富浓郁的生活气息。小脚女子的形象极具时代特征，显示出独特的审美追求与标准，也是清代女子缠足风俗的最好研究资料。

清咸丰景德镇窑粉彩家禽饲养纹盖盒。现藏于北京故宫博物院

清代广彩撑船摇桨纹执壶。现藏于澳门博物馆

撑船摇桨。清代，木船依然是人们过河的重要交通工具，因此清代瓷画上见有女人撑船杆摇桨的画面。典型如这幅清代广彩执壶上的撑船出行图：在碧波荡漾的开阔水面上，一女子正双手摇桨，费力地撑船行在水中。船上有篷，篷内坐着悠闲的客人，岸上还有准备待渡的客人。画面饱满，生动写实。

勤于女红

女红是清代女性必修的日常家务劳动内容，也是生活的技能与品行贤淑的衡量标准之一。除了刺绣，还包括纺织、编织裁剪与缝纫等。因此，清代瓷画上也非常流行此类题材与内容，有的作为耕织图的一部分，以连环画的形式配上诗文加以说明，画面写实，多为具体的操作细节。

清康熙景德镇窑青花刺绣纹盘。现藏于北京故宫博物院

刺绣。如这幅清康熙青花盘上的刺绣图：一位发髻高挽、簪饰华丽的女子，正在专心致志地进行刺绣。她内着立领对襟内衣，外罩镶花边的水袖长衫，打扮讲究而时尚。抬起双手正将一根劈开了的丝线噙濡湿，以防其蜷曲而不便于走针。绣架上

绷着一幅绣制中的作品。她神情专注，正沉浸在对刺绣作品的思考之中。左上方青花题隶书五言诗句“刺绣谩成文，蛩声入罗模”。画面人物丰满，恰到好处地描绘出了绣女沉思创作的瞬间表情，真实再现了绣女出神入化的高超刺绣技艺。

织布。清代瓷画上女红之织布图，如这幅清道光粉彩碗上的织布图：宽敞明亮的室内，摆放着一架高大的织机，一蓝衣女子右手拿梭，正坐在织机前愉悦地织造。窗外的红衣女子与绿衣女子正在观看。画面生动，堪称是当时民间手工织造场景的真实记录。

清道光景德镇窑粉彩织布纹碗。现藏于北京艺术博物馆

清道光景德镇窑粉彩裁剪纹花口碗。现藏于北京艺术博物馆

裁剪。如这幅清道光粉彩花口碗上的裁剪图：简陋的室内，两名女子手捧丝布，正在相互交流。空白处题写：“低眉事机杼，细意把刀尺，盈盈彼美人，剪剪其束帛，输官给边用，辛苦何足惜，大胜汉缭线，粉污不再著。”诗画合一，清新典雅。

蚕织

蚕织是古代农业生产中的重要组成部分，也是构成自给自足的小农经济的重要基础之一。南宋画家楼璹最早绘制了古代耕作与蚕织的系列图谱——《耕织图》，图文并茂，共有45幅，其中包括蚕织图24幅。元明清各朝皆以此为蓝本绘制相关题材的作品，由此可以看出蚕织业在古代农业社会中的重要地位。

清康熙景德镇窑五彩养蚕纹盘。现藏于英国维多利亚与阿尔伯特国立博物馆

瓷器上的耕织图始创于康熙年间，其后历朝皆有烧造。以康熙五彩御制耕织图盘[25]为代表，盘内以五彩绘制了一幅完整的养蚕图，其以宫廷画家焦秉贞《耕织图》为蓝本，为御制耕织图中“织”的系列场景之一，绘制精细，极富生活气息。正如清人陈浏所著《陶雅》所说：“康熙彩画手精妙，官窑人物以《耕织图》为最佳。”[26]

乾隆时期，朝廷更加重视奖励蚕织手工业。以北京故宫博物院旧藏的一套乾隆墨彩书折式耕织图诗瓷板最具代表性。这套御制耕织图瓷板外观为袖珍叠折式书，紫檀木封面及封底，封面阴刻馆阁体小楷“御制耕织图诗”六字。全套图诗分四册，每册含长方形墨彩瓷板折页23张，其中的蚕织内容极为写实精致，具有极高的资料研究价值。

嘉庆时期以后，瓷器上大量出现耕织图，以碗类器物为多。有的是在一件碗上绘有多幅图文，与康熙时期的耕织图碗迥然有别。

道光以后直到清末，民窑瓷器上的耕织图更是大量应用，被普遍施于盘、碗、缸、罐、尊等各类器物上，成了瓷器上常见图案，在一定程度上反映了当时朝廷对蚕织手工业的重视。

戏曲与民间故事

明末清初时期瓷器上的爱情故事纹中，仕女是非常重要的表现内容与题材。它们

清顺治景德镇窑青花《红拂记》人物故事纹花觚。现藏于北京艺术博物馆

清康熙景德镇窑青花《红拂记》故事纹棒槌瓶。现藏于北京故宫博物院

清康熙景德镇窑青花《西厢记》故事纹盘。现藏于维多利亚与艾伯特博物馆

清康熙景德镇窑青花《西厢记》故事纹棒槌瓶。现藏于维多利亚与艾伯特博物馆

清康熙景德镇窑五彩《牡丹亭》故事纹盘。现藏于维多利亚与艾伯特博物馆

大多是以戏剧故事为主题。最著名的有《红拂记》《西厢记》和《牡丹亭》。

《红拂记》是明代张凤翼所著的戏曲故事。红拂，是因手执红色拂尘而得名。清代瓷画上的红拂女即是根据此故事描绘而成。主要绘《张娘心许》《侠女私奔》《同调相怜》等情节，分别表现了“初相见”“夜私奔”“结义兄”的故事。

清代瓷画上出现了许多类似《西厢记》的题材内容。有的只是为故事的片段截取，以夜下幽会场景最为经典。也有的是以连环画的形式描绘了《西厢记》的完整故事情节。多绘制于大瓶、大罐之上，典型如这对清康熙青花棒槌瓶上的图案：二十四个场景分别绘制了张生与崔莺莺一见钟情，并在丫鬟红娘的帮助下冲破重重障碍、历尽悲欢离合、有情人终成眷属的故事。画面绘制细腻，场景栩栩如生，足以证明此类题材在当时的受欢迎程度。

《牡丹亭》此剧原名《还魂记》，创作于1598年万历年间。瓷器上的《牡丹亭》

清道光景德镇窑蓝地粉彩牛郎织女鹊桥相会纹盘。现藏于北京艺术博物馆

清康熙景德镇窑斗彩牛郎织女鹊桥相会纹盒盖。现藏于北京艺术博物馆

故事纹出现于明末清初，主要表现了“游园惊梦”“寻梦”“闹殇”等情节。人物刻画生动传神，集中展现了才子佳人一见倾心的情景与场面。然而，清代毕竟是礼教罗布的封建社会，在当时道德标准的禁锢下，对女子的束缚是比较严苛的，如此思想开放的画面，足以体现了景德镇陶工对故事的深刻解读与超前意识。

清道光景德镇窑牛郎织女相会纹碗。现藏于北京艺术博物馆

此外，也有以民间故事为题材的，《牛郎织女》即为家喻户晓的故事之一，“鹊桥相会”为常见的表现情节。瓷器上的这类图案常见的有青花、五彩、斗彩等。

昭君出塞

元代已有多种表现昭君的杂剧创作，只可惜未能全部流传下来，目前见有马致远《破幽梦孤雁汉宫秋》的传本。因此根据杂剧内容提炼而成的绘制于瓷器上面的昭君出塞图便显得尤显珍贵，它生动再现了王昭君跨出长城、步入大漠、为了国家的安宁和民族的团结而下嫁匈奴的故事情节。

磁州窑艺术馆藏白地黑花昭君出塞图枕为其代表之一。枕为长方形，以杂绳纹为边框，主画面有六个人物，最前面的胡人骑马带弓，肩扛大旗率迎亲队伍前行，身后一胡人彪悍威猛，手擎一只飞禽，第三名胡人乘马侧身，手弹琵琶；中间骑黑马掩面而泣者为王昭君，侍女紧跟其后，最后一名胡人骑着骆驼，手持节杖。画面上方的几朵白云与地上奔跑的三只猎犬遥相呼应。整个画面以白地黑花描绘，线条简练，人物刻画细腻，情景交融，意境悠远，展示出昭君出塞时的思乡之情和路途的艰辛。此外，英国大不列颠博物馆也藏有一件元代磁州窑昭君出塞图瓷枕，故事题材相仿，只是人物为五人，少了一个手擎飞禽的胡人。

日本出光美术馆藏元青花“昭君出塞”图盖罐[27]是目前公认的最为精美的一件。罐的腹部主题画面共绘有表情姿态不同的九个人物。王昭君骑在白马之上，头梳高髻，身着汉装，怀抱琵琶，其前后各有一胡服女子随行。其他骑马随行人等，有的头戴貂冠，髡发驾鹰，着胡服；有的戴毡笠，着汉装，表现的应是迎亲的匈奴使节及护送的汉朝官员。周围环境幽美开阔，山石、苍松、翠柳、修竹、芭蕉等杂衬其间，疏密有致，层次分明。该罐采用进口钴料绘制，青花发色青翠亮丽，纹饰饱满丰富，绘画技法高超，画工酣畅精湛，人物刻画生动传神。

元代景德镇窑青花“昭君出塞”图高足杯，甘肃武威市凉州区南大街131号军分区窖藏出土。现藏于武威市博物馆

元代景德镇窑青花“昭君出塞”图盖罐。现藏于日本出光美术馆

元青花“昭君出塞”图高足杯也是十分罕见的珍品，杯内绘王昭君身穿汉服，骑于马上，怀抱琵琶，边行边弹，面带忧伤，回头顾盼。生动展现出王昭君远离故土北去大漠时的无比留恋之情，人物刻画生动，栩栩如生[28]。

送子观音

观世音菩萨是佛教中四大菩萨（观音、文殊、普贤、地藏）之一，象征慈悲和智慧，能大慈大悲，救苦救难，有求必应。自佛教传入中国以来，一直受人膜拜，深入人心。《妙法莲华经·观世音普门品》云：“若有女人，设欲求男，礼拜供养观世音菩萨，便生福德智慧之男；设欲求女，便生端正有相之女，宿植德本，众人爱敬。”这就是中国民间“送子观音”的由来。

送子观音形象最早出现在北宋瓷枕上面，以白釉珍珠地划花豆形枕为代表，枕面左侧为一妇人闭目盘坐在花丛中，似有所思，右侧为送子观音双手捧婴儿站立于云朵中，枕四周侧面饰半圆形团花纹，均以珍珠纹为地，划纹和珍珠地内填褐黑色彩。画面朴实无华，寓意吉祥[29]。

明代以后，送子观音瓷塑造像在德化窑流行起来。以北京艺术博物馆收藏的送子观音为例，观音头戴女式风帽，天衣披肩，身穿长袍，呈如意坐姿。怀抱一个孩子，从形象上看应为男童。男童坐于观音的左腿之上，观音双手作外送状。观音袍衣覆盖圆形莲座，丛状荷叶、莲蓬及半开之

北宋白釉珍珠地划花豆形枕，1981年河南省洛阳市西工区出土。现藏于洛阳博物馆

明代德化窑白瓷送子观音像。现藏于北京艺术博物馆

清康熙景德镇窑青花送子图净水碗。现藏于北京艺术博物馆

莲花从水中涌出，托起观音宝座，构思精巧。通体施白釉，釉色莹润。观音庄严神妙，雍容大度，充满神韵。

清代以康熙青花观音送子图净水碗为代表，器外壁绘观音送子图，人物各具形态，惟妙惟肖。整幅画技高妙，画面神韵与当时名画家之作极其相似。尤其是青花色彩绚丽多姿，堪称康熙青花色分五彩的代表作[30]。净水碗为明末清初常见器形，为佛教供器，常配有瓷质器座，但传世品往往失其一。此件造型规整，绘画精妙，是送子观音题材的经典之作。

麻姑献寿

麻姑作为长寿的象征而为道教所广为传播。后历经发展与演变，民间便将麻姑与女性祝寿联系起来，当为女性祝寿时多赠麻姑像及饰有麻姑形象的器物，寓意“麻姑献寿”。

清康熙景德镇窑淡描红彩麻姑献寿图碗。现藏于北京艺术博物馆

清雍正广彩麻姑献寿纹盘。现藏于广东省博物馆

清代康熙时期，瓷器上开始流行装饰麻姑献寿纹，直至清代末期始终是瓷器上的吉祥装饰图案。图案的形式多种多样，有的在八仙图中兼绘南极老人及麻姑童子仙鹿；也有绘麻姑携童子，麻姑肩扛花锄与篮，童子肩背寿桃，皆脚踏祥云前来祝寿；还有的是麻姑随着“鹿拉车”前来祝寿，肩扛如意，一童子紧随其后，车上载着封着盖子的大酒坛。有的为五彩，有的为红彩，色彩艳丽，绘画精妙。以淡描红彩麻姑献寿纹碗为典型代表，画面上采用淡描红彩技法精心绘制，将道家八仙与南极仙翁、麻姑等绘在一起，同时也使用少许墨彩、绿彩、赭彩等起到画龙点睛作用，形象生动，描绘细腻，精美异常[31]。

雍正时期，广彩瓷上也见有麻姑献寿纹，如广彩麻姑献寿纹盘，通体以红、绿、黄、蓝、茄紫、金彩等进行彩绘装饰。盘内心描绘了麻姑、侍女二人及一只梅花鹿。麻姑端庄美丽，回望侍女，一手执如意，另一手提花篮，衣纹用线勾勒，绘得极为工细，显出人物的优美姿态与非凡气质。侍女双手捧一酒坛，目视前方，神情专注。此盘形制周正，胎釉精细，构图严谨，画面生动，为雍正广彩之佳作[32]。

清末光绪时期，出现了仿制康熙时期的红彩麻姑献寿纹，绘制较为粗糙，红彩干涩无光泽，人物表情、神态等亦不够生动，艺术水准无法与康熙时期相比，较易区别。

民国时期，麻姑献寿是景德镇人物瓷画上的常见题材，主要绘制于瓶体腹部，以“静远堂制”“居仁堂制”“洪宪年制”等带款粉彩瓷器的绘画水平最高，色彩丰富艳丽，充满祝福之意。

男性人物

瓷器上的男性人物，题材广泛，内容丰富，可分为佛教人物、道教人物、域外人物、现实人物、帝王将相、圣贤雅士以及文学传说和元曲杂剧故事人物等，从某一侧面反映了当时人们的形象面貌、思想意识与生活习俗，具有珍贵的研究价值。统治阶级对于某种宗教的信奉，也是宗教题材产生与发展的重要因素。宗教作为意识形态的一种，也是社会存在的反映。宗教文化与整个社会意识形态彼此交融，对同时期的瓷器装饰艺术也产生影响。瓷器上带有宗教色彩的图案，反映了器物使用者对宗教的信仰与崇拜。源于宗教传说中的人物纹装饰，主要是为了适应宗教信仰需要而专门制作，故绘画水平极高，反映出当时瓷绘艺人高超的绘画水平和熟练的工艺技巧。瓷器上的宗教人物纹见有佛教人物佛祖释迦牟尼、观音菩萨、禅僧、罗汉及和尚及道教八仙等。

佛 祖

佛祖形象最早见于三国东吴时期的越窑青瓷。主要采用模印贴塑技法制作而成，即先用模具翻制出佛像形象，再依据主题需要贴饰于瓷器上面。佛像常常被施于谷仓罐、盘口壶、三足洗等类器物上。谷仓罐上的佛像纹一般被贴饰于罐体上腹部及肩部。盘口壶上的佛像纹一般被贴饰在肩部，佛像端坐在双兽驮起的莲花座上，背有轮光，充满神秘色彩，反映出当时人们对理想世界的向往与追求[33]。这一时期，三足洗上也常见佛像纹，一般被贴饰在器物外腹部，佛像

三国东吴时期越窑青瓷贴塑佛像纹三足洗。现藏于慈溪市博物馆

结跏趺坐，神态庄重[34]。

西晋时期，由于佛教的传播，瓷器上的佛像纹装饰更加普及流行。以浙江早期越窑青瓷为代表，佛像纹被广泛运用于壶、罐、洗、钵、谷仓罐等类器物上。佛像一般有背光，身着肩衣，衣纹可辨，作跏趺坐，下有莲花台。以谷仓罐为典型器物，器身上贴塑佛像人物。佛像也是先模制而成后再贴塑于需要的装饰部位[35]。除此之外，佛像纹还多被施于唾壶的肩部、酒樽的腹部及香薰中香笼的足部。另外，随着佛教本土化，这一时期的佛像纹还与道教题材的青龙、白虎、朱雀、玄武、神人骑兽等同施一器，时代特征鲜明，文化内涵丰富。湖南湘阴窑青瓷上也有佛像纹装饰，见有青釉酱彩贴塑佛像盆[36]，腹部印带状小方格纹，其上施以酱色点彩并贴塑佛像。

三国东吴末期青釉褐彩盘口壶，1983年南京市雨花台长岗村出土。现藏于南京市博物馆

西晋岳州窑青釉酱彩佛像盆。现藏于湖南省文物考古研究所

北宋时期，这一图案再度兴起，以定窑白瓷为代表，见有在炉口外贴塑佛像的装饰。以双耳炉[37]为典型器物，口沿外堆塑十六尊佛像，惟妙惟肖。从圈足内外的墨书题记可知，这是由善心寺比丘尼等专门定制的，后施入塔基地宫。具有深刻的宗教文化内涵。

北宋定窑白釉贴像双耳炉，1969年7月26日河北省定州市贡院内静志寺塔基出土。现藏于定州博物馆

禅僧人物

瓷器上禅僧形象源于佛教绘画与文献，具有鲜明的宗教背景色彩。

元代磁州窑白地黑花长方形枕上见有绘制的禅僧人物纹，以现藏于磁州窑博物馆的“僧稠降二虎”人物枕[38]为代表，北齐高僧僧稠持杖分开两只斗虎的画面，惊魂动魄，生动传神，展现了高僧的功力和高超的绘画水平。

明代万历五彩及天启青花瓷器上均见有达摩的形象。以达摩人物纹盘为典型代表，画面表现的是佛教中达摩“一苇渡江”的故事，盘沿绘双龙纹与双凤纹，盘内底以釉下青花及釉上红、绿、黄等色绘达摩像，达摩立于一支芦苇之上漂行在水面上，周围衬托着群山与彩云，气氛祥和，画工精湛，人物形象生动逼真[39]。崇祯时期，景德镇民窑青花瓷器上见有布袋和尚的形象，以现藏于上海博物馆的青花布袋和尚尊为典型代表，尊的外壁绘一乐呵呵的布袋和尚，周围环绕着一群淘气的小顽童，他们有的拉布袋和尚的念珠，有的爬在布袋和尚的肩上挠耳朵，还有的将布袋和尚的衣服打成结试图拉动他，十分生动有趣。

清代，瓷器上的佛教人物纹也是以禅僧形象较为多见，除了表现佛教自身文化内涵与社会主流文化精神外，也融入了民间世俗成分的色彩，充满了吉祥寓意。乾隆时期景德镇窑青花瓷上见有和尚念经的形象，以经文盖钵为典型器物，盖面绘一身披袈裟的老和尚，只见他双手捧书，正在聚精会神地诵读佛经，形象生动，面容慈祥，给人以亲切之感。钵外壁绘一持扇罗汉，两侧满饰楷书《般若波罗蜜多心经》经文，经尾处落“乾隆丁巳年冬月敬献”款。乾隆丁巳年乃乾隆二年（1737年）。此钵为乾

明万历景德镇窑青花五彩达摩人物纹盘。现藏于土耳其托普卡比宫

清乾隆景德镇窑青花经文盖钵。现藏于北京艺术博物馆

隆初年青花瓷器的代表作品。嘉庆以后历朝，景德镇窑粉彩瓷器上尤为盛行十八罗汉纹，以官窑制品为代表，形象地折射出统治阶层的宗教信仰与审美取向。

罗 汉

罗汉是阿罗汉的简称，是释迦牟尼佛的得道弟子，地位仅次于菩萨。罗汉的形象，通常是剃发出家的比丘形象，身着僧衣，生活简朴，内心清净，神态安详。

明代晚期瓷器上开始出现罗汉纹，以嘉靖时期景德镇窑青花十八罗汉图为代表。同时十八罗汉塑像也很常见。万历时期景德镇窑青花罗汉人物纹也较为多见。天启时期青花瓷器上除了十八罗汉人物纹，还见有托塔罗汉人物纹等。明代末期尤以崇祯时期青花瓷器上十八罗汉人物纹绘制精美，以三足炉为典型器物，炉外壁以全景式构图绘制了一幅十八罗汉图，其中九罗汉与一只猛虎组合在一起，另外九罗汉与一只护法狮子组合在一起，两组图案之间有一观世音菩萨。空白处刻有“己卯秋月卢洪声监制”九字铭文，证明此炉为崇祯十二年（1639年）制作而成，画面精美，年代明确，是一件十分难得的瓷绘人物作品[40]。

清代，瓷器上的禅僧形象更为常见，除了带有社会主流文化色彩与自身的宗教含义外，还更多融入了民间信仰和世俗化的成分，吉祥意味渐浓。乾隆时期景德镇窑青花瓷上见有罗汉的形象，以盖钵为代表，盖面画僧人读经图。钵外壁绘一持扇罗汉，两侧满饰楷书《般若波罗蜜多心经》经文，经尾处落“乾隆丁巳年冬月敬献”款。乾隆丁巳年乃乾隆二年即1737年。此钵为乾隆初年青花瓷器的代表作品[41]。嘉庆时期，景德镇窑粉彩瓷器上见有十八罗汉纹，以北京艺术博物馆收藏的粉彩十八尊者盘为典型代表，通体内外以粉彩绘山石松柏、楼阁祥云，十八罗汉云游其间。色彩丰富，构图错落有致。底书红彩“大清嘉庆年制”六字三行篆书款，表明这是一

明崇祯景德镇窑青花十八罗汉人物纹三足炉。英国迈克尔·巴特勒爵士收藏

清嘉庆景德镇窑粉彩十八罗汉纹盘。现藏于北京艺术博物馆

清乾隆景德镇窑青花罗汉纹钵。现藏于北京艺术博物馆

清咸丰景德镇窑粉彩罗汉纹盘。现藏于北京艺术博物馆

件官窑制品，折射出统治阶层的宗教信仰与观念。咸丰时期的景德镇官窑粉彩瓷器上亦常见十八罗汉的形象。如粉彩十八罗汉纹碗，外壁绘十八罗汉图，背景衬以山石树木。十八罗汉姿态各异，人物刻画细腻，生动传神。底书红彩“大清咸丰年制”六字双行楷体竖款，为咸丰时期官窑佳品。

民国时期，盛行五子戏罗汉瓷塑，分景德镇窑青花、粉彩与醴陵窑釉下五彩等品种，罗汉袒胸露腹，开怀大笑，颇具艺术感染力。

八 仙

八仙的传说源于春秋战国时期的巫术及秦汉时期的神仙方术，后历经长期的发展与演变，至明代吴元泰著《东游记》中确定八仙为吕洞宾、何仙姑、张果老、蓝采和、韩湘子、曹国舅、汉钟离、铁拐李，分别代表了世间的男、女、老、幼、富、贵、贫、贱。他们是道教信仰的代表，同时也是福祉吉祥的象征。

元代磁州窑白地黑花八仙过海人物纹长方枕，河北省邯郸市峰峰矿区彭城镇出土。现藏于河北省邯郸市峰峰矿区文物保管所

瓷器上的八仙人物纹，最早见于元代磁州窑白地黑花瓷器中，以八仙过海人物纹长方枕为典型代表，枕面菱花形开光内绘八位仙人，他们一字排开，手持法器，脚踏祥云，翩然而至，远处衬托着三座连绵起伏的山峰与飘忽不定的祥云，营造出一种超凡脱俗的仙界意境。底部印有上覆荷叶、下托莲花的“古相张家造”窑戳[42]。

明代，八仙人物故事成为瓷器上的流行图案，八仙过海和八仙祝寿是最具代表性的题材内容。

据明代吴元泰《八仙出处东游记传》载：八仙自参加西王母蟠桃盛会之后，辞别而归，路过东海，但见白浪滔天，阻隔去路。吕洞宾首倡乘兴过海而游，并扬言如驾云过海，不见仙家本事，须各投一物，乘之而过。铁拐李率先以杖投水，立其上，逐浪而渡。其余七仙，纷纷投以纸驴、花篮、拍板等物，随之而渡。从此留下一段“八仙过海，各显神通”的佳话。明代中期景德镇窑瓷器上较为流行八仙过海人物纹，清代承袭这一图案，绘画更加严谨精细，形象更加生动。乾隆时期以青花釉里红八仙过海人物纹碗为代表，构图繁密，布局严谨，人物绘画精湛，色彩红青对比鲜明，制作

明正统景德镇窑青花八仙祝寿纹大罐。现藏于北京艺术博物馆

精美，堪称官窑精品。道光以后，青花加胭脂彩绘制的八仙过海纹碗为当时盛行的典型器物，青花绘八仙，空间处以釉上胭脂紫彩满绘水波纹，二者组成完整的画面，紫色较比釉里红更加浓艳悦目，且具有立体效果。道光时期还盛行将八仙人物绘在粉彩盖碗上，盖与碗上分绘粉彩八仙人物，构图饱满，色彩丰富，人物生动形象。

八仙祝寿，也称群仙祝寿，图案源于农历三月初三时仙人赶赴瑶池向王母娘娘献寿礼的传说。明代中期以后景德镇窑彩绘瓷较为盛行这一装饰题材，以大罐为代表器物，腹部采用国产青料平等青绘制，呈色淡雅。八仙人物或持宝物、仙桃、宝扇，或吹奏乐器，或翩然起舞，人物衣袖随风飘拂，生动传神，栩栩如生[43]。

清代瓷器上的八仙祝寿纹更为流行。康熙时期见有红彩绘制的八仙祝寿纹。乾隆以后至清代晚期流行粉彩八仙祝寿纹，以盖碗为代表，盖与碗身均绘粉彩八仙祝寿图，人物形象生动，色彩丰富，绘画流畅精细，代表了宫廷用瓷的装饰审美需求[44]。

清康熙景德镇红彩八仙祝寿纹碗。现藏于北京艺术博物馆

清道光青花胭脂紫“八仙过海”人物纹碗。现藏于北京艺术博物馆

清道光景德镇窑粉彩八仙祝寿纹盖碗。现藏于北京艺术博物馆

胡人舞乐

胡人，即人物的着装及面部特征均为西域的少数民族形象，其出现在瓷器上作为装饰图案始于三国时期，西晋以后盛行一时。

三国时期，以五管瓶为代表器物，器身堆塑深目高鼻的西域胡人形象，弥漫着浓郁的西域文化气息[45]。

西晋时期，胡人的形象或是以骑狮俑[46]的造型出现，或是以骑狮子的形象被贴饰在堆塑罐、唾盂等类器物的肩腹部。

北齐时期，北方瓷窑生产的黄釉瓷器上尤为流行胡人舞乐纹，通常采用模印技法施于扁壶腹部的杏仁形开光内，反映出民族大融合过程中西域少数民族文化对传统汉

三国越窑青釉堆塑胡人俑五管瓶。现藏于浙江省博物馆

西晋越窑青瓷胡人骑狮俑。现藏于慈溪市博物馆

文化的影响。北齐的高欢帝统治时期曾极力提倡汉人的鲜卑化，并对西域乐舞有着特殊的爱好，因此，北齐瓷器中常有胡人形象出现。此种图案也为人们研究西域乐舞及少数民族服饰提供了珍贵的形象资料。以扁壶为代表器物，壶身模印胡人乐舞的场面，共有五人。其中：中间一人起舞于莲座之上；左边二人，一个双手持笛吹奏，另一人双手扬起作打拍状；右边二人，一人手持琵琶作弹奏状，另一人双手击钹。人物刻画绘声绘色，生动传神，是乐舞研究方面的珍贵资料[47]。

北朝时期河北邢窑也烧造有印花胡人舞乐纹扁壶这类器物，有黄釉、酱釉、橄榄绿釉及黑釉等品种。以黄釉印花胡人舞乐纹扁壶[48]为代表，腹部模印装饰一对胡人舞乐纹，衬以葡萄纹与灵芝纹，布局满密，风格细腻，代表了当时瓷器装饰工艺水平。

北朝黄釉印花乐舞纹扁壶，1971年河南省安阳北齐武平六年（575年）范粹墓出土。现藏于河南博物院

唐代长沙窑壶人舞乐纹形象生动活泼，见有吹笛、拍板、奏箜篌和舞蹈的。采用模印贴花技法制作而成。人物为典型高鼻、深目、浓须的西域胡人，线条纤细，刻画准确而生动，具有异族情调。以注壶为典型器物，腹部流、系下三面贴饰模印舞蹈人物纹，一面贴塑狮纹，图案清晰，人物形象生动，具有极高的装饰艺术效果[49]。此图案除了单独使用外，有时还与狮纹共饰一器。以青釉褐彩贴花

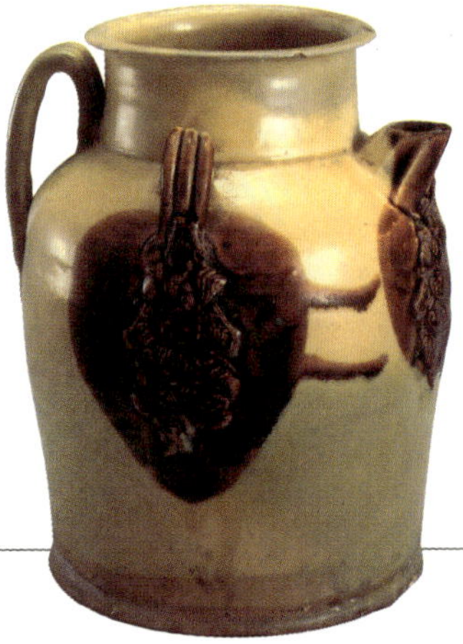
唐代长沙窑青釉褐彩贴花人物狮纹注壶，1978扬州市仓巷出土。现藏于扬州博物馆

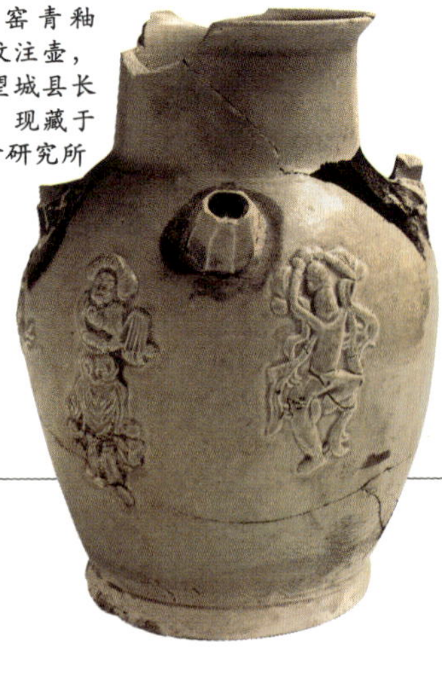
唐代长沙窑青釉贴花舞蹈人物纹注壶，1999年湖南省望城县长沙窑窑址出土。现藏于长沙市文物考古研究所

人物狮纹注壶[50]为代表，双系下各贴塑一模印吹笛人物，图案上均涂叶形大块褐色彩斑，十分精美，艺术成就极高。明代永乐时期，因青料晕散及绘制技术等原因，景德镇窑青花瓷器上的人物纹极为少见，但却见有胡人舞乐纹，十分难得。此后，瓷器上的胡人舞乐纹不再流行，较为少见。

尉迟恭救主

尉迟恭单鞭救主故事源于《旧唐书·尉迟敬德传》，据记载，一日秦王李世民等人在榆窠狩猎，恰逢王世充率兵数万前来挑战。王世充的猛将单雄信骑马直奔秦王，尉迟恭见状，立即催马大喊着横刺过来，单雄信立时坠马。随后，尉迟恭掩护秦王撤退后又领兵来战，打败王世充军。尉迟恭临危不惧、舍身救主、威慑敌胆的故事自古被传为佳话。

因此，表现尉迟恭救主故事题材的画面，也应用到器物装饰上，如金代砖雕艺术中就有尉迟恭单骑救主的故事画面。

宋元时期，这个故事被编为杂剧，在民间广为流传。元代磁州窑白地黑花瓷器与景德镇窑青花瓷器上此类题材的图案就是依据杂剧故事情节绘制的。如白地黑花历史人物故事纹长方形枕[51]的枕面上，先设置菱形开光，开光内绘三骑，正中一人骑黑马，左手抓住对面刺过来的槊，右手高举单鞭向身边骑白马者打去，右前方一人正骑在马上回首顾盼，神情中有惊恐未定之状。此画面反映的正是尉迟恭单鞭夺槊救秦王李世民的场景。

元代磁州窑白地黑花历史人物故事纹长方形枕，1975年河北邯郸峰峰矿区临水村出土。现藏于河北省邯郸市峰峰矿区文物保管所

元代景德镇窑青花尉迟恭单鞭救主图大罐。现藏于美国波士顿艺术博物馆

元代景德镇窑青花尉迟恭单鞭救主图大罐，1980年广西壮族自治区横县出土。现藏于广西横县博物馆

元代景德镇窑青花尉迟恭单鞭救主图大罐，1980年广西壮族自治区横县出土。现藏于广西横县博物馆

另如广西横县出土的人物故事纹大罐[52]，腹部的画面极为精彩，表现的也是尉迟恭单骑救主的故事。画面上共绘有七位不同身份的人物。一面有两名猛将挺枪驰马，腾空刺杀。前者头戴束发冠，身着战袍，手持长柄叉，为已露败迹的唐将段志玄。紧随其后是头戴凤翅盔、身着甲袍、双手持矛、驱马追杀的单雄信。另一面隔着山石，只见李世民头戴交脚幞头，身着长袍，右手持鞭端坐马上，似正与身后人对语。其身后有一名持鞭大将，满脸须髯，骁勇剽悍，策马疾驰而至，此人正是尉迟恭。山石后隐现三名紧握长矛、作防守状的士兵，其身后的“唐”字旌旗迎风招展，画面空隙处绘怪石、祥云、杨柳、双凤和灵芝。画面情节紧张，人物个性鲜活，故事场景恢宏，绘画用笔潇洒，青花色调浑厚。此外，美国波士顿博物馆也收藏了一件同一题材的青花大罐，画面一侧是双手持矛、纵马前冲的单雄信。另一侧则是身着团花锦袍、骑在马上的秦王李世民和手持钢鞭的尉迟恭并辔而行。李世民头微侧转，尉迟恭抬着左手指点，两人似在交谈。尉迟恭身后有一卒双手擎旗，大旗上书“唐太宗”三字。

比较而言，广西横县出土的元青花大罐上少绘两位擎旗武士而多绘了一名战败的唐将，将情节表现得更加生动传神，故事的主题也更加突出。

三顾茅庐

三顾茅庐，讲的是东汉末年，刘备先后三次拜访诸葛亮，请其出山相助的故事，并最终辅佐刘备成就了蜀汉霸业。

元代景德镇窑青花三顾茅庐图大罐。现藏于英国裴格瑟斯基金会

元代，因三顾茅庐人物故事的广为流传且被作为尊重人才的典范，故在瓷器上较多出现。以大罐为典型器物，腹部青花绘人物故事图：诸葛亮身穿长袍，盘膝坐在松树下，一书童双手捧书匣站立一旁，左前方一童子正倾身禀告。另一侧垂柳之下，刘备身着长袍，戴交脚幞头，躬身拜见，关羽和张飞立于身后，窃窃私语。其余空白处绘松柏、山石、树木、花草，错落有致，以烘托主题。绘画以平涂为主，结合勾、皴、点、染等技法，线条流畅，画工细腻，人物刻画生动传神，惟妙惟肖，将诸葛亮的高逸潇洒、刘备的求贤若渴，以及关、张二人焦急烦躁的神情体现得淋漓尽致，展现了高超的瓷绘技艺[53]。

美国波士顿艺术博物馆还收藏一件元青花三顾茅庐图带盖梅瓶，腹部绘诸葛孔明坐于茅庐之内，手不释卷，神态自若，正在悠闲地观书，茅庐旁有松柏、篱笆、

元代景德镇窑青花三顾茅庐图带盖梅瓶。现藏于美国波士顿艺术博物馆

元代景德镇窑青花三顾茅庐图带盖梅瓶。现藏于美国波士顿艺术博物馆

花草，一名头梳双髻的童子挥帚打扫庭院。另一面是身穿便服的刘备，正在躬身施礼，关羽、张飞身带佩剑立于其后。画面动中有静，静中有动，为元青花精品之作[54]。

明代，景德镇窑瓷器上继续流行三顾茅庐人物故事纹。亦以大罐为典型代表器物，腹部绘诸葛亮头包软巾，身穿长袍，坐在茅庐之内，正在悠闲地观书，茅庐旁有松柏、篱笆，一名童子正倾身禀告。另一边是刘玄德、关云长和张翼德三兄弟，身着战袍，侍立一旁。人物绘画生动，笔墨传神，自然洒脱[55]。此外，明代晚期还出现了红绿彩制品，仍以大罐为代表，腹部绘红绿彩三顾茅庐人物故事纹，色彩艳丽，画工精细[56]。

清代，瓷器上也见有三顾茅庐人物故事纹，它是绘制瓷板上，表现的刘玄德正与诸葛亮相互参拜，关云长和张翼德两兄弟，身着战袍，侍立一旁，人物表情生动，个性鲜明[57]。

明正德至嘉靖时期景德镇窑红绿彩三顾茅庐图大罐，2001年山西省长治市惠丰厂明墓出土。现藏于长治市博物馆

明天顺景德镇窑青花三顾茅庐图大罐。现藏于北京艺术博物馆

清光绪同治时期景德镇窑粉彩三国人物故事纹瓷板。现藏于四川省文物考古研究院

赵抃入蜀

赵抃（1008—1084年）一生有两个美誉：“铁面御史”赞其刚正不阿，弹劾不避权贵，正直无私及大无畏精神；“一琴一鹤”指他去蜀地上任时随身仅带一把琴、一只鹤，美其清廉贤能的品质与高雅的生活情趣。

赵抃的故事当时流传甚广，故金元时期的瓷器上常会出现相关题材的人物故事图案。尤以磁州窑白地黑花瓷为代表，目前已见有数件绘有赵抃入蜀内容的人物故事纹枕。典型如石家庄市博物馆收藏的这件，枕面菱形开光内绘一人携琴昂首前行，前面有一只仙鹤引路，周围衬托着丛草与松树。画面简洁，生动再现了赵抃入蜀上任情景[58]。现藏于磁州窑博物馆的这件也很具代表性，枕面开光内绘赵抃曳杖而行，一龟一鹤前引，书童抱琴后随。因为官清廉，只有抱琴书童与龟鹤相随。

元代，景德镇窑青花瓷上也出现了类似的画面。如西安元后至元五年（1339年）张达夫墓出土的人物纹匜[59]，内底心描绘一位着官服的男子，他头戴幞帽，身穿长袍，腰系带，足蹬高靴，怀中竖抱琴，旁边立一鹤，周围环境典雅，有梅树、洞石与兰草，画面展示的正是赵抃“一琴一鹤、匹马入蜀”的场景。它是目前发现的唯一一件有明确纪年的元青花人物故事纹瓷器，弥足珍贵。

元代景德镇窑青花人物纹匜，2011年出土于陕西省西安市曲江新开门村元后至元五年（1339年）张达夫墓出土。现藏于西安市文物保护考古研究所

元代磁州窑白地黑花赵抃入蜀纹长方形枕。现藏于河北省石家庄市博物馆

赵子龙单骑救主

赵子龙单骑救主，简称“单骑救主”，又称“长坂坡”。

明天启景德镇窑赵子龙单骑救主纹香炉。现藏于大英博物馆

瓷器上的这类题材大多取自当时所流行的戏曲、小说、故事、版画等内容。绘制水平极高，人物形象多恢奇恣肆，躯干伟岸，神态夸张，衣纹线条老辣，与明末清初陈老莲所绘人物风格完全一致。明代末期便已经在青花瓷上出现，以天启时期的三国故事图极具时代特色，如这件香炉的炉身上，采用通景式构图绘制一幅“赵子龙单骑救主”图，画面描绘了赵子龙怀抱阿斗，勇猛冲杀的情景。外底书有“天启五年（1625年）”款，是一件具有明确纪年的珍贵作品[60]。

清代，赵子龙单骑救主纹属于战争题材的典型代表。刀马战将人物纹，简称刀马人，因题材源于

清光绪景德镇窑粉彩人物故事图大瓶。现藏于四川省文物考古研究院

清康熙景德镇窑五彩长坂坡人物故事纹瓷砖。现藏于北京艺术博物馆

古代战争的鏖战场面而得名，流行于元、明、清时期，尤以康熙时期极为兴盛，风靡一时。画面中既有两军激战的壮烈场景，又有万马奔腾的豪迈景象，场景宏大。而挂刀骑马的武士形象更是屡见不鲜。人物形象更加刚劲雄健，气度超凡。有“康窑花卉人物似华秋岳、陈老莲”[61]之评价。以北京艺术收藏的一组瓷砖上的刀马人物纹为典型代表，一面绘长坂坡赵云救阿斗的故事情节：赵云头身穿战袍，倒提长枪，怀抱一婴儿，骑着骏马在战场上驰骋，于众多曹军包围之中奋力拼杀。色彩艳丽丰富，绘工细腻娴熟，制作水平精湛，为康熙五彩刀马人题材的代表作品[62]。

刀马人的图案在清代末期民窑瓷器上又再度兴起，多以粉彩绘制而成。如光绪粉彩人物故事图瓶，腹部开光内绘“赵云大战长坂坡”人物故事纹，激战的场景十分壮观[63]。

郭子仪子胥满堂

郭子仪子胥满堂纹，取材于历史典故。讲的是唐代汾阳王郭子仪祝寿的故事。

清代瓷画上的“郭子仪祝寿图”，既出于故事本原，其间又穿插文武官员贺寿、孩童戏耍等内容，因而更加丰富多彩，场景愈加热烈喜庆，充分传达出人们对富贵长寿、子孙满堂的祈盼。虽然为历史故事，但并未脱离现实场景的描绘，因此具有一定的影响与意义。如康熙五彩瓷砖上的这幅祝寿图：老年夫妇端坐在铺有绣花软垫的椅凳上，背景是三曲立地大屏风与方形桌案，桌案上摆放着香炉、花觚与笔架。老妇人身旁伴有一男童，左手持如意，寓意“吉祥如意”。前面还有九个小童在嬉戏玩耍，他们有的举荷花，寓意“状元郎”；有的一手握银锭，一手举笔欲书，寓意“必定如意”；还有的在戏耍，有的观看……另有众多前来拜寿的人们，相互寒暄或驻足观看，场面宏大，呈现出子孙

清康熙景德镇窑五彩人物纹圆瓷砖。现藏于北京艺术博物馆

满堂、安享晚年的幸福气氛[64]。

安享晚年是人们普遍的美好愿望，也是社会进步的表现。清代是敬老政策的集大成者，不仅朝廷有明文规定优待老年人的各种措施，《大清会典例》中还有“存留养亲”的律例。当时社会安定，人们讲求饮食与养生，故高寿者频出。瓷器上绘制的郭子仪子胥满堂纹，即属于祝寿内容之一，从一个侧面反映出当时人们对安享晚年的美好愿望。

丙吉问牛

据班固《汉书》记载，丙吉对本属地方官管辖的群殴事件置若罔闻，而是体察民情，关心一头牛的气喘，以确保国家风调雨顺，使老百姓免受天灾之苦。

明代万历时期，瓷器上见有相关题材的人物故事纹。以明万历皇帝定陵地下宫殿出土的三彩人物故事纹花觚[65]为代表，腹部绘官员骑马出行，侍从持扇、捧书紧随其后，前面跪有一人，似在诉说冤情；其二为一人跪迎官员，同时回首照顾着身后的一头牛。画面内容以凸棱为界分为两部分，展示的正是“丙吉问牛”的故事情节。外底青花双圈内书“大明万历年制”六字青花双行楷书竖款。此器出土于神宗棺椁的北侧，应是万历皇帝生前的珍爱之物，亦是万历官窑瓷器中之精品。

明万历景德镇窑三彩骑马出游纹花觚，1958年明万历皇帝的定陵地下宫殿出土。现藏于北京定陵博物馆

明万历景德镇窑三彩骑马出游纹花觚，1958年明万历皇帝的定陵地下宫殿出土。现藏于北京定陵博物馆

崇祯时期，景德镇民窑青花瓷器上也见有丙

明崇祯景德镇窑青花人物故事纹缸。现藏于上海博物馆

吉问牛的人物故事纹。以这件青花人物纹缸为典型代表，外壁采取全景式构图方式绘一名农夫牵着一头水牛，对面为一位朝廷官员，官员身后有执幡、打扇、牵马与捧物等侍从跟随，画面主题表现的正是丙吉问牛的故事[66]。北京艺术博物馆也收藏有一件与此题材内容相似的人物故事纹笔筒，腹部绘有一幅人物故事通景画卷：首先映入您眼帘的是站在宝顶伞盖下、正与一老者搭话的高官，他身后停着一顶轿子，周围簇拥着四名随从：一人持宝伞，一人擎金瓜，两人打旗幡，表明是高官出行的仪仗。老者赤脚、躬身、扛锄、牵着一头大牯牛，说明是一位牛倌。顺着仪仗望去，后面还有两个在斗殴的男子：其中一人高大魁梧，揪着一人的头发挥拳狠打。空白处以隶书题写：“贵客频呼马，关心肯问牛”。由这句题诗可知，画上的内容便是丙吉问牛的故事。画上人物众多，场面宏大，情节生动。

此外，北京故宫博物院收藏的康熙青花人物纹梅瓶[67]上，外壁也绘有《丙吉问牛》人物故事纹，画面表现的是丙吉向农夫询问，农夫谦恭地对丙吉施礼，人物表情生动传神。空白处书“斗伤何足问，牛喘更堪虞”，诗句明确表达了画面的主题，

清康熙景德镇窑青花人物故事图笔筒。现藏于北京艺术博物馆

使得画面内容主题突出，令人一目了然。

瓷器上的“丙吉问牛”人物故事图，是当时励精图治的皇帝们勤政爱民、整顿吏治的政策体现，同时也具有警示作用，它提醒官员们要恪尽职守、秉公用权、关心群众疾苦。

羲之爱鹅

王羲之，东晋著名书法家，史称“书圣”。《晋书·王羲之传》载：“王羲之性爱鹅”，生平故事也被后世传为佳话。

元代，磁州窑白地黑花瓷器上出现王羲之爱鹅人物故事纹。以长方形枕为代表器物，枕面菱形开光内绘一人斜倚坐在河岸旁，正在聚精会神的观察着水中嬉戏的白鹅，身旁有一书童捧物侍立，周围衬托着山石、垂柳、草木与云雾。底部印有上覆荷叶、下托莲花竖式双栏“古相张家造”窑戳[68]。

元代磁州窑白地黑花“羲之爱鹅”图长方形枕。现藏于河北省邯郸市峰峰矿区文物保管所

明万历景德镇窑五彩人物故事纹盆，北京朝阳区大屯出土。现藏于首都博物馆

明代成化时期，瓷器上的羲之爱鹅人物故事图案以斗彩绘制，工艺复杂，制作精美细致。万历时期五彩瓷上也有羲之爱鹅人物故事图案，以人物故事纹盆为代表，口沿绘王羲之爱鹅与林和靖爱鹤图，间隔排列。内壁及

盆内底均绘羲之爱鹅纹。通体施红彩、绿彩、黄彩、紫彩、褐彩等，色彩艳丽，构图饱满。外底书青花双圈“大明万历年制”六字双行楷书款，为万历时期官窑五彩瓷器的代表之作[69]。

清代，康熙景德镇民窑青花羲之爱鹅纹为典型代表，但数量不多。

周敦颐爱莲

周敦颐，字茂叔，是北宋哲学家。瓷器上装饰图案的内容与题材均源自《爱莲说》，即“水陆草木之花，可爱者甚繁。自李唐来，世人多爱牡丹，余独爱莲之出淤泥而不染”，周敦颐爱莲由此而来。

元代景德镇青花瓷器上见有周敦颐爱莲纹。目前最为著名的是两件四爱图梅瓶上的周敦颐爱莲纹。这两件元青花四爱图梅瓶，一件收藏在武汉市博物馆，另一件则收藏在湖北省博物馆，制作精美，瓷绘内容相同，堪称姊妹花。以四爱图梅瓶[70]为典型代表，腹部置四个菱形开光，开光内分别绘王羲之爱兰、周茂叔爱莲、林和靖爱梅鹤、陶渊明爱菊四幅画面。绘画极其精致，人物形象生动，代表了元代瓷器装饰图案的艺术水平。此外，江西元墓出土的人物图玉壶春瓶[71]也是极具代表性的作品，腹部画面为周敦颐爱莲，只见周敦颐头戴纶巾，身着长袍，正坐在杨柳树下欣赏着莲池美景。

元代景德镇窑青花四爱图梅瓶。现藏于湖北省武汉市博物馆

元代景德镇窑青花人物图玉壶春瓶，1986年江西省上饶市北门乡东瓦窑村元代墓葬出土。现藏于上饶市信州区博物馆

明万历景德镇窑五彩人物故事纹盖盒，北京朝阳区大屯出土。现藏于首都博物馆

画面清晰，线条流畅，布局合理，主题明确。

明代万历时期，五彩瓷上也见有周敦颐爱莲的装饰，以人物纹方格盖盒[72]为代表，盒盖的外壁以红彩、淡绿彩、深绿彩、黄彩、褐彩等绘制周敦颐爱莲纹，构图饱满，色彩艳丽，人物形象生动，充分体现了万历五彩的装饰风格。

十八学士

十八学士纹是明清时期景德镇窑彩绘瓷上的流行图案。据史书记载，唐太宗李世民（626—649年在位）为秦王时，在长安城设立文学馆，招贤纳士，以杜如晦、房玄龄、陆德明等十八人，分为三番，每日六人值宿，讨论文献，商略古今，号为“十八学士”。

明嘉靖景德镇窑红绿彩十八学士纹盖罐。现藏于北京艺术博物馆

瓷器上的十八学士纹，最早出现在明代宣德时期景德镇窑，青花绘制，格调清新，但因进口青花料晕散的局限，画面并不是十分理想。明代中晚期，又出现了红绿彩制品。以盖罐为典型器物，腹部主题纹饰为十八位文人雅士安静悠闲地聚会于庭院中，或抚琴，或对弈，或书写，或赏画，意境

清康熙景德镇窑五彩十八学士纹瓷砖。现藏于北京艺术博物馆

优雅，构成一幅颇具诗情画意的文人聚会图。整体以红、绿彩为主，并点缀以少量黄彩，色彩明快清丽，为嘉靖五彩瓷器中的代表作品[73]。

清代初期，朝廷在天下初定、百废待兴的特殊历史时期，出于对汉文化的融合极其长治久安的政治需要，对汉族知识分子采取了相对宽松的政策，故瓷器上再度流行起十八学士纹。北京故宫博物院便收藏有数件这类题材的青花瓷器，典型如青花棒槌瓶，通体绘十八学士纹，画面人物众多，场面宏大，空白处题七言诗四句："秦府开基聚胜流，一时倾慕比瀛洲。瀛洲渺渺在何所，我欲乘桴海上浮。"另如青花观音瓶，瓶身绘文人学士们抚琴、对弈、书写、赏画的场景，画面上人物众多，清秀潇洒，神态各异，绘画风格清晰自然，形象再现了古代文人墨客会友聚会的生动场面。瓷砖上也有十八学士题材，画面为十八学士聚会时的生活场景，有抚琴的、对弈的、谈书的、品画的，构图饱满，讲究章法，绘画技艺高超，色彩丰富艳丽，制作水平精湛，为十分难得的康熙五彩瓷佳作[74]。此外，清代景德镇窑青花碗、青花笔筒等瓷器上也常见有此类人物图案，宣扬了当政者文治武功及对知识分子的态度。

弈 棋

棋作为古代文人的四艺之一，颇受人们喜爱。

明代，正统时期瓷器上的弈棋纹多为景德镇窑青花制品，主要饰在大罐腹部，有的与八仙祝寿纹组合，如现藏于北京艺术博物馆的这件大罐[75]，罐腹部绘三位正在树下对弈的高士，中间一位拄着长杖似为南极仙翁，其左侧一位道士装扮，似代表道教长老人物，而其右边一位为儒家装扮，似代表了儒家大德，周围衬托着祥云，场景十分生动，体现了儒、释、道相融共处的深刻文化内涵。成化时期，瓷器上仍有高士弈棋的场景，有的还与文人携琴出行或访友纹组合。亦以大罐为典型器物，腹部绘有三位正在对弈的高士，他们围坐于棋桌旁，都聚精会神地盯着棋局，有的怡然自得，有的独享其乐，有的冥思苦想，十分生动有趣[76]。

明末清初时期，景德镇民窑青花瓷器上也大量出现弈棋人物纹，有的是以五老图形式出现，画面生动，极为精彩，以崇祯青花人物图罐[77]为典型代表，腹部绘四位老者弈棋或观看，绘画简练生动，青花发色层次分明，为明末民窑青花瓷绘艺术之精品。

明正统景德镇窑青花弈棋纹罐。现藏于北京艺术博物馆

明崇祯景德镇窑青花五老图罐。现藏于北京艺术博物馆

明成化景德镇窑青花弈棋纹大罐。现藏于海淀区博物馆

明崇祯景德镇窑青花五老图罐。现藏于北京艺术博物馆

携琴访友

携琴访友，题材取自春秋时期俞伯牙与钟子期“高山流水遇知音”的传说，也参有魏晋时期竹林七贤隐居山林、相聚畅饮、弹琴弈棋、写诗作画的故事成分，主要反映了古代文人士大夫的气节与风尚。

明代，景德镇窑青花瓷器上开始兴起携琴访友的人物图案。琴在明代社会人们的休闲活动中扮演着举足轻重的角色，与下棋、书法、绘画并称“四艺”。当时君子出行、访友、饮茶、品酒、诵诗、作画时都喜欢随身携带一把琴以备随时随地演奏或娱乐。景德镇窑瓷器上的携琴访友纹，多绘一文人雅士与携带琴的书童在外出访友的路上行进的场景，展现了当时人们休闲与生活的状态。宣德时期已有绘制梅瓶[78]上的青花画面，一官员打扮的人物骑在马上，似在畅然前行，马前一书童携琴引路。空白期的正统、景泰、天顺时期仍以青花制品为代表，有的装饰在大罐上，画面中

明中期景德镇窑青花携琴访友纹大罐。现藏于景德镇陶瓷馆

明宣德景德镇窑青花携琴访友图梅瓶，1972年广西桂林市东郊明代安肃王朱经扶夫妇合葬墓出土。现藏于桂林博物馆

明成化景德镇窑青花携琴访友纹大罐，1985年在海淀白石桥地区出土。现藏于海淀区博物馆

的主人公骑马疾驰，冠带、衣衫随风拂扬，前后都有侍者跟随，有的抱琴，有的捧剑，有的引路，周围衬以花草、兰石与粗重豪放的绞索形云。这种特殊的流云纹既与明代初期的疏简风格不同，又与成化以后的圆柔风格有异，时代特征较为突出。成化时期，景德镇窑青花、斗彩高士人物纹中，均有表现携琴访友的画面，制作极其精致。以大罐为代表器物，腹部绘携琴访友纹，表现的是三个官帽人物相伴而行，前面有一书童抱琴指路，周围衬托着祥云、松树、灵芝、山石等，画风细腻，人物表情生动，体现出人物出行时的轻松、怡然、快乐的心境[79]。正德时期，景德镇窑青花瓷器上继续流行以携琴访友为饰，所绘人物十分豪放潇洒。

清代，瓷器上的携琴访友纹较为写意，绘画简单，缺乏意境。

戏曲表演

戏曲表演纹，最早见于元代磁州窑白地黑花枕上。

元代磁州窑白地黑花元杂剧纹长方形枕，河北省邯郸市峰峰矿彭城镇出土。现藏于河北省邯郸市峰峰矿区文物保管所

明末清初时期，戏曲表演纹又出现在景德镇民窑青花瓷上。明末开始，瓷器上的装饰图案多受版画艺术的影响，且二者之间存在着相互借鉴的密切联系。

清顺治景德镇窑青花梨园教演纹觚。英国迈克尔·巴特勒爵士收藏

清顺治时期，戏曲表演纹以青花绘制为主，如青花梨园教演纹花觚，器身上部一面绘屏风，屏风前有一块地毯，地毯上站立着四名表演者，他们神情专注，似乎正在十分投入地进行着表演前的排练；另一面绘假山太湖石等，旁有两位演奏者，一位打鼓，另一位吹笛；空白处书写：“青楼教演梨园。悲欢离合会宜处，难指教，世态人情

好自描。随机儿景凭心巧，声音儿须作娇，身分儿要窈窕。右调秋月圆。”表明画面中的这群人正在排演《西厢记》曲目。画面精美，场景壮观，人物众多，展现出盛大与华美的演出效果[80]。

太平洗象

象，不怒自威却温顺敦厚，是传说中的菩萨坐骑。象寿命可达二百余年，故也被视作祥瑞之兽。而“象”音同“相”，故也寓意美好景象。象还为帝王倍添威仪，更引百姓好奇，因此农历六月初六天贶节民间的洗濯之俗，备受人们欢迎。受民俗影响，明代晚期开始，景德镇青花瓷器上开始流行洗象纹。为大象洗浴的仪式，称为“扫象”，故瓷器上此类洗象纹，大概也有象征净化心灵之意吧。

另外，由于明末社会动荡、战乱天灾不断，百姓处于水深火热之中，尤其盼望太平盛世的早日到来。此时青花瓷器上的洗象纹，似乎也正迎合了人们的这种吉祥祈盼。以笔筒为典型代表器物，外壁绘青花人物故事图，题材以版画为蓝本，众多人物各司其职为大象沐浴，寓意“太平有象”[81]。画面内容源于版画，绘制精细，青花分色深沉有致，具有很高的艺术价值，并兼含深厚的佛教文化意蕴。还有的笔筒腹部绘一头大象，周围衬托着两只大水缸和一只大鱼缸，几名侍从正准备为大象洗浴。画面

明崇祯景德镇窑青花沐象纹笔筒。现藏于北京艺术博物馆

表现不同，但内涵一致，均寓意吉祥与美好[82]。

清代，洗象更是成为民俗重要活动内容之一。据《帝京景物略》记载："锦衣卫官以旗鼓迎象出顺承门，浴响闸。象次第入于河也，则苍山之颓也，额而昂回，鼻舒斜吸嘘出水面，矫矫有蛟龙之势。象奴挽索据脊，时时出没其髻。观者两岸各万众，面首如鳞次贝编焉。"可见，当时京城民众围观洗象的盛况极为壮观。

福禄寿三星

福禄寿三星，源于古人对星辰的崇拜。福神为执掌祸福致人以福之神。禄星执掌人间荣禄贵贱，主文人之功名利禄。寿星给人增寿，寿星为二十八星宿中的角、亢二星。三星齐聚，表达了人们祈望有福、得禄与长寿。

明代以来，民间对福禄寿三星的奉祀经久不衰。清代瓷器装饰上也大量使用这类题材。在民间常把寿星与福、禄二星结合起来祭祀，合成福、禄、寿，成为最受人们欢迎的三位吉星，它已成为汉族民间吉祥如意的象征。康熙时期流行五彩绘制的三星纹，以北京艺术博物馆收藏的清康熙五彩福禄寿人物纹瓷板为典型代表，画面以福、禄、寿三星人物为主题，周围陪衬以苍松、鹤、鹿等象征长寿的景物，构图饱满，呈现出一派祥和之气。雍正时期流行粉彩绘制的三星纹，以福禄寿三星图瓶[83]为典型代表，腹部绘三星人物纹，人物神态生动，栩栩如生，为雍正时期民窑粉彩瓷之佳品。民国时期，福禄寿三星塑像尤为盛行，除了景德镇窑青花、粉彩，醴陵窑釉下五彩制品也十分精致，颇具时代特色。

清康熙景德镇窑五彩福禄寿人物纹瓷板。现藏于北京艺术博物馆

清雍正景德镇窑粉彩福禄寿三星图瓶。现藏于天津博物馆

窑事生产

御窑厂的管理极其严格，为保证御用瓷器的质量，历朝历代都有选派的督陶官对其进行日常管理，其中以清代督陶官最为著名，有郎廷极、年希尧、唐英等，他们励精图治，为御窑器的烧造立下了汗马功劳。雍正、乾隆时期的督陶官唐英还于乾隆八年（1743年）编撰了《陶冶图编次》，详细介绍了御窑厂的生产流程和当时复杂的制瓷工艺，一件器物需经过二十道程序才可完成。瓷器上的御窑厂图，就是对御窑厂所在的地形地貌、厂中的组织机构、制瓷的工艺流程等一一加以描绘。

表现窑事的人物纹图案兴起于清代嘉庆时期的景德镇窑[84]，道光以后十分流行。装饰品种丰富，见有青花、斗彩、粉彩及广彩等。有的在碗类器物上以斗彩绘制炭草及烧窑的图案，有的则在瓶类器物上绘制景德镇御窑场从拉坯、成型乃至入窑烧造的一系列制作工艺，细致入微。再现了当时瓷器生产的工艺程序与分工情况。有的以青花绘制于桌面[85]，采取鸟瞰式全景构图，画面以珠山御窑厂为中心，远处群山起伏，江河蜿蜒曲折；近处民宅错落有致，街道熙熙攘攘。重点表现御窑厂，其为三进院

清道光景德镇窑青花御窑厂图桌面。现藏于首都博物馆

清道光景德镇窑粉彩御窑厂人物纹大瓶。现藏于北京故宫博物院

落，东西两侧跨院为制瓷场所，分旋坯、画坯、施釉、吹釉、彩画、烧窑等作坊，人头攒动，场面恢宏。有的以粉彩绘制于大瓶[86]上，采用通景式构图方式，画面以御窑厂御诗亭为中心，作坊内的匠人们组织有序，各司其职，有条不紊。除此之外，也有粉彩局部御窑厂图盘、碗等，人物形态各异，生动反映了清代景德镇窑的生产场景。

民国时期，见有青花景德镇窑制瓷图盘，其以鸟瞰式的构图方式将景德镇制瓷工艺中的原料开采、成型、装饰、烧造等程序绘于圆盘中，画面写实，是一件难得的反映民国时期景德镇制瓷工艺过程的实物资料。

耕 作

自古以来，耕作都是农业社会中的重要生产活动。南宋画家楼璹最早创作了《耕织图》画卷，以图文并茂的方式记录了古代耕作与蚕织的系列图谱。

清代康熙时期开始，以耕织为题材的瓷绘图案大量出现。如故宫博物馆藏康熙五彩耕织图棒槌瓶，瓶身绘五彩养蚕、碓米图案，并题“春碓”“分箔”及五言诗。所绘人物众多，笔触细腻，神态生动，惟妙惟肖。正如清人陈浏所著《陶雅》所说：“康熙彩画手精妙，官窑人物以《耕织图》为最佳。”[87]再如康熙青花耕织图碗，内底绘牧牛图，外壁绘水田中一农夫驱牛耙地的场景，名曰“耙耨”。青花料青翠艳丽，色调明快，青花分水层次分明，人物立体感强，画面生动传神。康熙时期瓷器上大量涌现的耕作人物纹形象反映了当时朝廷对农业的重视程度。

康熙以后，彩绘耕作人物纹的瓷器品种不断增加。如雍正时期以斗彩耕作人物纹双耳扁壶为代表，造型仿自明初扁壶，颈部置两个透雕夔龙形耳，腹部两面开光，以斗彩绘江南农村耕作场景，分别为耕地和耙耨两个场景，画面色彩艳丽，绘工精美，制作工艺精湛，是雍正官窑斗彩中的代表之作。乾隆时期流行粉彩装饰，并将耕作人物纹绘制于瓷板上，制成可以折叠的线装书的形式，在一定程度上反映了当时奖励农耕的政策。嘉庆时期仍以粉彩制品为主，多被绘制于碗类器物外壁。有时是在一件碗上绘有多幅装饰图案，配以标题，图文并茂，与康熙时期的通景式构图迥然

清乾隆景德镇窑斗彩农耕图双耳扁壶。现藏于天津博物馆

清道光粉彩耕织图笔筒。现藏于北京艺术博物馆

有别。道光时期以藏于中国国家博物馆的粉彩耕织图鹿头尊为代表，器身绘粉彩耕织图，并配以墨书诗文。器身上层为“织”图，下层为“耕”图，绘有“耕”“舂碓”“砻”“簸扬”等图案。构图清晰，诗画合一，主题突出，意境深远。光绪时期粉彩耕织图盘也很有特色，布局规整，诗文并茂，画工细腻，人物神态生动，亦为优秀之作。道光以后至清末，民窑彩绘瓷上亦十分流行耕织图，如清道光景德镇窑粉彩笔筒，器身绘粉彩田间播种和室内纺织图，并分别以“布种”“络系”为题，画意生动，耕作场景写实，具有一定的研究价值。

渔樵耕读

渔、樵、耕、读分别指捕鱼的渔夫、砍柴的樵夫、耕田的农夫和读书的书生。相传，“渔樵耕读”中渔夫的原型是东汉严子陵，才高八斗却隐居深山，垂钓终老。樵夫的原型则是西汉时期的朱买臣，他出身贫寒，以砍柴为生，但勤奋好学，后来成为汉武帝的中大夫、文学侍臣。耕所指的是舜在历山下教民众耕种的典故。读则为战国时期的外交家苏秦。

唐代长沙窑出现了青釉釉下彩绘垂钓人物纹，以长沙博物馆收藏的青釉褐彩江上垂钓人物纹执壶为代表，壶流下方腹部以褐绿彩绘一小舟行于江中波涛之上，舟篷绘斜方格纹，舟头坐一头戴草帽人物，左手执杖，右手前伸执钓，目视江水。江岸绘山石、丛草、飞蝶，意境悠远，颇具画意。

元代末至明代白地黑花玉壶春瓶，1956年河南省洛阳市出土。现藏于洛阳博物馆

元末至明代，北方白地黑花瓷器上也有垂钓人物纹，并与仙鹤、荷花等花鸟图案组合在一起。以玉壶春瓶为典型器物，腹部置有两个圆形开光，分别绘渔翁垂钓纹与仙鹤莲花纹，绘画技法娴熟，人物表情生动[88]。

据查证，将渔樵耕读组合在一起装饰在瓷器上，是从明代开始的。从绘画风格上看，此时期画风潇洒自如，笔墨浓淡相宜，画面意境悠远，人物形态各异，线条简练流畅，充满了田园生活的诗情画意。如明永乐青花人物渔樵耕读纹墩式碗，釉面上有细微的开片，碗周围共画了五个人物，碗内画一名高士，碗外饰四个不同造型的人物，分别代表渔、樵、耕、读，人物绘画洒脱流畅。该类题材在明代晚期外销青花瓷中亦较为常见，如万历时期青花渔樵耕读纹外销瓷盘，盘中心画主仆二人，盘四周开光部分分别绘渔、樵、耕、读四个人物，人物间绘郁金香花卉相隔，具有中西合璧式的装饰风格。

清初，经过战乱后的治理，政权日益稳固。渔樵耕读图又出现在瓷器上，以青花瓷器为主。有的是分别绘制在器物上，组图于一器者十分难得。其中官窑瓷器上的图案比较工整、人物绘画细致，民窑器物则笔法潇洒、自由奔放。康熙时期的青花渔樵耕读图非常精美，青花青翠艳丽，色调明快，青花分水层次分明，人物立体感很强，画面更加生动传神。以青花人物纹碗[89]为代表，外壁绘捕鱼图，人物表情生动，表现出对现实美好生活的热爱。雍正以后直至清末，瓷器上的此类图案时有所见，但总体艺术水平远不及康熙时期。

清康熙景德镇窑青花人物纹碗，2005年福建省福州市平潭县屿头乡北侧碗礁1号沉船遗址出水。现藏于中国国家博物馆水下考古研究中心

民国时期，赋传统笔墨以新意。如熊文融绘制的粉彩樵柴人

物瓷板，画面为二人砍柴而归，长者担柴昂首，少年荷柴躬身。人物面部渲染细腻，神态个性鲜明，凸显时代特色。

注释：

[1] 周世荣著：《长沙窑瓷鉴定与鉴赏》，南昌江西美术出版社2001年版，第43页。
[2] 陕西省考古研究所：《五代黄堡窑址》，文物出版社1997年版，第167页。
[3] 陕西省考古研究所：《五代黄堡窑址》，文物出版社1997年版，第257页。
[4] 江西省文物考古研究所等编著：《景德镇湖田窑址：1988—1999年考古发掘报告》，文物出版社2007年版，第84页。
[5] 河北省文物研究所编著：《珍瓷赏真：河北省文物研究所所藏瓷选介》，北京科学出版社2007年版，第92页。
[6] 叶佩兰著：《元代瓷器》，北京九州图书出版社1998年版，第165页、189页。
[7] 李建毛主编：《中国长沙窑》，中国华侨出版社2016年版，第179页。
[8] 陕西省考古研究所、耀州窑博物馆编著：《宋代耀州窑址》，文物出版社1998年版，第120页。
[9] 故宫博物院编：《故宫博物院藏清代景德镇民窑瓷器》（卷一），故宫出版社2014年版，第354—355页。
[10] 故宫博物院古陶瓷研究中心编：《故宫博物院藏古陶瓷资料选萃》，紫禁城出版社2005年版，第84页。
[11] 湖北省博物馆编：《古代瓷器：湖北省博物馆藏瓷器选》，文物出版社2007年版，第61页。
[12] 故宫博物院编：《故宫博物院藏清代景德镇民窑瓷器》（卷二），故宫出版社2014年版，第80—81页。
[13] 梁乙真：《中国妇女文学史纲》，上海书店1990年版，第374页。
[14] 施淑仪：《清代闺阁诗人征略》，上海书店1987年版，第389页。
[15] 故宫博物院编：《故宫博物院藏清代景德镇民窑瓷器》（卷二），故宫出版社2014年版，第164—165页。
[16] 珂玫瑰著：《中国清代瓷器》，广西美术出版社1995年版，第84图。
[17] 马希桂主编：《北京文物精粹大系·陶瓷卷》（下），北京出版社2004年版，第229页。
[18] 张柏主编：《中国出土瓷器全集·12，河南》，北京科学出版社2008年版，第201页。
[19] 叶佩兰主编：《故宫博物院藏文物珍品大系：珐琅彩·粉彩》，上海科学技术出版社2012年版，第61页。
[20] 上海博物馆编：《上海博物馆与英国巴特勒家族所藏17世纪景德镇瓷器》，上海书画出版社2005年版，第105页。
[21] 王健华主编：《故宫博物院藏清代景德镇民窑瓷器》（卷二），故宫出版社2014年版，第20—21页。
[22] 上海博物馆编：《上海博物馆与英国巴特勒家族所藏17世纪景德镇瓷器》，上海书画出版社2005年版，第156—157页。
[23] 上海博物馆编：《上海博物馆与英国巴特勒家族所藏17世纪景德镇瓷器》，上海书画出版社2005年版，第242—243页。
[24] 两木出版社、紫禁城出版社：《故宫珍藏康雍乾瓷器图录》1989年版，第224页。
[25] 珂玫瑰著：《中国清代瓷器》，广西美术出版社1995年版，第79图。
[26] 〔清〕陈浏撰：《古瓷鉴定指南》（初编），《匋雅》（瓷学），1997年版，第7页。
[27] 上海博物馆编：《幽蓝神采：元代青花瓷器特集》，上海书画报出版社2012年版，第65页。
[28] 张柏主编：《中国出土瓷器全集·16》，北京科学出版社2008年版，第93页。
[29] 张柏主编：《中国出土瓷器全集·12，河南》，北京科学出版社2008年版，第142页。
[30] 北京市文物局编：《北京文物精粹大系·陶瓷卷》（下），北京出版社2003年版，第189页。
[31] 北京市文物局编：《北京文物精粹大系·陶瓷卷》（下），北京出版社2003年版，第222页。
[32] 广东省博物馆等编：《重彩华章：广彩瓷器300年精华展览》，广州岭南美术出版社2014年版，第17页。
[33] 朱伯谦主编：《中国陶瓷全集·第4卷，三国、两晋、南北朝》，上海人民美术出版社1999年版，第75页。
[34] 慈溪市博物馆编：《瑞色青青》，上海人民美术出版社2013年版，第41页。
[35] 浙江省博物馆：《浙江纪年瓷》，文物出版社2000年版，第42图。
[36] 周世荣、周晓赤著：《岳州窑》，湖南美术出版社2011年版，第102页。
[37] 河北省文物局编：《定州文物藏珍》，广州岭南美术出版社2003年版，第55图。
[38] 赵学锋主编：《中国磁州窑》，中国华侨出版社2017年版，第252页。
[39] 土耳其共和国外交部：《伊斯坦布尔的中国宝藏》2001年版，第86页。
[40] 上海博物馆编：《上海博物馆与英国巴特勒家族所藏17世纪景德镇瓷器》，上海书画出版社2005年版，第80页。
[41] 北京市文物局编：《北京文物精粹大系·陶瓷卷》（下），北京出版社2003年版，第202页。
[42] 叶喆民主编：《中国磁州窑》（下），河北美术出版社2009年版，第231页。
[43] 北京市文物局编：《北京文物精粹大系·陶瓷卷》（下），北京出版社2003年版，第106、112页。

[44] 良渚博物院、北京艺术博物馆编：《天子之雅：清代帝王生活侧影展》，浙江古籍出版社2010年版，第53页。
[45] 李刚主编：《千峰翠色——浙江青瓷风韵》，中国文化艺术出版社2006年版，第30页。
[46] 慈溪市博物馆编：《瑞色青青》，上海人民美术出版社2013年版，第23页。
[47] 朱伯谦主编：《中国陶瓷全集·第4卷，三国、两晋、南北朝》，上海人民美术出版社1999年版，第222页。
[48] 赵庆刚、张志忠主编：《千年邢窑》，文物出版社2007年版，第39页。
[49] 张柏主编：《中国出土瓷器全集·13，湖北、湖南》，北京科学出版社2008年版，第169页。
[50] 徐良玉主编：《扬州馆藏文物精华》，江苏古籍出版社2001年版，第63页。
[51] 叶喆民主编：《中国磁州窑》（下），河北美术出版社2009年版，第235页。
[52] 张柏主编：《中国出土瓷器全集·10》，北京科学出版社2008年版，第101页。
[53] 叶佩兰著：《元代瓷器》，北京九州图书出版社1998年版，第56页。
[54] 上海博物馆编：《幽蓝神采：元代青花瓷器特集》，上海书画报出版社2012年版，第78、79页。
[55] 湖北省博物馆编：《千古英雄："大三国志展"归国汇报展》，湖北人民出版社2009年版，第162页。
[56] 张柏主编：《中国出土瓷器全集·5，山西》，北京科学出版社2008年版，第227页。
[57] 湖北省博物馆编：《千古英雄："大三国志展"归国汇报展》，湖北人民出版社2009年版，第162页。
[58] 叶喆民主编：《中国磁州窑》（下），河北美术出版社2009年版，第238页。
[59] 上海博物馆编：《元代青花瓷器特辑》，上海书画出版社2012年版，第220—221页。
[60] 吕申章主编：《瓷之韵：大英博物馆、英国维多利亚与艾伯特博物馆藏瓷器精品》，中华书局2012年版，第359页。
[61] 徐之衡：《饮流斋说瓷》上册，民国二十七年（1938年），第3页。
[62] 湖北省博物馆编：《千古英雄："大三国志展"归国汇报展》，湖北人民出版社2009年版，第166页。
[63] 同上。
[64] 阎冬梅著：《中国明清瓷器》，山东美术出版社2005年版，第192页。
[65] 北京市文物局编：《北京文物精粹大系·陶瓷卷》（下），北京出版社2003年版，第162页。
[66] 上海博物馆编：《上海博物馆与英国巴特勒家族所藏17世纪景德镇瓷器》，上海书画出版社2005年版，第110页。
[67] 故宫博物院编：《故宫博物院藏清代景德镇窑民窑瓷器·卷一》，北京故宫出版社2014年版，第177页。
[68] 叶喆民主编：《中国磁州窑》（下），河北美术出版社2009年版，第253页。
[69] 北京市文物局编：《北京文物精粹大系·陶瓷卷》（下），北京出版社2003年版，第158页。
[70] 北京艺术博物馆等编：《元青花》，河北教育出版社2009年版，第19页。
[71] 上海博物馆编：《幽蓝神采：元代青花瓷器特集》，上海书画报出版社2012年版，第197页。
[72] 北京市文物局编：《北京文物精粹大系·陶瓷卷》（下），北京出版社2003年版，第160页。
[73] 王莉英主编：《中国陶瓷全集·第13卷，明，下》，上海人民美术出版社1999年版，第103页。
[74] 北京市文物局编：《北京文物精粹大系·陶瓷卷》（下），北京出版社2003年版，第217页。
[75] 北京市文物局编：《北京文物精粹大系·陶瓷卷》（下），北京出版社2003年版，第106页。
[76] 北京市海淀区博物馆编：《海淀博物馆》，文物出版社2005年版，第37页。
[77] 北京市文物局编：《北京文物精粹大系·陶瓷卷》（下），北京出版社2003年版，第147页。
[78] 桂林博物馆编著：《古瓷风韵：桂林博物馆藏明代梅瓶赏析》，文物出版社2012年版，第124页。
[79] 北京市海淀区博物馆编：《海淀博物馆》，文物出版社2005年版，第37页。
[80] 上海博物馆编：《上海博物馆与英国巴特勒家族所藏17世纪景德镇瓷器》，上海书画出版社2005年版，第152、153页。
[81] 王莉英主编：《中国陶瓷全集·第13卷，明，下》，上海人民美术出版社1999年版，第193页。
[82] 上海博物馆编：《上海博物馆与英国巴特勒家族所藏17世纪景德镇瓷器》，上海书画出版社2005年版，第89页。
[83] 天津博物馆编：《耀世奇珍：馆藏文物精品陈列》，文物出版社2013年版，第23页。
[84] 刘兰华、张南南著：《中国古代陶瓷纹饰》，北京故宫出版社2013年版，第524页。
[85] 北京市文物局编：《北京文物精粹大系·陶瓷卷》（下），北京出版社2004年版，第209页。
[86] 叶佩兰主编：《故宫博物院藏文物珍品大系，珐琅彩·粉彩》，上海科学技术出版社2012年版，第186页。
[87] 〔清〕陈浏撰：《古瓷鉴定指南》（初编），《匋雅》（瓷学），1997年版，第7页。
[88] 张柏主编：《中国出土瓷器全集·12，河南》，北京科学出版社2008年版，第228页。
[89] 张柏主编：《中国出土瓷器全集·福建》，北京科学出版社2008年版，第195图。

第四章／山水景物

山水景物是古代瓷器上颇具艺术欣赏性的一类装饰图案，包括江河山川、湖光山色、田园风光、亭台楼榭等，与古代文人绘画有着异曲同工之妙。瓷器上的山、云、水、亭台、楼阁、宝塔、洞石、庭园小景等图案，既是工匠们对大自然中常见之景的提炼与概括，也是古人借以抒发情感、表达内心思绪的媒介，抒发了人们对山水间田园生活的热爱和向往。

山水

东晋至明代

东晋时期，瓷器上出现了山水纹，以越窑青瓷博山炉为代表，山纹写实，因仿自古代青铜器，故尚未形成独立风格。

东晋越窑青瓷博山炉。现藏于浙江省博物馆

唐代，瓷器上的山水纹进一步成熟，有白釉绿彩、白釉红褐彩、青釉褐绿彩等。山水纹构图简洁，技法娴熟，颇具时代特色。有的为写意风格，山峦重叠，交错排列，构图活泼，色彩自然流淌，气韵生动，随意奔放；有的略具透视原理，近景有婀娜多姿的树木、苍劲古朴的山石、展翅飞翔的群鸟，中景树木变得小如米粒，远景则远山点点，万里江山隐约浮现[1]。以双系罐为典型器物，腹部以褐绿彩绘山水纹，灰白胎，外施青黄色薄釉。图案精美，代表了当时瓷绘山水纹的水平[2]。

唐代长沙窑白釉红绿彩注壶，1983年湖南省望城县长沙窑窑址出土。现藏于湖南省博物馆

唐代长沙窑青釉褐绿彩注壶，1983年湖南省望城县长沙窑窑址出土。现藏于湖南省博物馆

唐代长沙窑青黄釉褐绿彩双系罐，1983年湖南省望城县长沙窑窑址出土。现藏于湖南省文物考古研究所

宋金时期，以磁州窑釉下彩绘白地黑花山水纹为代表，由于其绘画借鉴了中国传统水墨画的艺术风格与技法，瓷器装饰艺术的表现力极大增强。这一时期山水纹的特点是从简洁抽象转为写实繁复，题材也变得丰富多样。山水纹一般绘于开光的几何边框内，白地黑花，色彩分明，以对比突出山水纹饰的主题[3]。此外，宋代的景德镇窑、龙泉窑等瓷器上亦见有山水纹图案，但多被作为人物或动物纹的陪衬。

元代，磁州窑瓷器上的山水纹，主要画在瓷枕之上，构图讲究，布局和谐，远山近水，小船待渡，相得益彰。以现藏于河北省文物研究所的白地黑花山水纹豆形枕[4]为代表，枕面开光内绘一幅山水纹，左右两侧绘画林木、山坡与巨石，以墨线勾勒线条，褐彩平涂树叶。中间为一湖秋水，左下方的巨石上立有一老者，其拱手抬头凝视着远方，天空中一轮明月冉冉升起。画面疏朗，构图严谨，颇具传统水墨山水画的意趣。景德镇窑青花瓷上也有山水纹，以现藏于日本梅泽纪念馆郭巨得金纹瓶为代表，瓶腹绘有突起的山峰及云气、石桥、瀑布等，算是元青花上唯一完整的山水画面[5]。这一时期，景德镇窑还发明了釉里红山水纹，以现藏于扬州市文物商店的元代釉里红“祈雨图”罐[6]为典型代表，腹部置菱形开光内绘天降旱灾、祈雨求福、天龙施雨、雨润万物等图案，构图严谨，层次分

元代景德镇窑釉里红“祈雨图”罐。现藏于扬州市文物商店

元代磁州窑白地黑花山水纹豆形枕，1962年河北省磁县冶子村出土。现藏于河北省文物研究所

明，具有连环画式的装饰艺术效果，为研究古代民间祈雨活动提供了宝贵的研究资料。

明代景德镇窑瓷器上的山水图案更加成熟。明代前期瓷器上的山水纹虽然常见，但多是与花草、人物、鸟兽等组合饰于器物上。独立的山水纹仍没有正式出现与普及。明代嘉靖时期，山水通景纹开始被应用于瓷器上。明代晚期，民窑青花山水纹进入空前繁盛时期，尤其是一些大写意自然山水纹，虽用墨不多，却经大胆取舍、夸张与概括后，意会神达，自由豪放，带有明代画家徐谓的画风，说明民窑青花与文人画之间存在着密切的联系。

明崇祯景德镇窑青花山水纹大瓶。现藏于上海博物馆

明末崇祯时期文人画气息浓厚。以上海博物馆收藏的景德镇窑青花山水纹大瓶[7]为典型代表，外壁两开光内绘山水纹，并带有隶书诗句，落“庚辰”（即崇祯十三年，1640年）纪年题记。画面绘制精细，青花分色浓淡有致，意境悠远，具有很高的艺术欣赏价值。

清代及民国时期

清代是瓷绘山水纹发展的繁荣鼎盛时期，山水纹盛极一时，除青花、五彩外，还有粉彩、珐琅彩、墨彩、广彩、浅绛彩及雕刻等，达到了前无古人、后无来者的艺术境界。外销瓷山水纹中还常见到各式各样的古塔形象。

顺治时期以青花、五彩山水纹为主，空白处题诗并落干支纪年款，因具有明确纪年而成为极为珍贵的标准器。康熙时期，除了青花、五彩，还有釉里三彩山水。仍以青花、五彩山水纹艺术水平最

清康熙景德镇窑釉里三彩山水图笔筒。现藏于北京艺术博物馆

清顺治景德镇窑青花山水纹瓶。现藏于上海博物馆

清雍正景德镇窑粉彩山水纹墨床。现藏于北京艺术博物馆

高，代表了当时瓷绘山水纹的最高成就。山水纹一般绘制于瓶腹部，采用通景式构图，山势深远，气势恢宏，颇为壮观。多采用分水法，山体为南宋院体斧劈皴画法，色调分浓淡深浅，色阶变化丰富，具有墨分五色的特殊艺术效果。

雍正时期，除了青花、五彩、粉彩、珐琅彩外，还十分流行墨彩山水纹。受四王画风影响，多采用披麻皴画法，画工细腻，具有清新秀丽的风格。其采用精细的画笔直接绘制出墨彩山水纹，色调浓淡有致，层次分明，格调高雅，与同时期文人水墨山水画有着异曲同工之妙，体现了雍正时期景德镇官窑瓷绘山水艺术的独特魅力。

乾隆时期，瓷绘山水纹延续雍正风格，仍然追慕宋、元、明、清历代名家笔意，画工精细，以粉彩、珐琅彩山水纹为突出代表。其中粉彩山水纹画面层次丰富，色彩艳丽，色调协调，构图匀称，颇具文人画的气韵与风采，与同时期的绘画风格相一致[8]。有的还配以优美的诗句、秀丽的书法和精致的印章，将诗、书、画、印四位一体的装饰风格发展到极致。充满了诗情与画意，显示出高超的瓷绘水平。如粉彩开光山水纹葫芦形壁瓶，下腹部圆形开光内绘山水图：近处苍松翠柏倚山而立，亭台楼阁掩映其中；远处云雾缭绕，烟波浩渺，山峦若现，恰似人间仙境。整体绘制精细，笔法老道，色彩丰富，风格典雅，意境深远。上腹部圆形开光内以墨彩书乾隆御制《燕山八景》之“太液秋风”诗：翠合三山连阆苑，波涵一镜俨蓬瀛。七言诗，隶体书法，十四字三行，落“御题”二字，钤“乾”白纹、“隆”朱纹方形二方章。作品

清乾隆景德镇窑粉彩开光山水纹葫芦形壁瓶。现藏于北京艺术博物馆

清乾隆景德镇窑粉彩描金开光山水纹壁瓶。现藏于北京艺术博物馆

结构严整，讲究章法，运笔圆润稳健，融诗、书、印于一体，三者彼此呼应，相得益彰，具有独特的装饰韵味，生动展现了中南海太液池一带碧波荡漾、水天合一的优美胜景，令人如临其境、心旷神怡。

清末民国时期，景德镇窑新创的浅绛彩山水纹也颇具时代特色。它是先用浓淡相间的黑色釉上彩料绘画山水，再用浅淡的赭色、淡蓝、紫色等进行渲染，同时将中国传统书法、绘画、诗文艺术与瓷器艺术相结合，设色淡雅，意境悠闲。瓷绘名家辈出，杰作较多。通常落有名家款，尤以程门最为著名。如江西省博物馆收藏的浅绛山水人物纹瓷板[9]即是一件典型作品，瓷板上以浅绛色绘山水，群山透迤，山色苍翠，古亭掩映其中，有高士独行其间。空白处题跋下有“程门”白文方印，堪称浅绛彩瓷绘中的名家精品之作。醴陵窑釉下墨彩与釉下绿彩山水纹，主要饰于文房用具上，以笔筒为代表，颇具地方特色与艺术感染力，开启了高温釉下彩绘山水纹的新篇章。

民国时期，除景德镇窑浅绛彩山水纹显现衰落外，青花、粉彩及醴陵窑釉下五彩山水纹，均制作精美。以山水图案装饰的瓷器增多，除大量的山水瓷板画外，还有陈设瓷、日用瓷与文房用具。题材广泛，品种丰富。尤以汪野亭青绿山水、何许人墨彩山水、张志汤粉彩工笔山水、王步兼工带写的青花山水为代表，这些名家作品风格独特，影响极大。

景物图案

景物是指山、云、水、亭台、楼阁、宝塔、洞石、庭园小景等。

水 波

西周原始青瓷波浪纹簋。现藏于浙江省博物馆

水波纹，即以波动的水纹为题材的装饰图案，也称波浪纹。早在西周原始青瓷上已初见端倪。原始瓷上的水波纹，多以刻划技法制成，呈条带状被施于器物的肩腹部。西汉中晚期至东汉早中期原始瓷上的水波纹仍为刻画而成，线条纤细流畅。东汉中晚期至西晋时期，越窑青瓷刻划水波纹以浙江上虞地区早期青瓷为代表，多被施于瓷器的肩腹部及洗类器物的内外壁[10]。

隋唐五代时期，各地窑场出现了不同的水波纹制作方法。隋代北方安阳窑采用传统的刻画技法制作而成，而洪州窑则为模印制成，多被装饰于盘、碗、钵类器里，线条分明，整齐划一。唐代耀州窑、邢窑等窑场烧造的擂钵上均采用刻花技法饰水波纹，一般分为四区，形成旋转式的构图。五代时期耀州窑流行细线划花技法制作的水波纹，采用二方连续式构图形式，主要用作辅纹。

宋代，瓷器上的水波纹装饰极为普遍，俯拾皆是，既作主纹也作边饰或辅纹。北宋早期定窑绿釉划花水波纹净瓶及黄釉划花水波纹盖罐上均装饰有划花波浪纹，画面清晰，富有动感。耀州窑青瓷器上的水波纹渐趋多样化，见有六分格旋转水波纹、四分格三层浪花水波纹、多重鱼鳞形水波纹、多重鱼鳞形浪花水波纹、多层涡形浪花水波纹、鱼鳞排列多重浪花水波纹、S形排列三重浪花水波纹等[11]。越窑在北宋早期采

北宋早期定窑黄釉划花水波纹盖罐，1969年河北省定州市贡院内静志寺塔基出土。现藏于定州博物馆

北宋早期定窑绿釉划花水波纹净瓶，1969年河北省定州市贡院内静志寺塔基出土。现藏于定州博物馆

用细线划花手法制作水波纹，主要将其装饰碗、盘类青瓷器物的内底及钵类器物的肩部；北宋中期流行刻花装饰，线条明快。北宋中晚期景德镇窑青白釉瓷器上流行将刻花海水纹饰于碗内底心及内壁，另见有篦划水波纹[12]。龙泉窑青瓷上流行装饰刻花水波纹，多饰于碗、盘类器的内壁，工艺技法纯熟，线条流畅自然，加之釉色透明，光泽度好，釉面与刻花装饰得以完美结合，相得益彰，装饰效果极佳。

金代瓷器上的水波纹以磁州窑制品为代表，见有绿釉划花水波纹、白地黑花篦划水波纹、白地篦划水波纹等多个装饰品种，给人以微波荡漾、波光粼粼的感觉。

元明清时期，景德镇窑瓷器上的水波纹尤为精美。元代青花绘制的水波纹，布局严整，水波有波无浪，不见波澜，其绘制手法主要有两种。一种是仅采用圆弧形的线条画出水波纹，水波呈平行并列状或层叠状，多用作边饰，有的也被填绘在云肩内作为白马或白莲的衬景。另一种则是以白描手法勾勒出上下对应的如意头形旋涡，波纹平静。明代宣德时期水波纹多由小浪花与弧线构成，给人以水面平静的感觉。明代中期以后，景德镇民窑青花瓷上流行装饰呈叠浪状排列的水波纹。清代瓷器上的水波纹主要用作衬景出现，独立为纹者不多。

金代磁州窑白地黑花篦划水波纹如意头形枕，磁县都党乡冶子村出土。现藏于磁州窑博物馆

元代景德镇窑青花海水龙纹大盘。现藏于伊朗国家博物馆

元代景德镇窑青花云肩水波纹玉壶春瓶。现藏于美国波士顿艺术博物馆

海 涛

海涛纹，也称海水纹，主要表现海水波涛的跌宕起伏，给人以惊涛骇浪、气势恢宏之感。

瓷器上的海涛纹出现在南宋时期吉州窑，以白地褐彩海涛纹艺术水平最高，运用广泛，屡见不鲜。其采用釉下彩绘技法，线描表现海水波涛，具有跌宕汹涌的气势。

南宋吉州窑釉下彩绘海涛纹炉，1966年江西新干县城东宝塔山出土。现藏于江西省博物馆

元代，瓷器上的波涛纹有了较大的发展与变化。吉州窑白地褐彩海涛纹绘画细腻，线条流畅，除了为边饰外，还多作主纹。景德镇窑青花瓷上的海涛纹有的饰在瓶、罐、盘的口沿或胫部，有的作龙纹衬底构成海水龙纹。其画法独特：先用弯曲的粗线勾勒出浪峰的外缘轮廓，浪头突起形似姜芽；然后再用细密的线条画漩涡，有大波大浪的态势，给人以滔天巨浪之震撼感。

元代景德镇窑青花缠枝牡丹瑞兽纹双龙耳大罐。现藏于伊朗国家博物馆

元代景德镇窑青花蒙古包。现藏于俄罗斯艾尔米塔什博物馆

明代，海水纹是瓷器上常见边饰，以景德镇窑青花瓷的艺术水平最高，且历代都有变化，形成了鲜明的时代特色。洪武时期作为边饰的海涛纹，常用一起伏的粗线画潮头，细线画水波，长长的粗曲线的横贯始终，缺乏动感与气势。永乐时期作为边饰的海涛纹，出现漩涡状的水波纹，粗线构成的潮头穿插在水波之间，富于变化，也增加了气势。宣德时期，海涛纹在景德镇窑青花瓷器上大量出现。除了继续为边饰外，还出现了用作主纹的海涛纹。风格写实，形式多样。有的是用小浪花与弧线构成的水面比较平静的海涛纹，有的是由大浪花构成的波涛起伏翻滚的波涛纹，还有的是以逆时针方向旋转的旋纹线构成的漩涡纹。均动态十足，逼真形象。以明宣德青花海水纹大香炉为代表。成化至弘治时期的景德镇民窑青花海水纹呈叠浪状，主要作边饰。正德至嘉靖时期景德镇民窑青花瓷器上海水纹，呈二、三层叠浪击浪花状，有的为三角形；有的为串珠形击浪花状。

云

云纹，以取自大自然的云为题材。常采用简练的线条来展现云在空中飘动上升的状态，象征着如意、高升。

西汉至宋

早期瓷器上的云纹，均为云气状。最早出现在西汉中晚期原始瓷上的云纹，以刻画技法制成，线条纤细，婉转流畅，虚无缥缈，与同时期的漆器风格十分相似，充满了神秘的浪漫主义色彩。

西晋时期南方社会相对稳定，社会对瓷器的需求增加，青瓷的产量增大。以江西洪州窑为代表的青瓷上。再度兴起云气纹图案，多装饰于器物的肩腹部，风格质朴。

唐代，北方陕西黄堡窑创烧的素胎黑花瓷器上，出现了以黑釉绘制的卷云纹，笔法简练自如，配上与反差较大的黄白地色，显得格外突出醒目，有鲜明地域特色。唐代晚期，越窑青瓷上出现了褐彩云纹，以浙江临安唐天复元年（901年）水邱氏墓出土的熏炉[13]为代表，器身满饰如意形云纹与流云纹。长沙窑青釉褐红彩云气纹，绘画技法娴熟，构图简洁，颇具时代特色。多装饰于执壶流下方以红褐彩绘制一朵长尾卷云纹，下有散开的浮云衬托。纹饰以褐彩勾勒线条，再用红彩填彩，红彩呈色纯正，呈现出一幅“红云出岫”的优美画面。

唐五代时期四川邛崃窑进入发展的兴盛期，彩绘成了主要的装饰技法，所用彩色有黄、褐、黑褐、绿色等，卷云纹是其流行的彩绘图案之一，有的为两种彩，有的为三种彩，还有的是彩绘与划花、印花等结合使用，设计多样，灵活多变。

五代时期，越窑青瓷沿袭唐代制作技法，继续流行细线划花云纹，以慈溪市博物馆收藏的青瓷罂[14]为代表，该件器物出土于五代吴越宝大元年

唐代越窑青瓷褐彩如意云纹薰炉，1980年浙江省临安市锦城街道西墅村唐天复元年（901年）吴越国王钱镠母水丘氏墓出土。现藏于临安市博物馆

五代十国时期越窑青瓷褐彩云纹罂。现藏于浙江省博物馆

（924年）黄氏夫人墓，腹部饰划花卷云纹一周，线条纤细流畅，图案清晰精美。亦有褐彩绘制的云纹，主要施于罂类器物上面，为如意形云朵纹，装饰效果极佳。耀州窑青瓷亦见有云纹装饰，也是采用划花手法，为二方连续的流云形式，主要作边饰。

北宋时期，耀州窑青瓷器的云纹多采用刻花和印花手法表现。云的造型逐渐多样化，见有云朵呈如意形的如意云纹、云朵呈勾卷形的勾云纹、云朵在空中呈横卧形的卧云纹、云朵在空中呈斜向飘动状的行云纹、两三个小云朵组合在一起的和合云纹及很多个小云朵组成的大片祥云等[15]。

北宋中晚期，为了适应市场的需求，方兴未艾的龙泉窑积极利用和改进当时流行的刻花装饰，生产出具有地方特色的产品。北宋龙泉窑采用刻划装饰技法，由于釉色透明，光泽度好，使釉面与刻花装饰完美结合，相得益彰。碗、盘类装饰盛行深刻浅划，双面刻划，内壁常见有云纹。图案布局早期满密，多使用篦点纹、篦线纹；后期简约，刀法熟练，线条流畅，疏密有致。

元明清时期

元代，瓷器上的云纹发展变化较大，以元青花瓷上的云纹最为典型，云的中心部位画成扁圆花形，有的花形略加渲染，有的还特意露出白色的花心，具有灵动之感。除了与龙、凤等组合构成云龙纹、云凤纹外，还多出现在人物故事图案中，起衬景分隔或烘托主题的作用。

元代景德镇窑青花云龙纹象耳瓶。现藏于英国大维德中国艺术基金会

明崇祯景德镇窑青花云纹笔筒。现藏于北京艺术博物馆

明代，瓷器上的云纹形式多样，青花瓷上的云纹不再留白心，而是染满色，与元代有着显著的区别。因时代审美不同，历代的云纹都有自己的风格与特色。洪武云纹多作风带如意云形，其云头如意形不似元代那样规整，云脚较粗，并向一侧弯曲。盘内多饰三朵云纹，呈“品”字形排列。永乐时期，继续见有折带云纹，以1984年景德镇珠山御窑遗址出土的一件青花云凤纹高足碗[16]为代表，碗内壁印

明成化景德镇窑青花携琴访友纹大罐，1985年北京市海淀区白石桥地区出土。现藏于北京市海淀区博物馆

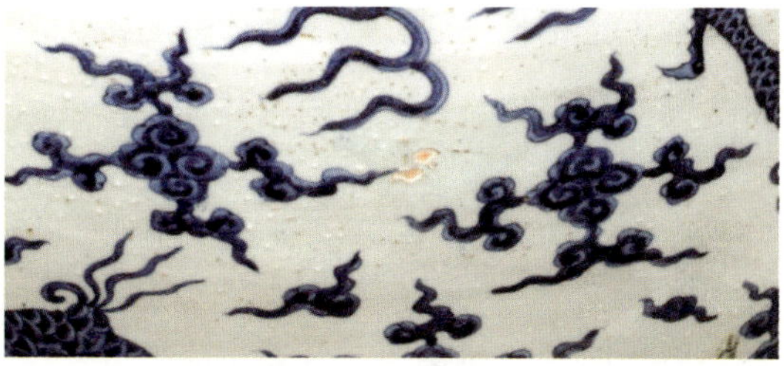

明嘉靖景德镇窑青花云龙纹大缸。现藏于定陵博物馆

明成化景德镇窑青花携琴访友纹大罐，1985年北京市海淀区白石桥地区出土。现藏于北京市海淀区博物馆

花装饰祥云凤凰纹，碗心绘折带云纹。正统时期，景德镇窑青花瓷器上的云纹多作为边饰图案，流行十字形灵芝状云纹，其四角小浮云呈“器”字形排列。成化时期流行“品”形云、团云纹、如意形云。正德至嘉靖时期青花瓷器上祥云纹呈“壬”和“人”字形，较为粗壮。灵芝云纹内含折枝花。明崇祯景德镇窑云带纹代表了晚明时期云纹的特色。

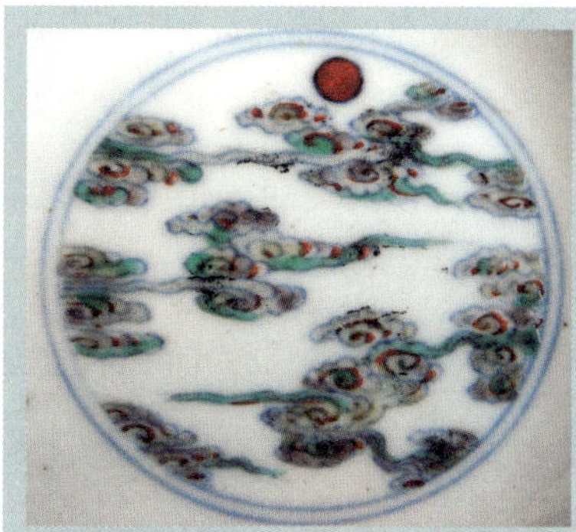

清康熙景德镇窑斗彩云纹碟。现藏于北京艺术博物馆

清代，云纹的形态变化较大。顺治至康熙初期，景德镇民窑青花瓷器上流行斑片云纹。这一时期还有一种朵云纹，其外缘以廓线勾勒，形成一圈露白，时代特色十分鲜明。康熙景德镇官窑斗彩瓷器上亦流行云纹装饰，一般是在器物的内、外壁均施以云纹，如与红日构图在一起，则象征着“高升”。

楼 阁

楼阁，指两层以上的房屋，是中国古代园林中常见的建筑。历史悠久的有山西的鹳雀楼、湖南的岳阳楼、湖北的黄鹤楼、江西的滕王阁，并称为古代四大名楼。

瓷器上的楼阁纹，或表现四大名楼，以借古抒怀，感叹历史兴衰；或绘画园林美景，表达与世无争、淡泊恬静的生活情趣，两者相得益彰。

明代成化时期，景德镇窑瓷器上见有云气楼阁图。万历时期，景德镇窑瓷器上流行五彩亭台楼阁纹，以万历五彩亭台楼阁纹盘[17]为典型作品。

清乾隆景德镇窑粉彩山水纹瓷板。现藏于北京艺术博物馆

清雍正广彩山水纹盘。现藏于广东省博物馆

清代，广彩瓷器上尤为盛行楼阁图。最早出现于雍正广彩瓷上。这一时期的楼阁已经成为山水纹的重要构成要素之一。雍正时期的广彩山水纹已经出现了规范化的图式，画面上多绘有以溪流、山石、树木、塔、桥、楼阁等，或以写意的手法描绘，有如天上仙境一般；或以写实手法绘制，以表现珠江一带的美丽风光为主。以广东省博物馆收藏的雍正广彩山水纹盘[18]为代表，盘内心主题纹饰为广州珠江风景图，其中的楼阁、树木、帆船等均以大红为主色，具有鲜明的地域特色。景德镇窑瓷器上的楼阁纹更是十分常见。除了官窑制品外，民窑亦不乏精品。以清乾隆景德镇窑粉彩山水纹瓷板为代表，正面白釉地上通绘一幅粉彩山水楼阁人物图，施彩绚丽，绘画细腻。

宝 塔

塔，最初是用来供奉佛祖释迦牟尼舍利的建筑，后来成为佛教高僧的埋骨建筑，是东方常见建筑之一，分楼阁式、密檐式、覆钵式、金刚宝座式等多种形式。

唐代，佛教发展达到鼎盛，盛况空前，塔作为佛教题材也成为瓷器上的装饰图案。瓷器上的宝塔纹，最早见于唐代长沙窑青釉彩绘瓷器上面。以现藏于湖南省博物馆的一件青釉绿彩宝塔纹穿带壶[19]为典型代表，流下装饰的绿彩宝塔纹。宝塔为七

唐代长沙窑青釉贴花褐斑注壶，1973年湖南省衡阳市司前街水井出土。现藏于湖南省博物馆

唐代长沙窑青釉绿彩宝塔纹穿带壶，1983年湖南省望城县长沙窑窑址出土。现藏于湖南省博物馆

层，第一层塔身较高，从第二层起逐层按比例减低和收敛，各层翼角挑起，塔檐无彩，以线刻画出瓦纹，塔两侧绘参天大树。造型新颖，风格独特。此种重檐七层塔，也称“七级浮屠”，为佛教中等级较高的建筑形式。此类贴花宝塔有的上面还再施以褐色斑块，更具装饰艺术性。其工艺极为复杂：先以模印贴花的宝塔纹置于瓷器上面，再在其上涂饰椭圆形的大块褐色彩斑，最后施釉，增强了艺术感染力。

清代瓷器上尤为盛行宝塔纹装饰。其中，广彩瓷器上的宝塔纹尤为常见。它最早出现于雍正广彩瓷上，是这一时期山水纹的构成要素之一。此时期的广彩山水纹已经出现了规范化的图式，画面上多绘有以溪流、山石、树木、塔、桥、楼阁等，或以写意的手法描绘，有如天上仙境一般；或以写实手法绘制，以表现珠江一带的美丽风光为主。其中，尤以宝塔纹特色突出，且极具中国传统文化特质与鲜明时代特色。如现藏于北京故宫博物院的雍正广彩山水塔桥雁纹盘[20]，盘内以水面为中心，石桥连接两岸，繁花似锦，草木葱茏，宝塔、楼阁、茅舍掩映其间，画面意境幽雅。景德镇窑瓷器上的宝塔纹也很流行。乾隆时期以珐琅彩宝塔纹为代表，如北京故宫博物院收藏的乾隆珐琅彩豆青地开光山水诗句瓶，腹部圆形开光内绘宝塔纹，由墨彩隶书录制的乾隆御制《登景州开

清乾隆珐琅彩豆青地开光山水纹瓶。现藏于北京故宫博物院

清雍正广彩山水塔桥雁纹盘。现藏于北京故宫博物院

福寺塔》诗文可知，图案为景州开福寺塔，画风写实，工艺精湛，代表乾隆官窑珐琅彩瓷的制作水平。

洞 石

洞石，是一种观赏石，石中有洞，以“太湖石”为最。洞石不仅是文人墨客雅玩和赞美的对象，也成为古代装饰题材中常见的一种典型纹饰。

瓷器上的山石纹，始见于唐代湖南长沙窑，其以青釉高温釉下褐、绿彩绘制的山石纹，尽管技法尚显稚拙，构图也十分简洁，但却开拓了瓷器装饰的新内容，极具绘画艺术的美感。

北宋晚期至金代，耀州窑青瓷碗、盆等器物上也有山石纹，采用刻花技法制作而成，山石纹奇形怪状，带有孔洞，并衬以蕉叶，展现了江南园林艺术中起重要点缀作用的太湖石的奇特美。

元代，磁州窑白地黑花[21]与景德镇窑青花瓷器上更加流行洞石图案，常见太湖石的形式，有的伴以芭蕉，主要作为山水、花鸟或人物故事图案的衬景。

明初龙泉窑官器盛行刻花松竹梅、芭蕉等与湖石组合的庭园小景，寓意祥瑞美好。

明成化景德镇窑斗彩怪石茶花纹罐。现藏于大英博物馆

明万历景德镇窑三彩骑马出游纹花觚，1958年明万历皇帝的定陵地下宫殿出土。现藏于北京定陵博物馆

清乾隆景德镇窑青花竹石芭蕉纹玉壶春瓶。现藏于北京艺术博物馆

永乐时期景德镇窑青花瓷器上流行松石图纹，画面以山石、松树为中心，周围配以花草，画面清幽雅致。成化时期景德镇窑瓷器上流行山石纹，有的与牡丹、三秋组合，构成山石牡丹纹，山石三秋纹。采用双线勾勒填色法，线条纤细，填色浅淡，独具时代特色。另外，成化时期的斗彩石头茶花纹也颇具特色，以大英博物馆大维德爵士藏的成化斗彩怪石茶花纹罐[22]为典型代表，怪石茶花纹是明代中期茶花纹的典型表现形式，一般饰在碗、罐类器物的外壁，三组怪石茶花纹布局疏朗，间衬以坡地、花草及飞舞的蜜蜂、蝴蝶等，呈现出勃勃生机。其中，青花制品所用青料为产于江西省乐平市的平等青，发色淡雅，代表了成化青花的艺术特色。明代晚期，除了青花，也有三彩洞石花卉纹，以1958年明万历皇帝的定陵地下宫殿出土的万历三彩人物故事纹花觚为代表，通体施黄釉为地，再以紫赭彩、黑彩绘图案。口内侧绘菊花纹，外颈部绘洞石纹、牡丹纹，并有蜜蜂、蜻蜓飞舞其间，显得生机勃勃，富有朝气。

清代顺治时期流行怪石，且多与兰花、竹子、秋叶、兰草等相组合，石头多为太湖石，因此石头中间留有大小不一的孔洞。有的还配以题句。康熙时期青花山石采用斧劈皴的画法，一笔下来，墨分五色，具有水墨画的艺术效果。乾隆时期，山石与修竹、芭蕉组合的竹石芭蕉纹再度流行，并一直沿用至清晚期。以乾隆景德镇窑青花竹石芭蕉纹玉壶春瓶为典型，腹部绘主题庭院竹石芭蕉纹，间饰以花草。底书青花“大清乾隆年制”六字三行篆款，为官窑精品。

竹石芭蕉

竹石芭蕉纹，即由竹、假山石和四季常青的芭蕉为主体的画面，呈现的是典型的江南园林景象，有的还辅以萱草、兰花等，优美别致，寓以高雅清玄之意。

瓷器上的竹石芭蕉纹，始见于金代定窑白瓷，其以模印手法制成，主要饰于碗[23]的内壁，分格布局，每格内均模印有竹子、假山石及芭蕉组成的写生园景，有的还衬有鹤、牵牛花、玉簪花等，画面生机盎然。

元代瓷器上的竹石芭蕉纹逐渐发展成熟，以元青花制品为典型代表。此时期的竹石芭蕉主要作主纹绘于大盘内，采取对称式构图，即以一株石上芭蕉为中心，两侧对称布置石头、竹子、灵芝、瓜果、花卉等，有时还衬以凤、孔雀、麒麟等，布局繁复满密，题材内容丰富，给人以生机蓬勃之感。

元代景德镇窑青花竹石芭蕉瓜果纹大盘。现藏于伊朗国家博物馆

明代瓷器上尤为盛行装饰竹石芭蕉纹。永乐景德镇官窑青花瓷器上常以竹子、芭蕉、洞石为中心，衬以花草、栏杆等景物，画面疏朗，自然明快，富有情趣。宣德以后，历代均继续烧造以竹石芭蕉纹装饰的瓷器。除了用在盘、碗等类器物外，还常用在梅瓶、玉壶春瓶等类瓷器上，对后世影响深远。此外，明代早期龙泉窑青瓷大盘上十分流行以刻划技法装饰的竹石芭蕉纹，一般由假山、护栏、芭蕉组合构图，构图繁密，布局工整严谨，多被施于盘类器物的内里，刀法娴熟，线条流畅。纹饰轮廓线因积釉显深绿色，轮廓线外釉色稍浅，两相映照，极具层次感与立体感，制作精致，可与官窑青花相媲美。

清代，康熙、雍正、乾隆、道光等朝官窑均有仿烧明代的竹石芭蕉纹玉壶春瓶，且名品迭出，堪称是官仿官瓷器的经典之作。青花作品尤为突出，其采用通景式布局，图案疏朗有致，富于层次，极具传统水墨画的艺术效果。

清道光景德镇窑青花竹石芭蕉纹玉壶春瓶。现藏于北京艺术博物馆

莲池小景

莲池小景纹，顾名思义，即以莲花、池塘、花鸟等组成的风景图案，反映了古人的生活情趣。

宋金时期，莲池小景成为瓷器上的流行图案。金代磁州窑白地黑花瓷器的池塘小景，带有水草，极具乡野气息。

南宋吉州窑釉下彩绘莲池纹三足炉，1970年江西省南昌县罗家集南宋嘉定二年（1209年）陈氏墓出土。现藏江西省博物馆

南宋，吉州窑流行釉下彩绘莲池小景纹，以三足炉[24]为代表。这是一件焚香器具。中腹施酱褐釉为地，以二方连续的缠枝手法绘白色荷莲纹一周，叶面卷起，莲花盛开，莲蓬饱满，纹饰生动逼真，笔法娴熟，精致典雅。白地褐花与褐地白花并用，在同一器物上用两种相反的画法，颇具新意，为吉州窑彩绘瓷之佳作。

元代，莲池水景纹成为元青花大盘上的主题图案，并在碗、玉壶春瓶、梅瓶、大罐等其他器类上广为运用。构图形式多样，有的为两组莲花，有的为四组莲花。每组以一大片莲叶为中心，上下左右辅以荷花、水草、茨菰、小荷叶等。所有植物的根部平行聚集在水波线中，整体感强，风格朴实自然。有的点缀以鸳鸯、鹭鸶等水禽嬉戏其间。其中，莲池鸳鸯纹也称“满池娇”，元朝曾明文规定平民百姓禁用。

明代永乐时期，景德镇窑瓷器上仍见有莲池小景纹，以青花大盘为典型器物，盘的内底中央绘莲池纹，画面清新自然。宣德时期出现了斗彩莲池鸳鸯纹，以窑址出土的一件斗彩盘[25]为例，盘心以没骨法绘三组红莲纹和斗彩鸳鸯纹，并衬以芦苇、红蓼、茨菰、浮萍等，色彩丰富艳丽，画面生动有趣。成化时期有仿宣德斗彩制品，另外还有青花莲池水藻纹碗，绘于碗的外壁，笔法细腻，呈色淡雅。莲池纹中的莲花与水藻相间排列，水藻呈带状，具有强烈的漂浮感。

元代景德镇窑青花莲池纹盘。现藏于景德镇市陶瓷考古研究所

明成化景德镇窑青花莲池纹碗，景德镇珠山御窑厂遗址出土。现藏于景德镇官窑博物馆

清代，瓷器上的莲池小景纹继续盛行，且装饰品种增多，除青花、五彩外，还有粉彩及青花粉彩等。康熙时期的五彩莲池纹，构图饱满，色调明艳。雍正时期的粉彩莲池纹，绘画工细，韵味独特。晚清道光时期的青花粉彩莲池纹，多饰于碗外壁，布局疏朗，发色淡雅，风格清新写实，体现出宫廷审美的新时尚。

民国时期，仍以粉彩制品为主，但莲池小景更多是与水禽组合在一起，形成完整的通景图案。风格仿自康熙五彩，构图紧凑饱满，画面层次较多，大花大叶，充满朝气。

清道光景德镇窑青花莲池纹碗。现藏于北京艺术博物馆

清道光景德镇窑粉彩莲池纹碗。现藏于北京艺术博物馆

海屋添筹

海屋添筹是清代瓷器上十分新颖的一种装饰图案。称仙人居住的地方为海屋，由此便以“海屋添筹”寓祝长寿。

清代瓷器上的海屋添筹图，多以彩绘技法表现，以景德镇官窑制品为代表，有青花、斗彩、五彩、粉彩、黄釉绿彩等。其构图形式基本一致，即为仙鹤衔筹飞向海上的仙山瑶台。

乾隆时期的斗彩海屋添筹纹碟较具典型性，内底画祥云缭绕，浪花翻滚，水中楼阁层叠而上，巍峨壮观，两只仙鹤口中衔筹，正向仙阁飞来，画面开阔，色彩丰富，寓意吉祥。底书青花“大清乾隆年制”六字三行篆书款，堪称官窑佳品。

道光时期粉彩海屋添筹纹如意，代表了晚清瓷器装饰特色与艺术水平。如意采用了三镶形制。头尾上翘，均呈云头状。柄身躬起，中段为宽于器身的倭角长方形。头、柄、尾部各置一开光，开光内各绘一幅海屋添筹图，开光外满饰绿地粉彩描金蝠磬有余、缠枝花卉等，色彩艳丽，画面精美，洋溢着喜庆吉祥的气氛，完美诠释了海屋添筹、福寿如意的主题内容。

清乾隆景德镇官窑斗彩海屋添筹纹碟。现藏于北京艺术博物馆

清道光景德镇窑粉彩开光海屋添筹图如意。现藏于北京艺术博物馆

注释：

[1] 周世荣著：《长沙窑瓷鉴定与鉴赏》，江西美术出版社2001年版，第44页。
[2] 张柏主编：《中国出土瓷器全集·13，湖北、湖南》，北京科学出版社2008年版，第157页。
[3] 刘光甫：《宋元磁州窑山水纹饰研究》，《艺术之窗》总第307期，第123页。
[4] 河北省文物研究所编著：《珍瓷赏真：河北省文物研究所所藏瓷选介》，北京科学出版社2007年版，第116页。
[5] 刘新园：《元青花花纹与其相关技艺的研究》，《托普卡比宫的中国瑰宝》2003年版，第101页。
[6] 安徽省博物馆编：《元瓷之珍》，文物出版社2009年版，第70、71页。
[7] 上海博物馆编：《上海博物馆与英国巴特勒家族所藏17世纪景德镇瓷器》，上海书画出版社2005年版，第107页。
[8] 良渚博物院、北京艺术博物馆编：《天子之雅：清代帝王生活侧影展》，浙江古籍出版社2010年版，第66页。
[9] 江西省博物馆、首都博物馆编：《赣水流韵 辉耀千载：江西古代文物精品》，文物出版社2014年版，第158页。
[10] 浙江省博物馆编：《窑火遗韵》，浙江古籍出版社2009年版，第37页。
[11] 陕西省考古研究所、耀州窑博物馆编著：《宋代耀州窑址》，文物出版社1998年版，第660页。
[12] 江西省文物考古研究所等编著：《景德镇湖田窑址：1988年—1999年考古发掘报告》，文物出版社2007年，第82—83页。
[13] 明堂山考古队：《临安县水邱氏墓发掘报告》，《浙江省文物考古所学刊》，文物出版社1981年版。
[14] 慈溪市博物馆编：《瑞色青青》，上海人民美术出版社2013年版，第138页。
[15] 陕西省考古研究所、耀州窑博物馆编著：《宋代耀州窑址》，文物出版社1998年版，第660页。
[16] 首都博物馆编：《景德镇珠山出土永乐官窑瓷器》，文物出版社2007年版，第168页。
[17] 王莉英主编：《故宫博物院藏文物珍品大系》，上海科学技术出版社2011年版，第49页。
[18] 广东省博物馆等编：《重彩华章：广彩瓷器300年精华展览》，广州岭南美术出版社2014年版，第12页。
[19] 张柏主编：《中国出土瓷器全集·13，湖北、湖南》，北京科学出版社2008年版，第156页。
[20] 故宫博物院古陶瓷研究中心编：《古陶瓷资料选萃》，紫禁城出版社2005年版，第160页。
[21] 北京大学考古学系、河北省文物研究所、邯郸地区文物保管所：《观台磁州窑址》，文物出版社1997年版，第478页。
[22] 康蕊君等编著：《大英博物馆大维德爵士藏中国陶瓷精选》，文物出版社2013年版，第138页。
[23] 蔡玫芬主编：《定州花瓷：院藏定窑系白瓷特展》，“台北故宫博物院”2015年版，第224页。
[24] 彭明翰主编：《中国吉州窑》，中国华侨出版社2013年版，第150页。
[25] 陈建明主编：《御窑密码：明代皇家瓷器特展》，中华书局2014年版，第164页。

第五章 / 器物图案

器物图案，即由各种器物构成的装饰图案。写实或写意，独立或组合，简易或繁复，意趣天然。通过谐音、会意、比拟等手法，既具装饰性，又含有吉祥寓意。主要表达了人们避灾驱祸、期盼吉祥的心理。

璎 珞

璎珞，原是缀珠玉的颈饰，即用细线将珠石编串成多层次的装饰物品。璎珞纹有着明显的宗教内涵，寓意吉祥。

北宋开始，瓷塑观音菩萨像上出现了璎珞纹装饰，璎珞为模印贴塑制成，工艺十分繁杂。以现藏于温州博物馆的北宋青瓷观音菩萨坐像[1]为典型代表，观音半跏趺坐于束腰须弥座上，胸前佩饰璎珞，璎珞的制作工艺极其娴熟，刻画细致入微，反映出宋代瓯窑青瓷杰出的瓷塑工艺水平。

元代，瓷塑观音、菩萨、佛像上尤为盛行璎珞装饰。一般是以串珠连缀起来装饰于瓷塑人物的颈项部位及胸前。景德镇窑青白瓷、龙泉窑青瓷等都有精美作品传世。以现藏于首都博物馆的元代景德镇窑青白釉水月观音菩萨像[2]为典型代表，观音头戴宝冠，神态庄肃，气质高雅。胸前及衣裙上满缀璎珞，装饰十分华美，体现出元代景德镇窑高超的瓷塑水平。

明代，宣德时期景德镇窑青花瓷器上继续使用璎珞纹装饰。明代中期尤为盛行。多见于珐华、青花、五彩等瓷器上面。明代晚期，尤以嘉靖时期景德镇官窑瓷器上最为盛行装饰璎珞纹。这一时期的璎珞纹，已经脱离完全摆脱人物塑像的需要而独立用于瓷器装饰，分青花与五彩等多种装饰技法。青

北宋瓯窑青瓷观音菩萨坐像，1965年温州市瓯海区梧埏镇北宋政和五年（1115年）白象塔出土。现藏于温州博物馆

元代景德镇窑青白釉水月观音坐像，1955年北京西城区定阜大街出土。现藏于首都博物馆

明嘉靖景德镇官窑青花花卉纹梅瓶，1958年北京明十三陵定陵地下宫殿出土。现藏于北京定陵博物馆

明嘉靖景德镇民窑五彩缠枝花卉纹梅瓶。现藏于北京故宫博物院

花制品以1958年北京明十三陵定陵地下宫殿出土的嘉靖青花花卉纹梅瓶[3]为典型代表，肩部为如意云头纹与璎珞纹相间排列，为嘉靖官窑青花瓷器之精品，反映出皇室的艺术审美需求。五彩制品以现藏于北京故宫博物院的嘉靖五彩缠枝花卉纹梅瓶[4]为典型代表，肩部绘串珠璎珞纹，腹部为缠枝宝相莲纹，带有浓郁的宗教文化色彩。

清代，璎珞纹宗教含义大为减弱，但作为吉祥图案继续流行，制品以粉彩为主。宗教含义极大减弱，更多的则寓意吉祥。

云 肩

云肩纹，因形似古代妇女在颈下、胸、背、肩部所围的下垂式的云肩装饰，故此得名。元代云肩已是华丽美服的一部分了。但当时围此云肩者以舞女及宫人为多。[5]

瓷器上的云肩纹出现在元代。因似如意形灵芝，故也称如意云肩纹。以景德镇青花瓷上的云肩纹最具代表性，广泛装饰在梅瓶、六棱形瓶、大罐、四系扁壶等器物的肩部，玉壶春瓶的腹部及大盘的内底等处。云肩轮廓由三根线条构成，中间线粗，两边线细，分三阶连垂式与四阶连垂式。云肩内再填绘以丰富的内容，有海水纹、花卉

清康熙景德镇窑青花云肩内画缠枝花纹罐。现藏于北京市文物研究所

元代景德镇窑青花云肩水波莲纹玉壶春瓶。现藏于美国波士顿艺术博物馆

纹、动物纹等。白地蓝花为主，亦有蓝地白花，前者是在白地上以青花直接描绘缠枝牡丹、缠枝菊花等；后者则多是以青花海水纹为地，留白处装饰白马纹、白莲花等。

元代景德镇窑的青白釉瓷上，也很流行云肩纹装饰。主要是采用贴花串珠式构成仰如意头纹与垂如意头纹。

明代云肩纹逐渐简化。洪武时期，云肩纹的轮廓简为两垂式，以景德镇窑出土的青花锦地垂云莲纹折沿盘和青花缠枝莲纹直口大碗为代表，边缘用线不甚讲究，或为粗细两根，或为三根。永乐时期，云肩纹的边缘虽绘三根线条，但粗细一样，没有对比，十分简陋[6]。明代后期，云肩纹构图更加简单，云头变小，变为二方连续的带状边饰。均为两道边线，里层填色，个别的云肩内也填绘有折枝花卉纹。

清代，云肩纹偶有复苏，而康熙时期景德镇窑瓷器上运用较多，其作用类似开光。以现藏于北京市文物研究所的康熙景德镇窑青花云肩花卉纹大盖罐[7]为典型代表，盖面及肩、腹部饰云肩形开光，开光内绘蓝地白花牡丹纹。造型硕大雄浑，装饰华丽，为清初民窑青花瓷器之精品。

清代中期以后，云肩纹再度有衰退之势，又多见为边饰图案。

古钱

古钱，常见圆形方孔钱的形状，象征着富贵。

瓷器上的钱纹，最早见于东汉时期。湖南岳州窑酱釉缸残片及青釉瓷残片上均发现有“大泉五十”变形钱纹，类似新莽“大泉五十”圆钱，烧造上限可早到新莽时期[8]。另外，北京故宫博物院收藏的一件褐釉钱纹大罐[9]也极具代表性。

五代时期，耀州窑青瓷器上也偶见钱纹装饰，采用划花技法施于碗类器物的内壁，如以窑址出土的青瓷碗[10]为代表，碗内壁饰凹弦纹二周，弦纹之间划花装饰连环纹，连环纹中有内向弧形方格，似圆形方孔钱，作连续排列状，环绕碗壁一周。

宋金时期，瓷器上的钱纹千变万化，形态多样。耀州窑青瓷器上的钱纹，分刻花与印花两种装饰技法。构图或简或繁，有的是在圆弧和方形几何纹内再加单线、多条线、小圆弧、双勾圆弧、双勾方形、朵花等。多饰于盂、碗、盘、执壶等类器物上。磁州窑黑釉划花钱纹盒、黑釉剔花钱纹盆等，也均有独特装饰艺术性。二者工艺略有不同：前者是在黑釉瓷器上用利器直接划出花纹；后者是在器物施黑釉后剔去一部分，形成花纹，或划花后剔除花纹以外的黑釉。此外，登封窑的珍珠地划花钱纹，布局疏密得当，线条清晰，层次分明，别具一格。

金代耀州窑青瓷刻花钱纹碗。现藏于耀州窑博物馆

北宋登封窑珍珠地划花钱纹橄榄瓶，江苏省镇江市丹阳县北宋熙宁十年（1077年）墓出土。现藏于镇江博物馆

元代景德镇窑青花狮子滚绣球纹八棱玉壶春瓶上的钱纹，河北省保定窖藏出土。现藏于河北博物院

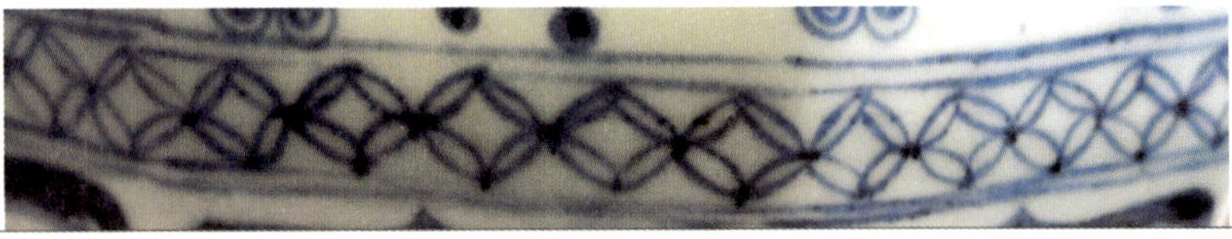

元代钱纹与宋代风格一致，没有太大变化，表现手法主要为印花、刻花与绘画。以青花绘画钱纹最具代表性，多用于装饰盘、碗的边沿或瓶、罐的肩部或腹部。主要用作辅纹，也有为主纹的。辅纹多为单钱二方连续展开，形成装饰带。主纹则由钱纹构成整个布局，并有在圆钱纹的中心填画花草等图案的。还有以钱纹作地，起衬托主纹的作用。

明代，景德镇窑瓷器上的钱纹更加运用普遍，历代皆有佳品呈现。洪武时期以青花钱形锦地垂云莲纹折沿盘等为代表作品。永乐青花瓷器上流行半钱纹，布局严谨，极富图案装饰趣味。正统时期青花瓷上兴起钱纹锦地边饰。嘉靖、万历时期，绣墩上盛行镂空双钱纹装饰，即以两枚古钱相连组成，寓意“财源广进”。这类瓷器一直到清代仍大量烧造。

明正统景德镇窑青花八仙祝寿纹大罐。现藏于北京艺术博物馆

清代钱纹装饰更是随处可见。钱音同“前”，钱孔又称“眼”，二者结合，称作“眼前”。其常以组合形式出现，寓意吉祥。如：与蝙蝠组合，寓意“福在眼前”；与喜鹊组合，寓意“喜在眼前”。另外，古代钱也称“泉”，泉音同“全”，故其组合中，又增添许多吉祥含义。如：两枚古钱组合，称作“双全”；蝙蝠衔着用绳穿起来的篆书寿字和两枚古钱，寓意“福寿双全”；十枚古钱，称为“十全”；与牡丹组合，寓意“十全富贵”。总之均与富贵、财富相关，反映人们追求富贵荣华的普遍心理。

元代景德镇窑青花云龙纹罐，1966年江苏省金坛县洮西乡湖溪大队元代窖藏出土。现藏于镇江市博物馆

织锦

织锦纹，即采用织锦图案的瓷器装饰。唐三彩上大量出现锦纹装饰，由此开启了瓷器上锦纹装饰的先河。

南宋时期，江西吉州窑受江南兴盛的织锦业影响，将锦纹引入瓷器装饰。以锦地开光花卉纹盂为代表，矮颈，丰肩，球腹，圈足。釉色白中闪黄，釉层较薄。肩部施三周弦纹。腹部对称安排两个双线八连弧开光，内绘折枝梅、竹纹，外衬以锦地纹。

元代吉州窑釉下彩绘锦地开光梅竹纹梅瓶。现藏于吉安县博物馆

元代，吉州窑继续沿用这一图案，除了为地纹外，也有作为主纹的，以元代吉州窑釉下彩绘锦纹琮式瓶为代表，瓶腹主体纹饰为菱花形织锦纹，构图繁密规整，华丽精致。景德镇窑青花瓷上的菱格锦纹也非常流行，其采用双线构成四方连续式的菱格锦带，再于每个菱格内填绘四瓣朵花纹。它是元青花瓷上的常见边饰，多装饰于大盘内口沿及大罐、葫芦瓶外口沿、八棱梅瓶的肩部及器盖的外壁等处。

明代宣德时期，景德镇窑青花瓷器上继续流行

锦纹装饰。明代中期青花瓷器上常见龟背锦纹、十字菱形锦纹。成化时期的钱纹锦很有特色，其以一大圆为一个单位中心，组成主题图案，上下左右和四角配以若干小圆，圆圆相套、相连，向四周循环发展，组成四方连续的形式。万历时期，见有“卍”字锦纹，极具时代特色。

清代，锦纹装饰以各式彩绘为主，极其华丽繁缛。一般不作主纹，而大多为辅纹或边饰，其中起地纹作用的，便称“锦地”。在其上再饰以花卉纹，称“锦地花”“锦上添花”；配以开光，称“锦地开光”。内容有龟背锦纹、云锦纹、水波锦纹、绣球锦纹、菱形锦纹、锁子锦纹、十字锦纹、卍字锦纹、花卉锦纹、连线锦纹等。构图满密，设计严谨，造型规矩，多呈四方连续性展开。表现技法多为彩绘、锥拱。

宝 杵

宝杵纹，源于佛教礼器与法器，由双头金刚杵交叉成“十”字形，故也称“十字杵纹”，表示绝对的定力。

瓷器上的宝杵纹兴起于元代。景德镇窑有卵白釉印花十字杵纹与青花十字杵纹两种。前者以卵白釉印花十字杵纹盘为代表，内底模印十字金刚杵纹，画面凸起有浮雕感。青花十字杵纹，主要饰于盘、碗、盆类器物的内里心及罐盖上。如英国维多利亚与阿尔博特博物馆收藏的一件元青花蓝地白花如意花卉纹大盆[11]为例，盆的内底心绘十字杵纹。另如现藏于辽宁省博物馆的青花缠枝花卉纹盘[12]，盘的内底心绘十字杵纹。这两件元青花瓷上的十字杵纹造型一致，十字杵均由四个带有莲花座的金刚杵组成，每个金刚杵以中轴为界，分置对称弯曲的股叉。但绘画方式完全相反，前者为蓝地白花，后者则为白地蓝花，以后者的绘画更为细腻写实，细线勾勒轮廓后，再添绘青料，中心及边缘留白，非常

元代龙泉窑青釉印花金刚杵纹碗，1984年青田县百货公司基建工地窖藏出土。现藏于青田县文管会

元代景德镇窑青花如意花卉纹盆。现藏于英国维多利亚与阿尔博特博物馆

元代景德镇窑青花缠枝花卉纹盘。现藏于辽宁省博物馆

形象生动。

元代中晚期，龙泉窑青瓷中见有戳印花十字杵纹。即将需要表现的题材预先刻在泥模上，入窑烧成瓷质印模，然后印在瓷坯上。主要为阴刻印模，表现在器物中就是阳文印花[13]。采用戳印技法制作而成的宝杵纹，主要被装饰在碗的内底，外圈以一道弦线，在青绿色釉的映衬下，显得格外精致。

明代，瓷器上十分盛行装饰宝杵纹。明代早期多见戳印技法制成的印花宝杵纹，主要施于器物的内底。景德镇窑瓷器上的宝杵纹装饰工艺技法多样。永乐时期在白釉瓷器上出现印花十字宝杵纹，以2003年窑址出土的一件白釉盘口碗[14]为典型代表，内底印花十字宝杵纹，画面清晰，制作细腻。宣德时期青花瓷上的宝杵纹继续流行。明代中期十字宝杵纹在彩瓷装饰上盛行一时，尤以成化官窑斗彩瓷器上的十字杵纹为典型，有的与梵文同饰一器，如十字杵外再环以八个莲瓣，每个莲瓣内均书一梵文。这一时期的民窑青花十字宝杵纹，则布局疏朗，绘画笔法以勾、拓、涂染的一笔点划为主，笔触圆柔肥润，风格简约。成化时期，景德镇窑瓷器上还见有结带宝杵纹。

清代，瓷器上的宝杵纹偶有所见。

汉代原始瓷铺首耳壶。现藏于北京艺术博物馆

铺首

铺首是门扉上的饰物，状如猛兽怒目，龇牙咧嘴，衔有圆环，多见于古代青铜器及建筑物大门上。铺首既是实用的拉手，同时又带有辟邪镇宅、祈福保安的意义。

早在战国时期原始瓷上，铺首就已经出现了，无论造型与风格皆忠实模仿自青铜制品。采用堆贴方式施于原始瓷仿青铜礼器插座、盖罍、鉴等上面[15]。

西汉中期以后，原始瓷壶、钫、罐、钵、薰、炉等日常生活器皿上广泛运用堆贴铺首纹装饰。

东汉时期，以浙江上虞小仙坛窑址为代表的成熟青瓷上，也有铺首装饰，造型规整，制作精细，胎质细腻，釉色淡雅[16]。

三国东吴时期，铺首纹呈兽头状，嘴衔环，模制而成，贴饰于盆、洗等器物的腹部及罐类器物的肩部。往往与斜方格纹配合使用，具有古朴、庄重的效果。

元代钧窑月白釉铺首衔环纹三足炉。现藏于内蒙古自治区文物考古研究所

元代景德镇窑青花云龙纹兽耳大盖罐，1980年江西省高安元代窖藏出土。现藏于高安市博物馆

西晋时期，瓷器上的铺首装饰纹十分流行。装饰手法以模印贴塑为主，广泛应用于罐、盘口壶、壶、盆、三足洗、钵、唾盂等各种瓷器上，仍多与斜方格纹组合搭配。尤以浙江上虞青瓷为代表，烧造精细，质量上乘，代表当时高超的制瓷工艺水平。

隋代白釉贴花铺首衔环纹盖壶，1959年河南省安阳市豫北纱厂隋开皇十五年（595年）张盛墓出土。现藏于河南博物院

隋唐时期，瓷器上仍十分流行铺首衔环纹，以1959年河南省安阳市豫北纱厂隋开皇十五年（595年）张盛墓出土的白釉贴花铺首衔环纹盖壶[17]为典型代表，腹部等距贴塑9个铺首衔环，极具视觉冲击力。

宋代，瓷器上的铺首衔环装饰更加普及应用。以宝丰清凉寺北宋晚期汝窑遗址中出土的方壶为典型代表，腹部有的装饰铺首衔环，整体施纯正的天青釉，釉面温润，色调美观[18]。

元代，龙泉窑、钧窑、景德镇窑等常见铺首衔环纹装饰的瓷器。如现藏于内蒙古自治区文物考古研究所的元代钧窑月白釉铺首衔环纹三足炉[19]，腹部中部对称贴塑兽面衔环铺首纹，通体施月白釉，釉色淡雅，釉面温润，十分精美。景德镇窑青花大罐上尤为喜用铺首衔环装饰，既起到美化瓷器的作用，亦有实际的使用功能。如现藏于高安市博物馆的元青花云龙纹兽耳大盖罐[20]，肩部两侧各贴塑模印铺首一只，铺首口中各穿一铜环，用以提拉之用。

清乾隆景德镇窑青花缠枝宝相花纹铺首耳尊。现藏于北京艺术博物馆

明代，瓷器上常见铺首装饰，以泉窑青釉刻花兽耳瓶为代表。

清代乾隆时期，景德镇官窑继续流行在瓷器上装饰铺首衔环。雍正仿官釉铺首耳瓶、仿哥釉铺首耳香炉等均为典型器物。乾隆时期，瓷器上的铺首衔环纹更是随处可见，仿古气息浓郁。

纹 章

纹章也称徽章。绘有纹章纹的瓷器又称纹章瓷。纹章瓷是专为外国有身份的特殊用户制作的瓷器。其所有者上自皇室、贵族，下至社团、城市、军队首领等。纹章由外国商人带来，再由中国工匠精心摹绘于瓷器上，从而制成带有独特标志的特殊外销瓷。纹章瓷畅销于16世纪至19世纪的欧洲及南北美洲，是权力、地位与身份的象征。

纹章瓷始烧于16世纪的明代景德镇窑，是随着海外贸易的繁盛而发展起来的外销瓷的一个重要品种。以现藏于维多利亚与艾伯特博物馆的明嘉靖景德镇窑青花葡萄牙盾形徽章纹执壶[21]为代表，腹部绘有葡萄牙罗泊·贝秀多之子安东尼奥·贝秀多的纹章，应该是欧洲现存有明确年代可考的最早的纹章瓷之一。纹章瓷有的有年代记载，有的有订单记载，有的有明确记录，还有的是为结婚而专门订制的。

清代早期，法国国王路易十四命他的宰相马扎然创立“中国公司”，从中国大量定制饰有法国甲胄、军徽等图案的纹章瓷，自此，欧洲各国纷纷仿效，品种也不断增加。这种由欧洲各国出图样、再由中国烧制的纹章瓷开始盛行。雍正时期，欧洲掀起了由法国主导的“中国热”，纹章瓷成为地位和财富的重要象征，帝王和贵族们以拥有中国的瓷器而倍感骄傲。这一时期也是中国外销瓷贸易开始走向活跃的时期，除了景德镇外销纹章瓷，还包括有广彩纹章瓷。用纹章纹装饰的瓷器不仅造型较为独特，画面也十分精细华美，具有中国传统工艺特点的同时又体现出富丽典雅的欧洲装饰风格。作为特殊订制的外销瓷，纹章瓷烧成后绝大多数都被远销海外，几乎没

清雍正广彩纹章纹盘。现藏于维多利亚与艾伯特博物馆

有留下任何有关订购者、烧制年代及图样的中文记载。目前国内的纹章瓷极为罕见，而欧洲、北美各大博物馆和许多私人收藏家经过数个世纪的积累，至今仍珍藏有大量的纹章瓷。对于这些设计复杂、色彩丰富的纹章瓷，不但经销手续繁杂，而且对制作的要求也极高，不容丝毫差错。在这种情况下，如果订制的瓷器在景德镇制作，不仅会延长生产周期，增加生产成本，还可能因长途的运输跋涉而提升瓷器的损坏率，降低成品率，增大商业风险。因此，先将景德镇制好的白瓷运至位于广州的外国洋行附近的瓷厂，再在欧洲商人的监督与指导下进行彩绘，广彩纹章瓷便应运而生了。

景德镇窑彩绘瓷和广州彩瓷上的纹章纹都大多被绘制于盘类器物上。以现藏于维多利亚和阿尔伯特博物馆的雍正粉彩描金纹章纹盘[22]为代表，盘中的图案为英国贵族的盾形甲胄纹章。这种纹章起源于英国李和艾斯特雷家族，在特殊的社团中有记录，且可以进行考察，因此具有重要的史料研究价值。

注释：

[1] 温州博物馆编著：《中国陶瓷·瓯窑》，文物出版社2012年版，第156页。
[2] 北京市文物局编：《北京文物精粹大系·陶瓷卷》（下），北京出版社2003年版，第54页。
[3] 北京市文物局编：《北京文物精粹大系·陶瓷卷》（下），北京出版社2003年版，第104页。
[4] 王莉英主编：《中国陶瓷全集·第13卷，明，下》，上海人民美术出版社1999年版，第96页。
[5] 周锡保著：《中国古代服饰史》，中国戏剧出版社出版1986年刷，第356页。
[6] 刘新园：《元青花花纹与其相关技艺的研究》，《托普卡比官的中国瑰宝》2003年版，第91页。
[7] 北京市文物局编：《北京文物精粹大系·陶瓷卷》（下），北京出版社2003年版，第188页。
[8] 周世荣、周晓赤著：《岳州窑》，湖南美术出版社2011年版，第89页。
[9] 《中国古陶瓷图典》编辑委员会编：《中国古陶瓷图典》，文物出版社1998年，第264页。
[10] 陕西省考古研究所：《五代黄堡窑址》，文物出版社1997年版，第112页。
[11] 上海博物馆编：《元代青花瓷器特辑》，上海书画出版社2012年版，第109页。
[12] 北京艺术博物馆等主编：《元青花》，河北教育出版社2009年版，第118页。
[13] 浙江省文物考古研究所、北京大学考古文博学院、龙泉青瓷博物馆编：《龙泉大窑枫洞岩窑址出土瓷器》，文物出版社2009年版，第13页。
[14] 首都博物馆编：《景德镇珠山出土永乐官窑瓷器》，文物出版社2007年版，第42页。
[15] 浙江省博物馆编：《瓷源撷粹》，浙江古籍出版社2009年版，第20、31页。
[16] 浙江省博物馆编：《窑火遗韵》，浙江古籍出版社2009年版，第28页。
[17] 张柏主编：《中国出土瓷器全集·12，河南》，北京科学出版社2008年版，第31页。
[18] 孙新民：《河南宋金名窑瓷器概述》，《河南新出宋金名窑瓷器特展》2009年，第8页。
[19] 陈永志编：《内蒙古集宁路古城遗址出土瓷器》，文物出版社2004年版，第129页。
[20] 江西省博物馆、首都博物馆编：《赣水流韵 辉耀千载：江西古代文物精品》，文物出版社2014年版，第132页。
[21] 吕申章主编：《瓷之韵：大英博物馆、英国国立维多利亚与艾伯特博物馆藏瓷器精品》，北京中华书局2012年版，第68—69页。
[22] 柯玫瑰著：《维多利亚和阿尔伯特国立博物院藏中国清代瓷器》，广西美术出版社1995年版，第129图。

第六章 / 文字几何图案

文字图案，从内容上细分，有字、句、诗、词、曲、赋、吉语、谚语等；从语种上分，有汉文、藏文、梵文、波斯文、阿拉伯文、八思巴文等。其中，以汉文为主导，有行、楷、隶、篆等不同书体。密切了瓷器与文化的关系，从一个侧面反映了当时人们的思想意识与社会风俗习惯。

几何图案，是瓷器上最早出现的装饰图案，夏商周时期的原始瓷、东汉以后成熟青瓷及后来明清彩绘瓷上均广为运用，随着时代发展与社会审美的变化，几何图案的制作工艺与题材内容也不断变化，给瓷器装饰艺术带来无比丰富的蕴涵。

文字图案

文字，即以题诗、写字等为内容的装饰。分汉文、藏文、梵文、波斯纹、阿拉伯文、八思巴文等。其中，以汉文为主导，并出现了各种不同的书体。既有独字装饰，也有诗、词、题、赋等。

文 字

作为瓷器纹案，最早见于北京故宫博物院藏三国东吴永安三年（260年）谷仓罐[1]，正面肩上贴一驮碑伏龟，碑面刻："永安三时，富且洋，宜公卿，多子孙，寿命长，千亿万岁未见央。"

唐代长沙窑开始大量使用题诗、谚语作为瓷器的装饰题材与内容，反映了当时的社会文化和人们的生活态度，有很高的研究价值。长沙窑的文字装饰被应用在罐、碗、执壶等各类器物之上。其题诗内容多种多样，反映了当时人们生活的方方面面，寓意深刻。以现藏于湖南省博物馆的青釉褐彩诗文注壶[2]为典型代表，喇叭形口，粗长颈，溜肩，瓜棱状长腹，大平底。多棱状短直流，弓形柄。壶身通体施青釉，胎色灰白。腹部以褐彩书写一首小诗："小水通大河，山深鸟宿多。主人看客好，曲路亦相过。"这一装饰手法，贯穿于唐代以后历代

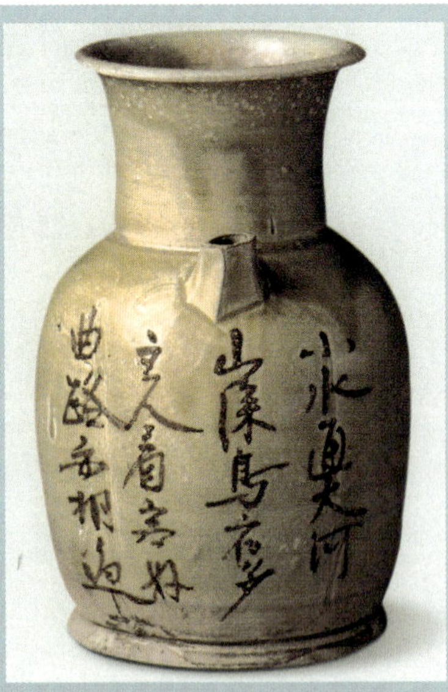

唐代长沙窑青釉褐彩诗文注壶，1983年湖南省望城县长沙窑窑址出土。现藏于湖南省博物馆

瓷器装饰，与瓷器发展相得始终。

北宋时期，河南当阳峪窑白地黑花碗、盘类器物的内里尤为流行书写文字作为装饰，见有“福”“钱”“菊花”“施仁”等，书法流利洒脱，具有极强的艺术感染力。

北宋当阳峪窑白地黑花“施仁”字碗，2004年当阳峪窑址出土。现藏于河南省文物考古研究所

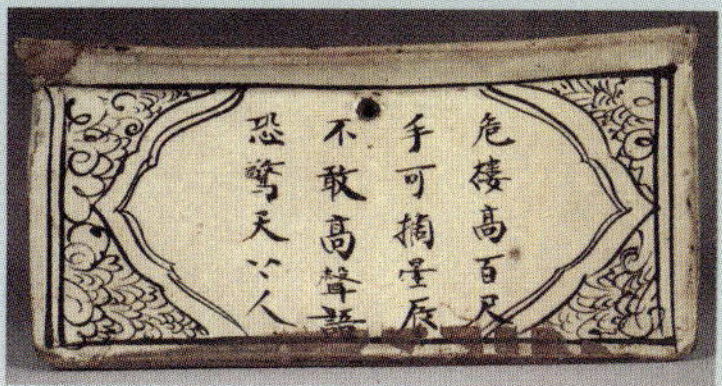

元代磁州窑白地黑花唐诗长方形枕，1973年磁县冶子村出土。现藏于磁州窑博物馆

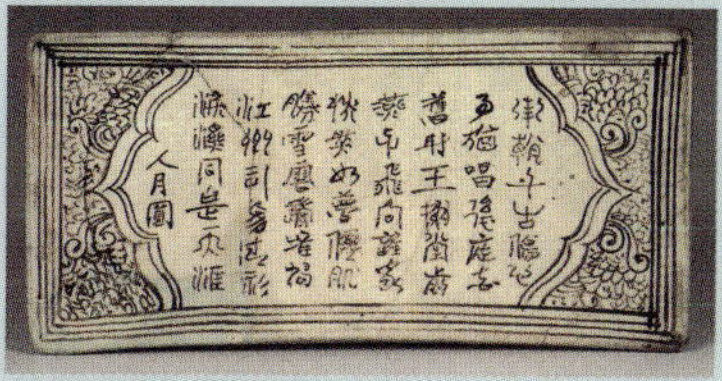

金末元初磁州窑白地黑花《人月圆》词长方形枕，河北省磁县时村营乡牛尾岗村出土。现藏于磁州窑博物馆

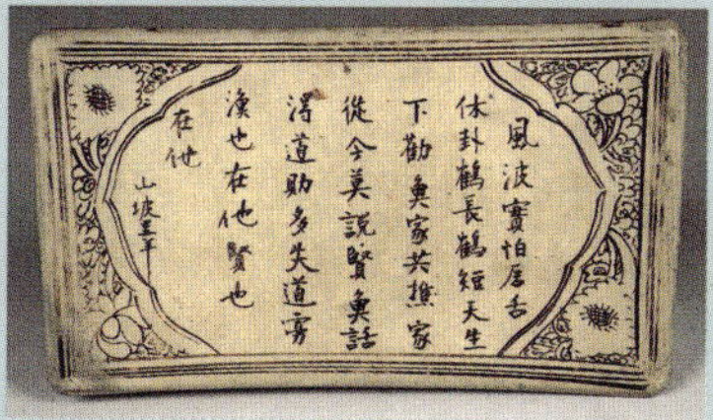

元代磁州窑白地黑花《山坡里羊》散曲长方形枕，磁县城西南火车站南加油站工地元墓发掘出土。现藏于磁州窑博物馆

金元时期，磁州窑白地黑花瓷器上尤为盛行诗词装饰。见有唐诗、宋词与元散曲。唐诗，以现藏于磁州窑博物馆的一件白地黑花长方形枕[3]为代表，长29.5厘米，枕后侧壁菱形开光内楷书李白《夜宿山寺》诗一首：“危楼高百尺，手可摘星辰。不敢高声语，恐惊天上人。”宋词，以现藏于河北省邯郸市峰峰矿区文物保管所的元代白地黑花《满庭芳》词长方形枕[4]及磁州窑博物馆收藏的金末元初白地黑花《人月圆》词长方形枕为典型代表。前者枕面菱形开光内篆书题写苏轼的《满庭芳》词，后者枕面菱形开光内篆书题写宋末金初吴激的《人月圆》词，均为篆书题写，虽然个别字有误，但基本忠实原作而写，极具书法欣赏性与丰富文化内涵。散曲，以现藏于河北省邯郸市博物馆白地黑花《红绣鞋》散曲长方形枕、《朝天子》散曲长方形枕，磁州窑博物馆白地黑花《落梅花》散曲长方形枕、《山坡里羊》散曲长方形枕、《石庆东原》散曲长方形枕等[5]为典型代表，均为楷书题写，书写工整，内涵丰富。

元代，磁州窑瓷器上见有压字诗装饰者。以现藏于河北省邯郸市峰峰矿区文物保管所的一件白地黑花压字头诗词梅瓶[6]为代表，高35厘米，圆唇，梯形台口，短束颈，溜肩，上鼓腹，下腹斜收，近足外撇，隐圈足。上腹部绘花卉纹，近足部绘蕉叶纹，肩部弦纹间绘草叶纹，并饰行楷书诗文一周“心头古半夜灯前十年是一时随雨到”，为压字头诗词“心头古（苦），半夜灯，灯前十年是一时，一时随雨到心头”。书法刚劲有力，绘画自然流畅。

元代磁州窑白地黑花压字头诗词梅瓶，河北省邯郸市峰峰矿区彭城镇出土。现藏于河北省邯郸市峰峰矿区文物保管所

元末明初时期，河北观台磁州窑白釉碗的碗心内底，常以黑彩书写文字。仅在窑址中发现的文字便有近百个，其中最多的是“王”字。其王字有两种写法，一种是规整的写法；另一种则用三个向心的大点表示。[7]

明清时期的景德镇窑进一步发扬光大，内容丰富多彩，几乎反映了古代社会生活的各个方面，侧面记述了当时社会的风土人情。其中，有为看破红尘、退居乡野的隐士或仕途受阻的失意文人情怀的诗文，也有词牌、曲牌；有为反映市民意识、带有诙谐调侃的市井打油诗；还有一些市井文化、带有警世色彩的句子，不仅反映了当时人们的价值观、审美观，同时还加深了瓷器与传统文化的关联，极大地提升了瓷器艺术品位与文化内涵。

清同治黄地粉彩“万寿无疆”文渣斗。现藏于北京故宫博物院

万寿无疆

清代乾隆皇帝在历代帝王中最为长寿，在位亦长达六十年，此外又作了三年太上皇。每年万寿节，乾隆帝都会收到臣下进献的诸多寿礼。其中篆

清同治景德镇窑黄地粉彩“万寿无疆”文渣斗。现藏于北京故宫博物院

清光绪景德镇窑黄地粉彩“万寿无疆”文碗。现藏于西藏博物馆

清光绪景德镇窑黄地粉彩“万寿无疆”文碗。现藏于西藏博物馆

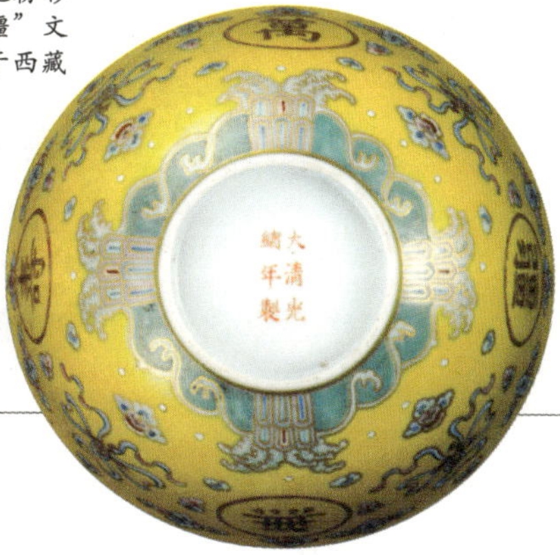

书“万”“寿”“无”“疆”碗便属此类，巧思精工，令人赞叹。此四字作为瓷器的纹案装饰，多施于粉彩瓷器上面。据乾隆内务府记事记载：“万寿用‘万寿无疆’……，俱按时令烧造。”清楚地说明了绘此纹案的器物，为祝贺万寿时所用，象征长寿。

嘉庆时期，以景德镇窑青花莲托八宝万寿无疆纹碗为典型代表。该碗口径18.3厘米，撇口，深腹，圈足。造型周正。碗内心绘团寿纹，外围一周八宝纹。外口沿为卷草纹边饰。外腹绘莲托八宝及四圆形开光，开光内分别书“万”“寿”“无”“疆”四字。近底处绘莲瓣纹。纹饰层次清晰，绘画笔法流畅，青花发色浓艳。底书青花“大清嘉庆年制”六字三行篆款。

清嘉庆景德镇窑青花莲托八宝“万寿无疆”纹碗。现藏于北京艺术博物馆

道光时期，以景德镇窑黄地粉彩万寿无疆纹碗为典型代表，口径14.2厘米，敞口，弧腹，圈足。碗里素白。外壁以黄釉饰地，圆形开光内书蓝彩篆体“万”“寿”“无”“疆”四字，开光外绘粉彩花卉、桃实与描金“卍”字。底书红彩“大清道光年制”六字三行篆款。

同治、光绪时期，即慈禧太后执政期间，宫廷对生辰庆典活动极为重视，因此曾命景德镇御窑厂烧造大量万寿用瓷。这一时期的祝寿用瓷中有的便书写“万寿无疆”文。造型以黄地粉彩盘、碗、勺、渣斗等成套的日用器皿为主。同治时期，“万寿无疆”文瓷器内壁均饰白地粉彩蝴蝶纹、梅花纹，外壁以黄釉饰地，器身置有四个圆形开光，开光内以红彩分别书写“万”“寿”“无”“疆”四字，间饰以蝙蝠纹、寿桃纹及彩色飘带，色彩艳丽，充满了喜庆气氛，同时也表达了健康长寿之意。[8]

光绪时期，以黄地粉彩“万寿无疆”文碗为典型代表，[9]口径17厘米，撇口，深腹，圈足，碗内素白，外壁以黄釉饰地，上绘粉彩云纹、“卍”字结彩带纹、海水江崖纹，同时置有四个圆形开光，开光内分别书写“万”“寿”“无”“疆”四字。外底圈足内书写矾红“大清光绪年制”六字双行楷书竖款，为光绪时期祝寿用瓷的标准风格。

佛日常明

清代自顺治朝开始，帝王都十分重视西藏地方事务管理，且均笃信、崇敬黄教。为了保持中央王朝与西藏地方较好交往与频繁往来的需要，当时景德镇御窑厂为宫廷烧造了大量具有佛教文化内涵与艺术风格的瓷器，因此，清代官窑瓷器的造型纹案，带有极深的藏传佛教艺术因素的影响。如许多日用瓷与陈设瓷上便直接书写佛教吉语作为装饰纹案内容，“佛日常明”纹器物便是其中极具代表性的作品，它应是宫廷为举行宗教活动而特意烧造的，艺术风格十分独特，带有鲜明的时代标志性。

“佛日常明”为典型的佛教吉语，其作为瓷器上的装饰纹案始兴于乾隆时期的景德镇官窑。据《清档》记载，乾隆元年十二月“二十二日，七品首领萨木哈将镟得画各样花卉木样四件并原样盘二件持进，交太监毛团呈览。奉旨：准照画‘佛日常明’字黄地青番花盘样式作七寸盘、五寸盘，大碗、小碗俱照此花卉样做。款此”。由此可知，绘有此类装饰纹案的瓷器都应是宫廷定烧后再送至皇家寺院及西藏寺庙的供奉瓷。从传世实物看，“佛日常明”纹碗是这类瓷器中的常见造型，装饰仿珐琅彩风格，均采用黄地粉彩制作技法，且为乾隆之后历代官窑所沿用。

乾隆时期，以湖北省博物馆收藏的黄地粉彩“佛日常明”纹碗[10]为典型代表，口径16.1厘米，敞口，弧腹，圈足，碗内白釉，外壁以黄釉为地，其上绘缠枝莲花纹托出四个圆形开光，开光内以蓝料分别书写“佛”“日”“常”“明”四字。底部青花双方框内书写“乾隆年制”四字楷书款，具有珐琅彩的装饰特色与风格。

清乾隆景德镇窑黄地粉彩“佛日常明”纹碗。现藏于湖北省博物馆

道光时期，以现藏于西藏博物馆的道光景德镇窑黄地粉彩“佛日常明”纹碗[11]为代表，口

清道光景德镇窑黄地粉彩“佛日常明”纹碗。现藏于西藏博物馆

径15.7厘米，撇口，深腹，圈足。碗内施白釉，外壁黄釉为地，上绘粉彩宝莲纹，花卉之间置有四个圆形开光，开光内以胭脂红彩施菱格锦地，上面分别以蓝料书写“佛”“日”“常”“明”四字。外底圈足内书青花“大清道光年制”六字三行篆书款，表明为官窑制品。该碗布局严谨，色彩鲜艳，风格华美，碗内施白釉，布局与风格均受到了珐琅彩装饰艺术的影响，代表了道光时期粉彩瓷的工艺制作水平。

光绪时期，以北京艺术博物馆收藏的光绪景德镇窑黄地粉彩“佛日常明”纹碗为代表，口径11.7厘米，撇口，弧壁，圈足，碗里素白。碗外壁以黄釉饰地，留出四个圆形开光，开光内分别书写“佛”“日”“常”“明”四个篆体字，开光外绘粉彩花卉纹。外底圈足内书青花“大清光绪年制”六字双行楷书竖款。它是光绪时期的官窑制品，也是专为宫廷烧造的宗教用器。

清光绪黄地粉彩“佛日常明”碗。现藏于北京艺术博物馆

圣主得贤臣颂

《圣主得贤臣颂》是西汉诗人王褒在益州刺史帐下时，奉汉宣帝之命而创作的。据《汉书·王褒传》记载，王褒字子渊，资中（今四川资阳）人，是汉宣帝时期御用文人，官至谏大夫，也是我国历史上著名的辞赋家。这篇著名的《圣主得贤臣颂》是王褒在拜谒汉宣帝时所作的。这篇文章共千余字，通篇采用议论的形式，引经据典，

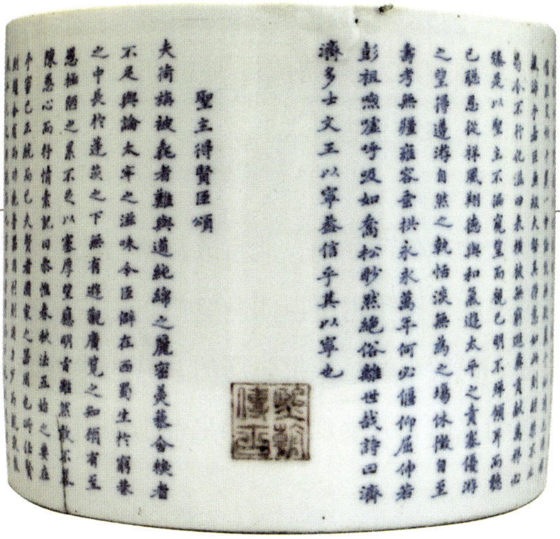

清康熙景德镇窑青花圣主得贤臣颂笔筒。现藏于北京艺术博物馆

旁征博引，阐明了“世必有圣智之君，而后有贤明之臣”的观点。因为这一观点与当时汉宣帝博采众长、选贤任能的想法相契合，所以王褒得到了皇帝的重用和褒奖。此文留传至今，经久不衰，堪称经典。

《圣主得贤臣颂》诗文作为瓷器上的装饰纹案，始见于清代康熙时期。康熙皇帝严肃吏治，省悟自身，使得清初政权得到稳固，社会安定，国家百废待兴，急需各类人才。康熙中期开始经济发展，朝廷广开科举，发扬汉文化，瓷器上盛行装饰诗文辞赋。有短篇古文、长篇辞赋及对康熙皇帝歌功颂德的文章。如王褒《圣主得贤臣颂》、诸葛亮《出师表》、陶渊明《归去来辞》、王勃《滕王阁序》、苏轼《赤壁赋》、欧阳修《秋声赋》等。字体多仿虞世南、柳公权、欧阳询、褚遂良，分真、草、隶、篆不同书体。其中，以清康熙青花釉里红《圣主得贤臣颂》笔筒最为著名。

《圣主得贤臣颂》以马作喻，由物及人，所表现的励精图治的精神恰好契合了当时的社会背景，因此得到康熙皇帝的大力宣扬，并大量出现在瓷器的装饰画面上，以青花釉里红《圣主得贤臣颂》笔筒为典型代表。如北京艺术博物馆所珍藏的康熙青花釉里红《圣主得贤臣颂》笔筒，[12]高16厘米，直口，直壁，玉璧形底。通体施白釉，外壁以青花书《圣主得贤臣颂》全文，馆阁体小楷字迹清晰，笔法流畅，圆润秀美，排列整齐。尾铃釉里红“熙朝传古”方印。所谓“熙朝传古”，指的是盛世之朝代代传袭之意。笔筒的造型古朴典雅，颇具文人气息，且有催人奋进的精神感召力。

除了北京艺术博物馆的这件藏品外，北京故宫博物院、南京博物院、沈阳故宫博物院等也收藏有青花釉里红《圣主得贤臣颂》笔筒。这些器物的造型、诗文书写风格及制作工艺均完全一致，说明当时是成批生产的，其功能类似今天的宣传画，颂扬康熙皇帝为一代名君、善纳良臣，并展现出康熙皇帝励精图治、开创盛世的政治抱负与理想。

乾隆皇帝御制诗文

御制诗，即皇帝所写的诗文。用于瓷器纹案兴起于清代乾隆时期，也是这一时期瓷器装饰的特色之一。

乾隆皇帝在位半个多世纪，文治武功盛极于世，经济繁荣，文化昌盛。乾隆皇帝本人自号“十全老人”，琴棋书画无所不通，诗词曲赋无所不精，所作的御制诗更是不下数千首。乾隆皇帝被称为中国诗坛上作诗最多的人，一生自著文集3部，录文1350余篇；诗集5部，共收诗41800余首，其中咏瓷之作约200首。他不仅善于题字写诗，还常将自己所作的诗文传旨给当时主管御窑的唐英，命其烧造在瓷器上，由此开拓了瓷器装饰的新天地。

以清乾隆仿石釉双联笔筒[13]上的御制诗文为代表，它四面开光，每一面开光内以墨彩书写乾隆御制诗文一篇：

其一，楷书。诗文如下：

为爱林泉入座清，
临溪结屋敞轩楹。

枝头闲弄笙簧奏，
阶下平调水石声。
苔渍云根成古篆，
鸥闲沙浦结前盟。
午馀底事寻庄蝶，
恁逐晴莎信步行。

诗后署“夏日园居即事”，并钤白文“乾隆宸翰”、朱文“惟妙精进”二方红彩章。

其二，行书。诗文如下：

绿苔满径竹梢詹，
午静薰风扑画簾。
鹿柴闲开知客到，
鱼苗新涨识丁添。
籐床恍带三秋爽，
竹簟浑忘六月炎。
晚凭栏干闲极目，
红霞犹绕数峰尖。

诗后钤朱文“比德”、白文“朗润”二方红彩章。

其三，隶书。诗文如下：

镜浦轻飔漾碧涟，
池亭霁景正澄鲜。
蝶依芳草能寻路，
鹤习茶铛不避烟。
任去任来几点鹭，
半开半落数枝莲。
晚来弄棹无人畔，
水满清溪月满船。

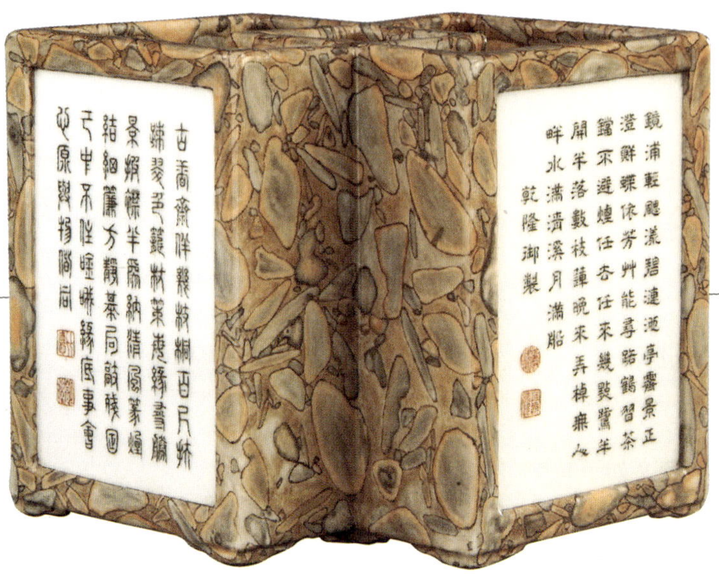

清乾隆景德镇窑御制诗文仿石釉双联笔筒。现藏于北京艺术博物馆

诗后署“乾隆御题”，并钤白文“乾隆宸翰”、朱文“惟妙精进”二方红彩章。

其四，篆书。诗文如下：

古香斋伴几枝桐，
百尺扶疏翠色笼。
杖策每缘寻胜景，
披襟半为纳清风。
篆烟结细簾方静，
棋局敲残日已中。
不住吟哦缘底事，
会心原与物偕同。

诗后钤朱文“比德”、白文“朗润”二方红彩章。

此笔筒上的四首七言诗均为乾隆皇帝的倾心之作，字体分楷、行、隶、篆四种，整体装饰不仅诗好，印妙，书法更绝，达到了古人所追求的诗、书、印三位一体的最美境界，堪称一绝，也更显皇家气派。由笔筒底部用金彩书写的“大清乾隆年制”六字三行篆书款可知，此件笔筒为乾隆皇帝在宫中的御用珍品。

嘉庆皇帝亦沿袭此制，也将自己的诗文烧造在瓷器上进行装饰，其中以青花《品茗诗》文茶壶为代表，全诗情景交融，生动写实，语言质朴，曾经传诵一时。

梵 文

梵文是公元前3世纪前后发展于印度的文字，印度教经典《吠陀经》即用梵文写成。传说梵文字母是由梵天创造的。在印度，梵天为创造万物之神，即中国人俗称的四面佛，或称大梵天王。最具代表性的梵文字母有三种字体，即悉昙体、兰札体、天城体。当今最为流行和最被世人所知的是天城体，也是印度佛教界和国际公认的梵文标准字母。

将梵文书写于瓷器上作为装饰纹案，兴起于明代永乐、宣德时期。内容多为佛教经文和咒语之类，相传可使佛光普照，驱邪避难。

明代初期的永乐、宣德时期，伴随着中外文化的交流，瓷器开始大量远销海外各国。受外来文化因素的影响，同时也是为了满足当地风土民情与生活、审美的需要，瓷器上开始流行装饰外国文字。梵文即为其中的一种。

永乐时期，瓷器上开始兴起梵文装饰。以1984年景德镇珠山御窑遗址出土的一件青花梵文大勺[14]为例，长33.5厘米，勺内书梵文五圈，勺心另饰一梵文，勺柄上的梵文横向排列。造型为永乐官窑首创，是十分罕见的瓷器品种，当与皇室的宗教活动有关。

宣德时期，以梵文装饰的瓷器逐渐增多，其中青花制品较为常见。典型如故宫博物院收藏的宣德景德镇窑青花梵文出戟盖罐[15]，高28.7厘米，直口，丰肩，鼓腹，平底，附平顶盖。罐肩部平出八个方形戟饰，造型独特。器身环形书写三周梵文为饰，间饰折枝莲托八吉祥纹。盖面中心书写一梵文，外环绕四个梵文。盖内顶部及罐内底部均自左向右书写相同的篆字“大德吉祥场”，并环饰以莲瓣纹，莲瓣内亦各书写一梵文。青花发色纯正，色调艳丽明快，具有珍贵的研究价值。

明宣德景德镇窑青花梵文出戟盖罐。现藏于北京故宫博物院

成化时期，梵文装饰更为流行。青花梵文盘的外壁全部由梵文字母书写而成，文字之多，装饰面积之大，可谓史无前例。青花梵文杯的外壁由43个字母构成，里心双圈内亦有1个梵文，具有鲜明的装饰特色与时代特征。

正德时期瓷器上的梵文，流行以花托捧，即在一些缠枝花卉的花朵上方书写梵文。这类纹案多被施于瓷器的主体部位作为主要纹案。以明正德青花缠枝花卉纹碗为代表，碗的外壁描绘缠枝花卉，由6朵花构成，每朵花上分别书写1个梵文。这种花捧字的纹案，还被称为“回回花”。

清代承袭前代传统，继续在瓷器上装饰梵文。雍正时期以青花莲托梵文杯为代表，口径9.2厘米，敞口微侈，深腹，圈足。胎质坚白，釉面莹润。杯内口沿饰青花弦纹一周，外壁绘青花莲托梵文“六字真言”，青花发色淡雅，笔触纤细。底书青花“大清雍正年制”六字双行双方框楷体竖款，为官窑佳品。乾隆时期以青花梵文高足碗为代表，[16]口径16厘米，撇口，弧壁，深腹，高足，碗外口沿及高足上饰缠枝莲纹，腹部书写八个梵文，高足内书“大清乾隆年制”六字篆书款，胎釉精细，青花呈色艳丽，纹案精美，为典型的乾隆官窑制品。道光时期，以斗彩莲池鸳鸯纹钵为代表，口径16.4厘米，直口，深腹，腹以下渐收，卧足。钵内壁青花书梵文一周，外口沿以青花饰龙赶珠纹一周，腹部为斗彩鸳鸯戏莲纹。底书青花“大清道光年制”六字三行篆款，代表清晚期官窑彩瓷的制作工艺水平。

清道光景德镇窑斗彩莲池鸳鸯纹钵。现藏于北京艺术博物馆

清雍正景德镇窑青花莲托梵文杯。现藏于北京艺术博物馆

清乾隆景德镇窑青花梵文高足杯。现藏于西藏博物馆

阿拉伯文

阿拉伯文由28个辅音字母和12个元音符号组成，属于拼音文字。书写时从右往左横行书写，翻阅顺序也是由右往左。阿拉伯文是伊斯兰国家普遍使用的文字。

以阿拉伯文作为瓷器纹案，最早出现于唐代长沙窑，[17]源于伊斯兰教传播与信仰。伊斯兰教是7世纪初由穆罕穆德于阿拉伯半岛创立的宗教，为世界三大宗教之一，旧称回教、清真教。瓷器上所饰阿拉伯文的译文见有“阿拉的仆人”“真主最伟大”，多为伊斯兰教中宗教常用语。

明代永乐宣德时期，郑和七下西洋，在传播文化的同时也带回了外域文化之长，使得这一时期的瓷器纹案形成了特有的时代特色与装饰风格。阿拉伯文装饰也继唐代长沙窑长期沉寂之后而再度兴起。如天津博物馆收藏的永乐青花阿拉伯文器座[18]，高16.5厘米，器座上下同大，器身呈轴状，中空无底。整体以进口“苏麻离青”钴料绘制纹案，卷枝纹为地，上面书写阿拉伯文词句，大意为“万物非主”“赞颂归于真主”，青花色泽浓艳深沉，造型借鉴西亚地区的金银器，为中西合璧式瓷器的经典代表。

明永乐景德镇窑青花阿拉伯文器座。现藏于天津博物馆

明正德景德镇窑青花阿拉伯文笔架。现藏于首都博物馆

正德时期因皇帝信奉伊斯兰教、通晓阿拉伯文，故瓷器上大量出现了以阿拉伯文为题材的装饰纹案。此时期瓷器上所饰阿拉伯文的内容大部分出自《古兰经》。由于瓷器上的书法不是十分漂亮，许多内容也颇难辨认，故可推断是由不懂阿拉伯文的景德镇工匠书写的。这类瓷器大部分为宫廷专门制作，其中也有许多是当时的流通商品，不仅国内销售，还有些销往近中与中东地区。它们构成了正

明正德景德镇窑青花阿拉伯文碗。现藏于土耳其托普卡比宫

明正德景德镇窑白釉红彩阿拉伯文盘。现藏于上海博物馆

德瓷器独有的造型纹案特征，别有风味，异族情调浓厚。这些书写有阿拉伯文的正德瓷器也被称为回回器。回回器有许多种类，造型繁多，除了碗、盘、罐类生活用器外，还有许多文房用具，如笔架、砚台、烛台、盖盒、炉等。以首都博物馆收藏的正德景德镇窑青花阿拉伯文笔架[19]为典型代表，长22厘米，造型呈五峰山式，下连须弥台座，器身绘缠枝灵芝纹，台座上绘勾云纹，主峰的正背两面均绘有菱形开光，开光内书阿拉伯文。绘画采用双线勾勒平涂技法，青花呈色蓝中泛灰，釉面匀净。笔架底书“大明正德年制”六字单行楷书横款，具有正德官窑瓷器典型的造型装饰艺术风格。

阿拉伯文在瓷器上的装饰形式多种多样，常见为在圆形、菱形、方形开光内书写，也见有直接以文字装饰器物的情况。以现藏于土耳其托普卡比宫的正德青花阿拉伯文碗[20]为例，撇口，深腹，圈足，碗外壁绘龙穿花纹，两条花尾夔龙穿行于缠枝莲花丛中，碗内口沿一圈、内壁四个椭圆形开光内及碗心双弦纹线圈内分别书写阿拉伯文，青花发色淡雅，纹案线条纤细流畅，时代气息极为浓郁。

正德时期，阿拉伯文在瓷器上的装饰种类除了青花外，还有红彩。以现藏于上海博物馆的正德景德镇窑白釉红彩阿拉伯文盘[21]为典型代表，口径15.9厘米，敞口，弧腹，圈足，通体施白釉，胎质细腻，造型规整。盘内底、外壁及外底圈足内均以矾红彩料书写阿拉伯文，并以双圈线作为界栏。其中，盘外底圈足内的阿拉伯文译为“正德年制”，十分罕见。

正德以后，仍有部分瓷器上饰有阿拉伯文，但较为稀少。

藏文

瓷器以藏文为装饰始于明代永乐时期的景德镇窑。明成祖十分重视对西藏地方事务的管理并笃信藏传佛教，因此颁赠的礼物也很丰厚，其中便有景德镇窑的瓷器。如永乐六年，明朝中央派遣使者赴藏延请格鲁派创始者宗喀巴大师进京时，曾携带许多礼物，其中有“赐杯一对”。[22]

明宣德景德镇窑青花藏文僧帽壶。现藏于西藏博物馆

宣德时期，瓷器上的藏文装饰盛极一时。藏文内容主要是藏传佛教中的经文、祈祷吉语等，因曾作为寺庙供器而备受珍视。

宣德时期，景德镇窑青花瓷生产进入黄金时代，造型多样，纹案丰富，制作精美。《景德镇陶录》给予很高评价：“诸料悉精，青花最贵”。因此，宣德时期朝廷为赏赐而专门制作的带有藏传佛教文化因素的瓷器更加精美绝伦。

典型如西藏博物馆收藏的宣德景德镇窑青花藏文僧帽壶[23]，高23厘米，壶口直立，前部出流，粗颈，鼓腹，宽带形曲柄，圈足。因壶口形似僧帽，故称“僧帽壶”。通体以青花为饰。内口沿饰缠枝莲纹，外口沿饰串枝灵芝纹，颈部为莲托八宝纹，肩部如意头内绘折枝莲纹，腹部书写藏文一周，译为“昼吉祥，夜吉祥，正午吉祥，昼夜吉祥，三宝吉祥。”胫部为变体莲瓣纹，足墙饰卷草纹。器底书青花双圈“大明宣德年制”六字双行楷书竖款。该器造型规整，青花呈色浓艳，纹案绘制精美，构图讲究，制作严谨，为官窑瓷器的代表之作。从藏文吉祥语的装饰内容可知，这是朝廷为赏赐西藏上层贵族而专门制作的，因此具有极高的艺术性与研究性。

另外，西藏博物馆收藏的宣德景德镇窑青花缠枝莲托八宝纹高足碗[24]也是这类装饰纹案的典型代表。该器高11.5厘米，撇口，弧腹，高足。通体饰青花纹案。外壁为缠枝莲托八宝纹和莲瓣纹，足绘卷草纹，内壁书藏文一周，译为“白日平安，夜晚平安，中午平安，日夜平安。”内心由梵文组成纹案。外底青花书“宣德年制”四字双行楷书款。造型规整，青花呈色明快艳丽，绘工精细，构图严谨，代表了官窑青花瓷的制作工艺与艺术水平。

明宣德景德镇窑青花五彩莲池鸳鸯纹碗。现藏于西藏自治区萨迦寺

再如，还有现藏于西藏自治区萨迦寺的明宣德景德镇窑青花五彩莲池鸳鸯纹碗[25]，高8厘米，敞口，弧腹，圈足。碗外口沿饰青花云龙纹一周，腹部饰以釉下青花及釉上红、绿、褐、黄等彩绘制莲池鸳鸯纹。莲池中两对鸳鸯在池中戏水，周围衬托着碧绿的荷叶、茨菰、浮萍和红色的莲花与芦苇，呈现出一派生机勃勃的景象。口沿内以青花书写藏文一周，译为“昼吉祥、夜吉祥、正午吉祥、昼夜吉祥、三宝吉祥。”外底圈足内书青花双圈“大明宣德年制”六字双行楷书竖款，绘画精细严谨，制作工整讲究，色彩绚丽缤纷，是极为珍贵的五彩瓷珍品。

明代成化时期，景德镇窑瓷器上仍见有藏文装饰，此类瓷器因数量不多，故显得尤为珍贵。

《天下第一泉》诗文

在我国诸多名泉中，号称“天下第一泉”的不止一个，如北京西山的玉泉、江苏镇江的中泠泉、山东济南的趵突泉等。此罐的御制诗指的是镇江的中泠泉。

中泠泉，也称中濡泉、南泠泉，位于江苏省镇江千年古刹金山寺外。据《金山志》记载：“中泠泉在金山之西，石弹山下，当波涛最险处。”自唐代起，因水味甘醇清冽，沁人心脾，被誉为“天下第一泉”。此泉原在长江下游杨子江心的乱流夹石之中，泉水自江底汹涌而出，场面极为壮观。但因水深流急，汲取不易。南宋诗人陆游曾到此，留下了“铜瓶愁汲中濡水，不见茶山九十翁”的诗句。近百年来，由于长江改道，中泠泉才与陆地相联，泉眼完全露出地面。

清光绪景德镇窑青花“天下第一泉”罐。现藏于北京艺术博物馆

乾隆皇帝下江南路过镇江时，曾专门品尝了中泠泉，并作诗大加赞赏。清代晚期流行将该诗文装饰在瓷器上。以现藏于北京艺术博物馆的光绪景德镇窑青花“天下第一泉”诗文罐[26]为典型代表，高40.4厘米，双层小口，平沿，束颈，圆肩，鼓腹至底渐敛，圈足。口沿及足端无釉。肩部上层以青花书篆体“天下第一泉”五字，下层饰“卍”字锦地纹一圈，并均饰八个团“寿”字图案。腹部主体装饰楷书乾隆御制诗全文。底书青花“大清光绪年制”六字双行楷体竖款。御制诗两首分别为《御制试中泠泉作》《壬午仲春月瀹试中泠泉作》。此二诗皆为赞咏中泠泉所作，分别收录于《清高宗御制诗集》中。

从诗文内容可知，皇室专饮天下第一泉。实际上从明朝开始，皇宫御用水必须用西郊玉泉山“天下第一泉”的泉水。每天用骡车装桶，上盖龙衣，半夜进西直门，运至皇宫。清代乾隆皇帝对“天下第一泉”的泉水尤其赞赏，故特题诗装饰在青花罐上。清末慈禧太后对饮茶十分讲究，也像乾隆皇帝一样，沏泡茶叶的水一定要专用玉泉山的泉水，因此景德镇专门为慈禧太后烧制了一批盛装玉泉山泉水的青花罐。

几何图案

所谓几何图案，就是用各种直线、曲线等构成规则或不规则的图案。几何图案在瓷器装饰中被广泛运用，并以其简洁、单纯的形式带给人们无限的想象空间与丰富的精神寄托。它们大多是抽象的，少数是具象的，或为辅助边饰，或为固定主题。设计上往往规矩中求变化，整齐中显自然，质朴、简练、含蓄而又挥洒自如，创造出了许多超乎时代审美的令人赞叹之作。

弦 纹

弦纹，即以细而长的线条作为装饰，水平展开，环绕器身。由于使用工具及处理方法不同，有单线弦纹、复线弦纹、凹弦纹、凸弦纹、彩绘弦纹与堆贴弦纹等多种形式。

瓷器上的弦纹最早见于商周原始青瓷。西周时期原始青瓷器上的弦纹为刻划制作而成。有的被装饰在豆类器物的内底，一般为若干组比较细密的弦纹，刻划线条纤细。有的被装饰在尊类器物的肩部，除饰以数周弦纹外，两侧还置对称竖系，系端堆贴小泥饼。如西周刻划弦纹原始青瓷四系尊[27]，高20.9厘米，小口外侈，长颈折肩，深腹略鼓，矮圈足。肩部饰有数周弦纹，两侧各有两个竖系鼻，器表施青黄色薄釉。造型端庄朴实，釉面晶莹均匀，为西周早期原始青瓷中的代表作品。

西周刻划弦纹原始青瓷四系尊，北京房山琉璃河出土。现藏于首都博物馆

秦汉时期，在原始瓷逐渐走向衰落的阶段，瓷器上的装饰变得十分简单，但仍流行划刻弦纹

装饰。

东汉以后青瓷器上的弦纹应用更加广泛。通常被装饰在青瓷碗、壶、洗等器物的口沿、肩部及腹部，刻划数道弦纹，有的还与水波纹组合在一起，简单质朴。如东汉青瓷弦纹盘口壶，盘口短颈，鼓腹平底。通体饰弦纹，肩部饰波浪纹。肩部两侧粘贴对称的双系，系面饰箭尾纹。胎色灰白，外施青釉不及底，釉层莹润。此壶制作规整，胎釉结合紧密，为东汉时期成熟青瓷中的代表作品。弦纹除了被用于青瓷装饰外，在黑釉瓷器上也有所应用。黑釉瓷器色黑如漆，釉面滋润，一般不施纹案，但个别双系盘口壶的肩部至腹部刻划有弦纹数周，既打破了单纯黑釉的单调，又起到了意想不到的美化装饰效果。[28]

东汉青瓷弦纹盘口壶，浙江省嵊州市三界镇李宅村出土。现藏于浙江省博物馆

东汉黑釉刻划弦纹壶，1982年金坛洮西公社出土。现藏于镇江博物馆

魏晋南北朝时期，弦纹在各类瓷器上的运用较为普及。西晋时期，南方社会相对稳定，社会对瓷器的需求量增加，洪州窑瓷业得到较大发展，青瓷产量猛增，其口沿下多饰有一道凹弦纹。东晋时期，洪州窑大多数器物素面无纹，少数饰有弦纹。[29]东晋中后期，以越窑为代表的青瓷器物将粗、细弦纹装饰在器物的口沿、腹部和肩部，风格简洁。南朝时期，弦纹仍是瓷器上的主要纹案，有的器物也在假圈足外底边缘处施以弦纹。南朝后期，弦纹由之前的粗弦纹演变成细弦纹。北朝时期的青瓷瓶、壶、罐类器物上多饰以弦纹。其中北魏时期的青瓷器外壁刮釉露胎弦纹极具时代特色。

隋代，安徽寿州窑瓷器上的弦纹装饰非常具有特色。凹弦纹一般装饰在器物口沿下、颈部及腹

隋代寿州窑青釉盘口壶。现藏于安徽博物院

唐代黄堡耀州窑黑釉弦纹钵，1986年陕西省铜川市黄堡镇耀州窑遗址发掘出土。现藏于耀州窑博物馆

部，多见二周和三周细弦纹，线条十分纤细。凸弦纹主要装饰在盘口壶颈部，往往装饰一至三周，多为二周，线条带有棱角，粗壮有力，为该窑最具特色的几何装饰纹案之一。[30]

唐代，弦纹装饰极为普遍，河南巩义窑白釉瓷器、陕西黄堡耀州窑黑釉常见弦纹装饰。以陕西黄堡耀州窑黑釉弦纹钵为典型代表，圆唇，深弧腹，饼足。施黑釉，内外釉均不及底，釉色黑亮，局部呈褐色。灰胎。口沿外饰弦纹两周，打破了纯以黑釉装饰的单调感，提升了瓷器色釉装饰的丰富性与艺术美感。

南宋龙泉窑青瓷弦纹瓶，1991年四川省遂宁市南强镇金鱼村一号窖藏。现藏于遂宁市博物馆

宋代瓷器上的弦纹大多是作为辅助纹案被饰于器物口沿和底部，分单弦纹与双线弦纹。少数被用作主题纹案，以定窑、官窑、哥窑、龙泉窑产品为代表，其烧制的瓶类器物中有以弦纹为主题纹案装饰的，平行分布的一道道凸弦纹环绕瓶体周身，极富装饰美感。这类瓶也称弦纹瓶。以1991年四川省遂宁市南强镇金鱼村一号窖藏出土的南宋龙泉窑青

瓷弦纹瓶[31]为代表，高31.2厘米，手工轮制成型，盘口，直口，平沿，沿内侧略凹，细长颈，扁鼓腹，颈部饰两道等距的凸弦纹，颈肩部有一周带状的凸棱，上腹部饰四道凸弦纹，圈足。白色胎略泛灰，胎骨厚重。通体内外施青釉，釉面光洁，釉色翠绿温润，釉层肥厚，因接近梅子青色调，故称之为“梅子青”。此外，北宋末期汝窑青瓷上也开始出现弦纹装饰，以传世汝窑天青釉三足奁式炉[32]为代表，高15.3厘米，器身呈筒形，直口深壁，平底，下承三兽蹄形足，腹部饰三层弦纹，上下各两道，中间为四道，在天青釉色映衬下若隐若现，十分古朴典雅。

明清时期，景德镇窑青花瓷器上常见弦纹边饰，官窑、民窑上均十分普遍，主要装饰于瓷器的口沿外边，是固定边饰纹案之一。

云雷纹

云雷纹，是以圆弧形卷曲或方折的连续的回旋形线条构成的几何纹案。云雷纹中圆弧形，也单称云纹，而方折形也称雷纹。

云雷纹作为瓷器纹案最早出现在二里头文化时期的原始瓷上，以现藏于中国社会科学院考古研究所的原始瓷盉残片为典型代表，该瓷片出土于河南省偃师市二里头遗址宫殿区一座贵族墓中，属于二里头文化早期，薄胎，胎骨为青灰色，质地致密，硬度较大，吸水性弱，器表施青绿色釉，器身印有云雷纹。经中子活化分析显示胎土成分与白陶相近，是研究由陶向瓷转化过程的重要标本。[33]

商代，原始瓷上的云雷纹装饰运用较多。主要采用拍印技法施于大型罐类器物上，通常是以四方连续或二方连续形式展开，形态及风格均模仿自同时期的青铜器，与青铜器上的云雷纹有着异曲同工之妙。

西周时期，云雷纹在原始瓷上的装饰十分流行，被广泛运用在原始青瓷鼎、卣、簋、尊等各类仿青铜礼器上，呈现出华丽而凝重之美。以西周原始瓷戳印云雷纹卣[34]为典型代表，高34.8厘米，造型源自青铜器，器上上部饰以变体云雷纹，纹案精细，制作规矩，与青铜器上的云雷纹十分相似。

西周原始青瓷云雷纹卣。现藏于浙江省博物馆

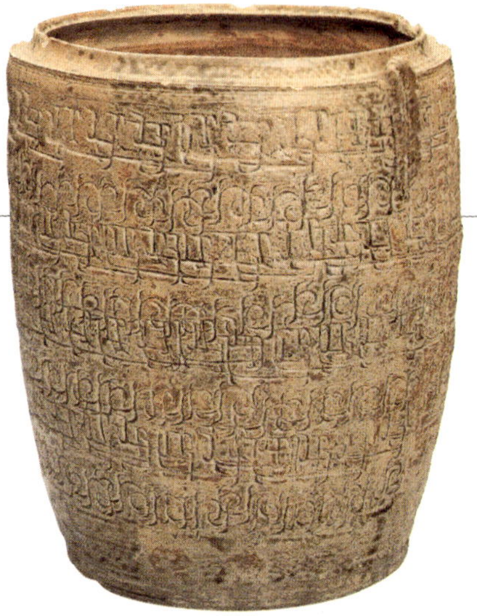

春秋原始青瓷云雷纹卣。现藏于浙江省博物馆

春秋战国时期，云雷纹在原始青瓷器上面普及运用，盛极一时。多采用拍印、压印技法满饰于瓷器的腹部。如春秋原始瓷卣，高28厘米，构图为四方或二方连续式展开，严谨规整，纹案清晰，满布的云雷纹不仅增强了器物的美感，还向人们传递着某种神秘理念，[35]是春秋时期原始青瓷极具代表性的器物。

战国时期，原始瓷中的仿青铜器造型器物上仍然盛行云雷纹装饰。原始瓷鼎、三足盘、洗、烤炉、瓿、甬钟上等器物上的云雷纹装饰尤为常见。如现藏于萧山博物馆的原始瓷瓿，[36]通高28厘米，短直口，圆肩，鼓腹，下腹弧收，平底。桥形双系。器身满饰云雷纹，纹案清晰严谨，十分讲究。通体施青黄色釉，釉面光亮，造型硕大，制作规整，是难得的精品。

战国原始青瓷云雷纹瓿。现藏于萧山博物馆

格 纹

格纹，是原始瓷上就已出现的几何纹案，由相互连续排列的方格组成，也称方格纹。

商代，原始瓷上的方格纹以拍印方法制成，主要施于罐类器物的上腹部。工艺简单，风格质朴。

西周早中期，原始青瓷上的方格纹仍采用拍印技法制成，一般满布器身。西周晚期至春秋早期，斜方格纹在原始瓷上运用较多。以刻划技法制成，主要施用于罐类器物上。以现藏于衢州市博物馆的垂腹罐[37]为典型代表，高8.6厘米，直口，斜直肩，垂扁腹，矮圈足外撇，双横耳，耳侧贴饰S形纹，肩部刻划三组凹弦纹，凹弦纹之间饰斜方格纹，斜方格纹以下饰一周浅细的篦状纹，制作讲究。

春秋时期原始瓷上流行大方格纹，采用压印法制成，主要施于罐类器物上。

东汉时期，瓷器上的格纹装饰依然盛行，常见施有这类纹案的罐、罍等器物。以1990年浙江省湖州市弁南乡罗家浜村砖室墓出土的青褐釉印花四系罍[38]为代表，高33.7厘米，圆唇，直口，丰肩，鼓腹，平底，胎色灰褐，施青釉不及底。肩部横置对称四系，肩上部刻划隶书“茶”字，腹部模印套菱格纹与菱形填线几何纹。纹案设计严谨，规整排列，十分美观。另外，东汉中晚期浙东地区烧造的成熟青瓷上也很流行印花格纹，形式变化多样，

西周晚期至春秋早期原始青瓷垂腹罐，1983年衢县王家公社松园大队出土。现藏于衢州市博物馆

东汉青褐釉印花四系罍，1990年浙江省湖州市弁南乡罗家浜村砖室墓出土。现藏于湖州市博物馆

见有方格纹、米格纹、网格纹等，[39]布局严整，细腻精致，体现了成熟青瓷装饰工艺的进步与发展。东汉东吴时期，湖南岳州窑印纹以小方格纹为主，多见于罐、洗、壶、釜的器身外表。此外也有釜的底部施大方格纹及罐钮上施菱形方格印纹者。[40]

三国·吴青瓷贴塑四羊形铺首卣。现藏于朱然家族墓地博物馆

三国东吴时期，是南方成熟青瓷的发展初期，造型纹案以浙江上虞青瓷为代表，流行斜方格纹，压印而成，呈宽带形，饰于洗、盆、罐等类器物的上腹部或肩部。斜方格纹往往与铺首纹配合使用，具有古朴、庄重的效果。如马鞍山市雨山区三国吴朱然家族墓出土的越窑青瓷卣[41]，高25厘米，椭圆形口，短直颈，椭圆形腹，圈足外撇。肩部压印菱形格纹，上、下组合弦纹、联珠纹与锯齿纹共同构成带状装饰，圈足上亦饰菱形格纹带。肩部对称贴塑四个羊首形饰，造型端庄，装饰华丽。

两晋时期，仍以浙江上虞青瓷为代表，斜方格纹继续流行，且常与联珠纹配合使用，组成一较宽的装饰纹带。尤其是西晋时期，南方由于社会相对稳定，人们对瓷器的需求增加，促进了青瓷的生产，江西洪州窑兴起。洪州窑青瓷器上面也见有方格纹，多装饰于器物的肩腹部，风格质朴。

宋代耀州窑青瓷器上见有方格纹、等边菱格纹和斜线交叉方格纹等。以窑址出土的一件青瓷瓶标本为例，小口，细颈，外表施釉，釉色翠绿，玻璃质感强。器身刻划斜格纹。[42]

北宋晚期至金代，定窑瓷器上常以菱格几何纹为装饰。主要见有黑釉与白釉两个品种。黑釉瓷器上的菱格几何纹颇具特色，以现藏于河北省文物研究所的金代黑釉菱格纹罐[43]为典型代表，高10.4厘米，直口，短颈，球形鼓腹，圈足。口沿至腹下部饰突起的纵向斜扉棱24条，又有7条斜棱与之相交，构成棱格几何纹，纹案突起，立体感强。白釉瓷器上的菱格几何纹，均以刻划技法制作而成，有的被装饰在罐类器物的腹部，以现藏于河北省定州博物馆的金代白釉棱格纹罐[44]为代表，高25.6厘米，大口，卷唇，短颈，长圆腹，圈足。肩部饰褐色点彩，腹部满刻格棱纹，纹案清晰明快，为

金代白釉刻花菱格水波纹卧狮形枕，1990年河北省定州市黄宫城村出土。现藏于河北省定州博物馆

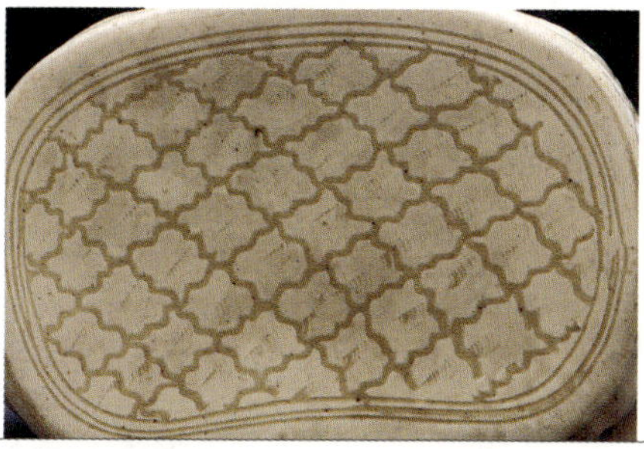

金代白釉棱格纹罐，1975年河北省曲阳县高门屯村出土。现藏于河北省定州博物馆

北宋晚期至金代黑釉菱格纹罐，1994年河北省鹿泉市南海村墓葬出土。现藏于河北省文物研究所

金代定窑少见之佳品。此外，还有被装饰枕面上的菱格纹，以河北省定州博物馆收藏的金代白釉刻花菱格纹卧狮形枕为代表，枕面刻划菱形方格纹，方格内再施以篦划技法装饰的水波纹。制作精致，风格古雅。

元代，受发达织锦工艺影响，菱格纹成为元青花瓷上极为常见的边饰辅助纹案。绘制较为复杂，先在两条等距离的弦纹细线范围内，画出连续交叉的大菱格，再在大菱格内套画小菱格，形成双重交叠的效果。有的还在菱形格内填绘四瓣朵花，显得异常华美。以1980年江西省高安市窖藏出土的两件缠枝牡丹纹带盖梅瓶肩腹部的菱格锦纹、1966年4月金坛县出土的云龙纹罐颈部的菱格锦纹及湖南常德出土的元青花双鱼纹大盘口沿上的菱格锦纹为代表，这类菱格纹在输往中东地区的元青瓷上也十分常见，具有极其成熟、程式化的布局与设计。

明清时期，景德镇窑瓷器上尤为盛行以菱形几何纹为边饰纹案。

六角形

六角形纹，即以六角形为基本构图单元，反复交替排列，连续构图，其形状似龟背的纹路，故也称“龟背”纹。由于纹案中的线与面形成了鲜明对比，因此龟背纹具有很强的装饰性。这种纹案十分类似织锦图案，因此还称“龟背锦纹”。

唐代长沙窑青釉褐绿彩双系罐。现藏于鄂州市博物馆

龟背锦纹用于瓷器上的装饰纹案，始兴于唐代湖南长沙窑。如现藏于鄂州市博物馆的唐代青釉褐绿彩双系罐[45]，高25厘米，侈口，短粗颈，窄肩，长圆形腹，平底内凹。肩上置有对称的条形半圆形系。通体施黄釉，腹部褐彩饰六边形相连的几何纹案，每个六边形内以绿彩绘圆环，圆环内再施以褐色点彩制成的圆心，风格写意，具有图案装饰性。

南宋时期，龟背纹尤为盛行，以江西吉州窑为典型代表。南宋时期，江西吉州窑受江南兴盛的织锦业影响，将锦纹引入瓷器装饰纹案中，龟背纹便是其中之一。以锦地开光花卉纹盂为代表，矮颈，丰肩，球腹，圈足。釉色白中闪黄，釉层较薄。其肩部施三周弦纹，腹部对称安排两个双线八连弧开光，开光内绘折枝梅纹与竹枝纹，开光外衬以龟背纹为地，主题突出，制作精美。

元代，景德镇窑继承这一纹案传统，继续沿用龟背纹锦地纹装饰瓷器。以元代吉州窑釉下彩绘锦地开光梅竹纹梅瓶为代表，小口，卷沿，圆唇，长颈，丰肩，弧腹下收至底，假圈足，造型浑厚。胎质灰白，瓶外壁施一层薄薄的白釉，器内除口部外无釉。通体褐彩，颈部饰两道弦纹，颈以下由四道弦纹分割成三组纹饰，肩部饰双线重瓣莲纹。瓶腹部对称安排两个三周八连弧开光，中间一周线条特别粗，开光内绘月影梅纹，画面中老梅一枝从右横出，枝桠顺势穿插，花朵姿态优美，配以新月，构成

元代吉州窑釉下彩绘龟背锦纹琮式瓶。现藏吉安市博物馆

一幅雅致的月影梅纹。开光外衬以龟背纹为地，构图繁而不乱，画技娴熟高超。此时期的吉州窑釉下彩绘龟背纹，除了大多被用作地纹辅助开光内的主题纹案外，也有极少数情况下是被作为主题纹案出现的。以元代吉州窑釉下彩绘龟背纹琮式瓶为代表，造型呈玉琮式，方柱形，深腹，圈足外撇，古朴稳重。瓶口及下腹绘双线复层莲瓣纹带各一周，上下界以弦纹，腹部主题纹案为龟背纹，六边形的单体呈四方连续性展开，构图紧密，衔接自然，排列整齐，设计新颖，具有织锦的艺术效果。圈足绘弦纹数道。龟背纹作为边饰辅助纹案时主要被装饰在瓶、罐类器物的肩部及碗、盘类器物的口沿处，作为地纹主要被用于主题开光外面。而此器则通体以龟背纹作为主题纹案，极为罕见，显得十分珍贵。琮式瓶是南宋龙泉窑创烧的瓶式，圆口、方腹、圈足及器身四面饰横线纹为其典型造型纹案特征，吉州窑的琮式瓶以彩绘龟背纹为饰，别出心裁，具有极高的研究价值。

明代景德镇窑青花瓷器上继续流行龟背纹。宣德时期至成化时期，青花瓷器上的龟背纹均较为常见，主要被作为边饰辅助纹案。

清代，瓷器上的龟背纹以各式釉上彩绘为主。一般不作主题纹案，大多为辅助的边饰纹案或用于衬景的地纹。其中，起衬景作用

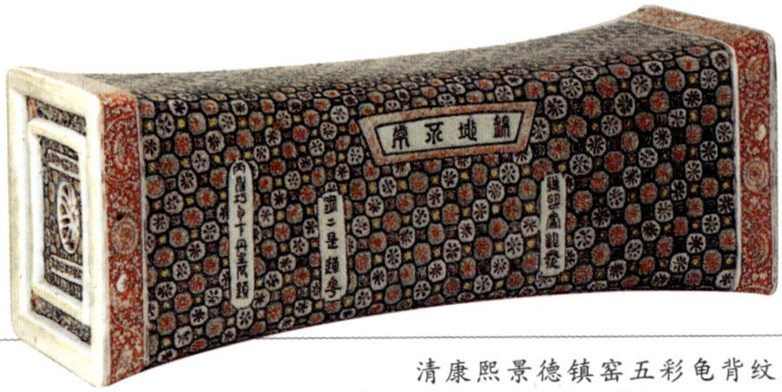

清康熙景德镇窑五彩龟背纹枕。现藏于北京故宫博物院

的地纹便称“龟背锦地”；在其上再饰以花卉纹称“锦地花”或“锦上添花”；配以开光称“龟背锦地开光”。构图满密，设计严谨，制作精致，风格华丽，具有鲜明的时代特色。以现清代康熙五彩龟背纹枕为代表，枕侧面饰龟背纹，色彩丰富，绘制精美，富有装饰情趣。

回 纹

回纹，是宋代兴起的瓷器上的重要边饰辅助纹案。当时受社会复古风尚影响，以商周青铜器上的云雷纹为蓝本，重新加以认识并进行高度提炼与概括，成为一种极富生命力的新的装饰纹案，对后世影响深远。

宋代瓷器上的回纹，以横、竖短线折绕而成，呈正方形，似汉字的“回”字，故此得名。分单体回纹、正反相连成对的回纹与连续不断的带状回纹等多种形式，尤以正反相连成对的回纹为主导。有的为单线，有的为双线，整齐划一，迂回曲折，体现出宋人天人合一、清净自然的审美情趣。因产地、品种不同，回纹的装饰工艺与技法也是千差万别。定窑白瓷、耀州窑青瓷、景德镇窑青白釉瓷上的回纹分刻划与印花两种，磁州窑为白地黑花回纹，吉州窑则为白地褐花回纹，各具地域特色，又有鲜明的时代共性。宋代瓷器上的回纹已被广泛运用在

宋代定窑划花回纹盏托。现藏于“台北故宫博物院”

瓶、罐、盘、碗、洗、尊、炉、枕等各类器物上，一般饰于口沿及胫部，主要是被用作边饰辅助纹案，但也有作为主题纹案的地纹出现。以“台北故宫博物院”收藏的划花回纹盏托[46]为典型代表，高6.8厘米，以敞口高圈足托盘与敛口碗形托圈接合而成，中空无底。托盘与托圈的口沿部位均饰以划花回纹。回纹为正方形，单体排列组合，整齐划一，十分规矩。

元代，瓷器上回纹的布局、构图与风格发生了一些改变，尤其景德镇窑青花瓷上的回纹，极具时代标志性。与宋代一反一正构成一组的形式不同，这一时期的回纹则采用相互不接连的形式，由单个回字排列连续成圈，绘制精美，工艺娴熟。

明代，景德镇窑瓷器上回纹的风格与前代大体一致，但在画法上存有细微的变化。洪武时期作为边饰的回纹由一正一反相连成对，再一对一对的连续排列，缺乏连贯性。永乐时期又开始流行连续不断式的回纹，线条没有间断，一气呵成。宣德时期，有正反成对的回纹，也有连续不断的回纹。成化至弘治时期景德镇民窑青花瓷上的回纹布局疏朗，笔触圆柔。崇祯时期呈现出新的风格，见有T形、垛口形、单段回形、正反三角形等多种形式的回纹新样式。

清代继续承袭前朝风格，回纹固定边饰纹案之一，被广泛运用在官窑与民窑的各类器物上。有的还作为主题纹案的地纹，配合主题构成“富贵不到头”的含义，赋予其更为丰富的文化内涵。如清光绪景德镇窑胭脂红釉仿古簋，高15厘米，此器作成仿古的盖簋式。簋身为直口，深腹，圈足，两侧对称置兽首耳。器身刻几何图案。盖为狮钮，盖面隆起，上刻“仿汉元康镅”五字铭，盖沿刻回纹。器身通体施胭脂红釉，釉色均匀莹润。器内及外底施白釉。底书青花“大清光绪年制”六字双行楷体竖款。

明宣德景德镇窑青花鸡心碗。现藏于北京艺术博物馆

清光绪景德镇窑胭脂红釉仿古簋。现藏于北京艺术博物馆

联珠纹

联珠纹，也是与佛教艺术相关的一种装饰纹案。因由一个个横向排列的小圆圈构成，故而得名。

三国·吴越窑青瓷卣，马鞍山市雨山区三国朱然家族墓地出土。现藏于朱然家族墓地博物馆

瓷器上的联珠纹装饰，兴起于三国时期，以压印技法制作而成，并与弦纹、网格纹、锯齿纹等组成带状花纹。以现藏于马鞍山市三国朱然家族墓地博物馆的越窑青瓷卣[47]为典型代表，高25厘米，椭圆形口，短直颈，椭圆形腹，圈足外撇，造型端庄。肩部压印一条花纹带，网格纹居中，上下分别饰以弦纹、锯齿纹与联珠纹，圈足上亦饰有弦纹与网格纹。肩部对称贴塑四个羊首形铺首，两大两小，相间排列，十分美观。

西晋时期，浙江上虞地区的早期越窑极为盛行联珠纹装饰，联珠纹成为了这一时期南方青瓷上的典型装饰纹案。西晋时期的联珠纹，制作极为讲究，带状排列，压印而成，除了常与斜方格纹组合构成联珠斜方格纹外，还见有与花蕊纹组合构成的联珠花蕊纹，同时配以贴塑的铺首、佛像等，极具时代特色。

南北朝时期，随着佛教的盛行，瓷器上的联珠纹更是随处可见，运用普遍。南朝时期，南方青瓷上的联珠纹为阴文压印而成。而北朝时期，以北齐为代表的北方瓷器上的联珠纹则是阳文印制而成，纹案凸起于器表，更具装饰性。

隋代，联珠纹在瓷器上仍有使用。以四川邛崃窑的彩绘联珠纹为典型。它是以褐、绿二彩进行彩绘制的圆圈纹，属于高温釉下彩品种。施于深腹钵的外壁腹部。也有仅以褐彩绘制的圆圈联珠纹。联珠纹在北方白瓷等瓷器上也有运用。主要见于扁壶类器物上。

唐代长沙窑继续流行联珠纹，为典型的西亚风格，反映了中外文化交流的相互影响关系。

唐五代时期，邛崃窑进入发展的兴盛期，彩绘成为了主要的装饰技法，所用彩色有黄、褐、黑褐、绿色等，联珠圈纹是其流行的彩绘纹案之一，构图较为简单。

宋代，瓷器上的联珠纹仍较为常见，但不再起主要装饰作用。

元代，瓷器上的联珠纹装饰再度兴起。联珠纹凸起，颗粒饱满，故也称串珠纹。这类串珠纹，是先以极细的泥条在胎体上进行粘贴，然后再把泥条横向刻划形成米粒大小的颗粒，制作工艺复杂，难度极大，装饰效果极佳。以首都博物馆收藏的元代景德镇窑青白釉串珠纹玉壶春瓶[48]为典型代表，高28.2厘米，撇口，细颈，鼓腹，圈足，通体施青白釉，采用贴花和串珠装饰技法，腹部主题纹案为如意头形开光内饰“寿比南山”和“福如东海”八字。装饰技法新颖独特，内容寓意吉祥，是元代青白瓷中之精品，十分稀罕。

元代景德镇窑青白釉串珠纹玉壶春瓶，1963年北京崇文区龙潭湖元代斡脱赤墓出土。现藏于首都博物馆

注释：

[1] 《中国美术全集》编辑委员会：《中国美术全集·工艺美术编·陶瓷（上）》，上海人民美术出版社1988年版，第169图。
[2] 张柏主编：《中国出土瓷器全集·13，湖北、湖南》，北京科学出版社2008年版，第152页。
[3] 叶喆民主编：《中国磁州窑》（下），河北美术出版社2009年版，第247页。
[4] 叶喆民主编：《中国磁州窑》（下），河北美术出版社2009年版，第273页。
[5] 叶喆民主编：《中国磁州窑》（下），河北美术出版社2009年版，第269、270、272、274、275页。
[6] 叶喆民主编：《中国磁州窑》（下），河北美术出版社2009年版，第220页。
[7] 北京大学考古学系、河北省文物研究所、邯郸地区文物保管所：《观台磁州窑址》，文物出版社1997年版，第62页。
[8] 故宫博物院、首都博物馆编：《故宫珍藏：慈禧的瓷器》，北京出版社2013年版，第83—85页。
[9] 西藏博物馆编：《西藏博物馆藏明清瓷器精品》，中国大百科全书出版社2004年版，第165页。
[10] 湖北省博物馆编：《古代瓷器：湖北省博物馆藏瓷器选》，文物出版社2007年版，第84页。
[11] 西藏博物馆编：《西藏博物馆藏明清瓷器精品》，中国大百科全书出版社2004年版，第162页。
[12] 阎冬梅著：《中国明清瓷器》，山东美术出版社2005年版，第53页。
[13] 北京市文物局编：《北京文物精粹大系·陶瓷卷》（下），北京出版社2003年版，第242页。
[14] 首都博物馆编：《景德镇珠山出土永乐官窑瓷器》，文物出版社2007年版，第170页。
[15] 王莉英主编：《中国陶瓷全集·第12卷，明，上》，上海人民美术出版社1999年版，第95页。
[16] 西藏博物馆编：《西藏博物馆藏明清瓷器精品》，中国大百科全书出版社2004年版，第113页。
[17] 周世荣著：《长沙窑瓷鉴定与鉴赏》，江西美术出版社2001年版，第69页。
[18] 天津博物馆编：《青蓝雅静：馆藏明清青花瓷器陈列》，文物出版社2013年版，第15页。
[19] 北京市文物局编：《北京文物精粹大系·陶瓷卷》（下），北京出版社2003年版，第118页。
[20] 土耳其共和国外交部：《伊斯坦布尔的中国宝藏》2001年版，第76页。
[21] 王莉英主编：《中国陶瓷全集·第13卷·明，下》，上海人民美术出版社1999年版，第144页。
[22] 《宗喀巴复明成祖书》，载《西藏地方是中国不可分割的一部分》（史料选辑），西藏人民出版社1986年版，第134页。
[23] 西藏博物馆编：《西藏博物馆藏明清瓷器精品》，中国大百科全书出版社2004年版，第30页。
[24] 西藏博物馆编：《西藏博物馆藏明清瓷器精品》，中国大百科全书出版社2004年版，第34页。
[25] 王莉英主编：《中国陶瓷全集·第13卷·明，下》，上海人民美术出版社1999年版，第93页。
[26] 良渚博物院、北京艺术博物馆编：《天子之雅：清代帝王生活侧影展》，浙江古籍出版社2010年版，第71页。
[27] 马希桂主编：《北京文物精粹大系》（上），北京出版社2005年版，第81页。
[28] 杨正宏、肖梦龙、刘丽文主编：《镇江出土陶瓷器》，文物出版社2010年，第43页。
[29] 罗劲松主编：《洪州青瓷》，江西人民出版社2012年，第11页。
[30] 淮南市博物馆编著：《寿州窑》，文物出版社2014年版，第25页。
[31] 成都文物考古研究所著：《遂宁金鱼村南宋窖藏》（上），文物出版社2012年版，第18页。
[32] 康蕊君等编著：《大英博物馆大维德爵士藏中国瓷器精选》，文物出版社2013年版，第48页。
[33] 张柏主编：《中国出土瓷器全集·12，河南》，北京科学出版社2008年版，第1页。
[34] 浙江省博物馆编：《瓷源撷粹》，浙江古籍出版社2009年版，第18页。
[35] 浙江省博物馆编：《瓷源撷粹》，浙江古籍出版社2009年版，第18页。
[36] 萧山博物馆编：《萧山古陶瓷》，文物出版社2007年版，第139页。
[37] 浙江省文物考古研究所编著《古越瓷韵：浙江出土商周原始瓷集粹》，文物出版社2010年版，第48页。
[38] 浙江省博物馆编：《窑火遗韵》，浙江古籍出版社2009年版，第28、29页。
[39] 张柏主编：《中国出土瓷器全集·9，浙江》，北京科学出版社2008年版，第27页。
[40] 周世荣、周晓赤著：《岳州窑》，湖南美术出版社2011年版，第17页。
[41] 李军编著：《千峰翠色：中国越窑青瓷》，宁波出版社2011年版，第71页。
[42] 陕西省考古研究所、耀州窑博物馆编著：《宋代耀州窑址》，文物出版社1998年版，第297、665页。
[43] 河北省文物研究所编著：《珍瓷赏真：河北省文物研究所所藏瓷选介》，北京科学出版社2007年版，第76页。
[44] 河北省文物局编：《定州文物藏珍》，广州岭南美术出版社2003年版，第61图。
[45] 张柏主编：《中国出土瓷器全集·13，湖北、湖南》，北京科学出版社2008年版，第70页。
[46] 蔡玫芬主编：《定州花瓷：院藏定窑系白瓷特展》，“台北故宫博物院”2014年版，第63页。
[47] 浙江省博物馆编：《窑火遗韵》，浙江古籍出版社2009年版，第34页。
[48] 北京市文物局编：《北京文物精粹大系·陶瓷卷》（下），北京出版社2003年版，第60页。